한국교회의 표준설교학

설교학

김계봉 지음

해피&북스

한국교회의 표준설교학 **설교학**

초판1쇄 2019년 9월 1일

지은이 ｜ 김계봉
펴낸이 ｜ 채주희
디자인 ｜ 최주호
표지일러스트 ｜ 황석제
펴낸곳 ｜ 해피&북스
등록번호 ｜ 제13−1562호(1985.10.29.)
등록된곳 ｜ 서울시 마포구 신수동 448−6
전화 ｜ (02) 323−4060,6401−7004
팩스 ｜ (02) 323−6416
이메일 ｜ elman1985@hanmail.net
www.elman.kr
ISBN 978−89−5515−661−4   0 3 2 3 0

값 28,000 원

한국교회의 표준설교학

설교학

김계봉 지음

해피&북스

목 차

Prologue

『생각하는 훌륭한 영적 존재들』

어느 날 아리스토텔레스(Αριστοτέλης)가 행복론을 제자들에게 강의를 하게 되었다. 행복(happiness)의 단어는 원문에는 eudaimonia인데 직역하면 『행복한 영적 존재』로 영어로는 eudaemonics 『행복론』을 뜻한다. 사람은 생각하는 것만으로 행복하고 훌륭한 영적 존재가 된다는 주제였다. 아리스토텔레스(Aristoteles)가 강의를 하다가 목이 말라서 제자에게 마실 물을 떠다 달라고 부탁을 했다. 한 제자가 급히 달려가 컵에 떠온 물을 마시려고 보니까 컵에 물이 절 반 뿐이었다. 아리스토텔레스는 컵을 들어 보이면서 이렇게 설명을 했다.

여러분들! 지금 이 컵에는 물이 절반입니다 이 절반의 물을 보았을 때에 사람들은 두 부류의 사람으로 나뉘어집니다. 똑 같은 컵에 담긴 물을 보면서 부정적인 사람은, "아이쿠…겨우… 물이 반 컵뿐이네" 또는 "아니 내가 마실 물이 반 컵밖에 안 남았어? 하면서 자신이 본 물 컵 량의 물을 부정하는 사람이 있고, 또는 똑 같은 사실을 보고도" "아니… 아직 물이 반 컵이나 많이 남아 있네" 또는 어… 그래도 내가 마실 물이 반 컵이나 많이 남아 있군… 하면서 똑 같은 사실을 보고서도 긍정하는 사람이 있습니다.

똑 같은 물을 보고 부정을 하는 사람은 자신의 미래의 문이 열려있어도 닫힐 것이고 똑 같은 물을 보고 『긍정을 하는 사람은 자신의 미래의 문이 닫혀 있어도 열린다』고 했다. 이는 똑 같은 사물을 보고도 사람이 어떻게 이해를 하고 생각을 하느냐의 따라서 그 결과가 달라진다 는 것이다. 사람은 평소의 사고력을 어떻게 갖고 있느냐에 따라서 그 목적의 사물을 보고 나타나는 반사 반응이 사람의 뇌속의 판단, 통찰, 감정조절, 기획, 추진력,

창의력을 관장하는 뇌의 편도체에 전달이 되어 부정과 긍정으로 그 반응의 결과가 나타나기 때문이다.

　　그래서 하나님을 믿는 사람들은 언제 어디서나 믿음의 바탕위에서 살기 때문에 늘 긍정의 시각의 생각으로 살아야 한다. 언제나 나는 할 수가 있어, 아니... 나는 하나님의 사람으로 무엇이든지 내게 맡겨준 일은 항상 해 낼 수가 있어! 하는 긍정의 생각과 사고력 속에 살아가야 한다.

　　설교를 하기 위한 우리들의 말과 자세도 언제나 회중을 향하여 이와 같아야 한다. 설교자는 언제나 세상을 변화시키며 영혼구원을 위하여 세상을 이끌어 가는 믿음을 가진 영적인 존재들이기 때문이다. 그래서 설교자는 언제나 설교를 통하여 청중들에게 할 수 있다는 긍정의 생각과 위로와 용기 그리고 미래를 심어주며 하나님을 만나 새로운 미래의 변화를 가져오게 하는 설교를 한다. 그래서 우리들은 언제나 세상을 향하여 설교를 통하여 창조주 하나님의 말씀을 선포하므로 우리는 행복(eudaimonia)한 영적인 존재들이다.

2019년
지은이 김계봉

제1장

수사학적
우리말에 대한 이해

설교학과 유사한 수사학은 고대 그리스의 아리스토텔레스에 의하여 시작이 되었고 수사학은 곧 남을 설득하는 기술이었다. 그래서 수사학은 그 시대의 요구에 따라 당시의 유능한 웅변가이면서 수사학의 아버지라고 불리었던 코렉스(Corax)라는 사람이 『수사술』(Rhetorike Teche) 이라는 책을 썼다. 기원전 460년대의 이탈리아 시라쿠사에서 민주주의가 발달하면서 정부와 영주들에게 토지를 빼앗긴 지주들이 동료와 시민들 앞에 나가 자신들의 권리를 주장할 수 있는 기회를 얻게 되었다. 이때 설득력이 있고 훌륭하게 연설하는 능력이 매우 중요했기 때문에 약삭빠른 발언자들은 웅변교사에게 도움을 청했고, 이로 인하여 고대 웅변술이 시대적으로 개발되기 시작을 했다.

아리스토텔레스는 수사학 이용법을 세 분야로 나누었다.

토의나 연설은 정치집회에서, 법정연설은 법정에서, 과시적 연설은 상황에 따라 남을 찬양하거나 비난하는 의식에서 사용되었다. 이들 각 분야에는 모두 듣는 사람에게 무언가를 이해시키거나 의도한 효과를 내기 위한 설득력 있는 요소인 수사학이 필요로 했던 것이다.

당대의 웅변가이자 철학자 그리고 정치가였던 마르쿠스 툴리우스 키케로(Marcus Tullius Cicero)가 웅변론을 발전을 시켰고 퀸틸리아누스(Marcus Fabius Quintilianus)가 하나의 학문으로 발전을 시켜 보편화가 되었다. 성 (聖) 어거스틴(Aurelius Augustinus)시대에 교회론 논쟁이 일 때쯤에 신학자들이 교회의 설교학에 수사학을 인용하기 시작을 했다. 로마가 몰락을 하자 수사학(rhetoric)이 교회의 설교를 가르키는 학문으로 발전을 하게 되었다. 그래서 설교학을 이해를 하려면 고대 수사학을 먼저 이해를 하여야 한다.

고대나 중세의 교회 설교는 수사학과 같은 맥락의 길을 걸으면서 발전을 하여 왔기 때문이다. 수사학의 3대요소인 에토스(ethos), 파토스(pa-thos), 로고스(logos)가 수도원이나 교회가 필요로 하고 있었던 것이다.

첫째로 에토스(ethos)는 말하는 연사의 영역으로 성품, 인격 또는 말하는 자의 이상을 가리킨다. 둘째로 파토스(pathos)는 청중의 영역으로 받아드리는 감정, 감성을 가리킨다. 셋째는 로고스(logos)로 전달의 기호인 말을 가리킨다. 즉 합리적인 이성, 논리, 논증을 말한다. 그래서 초중세기 설교학은 수사학을 통하여 발전을 해왔다.

설교는 특정한 회중을 대상으로 하여 특정한 상황에서 일어나는 언어적 사건이다. 언어란 "자의적인 음성 기호의 체계로써 이것을 통하여 한 사회 집단의 구성원이 서로 협동하고 상호작용하는 것이다."

언어는 어떤 의미를 나타내는 기호, 즉 상징으로써 그 형식은 음성이다. 음성언어는 "커뮤니케이션의 가장 중요한 수단이며 시각적, 청각적, 비언어적 표현에 의해서 그 뜻이 보충되기도 한다." [1] 언어의 사회적 기능은 한 언어가 통용되는 사회 집단을 언어공동체로 묶어주는 것이다. 또한 한 언어를 사용하는 사회 집단은 문화공동체, 역사공동체를 이루며, 때에 따라서는 민족공동체, 지역공동체를 이루기도 한다. 그러므로 각 언어는 그 언어를 사용하는 공동체에 스며있는 정신과 감정, 논리를 그대로 반영하는 것이다.

한편 나라나 겨레의 공동체의식이나 하나됨은 그들이 쓰는 말의 질에

---

1) Aristotle, 「Rhetoric」 tr. by W Rhys Roberts "New York : The modern Library" 1954, p.1.

달려있는데 표준말을 널리 편다든지, 국어를 순화해야 한다든지 하는 것은 완전한 이해를 통해서 나라나 겨레의 하나됨을 더욱 굳게 하려는 뜻이다. 사람은 삶의 주체이면서 또한 삶을 통해서 스스로 이루어가는 존재이다. 사람됨은 처음부터 고정된 모습으로 있는 것이 아니고 그의 삶을 통해서 스스로를 형성해가는 것이다.[2] 이와 마찬가지로 말도 그 결점을 깁고 보태며 모든 가능성을 개발하여 사용해야 한다. 그래야 가능한 넓은 폭의 사고가 새로이 말속에 담기며, 사고가 담긴 이 말이 다시 폭넓은 사고를 일으켜서 발달된 문화의 꽃을 피울 수 있는 것이다. 이처럼 말과 사고, 말과 사람됨은 밀접한 관계에 있다.

말속에 들어 있는 정신과 감정과 논리, 그것을 수사학적 용어로는 에토스(ethos), 파토스(pathos), 로고스(logos)라 한다. 아리스토텔레스 설득방법에서 로고스를 논리와 이성적 방법, 파토스를 격정 감정에 호소하는 방법, 에토스를 화자의 인품을 통한 행동의 입증방법이라고 말하고 있다.[3]

설교는 설교자와 회중사이에 언어를 통해서 이루어지는 커뮤니케이션이기 때문에 의사소통의 수단인 언어에 가장 큰 관심을 두는 것은 당연하다. 이 장에서는 설교의 일차적 도구인 언어의 기본적 요소에 대해서 살펴보고자 한다. 언어를 세분하면 입말(spoken language)과 글말(written language), 몸짓 말(body language)로 구분할 수 있다.

1) 우리의 설교의 말과 에토스(ethos)

설교의 목적은 회중들의 삶의 변화에 있다. 설교를 듣는 사람들의 마음을 감동시키고 행동을 변화시켜 그리스도의 생명을 누리게 하는 것이 주요 임무이다.

---

2) 정정덕 편저 「언어와인간」, "언어학개론" 대구 도서출판 영남서원, 1990. pp.62-75.
3) 정정덕 편저 「언어학 개론」 대구: 도서출판 영남서원, 1990. pp.62-75.

설교자의 주목적은 영혼들을 구원하는 것이다. 사람들로 하여금 예수 그리스도에 대해 즉각적으로, 그리고 전심으로 결단하도록 하여 신성한 공동체를 건설하도록 하는 것이다. 이러한 목적을 달성하기 위한 과정이 바로 설득이다. 설득의 도구로 사용되는 말은 에토스와 파토스, 로고스가 긴밀하게 결합되어 있을 때 가장 큰 효과를 얻게 된다.

먼저 에토스에 대한 사전적 정의를 살펴보자. 철학대사전에는 "아리스토텔레스는 인간의 혼을 지성적인 부분과 비지성적인 부분으로 나누고 비지성적인 부분 중에서 습관에 의해 지성적 부분으로 되는 감정적 능력을 에토스라 불렀다."[4] 여기에서 일반적으로 "인간의 윤리적 성상(性狀)을 에토스라 부른다"라고 되어 있다.

웹스터사전은 "한 공동체나 사람들의 특성, 정서, 혹은 기질 또는 그들이 따르도록 강요당하는 태도나 관습의 정신, 특히 도덕적 태도나 관례, 이상들"이라고 한다.[5] 한국어대사전에는 "인간의 습관적인 행위에 의하여 육성된 지속적인 성상(性狀)이나 성격, 또는 어느 사회 집단에 특유한 관습"이라고 되어 있다.[6]

기독교대백과사전은 "문화행위와 그 행위의 배후에 있는 정서적 성질이나 힘을 나타내며, 특정 문화나 사회단위 안에 있는 일련의 가치들 간의 관계를 나타낸다."라고 말한다.

이들을 종합해보면 에토스란 한 공동체의 "민족의 정신이나 사회 기풍"이라고 말할 수 있겠다. 설교학적 입장에서 보면 에토스는 설교자의 "인격"과 관계되는 것이다. 에토스는 두 가지 기본형태가 있는데 어떤 사람이 어떤 상황에 나타날 때 가지고 있는 역할, 칭호, 지위 등을 말하는 선행 에토스와 그 사람이 말하는 상황에서 실제로 보여주는 명백한 에토스가 있다. 그 사람의 인격에 따라서 그의 말은 설득력을 가지게 된다.

---

4) 「철학대사전」 서울: 신태양사, 1991, p. 490.
5) 「Webster New International Dictionary of the English Language」 Mass: G. & C. Merriam Company, 1952, p. 878.
6) 「한국어대사전」 서울: 현문사, 1976, p. 1713

2) 우리의 설교의 말과 파토스(pathos)

　에토스가 말하는 사람의 진실성과 관계가 있다면 파토스는 그 사람의 감정과 관계가 있다. 정적인 말은 사람의 감정에 호소함으로써 어떤 정서적 반응을 일으키는 촉진제와 같은 것이다. 듣는 사람의 마음을 움직이기 위해서는 말에 많은 정서적 요소를 보태야 한다.

　파토스는 철학대사전에서 『니코마코스 윤리학』에서는 파토스가 정의(情意)와 비슷한 의미를 가져 〈욕정, 분노, 공포, 평안, 질투, 환희, 혐오, 동경, 연민, 그밖에 일체의 쾌락, 고통을 수반하는 것을 뜻 한다〉라고 정의하고 있다. 오늘날 파토스라고 하면 물론 아리스토텔레스의 용법에 속한다고 볼 수 있으나 특히 비상하게 고양된 감정상태를 가리키고 있다. 웹스터 사전에는 개인적이고 그러므로 한정적이며 일시적인 감정들이나 특징 혹은 경험의 성질이나 특성들이라고 정의하고 있다. 한국어대사전에서는 이렇게 정의한다. (1) 신체적인 적에 의하여 움직여지는 영혼의 수동적인 상태, 원래 동사 파스체인(paschein)에서 나온 그리스어로, 정념, 감정. ↔ 로고스(logos). (2) 욕정, 성냄, 미움, 슬픔, 기쁨 따위처럼 일시적이고 지속성이 없는 정념의 작용 ↔ 에토스(ethos). 위에서 내린 정의들을 종합해보면 에토스가 지속성을 지니는 것과는 달리 파토스는 일시적인 것이며, 로고스가 이성에 호소하는 논리성을 지니는 반면 파토스는 감정적인 것이다.

　파토스를 설교사역과 관련시킨다면 설교에 있어서 설교자가 갖고 있는 "열정"이라고 말할 수 있을 것이다. 열정은 설교자를 설득력 있게 만드는 요소이다. 19세기에 영국의 교회의 강단을 뜨겁게 불타오르게 했던 스펄전(Charles Haddon Spurgeon, 1834-1892)의 설교는 언제나 "그리스도의 구속"이 대주제였다. 그는 "설교라는 것은, 그리스도에 대해 듣는 자를 구원한다 는 것을 목표로 삼는 것이다. 라고 말했다. 이처럼 설교의 가장 큰 목적인 "구원"이라면 설교자는 생명에 대한 뜨거운 열정을 가지고 하나님의 말씀을 외치지 않을 수 없다.

"성경에서 주어진 복음의 메시지를, 그것도 연구와 상상력 그리고 기도로 탄생시킨 복음의 메시지를 마치 아무런, 중요한 내용도 아닌 것처럼 설교할 수 있다는 것은 믿기 힘든 일이다"

설교에 있어서 열정의 중요성은 다음의 말로 잘 표현된다.

열정이 왜 그토록 중요한가? "그것은 설교자를 활기있게 하기 때문에 생동감을 준다. 그것은 강단을 활기있게 하고, 또 설교를 활기있게 한다. 어떤 주제에 대한 열정적인 표현은 확신을 불러일으키고 그 말(words) 속에 들어 있는 성실성과 자부심을 나타내 보여 준다"[7)]

만일 설교가 회중들의 감수성을 허기지게 만들고, 그들의 감정적인 삶을 충족시켜주지 못하는 경우에는 그들은 열정적인 선동가의 희생제물이 되기 쉽다. 사람들은 생각만으로는 살 수 없다. 온전한 인격은 그러한 생각의 가치를 표현해야만 하는 것이다. 생각의 효과적인 표현, 그것을 바로 열정이라고 할 수 있을 것이다.

3) 우리의 설교의 말과 로고스(logos)

사람들이 하는 말은 의미를 담고 있다. 의미가 없는 말은 엄격하게 본다면 말 이전의 "소리"라고 해야 할 것이다. 소리에 힘과 의미가 결합되었을 때 우리는 그것을 "말"이라고 한다. 히브리어로는 말을 "다발"(dabar)이라고 하는데 "다발"은 그 배후에 어떤 힘과 의미가 있다는 뜻이다. 헬라어로는 "로고스"(λόγος)라고 하는데 거기에는 "의미를 모아놓았다"라는 뜻이 있다.

로고스는 철학백과사전에서 "그리스어 로고스는 동사 레고(lego, 나는 말한다)에서 파생되었다. 로고스는 고전주의 기간동안 말, 담화, 논쟁, 설명, 평

---

7) Homer K. Buerlean, 「How to Preach More Powerful Sermon」 Philadelphia: The Westminster Press, 1986, p. 112.

가, 비율, 변명, 원리, 이성 등의 의미로 폭넓게 쓰였다. 라고 되어 있다.[8] 대영백과사전에는 "로고스는 그리스 철학과 신학에서 사용된 용어로 우주에 형태와 의미를 부여하고 거기에 내재하는 신성한 이성을 나타낸다" 라고 말한다.[9]

기독교대백과사전에서는 이렇게 말한다.[10] "로고스는 고전 희랍어에서 매우 다양한 의미를 갖는데 그 말이 재생이 되어 나온 동사 λέϓώ(레고)의 의미를 반영하고 있다. λέϓώ의 근본적인 의미는 '줍다'로 나타난다. 이 뜻으로부터 이차적 의미 1) '셈하다' '이야기하다' '열거하다' 2)'말하다'가 나온다. 로고스는 1)로부터 '셈' '설명' '규칙' '비율' '이성'의 의미를 취득하고 2) 로부터는 '설화' '격언' '담화' '사람이 그에 대하여 말하는 주제' 등의 의미를 갖는다." 그리고 한국어대사전에서는 로고스를 다음과 같이 정의하고 있다. (1)말, 의미, 논리, 이성 ↔ 파토스(pathos). (2)이성적인 지능을 바탕으로 하여서 표현된 여러 활동, 개념, 이름, 사상 따위. (3)그리스 철학에서 만물을 이성적으로 관찰하여 지배하는 법칙, 이법(理法). 스토아학파에서는 숙명적, 필연으로 사람을 지배하는 신. (4)성자, 곧 예수를 말함. 설교학적 입장에서 위와 같은 견해들을 종합해보면 로고스는 "이성적으로 수긍할 수 있는 논리"라고 말할 수 있겠다.

설교는 제한된 시간에 제한된 말로써 가장 설득력이 있게 의미를 전달해야 하는 것이다. 그러므로 설교는 일정한 논리를 가지고 진행되지 않으면 안 된다. 그래서 "설교자는 누구나 논리학을 한 번은 공부하는 것이 좋다. 설교에 있어서 논증이 "성도들의 신앙을 강화하고 죄인들을 개심시키며, 반대자들을 설복시키기 위해서" 필요한 것이기 때문이다.

논증은 두 가지 방법으로 나누어지는데 그중 하나는 연역법으로써 일반

---

8) 「The Encyclopedia of Philosophy」 .Vol.5 and 6 London: collier Macmillan publish-
    ers,1972, p. 89. 9) 「The New Encyclopaedia Britannica」, Vol. Ⅵ, Encyclopae-
    dia Britannica,Inc.1974,p.302.
10) 「기독교대백과사전」, 제5권 , 서울: 기독교문사, p.1010.

적인 생각에서 출발하여 개별적인 실례에 그것을 적용시켜 나가는 방법이다. 연역법은 가장 단순한 형태의 삼단논법이다. 논증의 다른 하나는 귀납법으로 개별적인 생각에서 시작하여 일반적인 원리로 발전시켜 대중과 함께 원리를 찾아 결론을 내리는 방법이다.

일반적으로 서술의 네 양식은, 설명, 논증, 묘사, 서사로 구분한다. 설명은 주제를 해설하거나 똑똑히 밝히는 것이고 논증은 어떤 명제에 대하여 논거를 서술하는 것이며, 묘사란 사물의 현상을 관찰하여 그 인상을 감각적으로 그리는 것이다. 그리고 서사는 사건을 표현하는 서술의 한 양식이다.[11] 그런데 논증은 "청중으로 하여금 논술자의 의도대로 생각하거나 행동하게 하기 위하여 쓰는 서술의 한 종류이다."라고 한다.[12] 따라서 설교에 있어서 논리적인 요소는 필수적인 것임을 알 수 있다.

지금까지 말과 에토스, 파토스, 그리고 로고스에 대해서 살펴보았다. 앞에서도 말한 바 있지만 이 세 가지 요소는 그 나름대로의 특성과 중요성을 지니고 있다.[13] 그러므로 어느 하나에 강조를 둘 수 있는 것이 아니라 셋이 결합하여 조화를 이룰 때 가장 이상적인 전달이 이루어지는 것이다.

어떤 면에서는 논리와 감정은 상반되는 것으로 생각할 수도 있지만 실상은 그렇지 않다. 말에 있어서 논리와 감정은 양자택일의 문제가 아니라 서로 얽혀있고 상호의존적인 것이다. 설교를 할 때 논리가 많아진다고 해서 정서적인 것이 줄어들 필요는 없다. 가장 훌륭한 설득력 있는 설교는 "논리적이면서도 감정에 호소하는 에토스, 파토스, 로고스적인 설교가 가장 강한 힘이 있고 은혜로운 설교이기 때문"이다.

---

11) 문덕수. 「문장강의」 서울: 시문학사, 1991,pp.80-191. 보라
12) C. Brroks & R.P.Warren. 「Modern Rhetoric」 Harcout. Brace and Company, 1949,
    p.141.
13)김순분. 「설교에서 우리말의 사용에 대한 연구」 석사학위논문, 장로회신학대학원, 1992.
    p. 7.

『우리는 복음을 위하여 필요한 도구들입니다.』

베들레헴 한 목공소에서 연장들이 회의를 하다가 말다툼이 벌어졌다. "망치야! 너는 소리도 크고 여기저기서 쇄 망치로 마구 두두리고 때리고 박고하니, 넌 이 목공소에서 없어져야 해" 그러자 망치는 "왜! 내가 없어져야 해? 내가 없어지면, 톱, 너도 떠나야 해? 이것저것, 마구 잘라 내니 말이다." 톱은 "내가 떠나야 한다면, 대패, 너도 떠나야 해? 대패야! 너는 항상 남의 속도 모르고 겉만 보고 마구 여기 저기 깎아 내니," 대패, 너도 떠나야 해?" 대패는 "내가 꼭 떠나야 한다면 자(尺)도 떠나야 한다. 자는 항상 자기가 모든 것의 기준이 되어 자기중심으로 크다 작다 하며 평하기 때문이다"라. 고 이유를 설명을 하는 것이다. 이렇게 목공소 연장들이 맞다, 틀렸다, 서로가 말다툼을 하고 있는데, 아주 잘 생기신 30대의 젊은 목수가 들어와 작업복을 갈아입으시더니 강대상을 만들기 시작을 했다. 목수는 강대상을 만들 때에 망치, 대패, 톱, 자 등 어느 것 하나 버리지 않으시고 모두 사용을 하여 강대상을 만드시고 그 강대상에서 곧 구원의 설교를 하셨다. 이 목수는 나사렛 예수님이 셨다.

목수에게는 톱, 자, 대패, 망치 모두가 다 필요한 연장들이다. 어느 한 가지 연장이 없으면 만들고자하는 하는 물건을 만들 수가 없기 때문이다. 잠언서 16:4절에 악인도 악한 날에 적당하게 쓰여지기 위하여... 그래서 하나님께서는 쓰레기가 없다. 설교자는 다만 절대주권자의 복음을 위한 도구이자 연장이므로 설교자는 하나님의 영광만을 더욱 더 드러내는 설교도구와 연장이 되어야 한다.

− 著者의 辯 −

제2장

설교에 대한 기본적인 이해

1) 설교의 정의

'설교가 무엇인가'하는 문제는 매우 중요하다. 설교에 관한 이해를 성실히 할 때 설교자는 바른 설교를 행할 수 있기 때문이다. 따라서 설교의 어원과 의미를 찾아보는 일은 선행되어야 하는 것이다.

설교(sermon, preaching)란 일반적으로 성경이 증언하는 복음의 진리를 현대 교회에 산 진리로 증언하는 행위를 말한다. 그러나 성경에서 '설교'에 대한 정확한 설명은 없다. 다만 그 용어의 용법과 의미를 파악함으로 설교를 이해할 수 있을 것이다.

신약성경에 설교란 용어가 많이 사용되고 있는데, 가장 중요한 용어는 '케류세인'이다. 이 말은 마가복음 1장 14절에 "요한이 잡힌 후 예수께서 갈릴리에 오셔서 하나님의 복음을 전파하여" 라고 사용된 것 외에 사도행전 10장 42절, 고린도전서 1장 23절, 디모데후서 4장 2절 등 신약성경에 약 60회 이상이나 사용되고 있다. '케류세인'이란 말은 "전령으로서 복음을 선포한다"는 의미를 가지고 있다. '전령'(傳令)은 목소리를 높여 그가 선포해야 할 어떤 분명한 소식에 공중의 주의를 끌게 하는 공적 사신이다. 사신은 자신의 생각이나 견해, 자기의 소원을 말하지 않는다. 사신의 신분에 있어서 가장 중시되는 것은 그가 다른 사람에게 대신 말하라고 '보냄'을 받는 사람이라는 것이다.

설교라는 말의 또 다른 용어는 '유앙겔리스타이'라는 말인데 번역하면 "좋은 소식, 복된 소식을 전한다"라는 뜻이다. 이 말은 기쁜 소식으로서의 메시지 즉 장차 다가올 무엇인가에 대한 좋은 성질의 소식을 가리킨다.

'유앙겔리스타이'는 누가복음 3장 18절, 사도행전 5장 42절, 로마서 10장 15절, 고린도전서 1장 17절 등 신약에서 50번 이상 언급이 되고 있다. '케류세인' 은 설교의 사역을 강조하고 있으며, '유앙겔리스타이'는 선포되어진 메시지의 영광스러움을 강조한다. 이처럼 신약성경에서 가장 일반적인 의미로 사용된 '설교'라는 말은 "사신을 통하여 하나님의 복된 소식을 여러 사람에게 전달하는 것이다"라고 한다.

그러므로, 설교는 하나님에 대한 인간의 사상들을 중심으로 하지 않고 하나님이 인간을 위해서 행하셨던 사역을 중심으로 한다는 것이다. 설교는 인간의 사색이라기 보다는 인간을 위해서 하나님이 행하신 사역들의 기록인 성경으로부터 유래되어져야만 한다는 것이다. 또한 티자드(Leslie J. Tizad)가 말한 바와 같이 "설교는 인간 단독의 행위가 아니며 단지 그를 통하여 하나님이 말씀하신다. 따라서 설교는 실제적으로 하나님의 말씀이 된다는 것을 보여준다.

칼 바르트(Karl Barth)는 설교는 하나님 자신에 의하여 야기되는 하나님의 말씀이다. 그것은 교회에 명해져 있는 시도이며 그 때문에 소명 받은 자에 의한 하나님의 말씀, 그 자체에 대한 봉사이다. 그것은 성경의 텍스트(text)가 현재의 인간들에게 관계되며 그들이 하나님 자신으로부터 들어야만 할 메시지로서 자유스런 말로 해명되게 하는 데 있다고 설교에 대해 종합적으로 설명하고 있다.

루돌프 보렌(Rudolf Bohren)은 "설교란 하나님께 부름 받은 설교자가 성령의 인도에 의하여 성경의 말씀을 고백으로서 사람들에게 설명하고 증거 하는 것"이라고 하였다. 융거(M.F. Unger)는 "설교자의 기본적인 사명은 신구약성경에 계시된 하나님의 말씀의 진리를 선포하는 것"이라고 했다.

코울러는 "설교는 하나님의 택하신 전달자를 통하여 친히 사람 속에 들어오셔서 한 사람 한 사람을 직접 대면하시기 위한 하나님의 유일한 조치"[1] 라고 했다. 미국의 대설교가인 블랙우드는 필립 브룩스의 말을 인용하여 "설교는 인간에 의해서 인간에게 전해지는 하나님의 말씀 전달"로, 티야드(L.J. Tiyard)는 "설교는 인간 단독 행위가 아니고 단순히 발음하고 있는 사람의 말도 아니며, 그를 통해서 하나님께서 말씀하시는 것이다."로 정의하였다.

또한, 페이티슨(T. Harwood Pattison)은 그의 저서 『The Making of the Sermon』에서 설교의 정의에 대해 말하고 있다. 설교는 구원을 목적으로 하나님의 진리를 전달하는 것이다. 이것을 우리가 충분한 설교의 정의로 받아들일 때, 우리는 이 정의가 설교에 주로 관련된 세 가지 요소를 포함하고 있음을 발견하게 된다. 즉, 주제, 방법, 그리고 목적이다. 의사전달의 주제는 "하나님의 진리"를 가리킨다. 이것은 무엇을 설교할 것인가를 말해주는 것이다. 의사전달의 방법적인 측면에서 보면 그것은 "말로 되어진" 하나님의 진리이다. 이것은 어떻게 설교할 것인가를 말해준다. 의사전달 목적의 측면에서 보면 그것은 "설득을 목적으로" 선포되는 하나님의 진리이다. 이것은 우리가 왜 설교해야 하는 지를 말해주는 것이다.

그러므로, 설교란 '하나님의 진리'인 말씀을 성령의 도우심으로 해석하고 회중에게 선포함으로 회중들로 하여금 하나님의 말씀에 따라 살아가도록 하는 것이다.

2) 설교의 목적과 중요성

(1) 설교의 목적

---

[1] Charles W. Koller, 「Expository Preaching without Notes」 Grand Rapids: Baker book House,1967, p. 22.

설교는 사상의 전달이나 설명만으로 끝나는 일회용 프로그램이 아니다. 분명, 설교에는 그 목적이 있고 설교자는 설교의 목적에 맞게 설교해야만 하나님이 그 백성에게 말씀하시고자 하는 내용을 잘 전할 수 있는 것이다.

설교는 다리 놓기와 같은 것으로서 격리된 간격, 즉 성경의 세계와 현대 세계 사이의 깊은 간격을 메우기 위한 것이다. 이것은 "사자(使者)가 하나님 나라의 왕의 선포를 공식적으로 읽어주듯 공포하는 것(announce)만이 아니라 그것을 소통시켜 주는 것(communicate)"이다.

또한 설교는 설교의 목적을 말하면서, "하나님과 설교를 듣는 회중들의 영혼과의 개인적 만남이 이루어지도록 노력을 하는 것"이다. "설교는 복음을 현실화 하는 것 이거나 아니면 복음을 역사적 과거로부터 인간 실존의 현재로 옮겨오는 것이다. 곧 설교는 '그 때(then)' 혹은 '그 옛날'(once upon a time)로부터 '현재'(now)에 처한 청중들에게 복음을 만나게 해주는 것이다." 즉 설교의 목적은 과거의 사건이 오늘의 사건이 되게 하는 것이며 설교를 통하여 '복음'이라는 실체를 만나는 것이라고 할 수 있다.

피어선(Roy Pearson)은 설교에서 세 가지의 근본적인 목적이 있다고 했다 그것은 이제 곧 말씀 선포(proclamation)와 실증(demonstration), 그리고 고취(implantation)라고 말하면서 설교의 열매를 강조하였다. 만약의 설교가 아무것도 변화시키지 못한다면 그것은 아무것도 이루지 못한 것이다. 피어선은 좀 더 직접적인 차원에서 덧붙여 말하기를, "좋은 설교란 항상 듣는 자에게 '예' 혹은 '아니요'의 대답을 요구하면서 '결단을 촉구하는 것'이어야 한다"고 했다.

이는 설교의 최상의 목적이 설교를 하는 데 있는 것이 아니라 새사람을 만드는데 있다. 설교는 듣는 사람을 정죄에서, 악한 생각에서 사악한 행위에서 구원하는 것을 목적으로 한다. 이는 결단을 필요로 하며 그 결단을 통하여 회중의 감정적인 변화뿐만 아니라 생활에 뿌리를 내리도록 하는 의지적인 면까지도 그 목적으로 해야 함을 가리킨다.

블랙우드(Andrew W. Blackwood)도 설교는 신성한 진리를 효과적으로 제시하여 듣는 사람들의 양심과 의지를 그리스도께 향하도록 감동시키는 것이 그 목적이라고 하였다. 이어 설교의 목표는 가르치는 것, 기쁨을 주는 것, 설득시키는 것이며 이 가운데 가장 중요한 것은 설득시키는 것으로 듣는 사람들의 마음을 하나님께로 향하는 것이라고 설명하였다.

그러므로, 설교는 설득이란 과정을 통해 목적을 달성할 수 있어야 한다. 많은 설교학자들이 설교의 목적을 다음의 네 가지로 요약하고 있다. 제이 다니엘 바우만(J. Daniel Baumann)은 4가지 현대 설교의 명백한 목적을 다음과 같은 도식으로 설명하고 있다.[2]

형 태	청 중	기 능
1. 케리그마적 (Kerygmatic)	불신자	구 원
2. 교훈적 (Didactic)	신 자	가르침
3. 치유적 (Therapeutic)	신 자	치 료(개인적)
4. 예언적 (Prophetic)	신 자	치 료(사회적)

① 케리그마적(Kerygmatic) 설교는 복음의 선포, 또는 복음적 설교라고 불리운다. 오순절 날(Pentecost) 행하셨던 베드로의 설교는 케리그마의 기본적 요소들을 갖추고 있다(행 2:14-38). 베드로는 이 설교에서 선지자들의 예언대로 이룩된 예수 그리스도의 복음과 부활을 그리고 승천을 주(主) 내용으로 다루면서 그 예수가 바로 구세주요 그리스도이심을 밝히고 그 앞에서 사람들이 회개하고 죄 용서함을 받을 것을 선포하고 있다. 이 설

---

2) J. Daniel Baumann, 「An introduction to Contermporary Preaching」 정장복 역, "현대설교학입문", 서울: 양서각, 1983, p. 288

교에서 특히 주의해야 할 것은 먼저 하나님의 거룩성이 이 설교 속에 나타나야 하고, 또 한 인간의 구원은 인간의 행위에서 나타난 것이 아니고 하나님의 값없이 주시는 은혜임을 자각하고 감격하는 자세를 유발토록 해야 한다는 것이다.

이 설교의 대표적인 실례로서는 오순절에 있었던 베드로의 설교를 들 수 있다. 그 내용을 분석해 보면, 첫째 선지자들이 예언한대로 예수 그리스도가 죄인인 인간들의 손에 죽으셨으나, 그는 부활하시고 승천하셨음을 외쳤고, 둘째로 그 예수가 우리 인간의 구세주시오, 그리스도이심을 선언했으며, 셋째로 회개하고 용서함을 받을 것을 촉구하는 메시지였다.[3]

② 교훈적(Didactic) 설교는 케리그마와 함께 설교의 한 요소이기도 하다. 메시지의 내용은 언제나 깨우치고, 가르치고, 교훈하는 요소가 있어야 한다. 설교에는 이와 같은 메시지를 통하여 사람들을 구원에 이르게 하는 것뿐만 아니라 저들을 자라게 하고 완전케 하는 교훈적 내용이 수반되기 때문이다.

다드(C. H. Dodd)는 그의 저서인 『사도적 설교와 그 발전』에서 사도들의 설교를 '사도적 디다케'와 '사도적 케리그마'로 엄격하게 구분하고 있다. 그는 케리그마는 종말론적 배경에 있어서 그리스도의 죽음과 부활의 선포였다고 하면서 사도들이 개종자들을 얻기 위해서 전파했던 것은 '케리그마'이고 광범위한 기독교 교리의 강해는 '디다케'라고 주장하고 있다.[4]

또한, 다드는 『율법과 복음』이란 책에서 가르침을 강조하기를 "사도들이 윤리적인 가르침이나 진리의 구체화된 교훈을 준 이유는 이방종교로부터 기독교로 개종한 사람들에게 새로운 세계의 이해와 삶의 원칙을 가르쳐 주지 않으면 안 될 필연적 과정"[5]이라고 하였다.

---

3) 정장복, 「예배학개론」, 서울: 종로서적, 1985, p. 233
4) C. H. Dodd, 「The Apostolic Preaching and its Develoment」, Grand Rapids: baker House, 1950, p. 19
5) Gerald Kennedy, 「His Word Through Preaching」 New York: Harper and Brothers Publishers, 1947, p.185

이처럼 설교자는 청중에게 교훈적 설교를 통하여 기독교의 기본적인 교리와 질서를 가르칠 수 있는 것이다. 교훈적 설교는 기독교 세계의 진리를 학습함으로 이단과의 구별을 가능케 하고 풍성한 삶을 영위하도록 가르쳐 준다.

③ 치유적(Therapeutic)인 설교는 집단적으로 이루어지는데 치유를 필요로 하는 회중들에게 복음의 진리로 위로해 주며 상처를 싸매주며 소망을 주고, 기쁨을 주며, 심령에 은혜를 주어 온전한 상태로 만드는 설교이다.

존 터너(John Turner)는 "치유는 인간의 정신적 자아와 감정적인 자아뿐만 아니라 영적인 본질도 포함한다"고 하였고, 제랄드 케네디는 "우리의 메시지는 실의에 빠진 자를 고쳐주고 두려워하는 자에게 확신을 심어주며, 각자가 스스로 중요하다고 느끼게 해주고 사람이 어떻게 올바른 삶을 살 수 있는지를 선포해 주는 것"[6] 이라고 했다.

치유 설교는 회중의 마음에 부담감을 주지 않고 위로와 소망을 갖게 하는데 큰 유익이 있으나 설교가 너무 유약하여 심령에 불을 붙이지 못하는 약점이 있다. 그러나 심령이 메마르고 상처받은 사람들이 급속하게 증가하는 현대의 상황에서는 꼭 필요한 설교이다.

④ 예언적(Prophetic)설교는 사회적 예언적(Social-Prophe tic) 설교라고 부른다. 구약의 예언자들과 신약의 세례 요한이 하나님의 뜻과 그 진리를 혼탁한 사회에 외쳤던 것이 바로 이 설교의 본이 되고 있다. 그 사회의 부정, 부패, 그리고 여러 가지 문제점들을 하나님의 말씀에 비추어 바르게 지적하고 그 백성들의 갈 길을 제시하는 책임 있는 설교를 가리킨다.

설교자가 사회와 역사에 관하여 무관심하다면 그는 이미 설교자가 아니라고 할 수 있다. 칼 바르트(Karl Barth)가 '한 손에는 성경, 한 손에는

---

6) Gerald Kennedy, 「His Word Through Preaching」 New York: Harper and Brothers
     Publishers, 1947.

신문'이라고 말한 것과 같이 설교자는 사회적인 현상들을 무시해서는 안 된다.

예언적 설교는 성경의 가르침이 그것을 요구하고, 우리의 역사가 그것을 요구하며, 우리의 인간성이 우리를 사회와 연관시키고 있기 때문에 필요한 것이다.[7]

이는 회중이 현실과의 관련성 속에서 그들이 올바른 신앙인의 모습으로 생활하도록 인도할 수 있는 최상의 설교라고 할 수 있다.

위와 같이, 설교는 형태에 따라 구원과 가르침, 그리고 치유적 기능을 가진다. 이는 근본적으로 사람들에게 생명을 가져다주기 위한 것으로 하나님이 인간을 위하여 역사 속에서 행하시는 예수그리스도의 복음(福音)을 선포하는 것이다.

(2) 설교의 중요성

설교는 하나님께서 인간에게 뜻하시고, 요구하시고, 기대하시는 내용을 다른 사람에게 설명하고 나타내 보여주는 근본적인 방법이다.

오늘날 우리가 성경 본문을 기초로 하여 설교할 때 우리는 하나님께서 그 당시 처음으로 행하셨던 것을 오늘날 우리의 삶에 가져오도록 시도한다. 하나님께서는 우리의 설교를 통하여 자신의 설교 사역을 계속하신다. 하나님은 설교를 통하여 말씀하시며 그 말씀은 우리의 신앙을 회복시키고 성장시키는 힘을 가진다. 믿음은 들음에서 나며, 들음은 그리스도의 말씀으로 말미암았다.

설교의 중요성 중에 하나는 "설교하는 직분은 하나님께서 사람에게 주신 최고의 특권으로서 그리스도의 생명의 도를 전하여 영원히 죽을 인생을 영생의 길로 구원하는 것" 선포하는 것이다.

설교 자체의 중요성에 대해서 브루너(Emil Bruner)는 "진정한 설교와

---

7) J. Daniel Baumann, pp. 304-305

하나님의 말씀이 참되게 행해지고 있는 곳에서는 아무리 아니라고 하더라도 이 지구상에서 일어나는 일종의 가장 중요한 일이 진행되고 있는 것"이라고 하면서 그 중요성을 지적하였다.

① 설교는 하나님의 행위이다.

복음을 선포하는 행위 그 자체가 하나님의 구원 역사를 이루는 말씀의 도구가 된다는 사실을 상기해 볼 때 설교의 중요성을 강조하지 않을 수 없다. 분명히, 이것은 신약성경 저자들의 견해였으므로 바울은 고린도 교인들에게, 자신과 자신의 동역자들은... 그리스도를 대신하여 사신이 되어 하나님이 우리로 너희를 권면하시는 것같이 그리스도를 대신하여 간구하노니 너희는 하나님과 화목하라(고후 5:20)고 했다. 즉 하나님께서 실제적으로, 그들의 설교를 통해서 호소하고 십니다.

포시드(P. T. Forsyth)는 "복음은 하나님의 행위이다. 그리고 복음은 행위를 요구하며, 또한 행위를 할 수 있도록 영감을 부여한다. 그러므로 설교는 당연히 행위, 즉 위대한 행위의 '기능'이어야 한다. 진정한 설교는 참된 행동이다."[8] 라고 했다.

설교는 "모든 인간의 영혼에 직접 다가오는 하나님의 구속의 행위이다." 이것은 설교에 대한 인간의 견해가 아니고 그리스도와 초대 교회를 통해 계시하신 하나님 자신의 견해이다. 이처럼 설교는 설교자를 통하여 전달되지만 복음이 설교의 내용에 들어있어 하나님의 행위에 민감하게 작용하는 것이다.

② 설교에는 거듭나게 하는 능력이 있다.

복음을 선포하는 행위 그 자체가 하나님의 구원 역사를 이루는 말씀의 도구가 된다는 사실을 상기해 볼 때 설교의 중요성을 강조하지 않을 수 없다.

---

8) P. T. 「Forsyth, Positive Preaching and the Modem Mind」, New York: A. C. Armstrong and San, 1907, p. 22.

설교란 최선의 의미에서 구속의 행위임에 틀림이 없다. 설교란 강의도, 에세이도, 신학적인 논문도, 사회적·정치적인 세상사나 도덕적인 교훈도 아니다. 설교는 "모든 인간의 영혼에 직접 다가오는 하나님의 구속의 행위이다." 이것은 설교에 대한 인간의 견해가 아니고 그리스도와 초대교회를 통해 계시하신 하나님 자신의 견해이다. 설교자는 하나님의 지속적인 구속 역사가 참여하는 동역자이며 세상을 구속하시려는 하나님의 책임감을 나누어 가지는 자이다. 이는 설교가 하나님의 행위로 거듭나게 하는 능력이 있음을 보여준다.

③ 설교는 믿음을 일깨운다.

"믿음은 들음에서 나며 들음은 그리스도의 말씀으로 말미암느니라"(롬 10:17) "이것은 그런즉 저희가 믿지 아니하는 이를 어찌 부르리요"(롬 10:14)라는 말씀으로 쉽게 증명할 수 있다. 아벨과 에녹, 노아, 아브라함 등은 하나님의 말씀에 의해 행동했는데 이것은 곧 믿음이다. 사람을 구원할 수 있는 믿음은 죄인이 그리스도를 자신의 구세주로 영접하고 그리스도의 말씀을 믿으며 완성된 그리스도의 구속을 의지하고 그리스도를 주로 고백함으로 사람이 그의 말씀과 사역 그리고 그 안에서 갖는 그 영혼의 확신이다. 믿음이란 말은 "나는 내게 말씀하신 그대로 되리라고 하나님을 믿노라"이다(행27:25).

신앙은 설교된 말씀을 움켜쥐는 것이다. 신앙은 사색 또는 영적 경험으로부터가 아니라 설교를 통한 하나님의 소명과 약속을 들음으로 발생한다.[9)

설교는 오로지 하나님의 약속을 믿는 곳에서 우리를 계속하여 소환한다. 우리가 그의 것이라는 놀라운 좋은 소식을 듣는 매 시간 우리 자신을 재위탁하게 된다. 그리스도 안에서의 새로운 삶은 여전히 다시 선포되는 하나님의 약속들에 대한 신앙에서 발생한다. 신앙이 약해지지 않기 위해서는

---

9) 김창규, 「교회성장과 설교방법론」 서울: 쿰란출판사, 1992. p. 21

누군가 일깨워주는 것이 필요하다. 설교가 믿음을 일깨워 주는 기능을 수행함으로 중요한 것이다.

④ 설교는 교회성장을 가져온다.

설교는 교회성장의 열쇠이다. 교회는 기필코 성장하여야 한다. 예수께서 말씀하신 것같이 우리는 예루살렘과 온 유다와 사마리아와 땅 끝까지 이르러 예수님의 증인이 되어야 한다. 그러기 위해서는 모든 교회는 차고 넘치도록 성장하여야 한다. 이렇듯 교회가 성장하기 위해서는 무엇보다도 말씀이 좋아야 한다.[10]

설교와 교회성장은 매우 긴밀하고, 경우에 따라서는 결정적인 요소로 작용한다. 설교시간 25-30분 동안의 말씀으로 일주일 내내 목회자를 만나지 못하면 한 주간이 허전하기 마련이다. 밥을 못 먹고 가는 것과 같기 때문이다. 양이 안차니까 딴 데 가서 군것질을 자꾸 할 수 밖에 없다. 그래서 교회성장과 설교의 관계가 매우 긴밀하다는 사실을 발견하게 된다.

성장하는 교회의 설교는 "강해설교나 본문 설교 형식을 취하고, 모두 복음적인 접근을 하고 있다는 것이다. 난해한 철학적인 문장이라든지, 원어나 신학적인 용어 같은 것은 가급적 피하고 있어 설교의 내용이 쉽고, 표현도 쉽고, 문장 자체도 간결하며 신념이 뚜렷하다"고 하였다. 이는 설교가 교회성장에 민감하게 작용하고 교회가 성장하기 위해서는 설교에 대한 이해를 분명히 해야 한다.

이와 같이 설교를 하나님의 말씀과 사람의 말로 구분할 수는 없으나, 설교가 선포의 역사적 계승에 참여하는 한, 우리가 설교하는 것은 베드로와 바울이 하나님의 말씀을 설교한 것과 마찬가지로 하나님의 말씀인 것이다. 설교를 통하여 멸망 받을 수밖에 없는 인간이 생명을 얻게 되고, 이 생명이 성장하도록 믿음을 일깨워 주는 것이다. 이것이 개인적인 면에 관계를 한다면, 공동의 면에서 설교는 교회의 성장에 중요하게 작용을 하고 있

---

10) Ibid, pp.191-191.

기 때문이다.

3) 설교의 내용

칼빈은 일찍이 "교회는 하나님의 말씀이 선포되어지는 곳"이라고 한 바 있다.[11]

그러나 오늘 이 땅의 수많은 교회에서 수 없이 외쳐지는 설교가 과연 전부가 다 성경적인 하나님의 말씀의 선포라고 볼 수 있는가? 라고 반문할 때 우리는 주저 할 수밖에 없게 된다. 이처럼 우리를 주저 할 수밖에 없게 만드는 중요한 원인들 중의 하나는 그 많은 설교자들이 설교에 대한 분명한 신학적인 이해가 결여된 채로 나름대로의 열정이나 습관적인 반복만을 거듭하고 있다는 사실이다.

대체로 설교의 기능을 하나님의 말씀의 선포(Proclamation), 해석(Interpretation), 그리고 적용(Application)으로 규정할 때, 거기에는 "무엇을, 어떻게, 누구에게"라는 원리적인 문제가 생겨나게 된다. 즉, 아무런 전제나 조건이 없이 즉흥적으로 이루어지는 것이 아니라, 인간의 수단과 언어를 하나님의 말씀이 되게 하는 신학적인 내용과 조건이 있는 것이다.

이제 그와 같은 성경적 설교의 신학적 원리를 규명하기 위해 성경적 설교의 개념을 정의해 보고, 성경적 설교의 신학적 원리를 성경적 의미에서, 구원론적 의미에서, 그리고 삶과 사회에 영향을 주어야 한다는 현실적인 의미에서 찾아보고자 한다.

(1) 설교는 성경으로 시작해서 성경으로 끝을 맺어야 한다.

성경적 설교는 꼭 행해져야만 하는가? 설교는 반드시 성경적 설교이어야만 하는가? 이에 대한 답변은 재고의 여지가 없다. 성경적 설교는 반드시

---

11) 「기독교 강요」 IV. 1. p. 9.

행해져야 한다. 그리고 모든 설교 중에서 가장 좋은 설교는 성경적 설교이다. 그 이유는 성경을 떠나서는 설교란 생각할 수 없기 때문이다. 또한 설교는 성경해석이요, 설교는 성경의 설명이며, 설교는 하나님 자신에 의하여 말씀되어지는 하나님의 말씀이기 때문이다.[12]

설교는 반드시 성경적 설교여야 한다는 확신을 가진 존 브라이트(J. Bright)는 이렇게 단언하고 있다. "성경적 설교를 대치할 만한 것은 없다. 성경적 설교는 권위를 수반하는 단 하나의 방법이다." 설교자의 권위는 교회가 항상 확증하는 것 같이 성경에 두고 있다.

영국의 신학자 포시드(Forsyth)는 그의 저서 「적극적 설교와 현대이성」(Positive Preaching and the Modern mind)의 제1장에서 "설교자가 끊임없이 성경으로 돌아가지 않으면 안 될 아주 큰 이유는 성경이 최대의 설교이기 때문이다"라고 말했다.[13]

확실히 성경을 떠나서는 설교란 있을 수가 없다는 것은 주지의 사실이다. 그러므로 유능한 설교자는 성경의 조용한 내부에서 시작해야 한다.

바레트(C. K. Barrett) 역시 이 사실에 공감을 표시하면서 다음과 같이 분명히 말한다. "설교자는 자신을 나타내거나 자기 주장을 교인들에게 펴기 위해서 강단에 서는 것이 아니라, 가능한 한 인간적인 설명은 적게 붙이고 성경에 담겨 있는 하나님의 진리를 드러내고 표현하기 위하여 강단에 서는 것이다." 이러한 사실들에 비추어본다면, 어떤 형태의 설교이든지 설교의 본문이 선포하는 메시지로부터 이탈한다거나 너무 다른 내용에 관심을 둔 나머지 본문은 언급조차하지 않는 것은 결코 용납될 수 없다. 그 이유는 말씀의 주인이신 하나님에 대한 이탈내지 무관심으로서 설교자가 범하기 쉬운 범법 행위이기 때문이다.

이러한 모순의 "많은 경우에 있어서 성경 본문은 설교자가 하고 싶은 이야기를 뒷받침해 주는 권유의 근거로서 선택한 성구에 지나지 않는다.

---

12) Ibid., p. 41.
13) 곽영철, 「설교학 신론」 서울: 제일출판사, 1975, p. 24.

성경 본문을 읽되, 설교 내용은 그것과 아무런 관련이 없는 경우가 적지 않다. 한국 교회의 설교 풍토의 맹점 가운데 하나가 바로 이런 비성경적 설교의 팽배라고 아니할 수 없다." 한국교회의 비성경적 설교풍토의 팽배를 지적을 하면서 필자는 전적으로 그 이유를 살펴보고자 한다.

설교는 문화적인 영향이나 재래의 습관과 윤리에 영향을 받는다. 특별히 한국강단은 재래적인 윤리주의, 유교적인 교훈, 샤머니즘과 기복주의 신앙 등으로 부터 지대한 영향을 받았다. 이것은 잘못된 설교자들의 설교 내용 가운데 불교적인 요소와 유교적인 내용이 많이 포함되어 있는 것과 가장 중요한 성경은 설교의 도입을 위해서만 이용하고 대부분의 전개는 비성경적인 것들로 엮어져 있는데서 확실하게 나타난다. 그러나 한국강단의 설교가 성경적 설교가 되지 못한 더 큰 이유를 찾아보자면, 설교신학의 부재와 설교자의 교육부족 그리고 과다한 설교사역을 들 수가 있다. 1980년 이전까지만 해도 신학교에는 설교학을 전공한 설교학 교수가 몇 사람이 안되었다. 따라서 신학교에서 설교가 무엇이고, 어떻게 하는 것이며, 무엇을 전하는 것인가에 대해 교육받을 기회가 거의 전무했던 것이다.

그 결과, 성경적 설교의 이해부족에서 성경적 설교를 "성경구절을 많이 인용하는 설교"로 이해를 하거나, "본문을 중요시하는 설교"라고 단정하고 본문을 우상시하는 경향이 있다. 더욱 심각한 것은 한국강단의 설교는 설교의 주어인 성삼위일체의 하나님이 생략이 되므로써 신언의 전달이 아니라 설교자의 생각과 지식의 선포로 가득 차 있다는 사실이다. 이 사실은 "축원합니다" "기원합니다" "원합니다" "바랍니다" "생각합니다" "느낍니다" "봅니다" 등의 설교의 종결어 사용에서 분명히 나타나고 있다. 한국강단에 진열해 놓은 이 모든 종결어의 주어는 하나님 또는 예수 그리스도나 성령이 아닌 바로 설교자 자신이라는 것이다

이같은 설교에 대해 다니엘 바우만(J. Daniel Baumann)은 그것은 "성경적 설교이기보다 자기의 주장을 펴기에 편리한 본문들로만 잘못된 방법으로 나열하는 주제설교의 형태를 취하고 있다."[14)]

라고 비판했고, 존낙스(J. Knox)는 "성경본문을 기초로 하여 전혀 비성경적 설교를 할 수도 있고 전혀 본문에 매달리지 않고도 매우 성경적인 설교를 할 수가 있다."[15] 고 하여 바우만의 입장을 지지하기도 했다. 우리가 바우만의 이러한 비판을 겸손히 받아들인다면, 한국강단의 설교가 성경적이냐 비성경적이냐 하는 것은 성구를 열거한 설교였다 하더라도 대부분 그 형태가 주제설교나 제목설교였고, 성경적 설교가 못 된다는 것을 누구라도 부인할 수 없을 것이다. 따라서 오늘날 한국강단의 기형적 설교가 궤도를 수정하여 나아가야 될 돌파구는 성경적 설교로 돌아가는 길 밖에 없다고 본다. 그렇다면 성경적 설교는 무엇이며, 어떻게 하는 것인가? 라는 물음이 자연스럽게 제기된다.

성경적 설교란 처음부터 끝까지 성경으로만 이루어진 설교로 "성경으로 시작하여, 성경에 의하여, 성경으로 끝나는" 설교이다. 이것은 다른 형태의 설교가 다루지 않았던 몇 가지 영역과 방법들을 설교의 세계로 끌어들이고 있다. 기존의 제목설교나 본문설교, 그리고 강해설교가 대부분의 경우 설교의 본문이 몇 귀절이거나 아주 짧았고, 충분한 석의과정을 거치지 않은 채 설교자 혼자 준비하여 성인들만을 대상으로 선포됨으로써 설교가 예화 진열장이 되거나 인간의 말의 진열장이 되었던 단점들을 보완해 준다.

성경적 설교는 동일한 교회를 섬기는 모든 교역자가 함께 본문선택, 제목설정, 설교 자료준비, 설교작성 등에 참여하여 일주일동안 준비하며, 영아로부터 노인에 이르기까지 모든 부서의 교인들에게 새벽기도회, 금요일 구역예배, 주일예배에서 동일한 본문으로 선포하고 성경전체를 모든 교인들에게 강해하는 설교이다. 그리고 일주일분의 묵상자료를 제작하여 일주일 동안 새벽기도회에서 설교하고, 모든 교인들은 이 본문을 읽고, 쓰고, 묵상한 후에 듣는 설교이기도하다. 또한 성경적 설교는 설교자가 설교할 본문을 한장 전체로 선택하여 일주일동안 30회 이상 읽고 묵상하면서 각종 주

---

14) Baumann, p. 129.
15) John Knox, 「The Integrith of Preaching」 New York : Abingdon Press, 1957, p. 19.

해와 주석을 참고하여 그 본문의 뜻을 충분히 파악한 후 청중들의 삶에 필요한 하나님의 음성을 적절하게 전달하는 설교를 말한다.

따라서 성경적 설교는 그 유형으로 볼때, 강해설교의 일종으로서 동일한 본문이 새벽기도회시에는 본문설교형태가 되고, 주일날은 주해와 응용을 결합시킨 설교형태가 된다고 할 수 있다. 이러한 성경적 설교에 대하여 존 브라이트(John Bright)는 유용한 정의를 내리고 있다. 그에 의하면 "성경적 설교는 성경 본문의 주석과 성경적 교훈의 어느 부분을 해석하거나, 기독교인의 신앙과 실천의 규율로 복음을 확실하게 선포하는 것을 의미한다."[16] 그리고 본회퍼(D. Bonhoeffer)는 이것을 다른 식으로 설명하고 있다. "개개의 설교의 목적은 본문으로 하여금 특별하게 말씀하게 하는 것이다. 사상체계가 아니라 본문만이 끝에 남아야 한다. 텍스트만이 최종적으로 남아서 회중과 더불어 있어야 한다."[17]

이러한 이해에 존 낙스는 성경적 설교의 내용이 어떤 특징을 가져야 하는가? 하는 문제에 대해 다음과 같은 내용을 첨가하여 기술하고 있다. 첫째, 특징적이고 본질적인 성경적 관념에 접근해 있어야 한다. 둘째, 중심이 되는 성경적 사건 곧 그리스도의 사건과 핵심적 관련을 가지고 있어야 한다. 셋째, 본질적 교회의 생활에 해답을 주고 영향을 제공하여야 한다. 넷째, 그리스도의 사건이 실제적 의미에서 재현되어야 한다.[18]

우리는 이 성경적 설교의 특징을 다음과 같이 보다 구체적으로 접근을 해야 한다.

첫째, 설교의 내용전체가 성경적 관념에 근접해 있는 가운데서 그 특징과 본질을 나타내야 한다. 둘째, 설교 가운데서 그리스도의 현존이 보여야 한다. 셋째, 참된 성경적 설교 가운데서는 언제나 하나님과 인간과의 만

---

16) John Bright, 「The Authorith of the Old Testament」 Nashville : Abingdon Press, 1967, p.163.
17) Dietrich Bonhoeffer 「Finkenwalder Homiletik」 .1935-1939, in Gesammelte Schriften Band, 4.1961, tr., by Morino, p. 61.
18) Knox, pp. 19-23.

남의 현장이 마련되어야 한다. 넷째, 성경적 설교의 메시지는 현대적 의미를 부여해야 한다. 다섯째, 성경적 설교자는 언제나 구약과 신약을 하나의 성경으로 보는 관점을 가지고 있어야 한다. 여섯째, 성경적 설교는 하나님의 말씀으로서의 확신을 심어주어야 한다. 일곱째, 참된 성경적 설교는 명령과 책망과 훈계중심 보다는 은총과 사랑과 용서의 하나님을 보여주는 것이 중요시 된다

이상에 나타난 성경적 설교의 특징들을 종합해보면, 성경적 설교는 성경적이어야 하고, 구원론적이어야 하며, 삶과 사회에 영향을 주어야 한다는 것으로 이해할 수 있다.

(2) 설교는 오직 성경적이어야 한다.

설교의 근원은 성경이다. 성경은 영으로 지금 오시는 그리스도 자신께서 교사로 계시는 장소이다. 성경은 기록된 하나님의 말씀이다. 하나님께서 실제적으로 자신을 알리신 것은 성경뿐이다. 성경은 우리에게 하나님의 이름을 문자로 기록하여 주고 있으며, 그 과거의 역사를 가르쳐 주고 있다. 그리고 하나님의 백성은 하나님의 말씀에 의존하여 존재한다. 성경 전체는 이 사실에 대한 증언이라 할 수 있다. 하나님께서는 그의 백성들에게 성경을 통해 말씀하시며, 자신의 길을 가르치신다. 그렇기에 설교는 성경의 본문을 낭독하는데서 시작해야 된다고 보렌은 역설한다.[19] 이러한 이유 때문에 "가장 좋은 설교는 만들어지는 것이 아니라 자라는 것이다" 또한 설교가 성경의 씨앗으로 자라나야 된다. 이것은 설교자가 성경을 해석하고, 적용하고, 표현할 수는 있지만 새로운 것을 창안해 낼 수는 없으며, 성경은 설교라는 나무의 씨로서 말씀이 없거나 말씀과 무관한 설교가 아니라는 것을 말해준다.

---

19) 정장복 "성서적 설교와 그 진정과정에 대한이해" 「장신논단」 제3집(1987.11) : 154.

또한 설교의 메시지의 재원이 시대적인 사건, 문학, 철학, 정치, 이데올로기 등이 될 수는 결코 없을 뿐만 아니라, 심지어 자신의 경험과 감정까지도 설교의 원천이 되어서는 안된다. 오직 설교의 메시지는 성경에만 그 원천을 두어야 한다.

설교의 영원한 원천과 씨앗은 삶의 주변적인 사건이나 어떤 인기가 있는 사상이 아니라 성경이어야 할 뿐만 아니라 성경이 설교자체라고 보는 견해도 있다. 존 스토트는 이러한 견해에 긍정적인 반응을 보이면서 "한세대동안 성경의 교리를 연구하였지만, 그 진술에 있어서 가장 만족할 만한 모범은 성경은 하나님이 설교하는 책이라고 기술하는 것이다"라고 확신있게 주장한다. 성경이 곧 설교이기 때문에 "설교자가 끊임없이 성경으로 돌아가지 않으면 안 될 큰 이유는 성경이 최대의 설교이기 때문이다." 다른 어떤 기능보다도 월등하게 성경은 하나의 설교자체이며 케리그마이다.

성경 자체만큼의 분명한 설교는 없다. '성경으로 성경을 해석하게 하라'는 말을 생각할 때, 더욱 성경은 설교로 간주된다. 바우만은 "설교에 따라 기독교의 성패는 결정이 된다"고 말한다. 이 명제는 설교가 하나님의 말씀인 성경에 얼마나 충실하느냐 에 따라 그 성패가 좌우되고 이에 따른 설교의 성패가 기독교의 성패를 결정한다는 말이다.[20] 다시 말하면 설교란 그 자체가 그리스도를 통한 하나님의 구원의 역사를 계시하고, 그 역사를 이룬 성경의 대 진리를 선포하는데 그 존재 가치가 있다. 그러므로 성경을 떠난 설교는 하나의 종교 에세이나 단순한 인간의 사고를 발표하는 종교적 연설에 불과하다. 설교자가 성경을 모른다거나 성경에 설교의 원천을 충실히 두지 않을 때 우리의 설교는 위험한 신비주의나 열광주의로 흘러갈 수도 있다.

이러한 이유 때문에 설교는 성경에서 말씀하신 그 말씀, 성경에서 성취하신 그 은혜를 성경에 있는 그대로 전달해야 한다. 이 점은 구약의 선지자들에게서 분명히 드러난다. 구약의 선지자들은 단순한 성경해석자가 아니

---

20) Baumann, p. 126.

라 하나님께서 그에게 주신 말씀을 자기편에게 어떤 수식이나 가감이 없이 그대로 공포해야만 하였다. 구약성경은 끊임없는 선지자들의 말씀선포사역을 소개하고 있으며, 하나님의 말씀을 그 백성과 자손들에게 가르칠 것을 요구하고 있다.

신약성경은 한 분 예수 그리스도에게 집중된다. 따라서 초대교회 사도들의 설교의 중심은 예수 그리스도의 십자가와 부활에 초점이 모아졌다. 그들은 예수 그리스도의 사건을 통해서 예수 그리스도의 십자가와 부활은 모든 성경의 응답이며 진수라는 사실을 증거하였고, 십자가에 매달리시고 부활하신 예수는 우리의 주와 그리스도가 된다는 사실을 증거를 하였다. 그리고 십자가를 통한 죄인들의 회개, 죄 용서, 하나님의 은총을 설교했다.

신구약 성경을 간략히 살펴본 결과 우리는 설교가 하나님에 대하여 인간이 무엇을 외친 것이 아니라, 오히려 인간을 향하여 하나님께서 무엇을 어떻게 하셨다는 메시지를 가르키고 있다는 사실을 알게 된다. 즉, 하나님을 향한 인간의 말이 아니라 인간을 향한 하나님의 말씀을 인간들에게 알리는 것을 그들의 주 임무로 이해했었다. 그들은 하나님에 관한 인간의 생각이나, 인간의 말을 구사한 것이 아니라 하나님께서 어떻게 구속의 역사를 이루어 가시는지를 알리는 것을 주 임무로 삼았던 것이다.[21] 그 결과 하나님께서는 선지자들의 설교에서 언제나 주체이셨지 결코 그 대상이 아니었다. 그렇기 때문에 성경의 설교자들은 그들의 삶 전체가 하나님의 장중에 사로잡혀 그 주인의 뜻대로 말씀을 전하고 행동해야만 했었다.

이 같은 사실들을 고려를 해볼 때, 설교자는 무엇보다 성경을 친근히 하고 성경전체에 귀를 기울여야 한다. 성경은 영혼의 양식이며, 만나이며, 꿀이다. 그것은 또는 황금이다. 그리고 검이며, 불이며, 씨앗이다. 성경은 하나님께서 인간들에게 그 자신과 진리를 펴신 유일한 커뮤니케이션이며, 진리와 빛과 능력의 가장 고귀하고 거룩한 원천이다. 그러므로 설교자가 성

---

21) Donald G. Miller, 「Fire in thy Mouth」 ,New York: Abingdon Press, 1960), p. 23.

경을 벗어나 설교해야 할 이유가 없다.

성경은 설교의 영원한 근원이요 다함이 없는 샘이다. 여기에 설교가 성경적이어야만 하는 양보할 수 없는 이유가 있는 것이다.

(3) 설교는 구원론적이어야 한다.

설교는 분명한 목적이 있어야 한다. 목적이 없는 설교는 지향점을 잃고 허공에 외치는 공허한 소리와 같다. 그것이 설교다운 설교라면 행동과 삶의 변화를 일으키고자 하는 명백한 목적이 있어야 한다.[22]

앞에서 이미 말했지만, 바우만(J. D. Baumann)은 현대 설교는 네 가지 설교의 목적을 갖는다고 한다.[23]

첫째, 불신자의 구원: 선포적 설교 (Kerygmatic Sermom)
둘째, 신자의 가르침 : 교훈적 설교 (Didactic Sermon)
셋째, 개인의 치료 : 치유적 설교 (Therapeutic Sermon)
넷째, 사회의 치료 : 예언적 설교 (Prophetic Sermon)

바우만이 제시한 것처럼 설교자는 이러한 설교의 목적을 염두에 두고 다양하게 설교를 해야 한다. 그러나 대체로 설교자는 다양한 요인들로 인해 어느 한곳에 치우치기 마련이다. 이때 중요한 문제는 이렇듯 다양한 설교의 목표가운데서 설교자가 어디에 최우선을 두고 설교해야 하느냐 하는 것이다.

설교의 목적은 죄인된 인간에게 신앙을 심어주고 증대케 하여 구원을 얻도록 하는데 있으며, 그 구원은 예수 그리스도를 통하여 이루어진다고 본다. 따라서 설교는 구원론적이어야 한다.

---

22) Baumann, p. 287.
23) Ibid., p. 288.

성경에 의하면, 인간의 총체적인 고통과 불행은 인간이 하나님께 반역하여 그 결과 영혼이 죽었기 때문이라고 말한다. 그래서 인간은 부단히 하나님의 진노 아래 있고, "죄와 허물로 죽었다"고 한다. 이처럼 영혼이 죽은 인간은 하나님의 생명에 대하여, 본질적인 영적세계에 대하여, 인간 위에 임한 모든 은혜에 대하여 알지 못한다. 이러한 인간의 보편적인 비참함에 대해 바울은 에베소서 4:17에서 지적하기를 인간의 본질적인 저주의 상태란 "저희 총명이 어두워지고 저희 가운데 있는 무지함과 저희 마음이 굳어짐으로 말미암아 하나님의 생명에서 떠났다는 것"이라고 말하고 있다. 이러한 성경적 인간에 따르면, 인간의 불행이나 참상, 육체적인 질고까지도, 그리고 인간을 괴롭히고 고통스럽게 만드는 일체의 것들이 원죄 즉, 아담의 타락의 결과이며 열매이다. 그런데 여기서 중요한 것은 타락의 결과들이 아니라 이 타락과 저주에서 인간은 스스로 자신을 구원할 수 없는 죄인이며, 구원받아야 할 대상이라는 것이다. 이것이 인간의 참 모습이기 때문에 설교는 구원을 지향해야만 한다.

성경에서 가르치는 구원이란, 하나님의 진리를 아는 것이며, 죄를 용서받고 의롭다함을 얻어 하나님의 자녀가 되고 영원한 생명에 참여하는 것이며, 예수의 마음을 가지고 삶을 살아가는 것이다. 이 구원은 사람들이 깨닫지 못하고 있는 "구원에 대한 지식"으로 사람들을 인도함으로 얻는 결과이며, 또한 구원이 이 무지를 해결해 주고 있다.

만일 구원이 사람에게 가장 큰 요구이며, 인간의 가장 궁극적인 곤경이 하나님에 대한 반역의 결과인 무지에서 발생한 것이라면, 인간에게 있어서 가장 절실한 것은 이것에 관해 듣는 것이며, 자신의 처지가 어떻다는 것을 깨닫고 이것이 처리될 수 있는 유일한 길이 무엇인지를 아는 것이다. 이것을 알려주는 행위가 설교이며, 또한 알리는 것이 설교의 목적이다.[24)]

설교의 최우선적인 목적은 윤리적인 훈계나 강연으로 사람을 교육하거나 도덕적인 정신을 함양시키는 것도 아니며, 사람을 육체적으로나 심리적

---

24) Ibid., p. 31.

으로 치료하는 것도, 사회정치적인 변혁을 꾀하는 대화도 아니다. 만일 그렇게 한다 해도 그것이 사람을 궁극적으로 행복하게 하지 못한다는 것을 분명하다. 이는 교육이나, 육체적 심리적 치료가 사람을 선하게 할 수 없다는 것이다. 그러므로 설교가 그의 진정한 임무를 수행할 때, 자연적으로 사람들을 교육하고, 지식과 정보를 주게되며, 사람들을 행복으로 인도하고, 또한 사람들을 본래 상태보다 훨씬 선하게 만들게 되는 것이다. 그러나 설교의 일차적인 목적은 이런 것 중 어느 것도 아니고, 오직 사람들을 하나님과 바른 관계로 이끌어 주고 하나님과 화해하도록 하는 것이다

영혼구원의 선봉장이었던 설교의 황태자 스펄전(C. H. Spurgeon)목사는 그의 50회 생일축하 예배의 설교에서 "설교의 목적은 영혼을 구원시키는데 최우선을 두어야 한다"고 말을 했다.

"제가 확실하게 한 가지 자부하고 싶은 것은 저는 잃어버린 영혼을 위해 하나님께 매어 달려 간절히 기도하고, 쉬지않고 말씀을 전파한다는 사실입니다. 제가 다른 사람과 구별되는 점이 있다면, 제 설교는 훈화나 사업을 위해서 그리스도를 이용하는 그런 설교가 아니고, 인간의 가장 귀중한 영혼의 문제를 위하여 그리스도를 전파하고 하나님의 은혜를 나누어 주고자 하는 설교라는 점입니다." 스펄전은 공연석상에서 "나는 세계 제일의 웅변가가 되는 것보다 한 사람의 영혼을 건져내는 구원의 손길이 되기를 원합니다"라고 말했다. 스펄전(C. H. Spurgeon)은 이의 실천을 위해 설교자들이 명심해야 할 몇 가지 사항을 그의 강의에서 말하고 있다. 이를 요약해 보면 다음과 같다.[25]

첫째, 무엇보다도 먼저 십자가에 달린 예수 그리스도를 전파하라. 예수가 높이 달린 곳에 영혼이 이끌린다. 둘째, 율법을 가르치라. 율법이 바늘처럼 우선 먼저 오고 그 다음에 복음의 실이 끌려야 한다. 셋째, 인간의 본성의 타락을 가르쳐라, 넷째, 하나님에 대한 배반은 진노라는 것을 가르쳐

---

25) C. H. Spurgeon, 「Lectures to My Students」 Grand Rapids: Zondervan, 1975, pp. 337-347.

라. 다섯째, 이신득의(以信得義)를 가르치라, 여섯째, 예수를 통하여 나타난 하나님의 사랑과 풍요한 긍휼을 찬미하라. 일곱째, 감정보다는 오성에 호소하라, 여덟째, 설교할 때는 반드시 하나님을 믿지 않는 사람들을 부르는 대목없는 끝을 마쳐서는 안된다. 아홉째, 무게가 있게 엄숙하게 진지하게 설교하라, 열째, 사람들의 회심을 마음에 두고 그것을 기대하고 그것을 위해 준비하도록 하라.

이상에서 살펴본바와 같이 설교는 죄인인 인간영혼을 구원하는데 그 목적이 있다. 그리고 구원은 예수 그리스도를 전할 때에 일어난다. 예수 그리스도는 인간구원의 주체이며 설교의 내용이 된다. 그러므로 설교는 당연히 구원론적이어야 하고, 그리스도론적이어야 한다.

(4) 설교는 삶과 사회에 영향을 주어야 한다.

설교가 하나님과 교회화의 수직적 관계만을 강조해 온 지금까지의 일방적인 경향을 극복하고 교인들이 살아가는 "세계"와의 관계에서 복음적 의미를 찾고 그것을 구현하면서 살도록 해야 하는데, 이것은 수직적 관계가 아닌 수평적 관계에서 수반되어야 한다. 즉, 예수 그리스도를 받아들이는 사람들이 교회생활에만 한정되어 살지 않고 세상의 정치, 경제, 사회, 문화의 상황에서 복음적인 결단을 하면서 살도록 추구하는 설교가 이루어져야 한다. 오늘날과 같이 교회 밖 세상에서 엄청난 일이 일어나고 있는 이때에 그런 일에 신경쓰지 않고 교회안에서의 신앙생활만 강조한다면 그 결과로 오게 되는 복음의 왜소화 뿐이다.

이런 의미에서 볼 때, 설교는 "오직 성경만을 설교해야 한다"는 원칙은 설교자가 그의 청중들이 처한 특이한 시대적 상황과 요구에는 전혀 무관심해야 한다는 것을 의미하는 것은 아니다. 만일 설교자가 성경에 기록된 내용만 그대로 말한다면, 때에 따라서 그것은 옛 이야기로 그쳐 버리는 수가 있을 것이다. 설교자는 성경속의 일정한 본문을 성경전체 주제 속에서 해석하고, 그것을 회중들의 삶에 적절히 적용시켜야 한다.

설교자가 설교할 때에 하나님의 구속사역을 설교함으로써 그 결과를 청중들의 실제생활에 적용시키기 위해서는 하나님의 약속과 명령을 다함께 선포해야 한다. 예수 그리스도를 통해서 이루실 하나님의 구속역사의 약속과 특권을 받은 자들이 하나님의 명령에 긍정적인 결단을 내리도록 적용시키는 것이 성경적인 적용이라 할 수 있다.

참다운 성경적 설교는 교인들로 하여금 세상에 대한 민감한 감각을 가지고 그런 일에 대한 복음적 응답을 하면서 살 수 있도록 하는 설교를 의미한다. 이러한 이유 때문에 설교자는 세상일에 대해 잘 알고 있어야 하고 또 깨어 있어야 한다. 그래서 교인들의 신앙의 눈을 열어서 수평적인 삶의 사건들속에서 그것들이 지닌 신앙의 의미를 깨닫도록 도와주어야 한다. 그리고 설교자는 확신에 대한 정당성을 스스로 깊이 깨달아 생활화시켜야 하며, 근본적인 인생문제에 대한 갈증을 성경으로써 해결하는 모습도 보여주어야 한다.

오늘의 설교가 상호전달이 되지 않는 모습을 많은 평신도를 대상으로 조사를 해보면 설교의 내용들이 아주 빈약하게 전달되고 있다 는 것이다. 예배를 마치고 나온 신자를 즉시 만나서 물어 보면 설교에서 '문제'를 제시받았다든가 또는 메시지에서 '해답'을 찾았다고 분명히 말하는 사람이 3분의 1이 채 못 되더라는 것이 일반적인 견해이다.

위와 같은 결과들은 교회의 설교가 현대사회와 의미있게 상호 의사소통을 하고 있지 못하기 때문이요, 회중들의 삶의 현장과 무관한 메시지가 선포되기 때문이다. 오늘의 설교는 현대인들이 필요로 하는 것에 도달하지 못 할 때가 많다. 이와 같이 설교가 설득력이 없는 것은 설교자가 회중에서 접근하지 못하고 그들의 삶의 현장을 연구하지 않기 때문이다. 기독교의 메시지는 반항하는 사람들로 하여금 지금까지 걸어온 길을 갑자기 멈추게 하고 생각조차 하지 못했던 새로운 삶의 지평이 전개되도록 명확하게 제시할 만한 능력을 가져야만 한다.

현대인들은 목사의 말씀과 그들 자신이 부단히 어떤 결단을 내리면서 살아가야 하는 매일의 삶의 현장을 연결을 지어야 한다는 것을 깨닫고 있지만, 삶의 현장속에서 크리스챤의 모습을 유지하고 복음적 응답을 못하는 것은 메시지가 그들이 연결을 지으려고 하는 방법으로 전달되지 못하고 있기 때문이다. 설교가 한 인간에게 아무런 변화를 주지 못한 채 끝나 버린다면 그 설교는 실패한 설교라고 단정을 지어도 무리가 아닐 것이다.

(5) 오직 성령이 설교자로 하여금 말씀하게 하여야 한다.

성령은 설교자로 하여금 하나님의 은혜를 깨닫게 하신다. 성령은 설교자의 마음과 더불어 일하시나, 설교자의 마음의 움직임이 반드시 성령의 역사라고 말할 수는 없다. 성령은 '우리 밖에'(extra nos) 계신 분으로 우리에게 다가오시는 분이기 때문이다. 성령은 '우리 안에'(in nos) 우리의 영과 더불어 우리 몸을 하나님의 성전을 삼고 거하시며, 지금도 '우리를 위해' 일하시는 분인 것이다. 우리 밖에 계신 분이기에 겸손히 성령의 역사하심을 기다리며, 또한 우리 안에 계신 분이기에 성령이 거하는 전인 우리의 몸을 귀히 여겨야 하고, 우리를 위하여 일하시는 분이기에 그분의 능력에 덧입기를 기도해야 한다. 그래서 설교자는 바로 이 놀라운 성령의 모습과 활동을 회중에게 성령의 능력으로 말씀을 선포해야 하는 것이다.

성령은 죄인인 설교자에게 거룩한 영으로 다가오셔서 설교자의 죄와 절망을 절감하게 하시므로 깨닫게 하시고 발견하게 하시고 알게 하시며 예언케 하신다. 그리고 설교자로 하여금 자기 말씀을 선포하게 하신다. 이 때 설교자는 철저히 자기 속에 하나님의 임재를 경험하며 전율하게 된다. 설교자로 하여금 설교의 진정한 주체가 설교자 자신이 아니라 하나님이심을 깨달아야 한다. 그래서 설교자는 항상 성령 충만하며 충만을 위하여 성령의 인도와 간섭 성령의 인도를 받는 삶을 살아야 한다. 그래야 성령은 설교자로 말씀을 하게 하신다.

4) 설교와 성령의 역할

(1) 설교자와 성령

    스펄전은 설교자로서 성령과 설교의 관계, 즉 그리스도 예수의 복음의 일꾼인 목회자와 성령의 사역과의 설교라는 주제는 아주 중요해서 자주 다루는 내용들이다. 설교의 성공에 대한 소망과 설교를 계속하는 데 필요한 힘은 주의 영이 우리 위에 거하신다는 믿음에 달려있기 때문이다. 목회자는 성령의 실재를 믿는 단계를 넘어 개인적으로 성령의 임재를 체험해야 한다. 설교자에게 성령은 필수적이기 때문에 성령없는 설교자는 이름뿐이다.

(2) 말 주변(籌辨) 능력이 늘 부족했던 사도바울

    "고린도후서 10:10 그의 편지에는 무게가 있고 힘이 있으나 그가 몸으로 대할 때 에는 약하고 그 말도 시원하지 않다 하니" 고린도후서 11:6에 이에 사도 바울 스스로가 "내가 비록 말에는 졸(拙)하나 지식에는 그렇지 아니하니"라고 했다.

    한문에 졸(拙)이란 단어는 헬라 원어에 이디오스(ιδιωσ) 즉 문외한(門外漢) 사람이란 단어에서 파생된 단어로서 이디오데스(ιδιωτησ)는 "재주가 없다, 서투르다, 언어를 구사하는 기술이 없다" 라는 뜻이다. 사도바울은 외모로는 외소하고 약해보이며 언어구사 능력도 시원치 않았을 뿐만 아니라 형편없었다. 사도 바울의 언어 구사 능력에 대하여 이디오데스 "언어 구사능력이 서투르다" 는 단어로 사도바울의 설교 능력을 사도 바울 자신이 서투르다고 자신이 사용하는 언어 능력의 부족함에 대한 고백을 통해서 바울은 설교자로서의 신체적 선행조건이 잘 갖추어진 사람은 아니었다.

    개정판 현대어 성경에는 "비록 내가 말 재주는 없지만 적어도 내가 알고 있고 말하고자 하는 게 무엇인지를 분명히 전달해 왔다는 것은 여러분

들도 여러 경험으로 이제는 다 인정하리라고 생각을 합니다." 라고 했다 사
도바울 스스로도 자신이 설교자로서 언어구사능력이 시원치 않았다 는 것
을 스스로 말을 하고 있다 구약시대의 모세(출 4:10)와 신약시대의 바울은
가장 위대한 하나님의 일꾼으로 쓰임 받았음에도 말주변이 없다는 공통점
을 지니고 있다 언변능력이 좋다고 주께서 더 귀하게 쓰시는 것은 아니다.

(3) 사도바울을 최고의 설교자로 만든 성령

사도바울은 제1차, 제2차, 제3차 전도여행을 하면서 다양한 청중 다양
한 상황에서 아홉편의 설교를 하게 된다 사도행전 13장에서는 비시디아
(Pisidia) 안디옥(Antioch)에서 흩어진 디아스포라인 유대인들에게 유대회
당에서 설교를 한다, 14장에서는 루스드라(Lystra)의 이방인들에게 17장
에서는 아덴(Athens)에서의 헬라의 에피쿠로스(Epicureanism)[26] 철학자
와 스토익학파(Stoicism) 스토아학파(Stoicism)[27] 들에게, 20장에서는 밀
레도(Miletus)에베소서(Ephesus)교회의 장로들에게, 22장에서는 예루살
렘 (Jerusalem)군중 앞에서, 24장에서는 벨릭스(Felix) 총독에게, 26장에
서는 헤롯 아그립바(Herod Agrippa)왕 앞에서 해명적 설교를 한다. 사도
바울은 이처럼 다양한 청중 다양한 상황 다양한 장소에서 죽음을 넘나드
는 설교를 한다.

---

26) 에피쿠로스학파(Epicureanism): 그리스의 철학자인 에피쿠로스(342-270)의 의해 형성된
윤리 철학 체계 그는 모든 관념의 유일한 근거로 감각을 제시하여 이것이 모든 진리에 유일한 판
단의 기준이라 하였고 그로인하여 쾌락을 인생의 주된 목표라고 했다 쾌락이란 육욕인 것이 아
니라 미시적 공포 죽음에 대한 염려 그리고 모든 고통 등에서 벗어나서 평온한 상태를 도달하므
로 획득한다고 보았다 또 한편으로는 데모크리스토스의 물질적인 원자론을 강조하였고 영혼불멸
을 부인을 하였다.

27) 스토아학파(Stoicism) : 창설자는 제론으로 논리학 윤리학 자연학을 중시하여 금욕주의를 최
고로 주장을 하였으며 최고의 선은 덕이고 죄와 악의 근원은 무지와 결핍에 있다 고 보며 기독교
사상에 지대한 영향을 주었으며 그의 문하의 대표자로는 키케로, 세네카, 에픽테투스, 마르쿠스,
아우렐리우스 등이 있다.

사도바울은 제1차, 제2차, 제3차 전도여행을 하면서 다양한 청중 다양한 상황에서 아홉편의 설교 속에는 놀라운 성령의 역사하심을 보게 된다. 성령이 충만하여(행13:52) 성령이 아시아에서 복음을 전하지 못하게 하고 마게도냐로 건너와서 우리를 도우라(행16:6-9)며 인도하시며, 또는 안수하매 성령이 임하시고(행19:6)의 등을 보아 사도바울의 전도 여행과 설교에는 언제나 성령께서 도우셨다.

(4) 루스드라(Lystra)에서의 바울의 설교(행14:15-17)

바울은 설교 도중 앉은뱅이를 일으키는 기적을 행하면서 루스드라(Lystra)에서의 설교에 바나바는 제우스라 하고 바울을 헤르메스 (Ερμής)라고 했다 "헤르메스(Hermes)"란 당대 헬라 최고의 신인 제우스(Zeus)와 마이어(Myer)사이에 태어난 막내아들 웅변과 지식에 신을 지칭하는 말로서 사도바울을 "웅변과 지식의 신으로" 루스드라 사람들은 불렀다 그만큼 바울은 설교에는 말에 대한 주변능력이 부족하고 어눌한 사람이였지만, 성령의 능력으로 신적인 존재로 불리도록 감동과 변화를 일으키는 바울의 설교의 능력을 볼 수가 있다. 결국은 설교는 사람이 하지만 설교의 완성은 성령이 이루신다는 것이다

그러나 반대로 고린도후서 10:10절에 바울의 "편지들은 무게가 있고 힘이 있으나 그가 몸으로 대할 때는 약하고 그 말도 시원하지 않다하니"라고 했다. 그를 비판하는 사람들은 현대어 성경에서는 "별 볼일 없고 형편이 없는 설교자였다"고 했다. 우리들이 바울의 이러한 설교를 통하여 현대 교회를 조명하며 목회자들의 다양한 청중과 다양한 상황에서 회중을 향하여 어떻게 설교를 하든지 설교의 완성자는 성령이시다라고 하는 것을 입증을 하고 있는 것이다.

(5) 설교의 완성은 성령의 역사

성령은 지식이 영이기 때문에(요16:13) 하나님의 말씀을 바로 이해하기 위해 성령의 지식이 필요하다. 이와 같은 소동이 일어나게 된 데는 루스드라 지방에 금기처럼 전해 내려오는 신화가 있었기 때문이다. "옛적에 제우스와 헤르메스라는 두 신이 사람의 모습으로 가장을 하고 세상으로 내려왔다. 하지만 그들은 사람으로부터 멸시를 받았으며 마지막에는 늙은 두 내외로부터 환대를 받게 되었다. 그 결과 제우스와 헤르메스는 그 주민을 다멸하고 두 내외만 살려서 제우스산당을 지키게 하다가 그들이 죽자 큰 나무로 변하게 했다. 이러한 신화를 숭배하여오던 루스드라 주민들은 바울에게 나타난 설교와 이적을 보고 더 이상의 과오를 범해서는 안된다고 생각들을 하여 바울을 헤르메스신으로 섬기려고 하였다.

개역성경 고후11:6 에는 내가 비록 말에는 졸(拙)하나, 이디오스 (ιδιωσ), 즉, 문외한 사람이란 단어에서 파생된 단어로서 이디오데스 (ιδιωτησ)는 "재주가 없다, 서투르다 언어를 구사하는 기술이 없다"라는 뜻으로 바울은 설교자로서의 언어능력의 선행조건을 잘 갖추어진 설교자는 못되었다. 개역성경은 고후10:10 몸으로 대할 때는 약하고 "말이 시원치 않다" 하시기 때문에 우리에게 특히 소중하다.

하나님의 말씀을 바르게 전달하기 위해 성령의 지혜가 필요하다. 지혜는 우리가 아는 바를 바르게 활용하는 기술을 말한다. 지혜는 성공하기에 유익하다(전10:10). 지혜가 있는 자는 시절을 좇아 어울리는 옷으로 단장하고 진리의 열매를 맺는다. 복되신 성령 외에 누가 이러한 지혜를 줄 수 있겠는가? 하나님의 말씀을 능력있게 전하기 위해 성령의 도우심이 필요하다. 그래서 설교 전달 과정 내내 성령의 기름 부으심이 필요하다. 스펄전은 거룩하신 성령께서는 우리의 정신적인 능력을 몇 배로 늘려서 마치 우리 자신의 분신이 몇 개씩 생겨난 것처럼 만드실 수 있다고 말한다. 우리는 성령께서 복음 가운데 역사하셔서 실제적인 효과를 얻을 수 있도록 성령을 온전히 의지해야 한다. 설교자는 올바른 효과를 목표로 삼아야 한다. 즉 성도들을 더 고상한 진리로 감동시키고 주님께 더 가까이 인도하며, 불신자들을 두려움에서 헤어 나올 때까지 위로하고 회개시켜 그리스도를 곧바로 믿게 해야 한다. 설교자의 삶의 가장 중요한 부분은 성령 안에서 기도하는 일이다. 항상 기도의 영으로 충만하기 위해 성령의 도우심이 필요하다. 기도의 영에 깊이 사로잡히려면 심령이 경건이라는 거룩한 성령의 불위에 거룩한 기름이 부어져야 하기 때문이다. 그러므로 설교 사역의 가장 중요하고 본질적인 요소는 거룩한 영인 성령의 인도를 받는 것이 중요하다. 그래서 다양한 회중들에게 설교를 하는 설교자들은 성령이 도우심이 절대 필요로 한다.

(6) 성령이 떠나시는 설교자

성령이 떠나시면 사울이나, 스게와의 아들, 발람, 유다, 여로보암 시대의 한 선지자(왕상13장), 삼손처럼 될 수 있고, 아나니아와 그의 아내 삽비라처럼 그들의 사역을 고통스럽게 마감할 수 있다. 우리 하나님 여호와는 질투하시는 하나님이시며, 하나님은 우리를 높이기 위해서가 아니라 자신을 높이시려고 성령으로 우리에게 오셨다는 사실을 우리는 잊지 말아야 한다.

설교에 있어서 가장 중요한 것은 성령의 역할이다. 성령은 설교자가 설교를 준비할 때 영감을 주고, 설교할 때에는 열정을 주며, 설교를 한 후에는 말씀에 따라 열매를 맺게 해준다. 인간적인 차원에서의 일반 커뮤니케이션 이론만 가지고는 결코 효과를 기대하기 어려운 것이 설교이다. 성령의 역할에 대한 중요성은 "성령은 바로 설교의 생명이시다." "성령이 없이는 모든 것이 헛되다." "그의 역사하심이 없다면 나는 설교를 중도에서 그만두고 말 것이다." "그는 최상의 능력이시다."[28]라는 말들 속에 잘 나타나 있다.

(7) 변화의 열매는 성령

성령은 설교자를 변화시키시고 그에게 하나님의 말씀을 조명해주시

---

28) Daniel Baumann, pp. 395-396

며, 말씀의 능력을 주시고, 설교자가 선포하는 말씀을 통하여 다른 즉 설교를 듣는 사람으로 하여금 사람들을 변화시키신다. 따라서 우리는 설교자의 자격에 대한 바클레이(William Barclay)의 다음과 같은 주장을 부인할 수 없다.

설교자는 학자일 수도 있고 목사일 수도 있으며, 교회 행정가일 수도 있다. 교회의 대변인일 수도 있고, 재치가 번뜩이는 연설가일 수도 있으며, 혹은 사회 개혁가일 수도 있다. 그러나 그가 성령의 사람이 아니라면 그는 아무 것도 아니다 즉 사람을 변화를 시키는 것은 오직 성령의 역사일 뿐이기 때문이다.[29]

이런 점에서 도널드 디머레이(Donald Demaray)는 인류의 역사를 빛나게 했던 강단의 거성들을 다루면서 뚜렷한 한 가지 결론을 내리고 있다. 내일을 위한 강단의 거성들은 특별히 성령으로 "감동되고", 성령으로 말미암아 "고집이 세고", 그러면서도 "유연하게" 되어 있으며 선포하는 데에 필수적인 기술과 지식을 "수업을 받은" 성령의 사람들이어야 한다는 것이다.

설교자는 온전한 성령의 사람이 될 때 성령은 스스로 설교와 관계를 맺으시고 설교를 통해서 구원의 사역을 이루신다. 이 문제는 가장 포괄적으로 다룬 패리스 횟셀(Faris D. Whitesell)은 이렇게 말했다.

"성령께서는 때에 맞추어 우리가 올바른 성경말씀을 선택하도록 인도해주신다. 그는 우리가 성경를 연구하기 위하여 사서 읽어야 할 책을 선별하도록 인도해주시며, 그 본문을 연구할 때에 조명해주시고 통찰력을 주신다. 그는 우리의 기억을 도우시어 관련되는 성구들이 기억나게 하시고, 알맞은 예화들이 떠오르게 하신다. 그는 우리가 본문에 집중할 때에 기쁨을 주시며 설교 원고를 쓰거나 말로 표현해 볼 때에 힘을 주신다. 그는 우리가 실제로 설교할 때에 용기와 확신을 주시고, 설교하는 도중에 새로운 생각들이 떠오르게 하시며, 전해야 할 것들을 덜 빠뜨리게 하신다.

---

29) William Barclay, 「The Promise of The Spirit」 Philadelphia: The Westminster Press, 1960, p.106.

그는 회중을 하나로 만드시며 주의를 기울이게 하시고, 마음을 열게 하시며 기대했던 방법은 물론 기대하지 못했던 방법으로도 말씀을 적용하게 하신다. 성령께서는 확신을 주시며, 회개시키시며, 위로를 베푸시고, 영감을 주신다. 그는 듣는 사람들의 마음과 기억속에 말씀을 심으셔서 그것이 옥토에 뿌려진 씨처럼 열매를 많이 맺게 하신다. 그렇다면 성령의 권능과 관계없이 설교를 준비하고 말씀을 전하려고 하는 것이 얼마나 어리석을 일이겠는가!"[30]

성령의 역사가 없다면 그것은 설교라고 할 수가 없는 것이다. 이것이 설교가 일반 연설과 구별되는 가장 큰 특징이다. 성령에 의하지 않고 외치는 자는 하나님의 말씀을 선포하는 것이 아니라 다만 인간의 말을 전할 뿐이다. 구약시대에 거짓 예언자들이 자신의 마음에서 나온 말을 하나님의 말씀인양 외쳤던 것과 같은 것이다. 그러므로 우리는 "기도가 없이는 설교할 수 없다."는 바르트의 말을 기억해야 할 것이다. 설교는 하나님의 말씀이기 때문에 설교의 능력은 설교자 자신에게서 나오는 것이 아니라 하나님께로부터 나온다. 설교자는 다만 말씀의 도구로 사용될 뿐인 것이다.

설교에 있어서 성령의 역할을 인정할 때, 설교는 설교자와 회중간의 수평적 커뮤니케이션과 하나님과 인간 사이의 수직적 커뮤니케이션이 동시에 이루어지는 과정이다. 하나님께서는 말씀이라는 수단을 통하여 설교자와 소통하시고 또한 회중들과 소통하시는 것이다. 이것을 도식(圖式)으로 그려보면 다음과 같다.

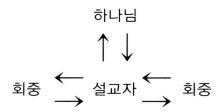

30) Faris D. Whitesell, 「Power in Expository Preaching」, Westwood, N.J: Fleming H. Revell Co., 1963, p.144－145.

이 도식에서 회중은 같은 무리를 가리키지만 편의상 설교자의 좌우편에 동시에 표시하였다. 설교자가 설교를 하고 있을 때 설교자와 회중은 하나님의 말씀을 통해서 서로 커뮤니케이션을 하고 있다. 또 설교자는 회중에 커뮤니케이션을 함과 동시에 하나님과 커뮤니케이션을 하는 자이다. 결국 회중은 설교자, 다시 말하면 설교자가 선포하는 말씀을 통해서 하나님과 커뮤니케이션을 하게 되는 것이다. 이 과정에서 회중은 설교자가 선포하는 말씀을 통해서 하나님과 만나게 된다는 사실이 중요하다. 설교자는 하나님과 회중 사이에 하나의 매체가 되는 것이다.

"설교를 하는 목표는 하나님의 현존하심을 전하는 것이다. 설교가가 자신과 듣는 사람 사이에 세우고자 하는 만남이 이루어져야 한다는 것이다. 그리고 나아가서 이것은 사람과 하나님 사이의 만남이어야 한다. 설교자는 하나님의 현존이 사람들에게 인식될 수 있도록 주목의 대상의 자리에서 내려서야한다. 성령의 지도를 받은 설교자라야 이렇게 할 수 있을 것이다."

성령에 의해서 설교를 하는 설교자만이 하나님의 말씀을 능력 있게 증거를 할 수 있고, 하나님과 회중사이에 서 있는 자로서 자신을 인식하고 있는 설교자만이 성령에 의해서 설교할 수 있을 것이다. 설교자는 회중과 하나님께 대하여 동시에 경청하는 자세를 가질 때 말을 수단으로 하여 이루어지는 커뮤니케이션인 설교는 그 목적을 달성하게 될 것이다.

『자기 존재의 가치』

  유대 땅 요단계곡에 세 그루의 무화과나무가 있었다. 나무들은 저마다 큰 꿈을 가지고 있었다. 첫 번째 나무는 대성전의 강단이 되어 많은 사람들의 신령한 경건성을 전하고 싶었다. 두 번째 나무는 웅장한 배가 되어 검푸른 지중해를 향하는 꿈을 갖고 싶었다. 세 번째 나무는 그 자리에 남아서 길손들에게 시원한 그늘을 선물하는 나무가 되고 싶었다. 그런데 어느 날 세 나무의 꿈은 산산조각이 나고야 말았다.

  한 농부가 그 곳에 씨앗을 뿌리기 위하여 나무들을 모두 베었다. 그리고 그 벤 나무를 가져다가 첫 번째 나무는 마굿간의 밥통을 만들었다. 두 번째 나무로는 작은 고깃배를 만들었다. 세 번째 나무로는 나무십자가를 만들었다. 세 나무들은 자신들의 꿈이 무너지자 자존심이 크게 상했다. 그리고 무상한 세월이 어느덧 흘렀다.

  그런데 어느 날 무화과나무로 만든 그 말구유에서 아기 예수가 탄생하였다. 그리고 그때 그 나무로 만든 갈릴리 바닷가 고깃배는 사도 베드로를 주인으로 맞이했다. 세 번째 나무로 만든 나무십자가는 예수님의 골고다 언덕의 구원의 십자가가 되었다.

  그렇다, 모든 사물은 그 스스로 존재의 가치를 지니고 태어난다. 그 존재의 가치란 그 존재의 자체로서 존재의 가치를 항상 지니고 있다는 것이다. 그래서 더욱이 설교자는 하나님의 대언자로서 그 존재의 가치를 언제나 세상 속에서 "나" 라는 가장 보배롭고 존귀한 가치를 나 스스로 지니고 있는자 들이다.(사43:4)

- 著者의 辯 -

▌제3장

설교와 커뮤니케이션

말은 커뮤니케이션의 가장 중요한 수단이다. 그것은 시각, 청각, 비언어적 표현 등 다른 형태의 커뮤니케이션을 수반하기도 하고 그것들에 의해 보충되기도 한다. 그러나 모든 것의 기초적인 것으로서 가장 중요한 의미를 전달하는 것은 음성적인 말이다.

이처럼 말의 위력은 커뮤니케이션에 있어서 가장 큰 비중을 차지하고 있다. "미디어가 곧 메시지이다."라고 말했던 마샬 맥루한(Marshall Mc-Luhan)도 말에 대해서 평가하기를 "음성언어에는 모든 감각들이 극적으로 포함되어 있다."고 했다.[1]

이 장에서는 먼저 커뮤니케이션이란 무엇인지 알아보고, 커뮤니케이션 도구로서의 말의 역할과 효과적인 사용에 대해서 살펴보고자 한다.

1) 커뮤니케이션의 뜻

"커뮤니케이션"이란 말은 아직 적당한 우리말로 번역되지 못하고 그대

---

[1] Marshall Mcluhan, Understanding Media, N.Y: Signet Book, The New American Library, 1966, p. 81

로 사용이 되고 있는데 우리는 영어에서 "커뮤니케이션"(communication)은 "공통" 또는 "공유"라는 뜻을 지닌 라틴어의 "커뮤니스"(communis)라는 단어를 그 어원으로 하고 있다. "커뮤니케이션"의 라틴어 동사는 "커뮤니까레"(communicare) "까레"(communicare)로서 "같이 이야기하다", "협의하다", "상담하다"의 뜻을 가지고 있다. 특히 이 말은 지역공동사회 뿐만 아니라 "우의", "다른 사람을 다룰 때의 정의"를 뜻하는 라틴어 "커뮤니스"라는 말과 밀접한 관계를 가지고 있어서 커뮤니케이션이란 사회의 공동목표를 위한 것임을 시사하고 있다.

커뮤니케이션이란 말이 현대에 와서 광범위하게 쓰이면서 그 뜻도 매우 다양하게 되었다. 슈람(Schramm)은 커뮤니케이션을 "자극을 전달하는 과정"으로 보았고, 모리스(Morris)는 "공통성의 수립과정"이라고 했다. 뉴우컴(Newcomb)은 "의미의 전달"로, 런드버어그(Lundberg)는 "신호와 기호를 사용한 상호작용"으로 정의했다. 그 외에도 많은 견해가 있지만 말과 연관이 깊은 것만 몇 개 간추려보기로 한다.[2]

커뮤니케이션이란 한 유기체(organism)가 다른 유기체의 행동에 기호(sign)라는 수단을 통하여 영향을 미치는 과정이다. 커뮤니케이션은 한 개인(커뮤니케이터)이 다른 사람들(수용자)의 행동을 변화시키기 위하여 주로 언어적인 자극을 전달하는 과정이다. 넓은 의미에서 커뮤니케이션이란 말은 하나의 마음(mind)이 다른 마음에 영향을 미치는 모든 과정을 뜻하는 것으로, 그 수단으로서는 언어뿐만 아니라 음악, 그림, 연극, 무용 등 모든 인간의 행동을 포함한다.

이상의 견해들을 종합해보면 커뮤니케이션이란 "유기체들이 기호를 통하여 서로 정보나 메시지를 전달하고 수신해서 서로 공통된 의미를 수립하고, 나아가서는 서로의 행동에 영향을 미치는 과정 및 행동"이라는 정의가

---

2) 차배근, 커뮤니케이션학 개론(상) 서울: 세영사, 1985, pp.18–19

적절하다고 하겠다.

(1) 커뮤니케이션의 과정

커뮤니케이션의 정의에서와 마찬가지로 커뮤니케이션 과정에 대해서도 각 학자들의 관점에 따라 달리 기술되고 있다. 여러 가지 모형들을 자세히 소개할 수는 없고 여기서는 커뮤니케이션을 의도적 관점에서 본 학자들의 주장을 통해서 커뮤니케이션의 과정을 살펴보기로 한다.

① 라스웰(Harold Lasswell)의 모형

라스웰은 커뮤니케이션의 과정을 다섯 개의 의문사를 사용하여 아래와 같은 언어모형을 제시한다.

ⓐ 누가
ⓑ 무엇을
ⓒ 어떤 매체를 통해
ⓓ 누구에게

어떤 효과를 가지고 말하는가? 여기서 가장 중요한 요소는 효과라 할 수 있는데 라스웰은 커뮤니케이션을 커뮤니케이터가 의도한 효과를 얻기 위해 의도적으로 계획된 행동이라고 보기 때문이다. 이것은 커뮤니케이션을 너무 의도적 행위로 보고 있다고 웨스틀리와 매크리인에 의하여 비난을 받은 바 있으나 간결하고 포괄적이기 때문에 가장 널리 쓰이고 있다.

② 벌로(Daniel Berlo)의 모형

벌로의 모형은 구체적으로 종합적인 특성을 지닌다. 여기서 정보원(source)이란 한 개인 뿐 아니라 신문사, 방송국, 또는 국가 등 어떤 목적을 가지고 커뮤니케이션 행위를 시도하는 모든 것을 포함하며, 이들은 그 나름대로 기능, 태도, 지식 등 여러 가지 특성을 갖고 있다.

정보원	메시지	매체	수신자
커뮤니케이션 기능 태도 지식 사회제도 문화	구성요소 내용 처리 구조 코드	시각 청각 촉각 후각 미각	커뮤니케이션 기능 태도 지식 사회제도 문화

　정보원 또는 커뮤니케이터는 자기의 목적을 달성하기 위하여 메시지를 고안하게 되는데 메시지는 구체적으로 내용, 처리 및 코드(code)로 나누어 볼 수 있다는 것이다. 처리란 메시지의 조직, 배열, 문체 등을 의미하며, 코드란 언어, 그림, 기호를 말한다. 이렇게 고안된 메시지는 그 다음 채널을 타고 수용자에게 전달되는데 채널은 시각, 청각, 촉각, 미각, 후각 등 인간의 감각양식에 따라 분류할 수 있다. 수용자는 정보원과 대칭관계로 보면 된다. 이러한 벌로의 모형은 인간의 커뮤니케이션을 기계적인 커뮤니케이션과 구별시켜준다.

　다음으로 커뮤니케이션의 원리를 설교에 적용시켜서 살펴보자.

(2) 설교에서 커뮤니케이션의 과정

설교를 설교자의 독백이 아니라 상호작용을 동반한 통화 곧 대화로 보고 설교의 흐름을 다음과 같은 도표로 나타내고 있다.

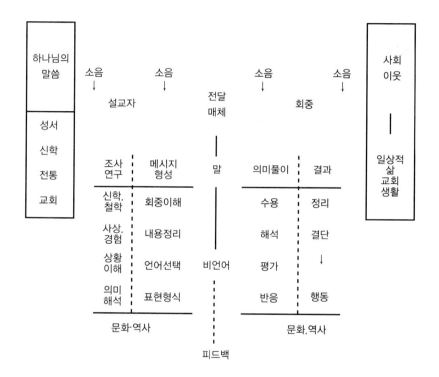

이 도표에 대해서 전달과정이 다음과 같다.

① **설교자(source)** : 말하는 자, 즉 설교자는 설교통화의 핵심이다. 설교자의 삶, 인격, 지식, 통화술, 태도 등은 설득의 기본조건이다. 설교자의 복음 전파에 대한 의욕과 열정은 자연스럽게 회중으로부터 공감을 불러일으킨다.

② **암호화 과정** : 조사 연구가 끝나 메시지를 형성하는 단계를 엔코딩

(encoding), 즉 암호화라 하며 메시지의 구체적 언어구성을 뜻한다. 여기에서 필수적인 것은 회중 이해 즉 인간 이해이며, 그들의 문화 종교적 배경과 정치 사회적 이해가 먼저 있어야 한다.

③ 전달 : 언어와 비언어적 요소들, 개체언어인 상징과 사물들의 종합적 방법에 의해 회중에게 의미가 옮겨지는 것을 뜻한다.

④ 의미풀이(decoding) : 회중에게 전달된 의미가 회중에 의해서 해석되고, 평가되고, 반응되는 과정을 의미한다. 이 과정에서 회중의 에토스는 통화의 자세를 결정지으며 의미풀이에서 중요한 기능을 하게 된다.

⑤ 소음의 발생 : 이것은 의미전달의 모든 과정에서 바른 전달과 이해를 가로막는 요소를 말한다. 의미를 왜곡하거나 바른 해석을 방해하는 요소이다. 성공적 통화를 위한 소음의 극소화는 언어의 선택과 구사능력, 회중에 대한 이해도에 달려 있다.

⑥ 회중 : 설교자는 설득과 지식의 제공, 훈련과 동기유발, 영감을 통해 회중의 감정, 태도, 지식, 능력, 결단 등에 변화가 일어나도록 기대한다. 이 것들에 대한 종합적인 연구를 통해 설교자는 영감과 삶의 변화가 함께 발생하는 방안을 알아내야 할 것이다.

⑦ 반응(feedback) : 피드백은 회중으로부터 설교자에게 되돌아오는 메시지를 말한다. 즉각적인 것으로는 긍정적인 반응으로 회중의 표정, "아멘" 소리, 머리를 끄덕임, 손을 흔드는 것, 박수를 치는 것 등이다. 부정적인 반응은 머리를 가로젓거나 졸기, 굳은 표정, 찡그림, 머리를 숙임, 시계를 보는 것 등이다. 늦은 반응은 일주일, 한 달, 혹은 일년이나 이년 후에 나타날 수도 있다.

설교자는 이러한 반응을 바르고 정확하게, 또 신속하게 포착하고 적응할 수 있는 능력이 있어야 한다.

⑧ 상호작용(interaction) : 이것은 말하는 자와 듣는 자간에 원활한 통화가 진행되고 있음을 말해주는 표시이다. 상호작용이 중단되면 통화작용도 중단된 것이라 해도 과언이 아니다. 설교는 설교자의 독백(monologue)이

아니라 상호작용을 동반한 통화 곧 대화이다. 그러므로 설교는 존경과 이해에 기초한 설교자와 회중간의 상호작용에 의해서 함께 만들어가는 것이다.

⑨ 설교적 소통의 특징 : 설교는 일반소통 이론이 보여주는 모든 기능을 가지고 있으면서 동시에 일반소통이 지니지 않는 두 가지 특징을 가지고 있다. 하나는 해석 기능이며 다른 하나는 성령의 역사이다. 해석 기능은 성경 본문이 이 시대적 상황 속에서 어떻게 연관될 수 있는가를 찾고, 바르게 연결시켜주는, 복음과 상황의 연결작업이다. 성령의 역사는 하나의 신비이다. 사람은 언어표현과 설득을 위해서 갖가지 방법을 다 동원할 수 있다. 그러나 그 메시지가 회중들 속에서 내면화되고, 결단을 불러일으키고, 진취적 삶으로 연결되게 하는 것은 사람의 힘으로는 불가능하다. 성령의 힘으로만 가능한 것이다. 성령의 역사에 의해서 비로소 설교는 설교가 되는 것이다.

설교의 목적이 회중을 설득하여 삶의 변화를 가져오도록 하는데 있다고 볼 때 위의 주장은 설교에서 이루어지는 커뮤니케이션을 전체적으로 잘 다루고 있다고 할 것이다.

(3) 커뮤니케이션의 성경적 모형

① 커뮤니케이션의 근원

커뮤니케이션의 궁극적 기초는 하나님이시다. 삼위일체설은 신성의 위격들 사이에 존재하는 친밀한 커뮤니케이션을 반영해준다. 삼위일체 하나님의 내적 커뮤니케이션에 대해 는 성경에 그 근거를 두고 있다. 첫째, 성경은 신성의 위격들 사이에 있는 나-너(I-thou)의 관계를 말해주고 있다. 하나님은 예수 그리스도를 아들로, 예수 그리스도는 하나님을 아버지로 부르고 있다. 또 예수 그리스도는 성령이 하실 일을 미리 알고 있다.[3]

둘째, 성경이 증거하고 있는 삼위일체 하나님의 사람의 관계는 신성 안

---

3) 마17:5 요16:28 요16:13을 보라.

에 있는 커뮤니케이션을 나타내주고 있다. 셋째, 성자 예수님이 성부께 기도하는 것은 신성 안에 있는 커뮤니케이션을 보여주는 것이다.

하나님은 관계의 하나님이시며, 그 본질상 커뮤니케이션에 의해서 특징이 지워지는 분이시다. 신성안의 커뮤니케이션이 인격적이고 관계적인 것이며, 사랑 안에서 이루어지고 있다는 것은 우리 인간의 커뮤니케이션이 바로 그러한 것 이어야 함을 보여준다고 하겠다.

하나님 자신이 커뮤니케이션을 위한 존재이기 때문에 결국 창조가 필요했고 피조물 가운데서 인간을 하나님의 형상대로 지으셨던 것이다. 기독교의 창조신앙은 창조주 하나님과 그 피조물 사이의 관계성을 입증하고 있다.

② 성육신에 나타난 커뮤니케이션의 형태

창조의 하나님은 천지만물을 만드셨을 뿐만 아니라, 그 피조물과 소통하는 분이시다. 피조물은 곧 하나님의 커뮤니케이션의 대상인 것이다. 하나님과 인간사이의 커뮤니케이션의 초점은 성육신 사건이다.

"옛적에 선지자들로 여러 부분과 여러 모양으로 우리 조상들에게 말씀하신 하나님이 이 모든 날 마지막에 아들로 우리에게 말씀하셨으니" [4]

하나님께서 인간성의 깊은 심연까지 자신을 계시하기 위해서 인간의 몸을 입게 된 것은 불가피한 일이었다. 따라서 성육신은 하나님의 본질을 드러내는 커뮤니케이션의 기본양태이며 하나님의 최고의 자아개방이다. 삼위일체가 커뮤니케이션의 존재론적 기반이라면 성육신은 "시간과 공간, 역사에 의존하는 지상적 기반" 이다.

성육신은 하나님께서 인간에게로 향한 커뮤니케이션의 가장 완전한 모델이다. 하나님께서는 인간들과 인격적인 관계를 맺기 위해서 이 세상에 인간의 모습으로 오셨고, 인간의 언어, 문화, 형식을 사용하셨으며, 인간의 시간과 공간, 죄의 흐름속에 뛰어드신 것이다. 하나님의 커뮤니케이

---

4) 히1:2의 상 반절을 보라.

선이 구체적으로 인간의 눈과 귀에 호소를 한다. 하나님께서는 자기 비움 (Kenosis: empty himself)의 형식을 빌려 자신의 무한한 능력과 의미를 제한된 인간의 언어와 사고, 커뮤니케이션의 구조 속에 암호화하셨다. 인간의 형상을 입으신 것과 인간에게 말씀하셨다는 것은 커뮤니케이션을 위한 훌륭한 도구였던 것이다. 하나님께서는 성육신이라는 자기변형의 과정 속에서 자신을 인간이 이해할 수 있는 형식으로 구체화 시키셨고, 커뮤니케이션을 성취하신 것이다.

커뮤니케이션의 성경적 모형을 통해서 우리는 서로에 대한 사랑과 인격적 관계를 통해서, 그리고 상대방에 대한 이해와 적합한 의사소통의 방법을 통해서 진정한 커뮤니케이션이 이루어진다는 사실을 알 수 있다.

③ 삶의 공유

커뮤니케이션은 하나님의 본질일 뿐만 아니라 하나님의 형상대로 창조된 인간의 본질이기도 하다. 인간은 단순히 커뮤니케이션을 할 수 있는 능력을 소유하고 있는 것이 아니라, 인간 존재의 본질 자체가 커뮤니케이션이란 용어로 정의된다. 육체적이며 심리적인 어떤 활동도 세상과 주고받음이 없이는 이루어지지 않는다. 이런 의미에서 "커뮤니케이션은 사람의 생사에 관한 것임을 의미한다."는 것이다.

요한복음 10장 10절은 예수 그리스도께서 우리에게 생명을 주기 위해서 오셨다고 하는 선언이다. 생명을 준다는 것은 예수님이 소유하신 영생을 우리 인간들과 함께 공유한다는 것을 의미한다.

스스로 커뮤니케이션의 주체자가 되신 하나님은 인간들과 진정한 커뮤니케이션을 하기 위해서 성육신하셨고, 커뮤니케이션을 통해서 그 분의 속성인 영생 안에서 하나가 되기를 원하시는 것이다. 이 영생을 소유한 사람들은 자신 안에 있는 본질적인 커뮤니케이션의 능력에 의해서 "우리는 보고 들은 것을 말하지 아니할 수 없다."(사도행전 4:20)고 외치게 되는 것이다.

맥스웰 브이 페로우(Maxwell V. Perrow)는 커뮤니케이션에 대해서 다음과 같이 말한다.

"커뮤니케이션은 이상과 개념, 혹은 삶의 양식을 공유하는 것이다. 그것은 우리 자신을 다른 사람들의 삶속으로 확장시키는 것이다."[5]

여기서 "공유"라는 것은 "나눔"이란 말로 대신할 수 있다. 신앙적 차원에서 나눔은 인간끼리의 나눔뿐만 아니라 인간을 초월한 하나님과의 나눔까지도 포함한다. "나"와 "너"가 나누는 과정에서 서로 공유할 수 있는 영역을 차츰 넓혀감으로써 마침내 완전한 일치를 얻고자 하는 노력의 과정이 바로 커뮤니케이션인 것이다. 나누는 과정을 통한 둘의 완전한 일치가 인간이 커뮤니케이션을 통해서 얻고자 하는 가장 이상적인 목표이다.

설교에서 커뮤니케이션의 목적은 회중들로 하여금 삶의 변화를 위한 결단을 내리고, 하나님께서 허락하신 영생을 예수 그리스도와 함께 공유함으로써 그것을 누리도록 하는데 있다.

다음에는 커뮤니케이션의 도구인 말의 성격을 밝히고 그것을 어떻게 사용할 것인지 살펴보고자 한다.

2) 커뮤니케이션의 도구인 말

커뮤니케이션의 측면에서 보면 설교는 하나의 메시지이며 말은 매체이다. 매체는 벌로(Daniel Berlo)에 의하면 "메시지의 기호화 및 해독의 양식이고, 메시지의 용기(容器)이며 용기의 운반체"이다.[6] 즉, 매체는 메시지 전달을 위한 수단인 것이다.

---

5) Maxwell .Perrow. 「Effective Christian Communication」 Richmond Virginia: John Knox Press, 1969. p. 9.

6) David K. Berlo, The Process of Communication, New York: Holt, Rinehart and Winstone, 1960, p. 63.

(1) 복음전달의 도구

① 하나님의 창조물인 말

하나님께서는 자신과 창조질서에 대한 그 분의 의사를 소통하는 실제적인 수단으로서 말을 사용하셨다. 성경은 하나님이 말의 창조자이심을 명백히 증거하고 있다.

"태초에 말씀이 계시니라. 이 말씀이 하나님과 함께 계셨으니 이 말씀은 곧 하나님이시니라."(요한복음 1:1)

"하나님 자신이 말씀이시다."라는 명제는 성경의 대전제이며 그것은 말씀으로 커뮤니케이션하시는 하나님의 본질적인 속성을 가리키는 것이다. 말의 기원에 대해서는 언어학자들이 주장하는 여러 가지 학설이 있지만[7] 다음과 같은 성경의 기록은 하나님으로부터 말이 기원되었음을 분명히 보여주고 있다.

"자, 우리가 내려가서 거기서 그들의 언어를 혼잡케 하여 그들로 서로 알아듣지 못하게 하자 하시고 여호와께서 거기서 그들을 온 지면에 흩으신 고로 그들이 성 쌓기를 그쳤더라" (창세기 11: 4).

바벨탑을 쌓던 무리들이 일을 포기하고 각각 흩어지게 된 것은 하나님께서 그들에게 서로 알아들을 수 없는 새 말을 주셨기 때문이다. 반면에 오순절에 모여서 기도하던 무리들에게는 하나님께서 새 말을 주심으로 다른 나라 사람들이 그들의 모국어로 복음을 듣게 되었다. 앞의 이야기는 서로 친밀하던 사람들이 말이 달라짐으로 인해서 서로 커뮤니케이션이 단절된 사건을 가리킨다면 뒤의 이야기는 알지 못하던 사람들 사이에 같은 말을 사용하게 됨으로 커뮤니케이션이 가능해졌음을 보여주는 것이다.

이러한 사실은 하나님께서 말의 창조자이시며, 말을 커뮤니케이션의 도구로 삼는 분이심을 알게 해주는 것이다.

---

7) 전재호 외, pp. 369-737에서는 언어 기원설로 표출음성설, 의음어설, 원시 가창설, 몸짓 선행설, 유아편 언설, 접촉설 등 을 말하고 있다.

② 말의 힘

"하나님이 가라사대 빛이 있으라 하시매 빛이 있었고"(창 1:3)라는 구절은 말속에 깃든 창조적 힘을 알게 해준다. 하나님께서는 다른 것이 아닌 말씀으로 이 세상을 만드셨다. 또한 피조물인 인간에게 말을 주셨고 그 말로써 현실을 창조하며 살도록 섭리하셨다.

"이와 같이 사람의 입에서 떨어지는 말은 현실을 형성하는 힘을 가진 결단이다. 여기에서 언어는 사람의 입에서 떨어지는 말을 통해서 새로운 상황을 이룩하고 현실을 창조한다. 언어는 창조적이다. 그러나 물론 언어는 임의적으로 무에서 유를 창조하는 것은 아니고 일정한 조건들을 채워야 그 창조적인 기능을 발휘한다. 그러므로 말은 "빈"말이어서는 안되고 "채워진"말이어야 하며 "들어맞는" 말이어야 한다. 이것은 낱말들의 창고 속에서 적당한 것을 골라내는 것 이상의 창조적인 과업이다."[8]

인간의 말은 창조력을 가졌지만 하나님처럼 무에서 유를 창조할 능력은 없다. 말의 창조적 기능은 인간의 외부 세계보다도 내부 세계에 있어서 더욱 뚜렷하다. 말이 우리의 현실을 창조하는 것과 마찬가지로 우리의 사람됨을 창조한다. 말이 가벼운 사람은 그의 사람됨이 가벼운 것이며 말이 무거운 사람은 그의 사람됨이 무거운 것이다.

예수님께서 이 지상의 사역을 감당하실 때도 말로써 능력을 행하셨다. 그 뿐만 아니라 믿는 자들도 말로써 권능을 행할 수 있는 능력을 주셨다.(막 16:15-16) 어떤 언어학자는 말을 하는 그 순간에 그 말에 대해서 가장 먼저 마음이 열려있는 사람은 입에서 말을 내는 본인이라고 한다. 그렇기 때문에 상대방이 그 말을 받아들이지 않으면 그 말의 권능은 말을 한 바로 그 사람에게로 되돌아온다는 것이다. 그래서 예수님께서는 전도하러 가는 제자들에게 아무집이든지 그 집에 들어가서 평안을 빌도록 명령하셨고, 그 집이 그 말에 합당치 않으면 제자들의 빈 말이 그들에게 되돌아올 것이라고 말씀하셨던 것이다.(마 10:12-13)

---

8) 이규호,「말의 힘」서울: 제일출판사, 1991, p. 115.

③ 복음전달의 도구인 말

커뮤니케이션의 수단인 말은 또한 복음전달의 가장 중요한 도구이다. 입으로 하는 말은 기록된 말보다 의사소통에 있어서 훨씬 더 강력한 힘을 갖고 있다. 기록된 매체는 실제로 하는 말이 포함하고 있는 것들을 전부 보유할 수는 없다. 청각은 인간 내부로 향하는 특수한 감각의 열쇠이다. 시각은 표면만을 폭로하지만 청각은 침범하지 않고 내부를 폭로한다. 말은 내부에서 내부로 움직여가는 것이므로 인간과 인간사이의 만남은 음성을 통해서 주로 성취되는 것이다.[9]

하나님의 자기계시가 말을 통해서 이루어졌기 때문에 인간의 복음 전파도 말을 통해서 이루어진다는 사실은 정당성을 지닌다. 초대교회에 있어서 말은 복음전파의 열쇠였다. 초대기독교는 곧 "언어의 현상"이었다. 새 방언을 말하고 새 노래를 불렀다. 그들은 예수 그리스도의 소식이 귀머거리의 귀를 열고, 벙어리의 입을 열고 송아지까지도 뛰놀게 한다고 믿었다. 세계가 새로워졌다는 것은 말이 새로워졌기 때문이었다.

복음전달의 도구로서 말은 이처럼 새로운 세계를 창조하는 힘을 가진 것이므로 설교자는 말의 사용에 깊은 주의를 기울이지 않으면 안 될 것이다.

(2) 정확한 의미전달

커뮤니케이션의 기능은 의미전달에 있다. 의미란 "무한히 있을 수 있는 지시물의 추상적 개념의 집합"을 가리킨다. 현대 일반의미론의 선구자라 할 수 있는 오그덴(Charles Kay Ogden)은 기호와 의미와의 관계를 심리학적 입장에서 분석하여 의미의 기본 삼각형을 고안해냈다.[10]

---

9) Walter Ong, 「The Presence of The Word」 New Haven: Yale University Press, 1967, p. 60
10) 전경연, 「해석학과 성서언어」, 서울: 종로서적, 1975, p. 130.

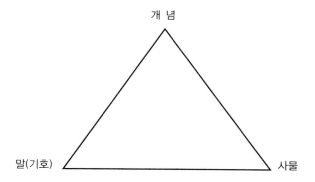

개 념

말(기호)   사물

아래 이 그림이 보여주고 있는 것은 의미가 말 자체에 있는 것이 아니라 인간의 마음속에 존재하며, 기호는 그 대상물이 아니라 그 대상물의 의미를 전달하기 위한 매개체라는 점이다. 다시 말해서 기호가 직접적으로 의미하는 것은 사물이 아니라 개념이며, 기호는 그 사용자로 하여금 대상물을 개념화 하도록 할 뿐이라는 것이다.

그런데 말은 정확하게 한 가지 의미만 가지고 있는 것은 거의 없다. 가령 "날카롭다"라는 말은 "칼이 날카롭다", "눈초리가 날카롭다", "울음이 날카롭다", "대답이 날카롭다" 등에서 각각 다른 의미를 지니고 있다. 말의 이러한 속성은 의미전달에 혼란을 불러일으키는 요인이 된다. 이외에도 말의 상징성이나 간소화 경향 때문에 말하는 사람과 듣는 사람사이에 의미해석의 차이가 있을 수 있다.[11] 그렇다면 정확한 의미전달을 위해서 어떻게 말을 사용해야 할 것인가?

설교는 하나의 메시지이다. 메시지란 말하는 사람이 듣는 사람으로부터 의도한 반응, 즉 효과를 얻기 위한 자극으로 사용되는 기호 또는 기호들의 집합체이다. 기호는 말, 몸짓, 음악, 그림 등을 모두 포함한다. 커뮤니케이션의 교과를 극대화하기 위해서는 이와 같은 메시지의 요소들을 잘 선정해서 체계적으로 조직하지 않으면 안된다.

---

11) 전재호, p. 182.

"커뮤니케이터가 어떠한 의도를 전달해서 수용자로부터 기대한 반응을 얻기 위해서는 첫째, 메시지의 내용인 여러 가지, 정보, 지식, 의견, 감정들을 잘 취사선택해서 효과적으로 조직, 배열하지 않으면 안된다. 그 다음 둘째로, 이러한 내용을 가장 잘 표현할 수 있는 기호를 선정해서, 문법에 맞게 쓰지 않으면 안된다." [12]

메시지의 내용을 아무리 잘 조직했다 해도 그것을 표현하는 기호가 맞지 않으면 안된다. 따라서 설교자는 정확한 의미전달을 위해서 가장 적합한 어휘를 선택하고, 그것을 어법에 맞게 사용해야 할 것이다.

(3) 말 전달의 원리

명확한 의사전달을 위해서는 불확실성의 정도를 줄일 수 있는 방향으로 메시지가 암호화되어야 한다. 이러한 노력이 있을 때 바람직한 커뮤니케이션이 이루어질 것이다.

여기서는 효율적인 커뮤니케이션을 위한 말 전달의 몇 가지 원리를 두 사람의 견해를 종합해서 살펴보고자 한다. 적합성의 원리, 단순성의 원리, 정의 우선의 원리, 구조설정의 원리, 반복의 원리, 비교와 대조의 원리, 강조의 원리 등이 있음을 알아야 한다. 피드백의 원리와 간략한 정보제공의 원리는 차티어의 주장에서 뽑아내었다. [13]

① 적합성의 원리 : 메시지를 회중들의 입장에 부합되도록 만들어야 한다. 메시지의 암호화에 있어서 가장 어려운 과제는 사용되는 말이 의도된 내용을 정확히 반영하도록 하면서, 동시에 회중들의 심리학적 증거의 틀에 부합되도록 하는 일이다.

---

12) 차배근, 「커뮤니케이션학개론」 (上), p. 258.
13) Ibid, p. 267.

② 단순성의 원리 : 개념을 가능한 간단한 말로 줄여야 한다. 일반적으로 말이 단순할수록 회중들이 더 잘 이해한다고 한다. 단순한 용어를 사용하려면 가장 적합한 말, 의미가 꽉 들어찬 말을 선택해야 할 것이다.

③ 정의 우선의 원리 : 이야기를 전개해나가기 전에 먼저 개념에 대한 정의를 내리고, 부연하기 전에 먼저 설명하는 것이 좋다. 복잡한 단어나 특수용어들은 정의나 설명을 필요로 한다. 메시지가 정확하게 전달되기 위해서는 이러한 단어들의 의미가 밝히 들어나야 한다.

④ 구조 설정의 원리 : 지속되는 단계의 구조로 메시지를 구성해야 한다. 공중연설이나 설교는 메시지의 구조나 순서를 분명하게 하는 일이 중요하다. 잘 조직된 구조는 회중의 이해를 촉진시킨다.

⑤ 반복의 원리 : 메시지의 주요 개념을 반복하는 것이 효과적이다. 반복의 원리는 단 한 번의 언급으로 끝나버리는 구두 커뮤니케이션에서 특히 중요하다. 반복의 전략으로는 (가) 주요 개념의 반복, (나) 어려운 개념의 재 진술, (다) 이해가 부족하거나 잘못된 것으로 피드백되는 개념의 반복, (라) 실례나 동의어, 비유 또는 주기적인 요약 등이 있다. 단순히 말뿐만 아니라 몸짓 또는 주위의 상황을 이용해서 같은 내용을 반복해주는 것도 여기에 속한다.

⑥ 비교와 대조의 원리 : 새로운 개념을 과거의 개념과 연관시키고, 알려지지 않은 것을 알려진 것과 연관시키는 것이다. 인간의 이해는 주로 사물이나 사건, 또는 사람들 사이의 유사점이나 상이점에 대한 인식, 즉 연관을 통해서 이루어지는 것이기 때문에 비교와 대조의 원리는 명료한 커뮤니케이션을 위한 매우 중요한 원리이다.
비교나 대조의 구체적인 방법은 모델 제시나 은유, 직유, 비유 등을 통해 설명을 사용하는 것이다.

⑦ 강조의 원리 : 메시지의 본질적이고 중요한 부분에 집중하는 것이다. 메시지의 목적과 주요 개념을 강조함으로써 세부적인 것에 빠져서 애매모호하게 흐려져 버리지 않도록 주의해야 한다. 메시지의 중요한 부분에서 목소리를 높이거나 음색을 달리하거나 이야기를 중단하는 등 회중을 사로잡기 위한 여러 가지 기술을 사용함으로써 강조할 수도 있다.

⑧ 피드백의 원리 : 커뮤니케이션의 주고 받는 원리에 주의해야 한다. 피드백이란 흐름의 반대방향으로 자극이 되돌아오는 것을 말한다. 잘 말한다는 것은 잘 듣는 것을 포함한다. 즉 수신자/수용자/청취자의 반응이다. 이러한 피드백은 커뮤니게이션 효과를 측정을 하는데 지표가 된다. 그래서 상대방이 보내는 반응을 잘 살펴서 적절하게 대응해야 한다.

따라서 전달자/송신자/화자가 피드백에 관심을 갖고 능동적으로 대하면 자신의 입장을 잘 파악을 할 파악을 할 수 있어 성공적인 커뮤니케이션을 수행을 하는데 도움이 된다.

피드백이 효과적으로 이루지는 순서를 보면, 첫째는 인간 내적 커뮤니케이션(뜨거우면 자동적으로 손을 뗀다든지 또는 사고 과정에서의 자문자답 등), 둘째는 대인 커뮤니케이션(몸짓이나 손짓, 얼굴, 표정, 등으로 상대방의 반응을 알 수 있다. 뿐만 아니라 대화를 통해 반응이 오고 간다), 셋째는 소집단 커뮤니케이션(강의시 이해를 못하면 손을 든다든지 하는 것 등), 넷째는 매스 미디어를 통한 커뮤니케이션의 순으로 된다. 따라서 효과적인 커뮤니케이션을 수행하려면 이들 커뮤니케이션의 유형을 잘 조합하여 이용을 해야 한다.

⑨ 간략한 정보제공의 원리 : 상대방에게 한꺼번에 너무 많은 정보를 주지 말아야 한다. 말하는 사람의 입장에서는 하고 싶은 말이 많으므로 자신의 말을 이해시키기 위해 많은 정보를 일방적으로 전달할 우려가 있다. 그러나 받아들이는 사람은 그것을 다 수용할 수 없고, 기억하지 못한다. 알맞

은 양의 정보를 주어야 한다. 효과적인 의사소통을 위해서 설교자는 여러 가지 말 전달의 원리를 활용해야 할 것이다.

3) 효과적인 말의 역할

여기서는 커뮤니케이션의 도구로 사용되는 말을 설교자의 입장에서 어떻게 효과적으로 사용할 수 있는지 살펴보고자 한다.

(1) 설교자의 말

설교는 커뮤니케이션의 입장에서 보면 대인간 스피치 커뮤니케이션이라고 볼 수 있다. 대인 스피치 커뮤니케이션이란 둘 또는 그 이상의 사람들이 인접한 거리에서 얼굴을 맞대고 주로 스피치(speech)를 통하여 언어적 및 비언어적 기호들을 비교적 자유로운 형식으로 상호 교환해 나가는 지향적 상호작용 및 그 과정이라고 정의할 수 있다.[14] 여기서 스피치란 "커뮤니케이션 과정에서 정보를 운반하는 특수한 음성적, 시각적 양식 즉 음성 또는 구두매체"를 가리킨다.

그런데 커뮤니케이션 효과에 영향을 미치는 요인들은 정보원인 커뮤니케이터 자신이 가지고 있는 태도, 지식, 커뮤니케이션 기능, 공신력 등이다. 여기서는 커뮤니케이터로서 설교자가 가져야 하는 공신력에 대해서 중점적으로 살펴보고자 한다. 설교자에게 있어서 공신력이란 곧 인격의 문제라고 생각된다. 한국의 문화권에서는 설교의 성패가 설교의 내용보다도 설교자의 인격에 의해 크게 좌우되는 사실을 보게 된다. 실제로 평신도들의 설교 수용태도 분석에서 보면 설교와 설교자의 인격이 일치해야 한다는

---

14) Merril R. Abbey, Communication in Pulpit & Parish. Philadelpia: The Westminster-Press, 1972, P.28.

입장이 72.5%이며, 인격이 설교보다 더 중요하다고 보는 견해도 14.17%나 된다. 또 설교자의 인격과 설교 내용이 너무나 동떨어져서 설교를 잘 듣지 않는다는 응답도 4.46%로 나타나 있다.[15] 그러므로 설교자는 설교자이기 전에 먼저 모범된 인격을 갖춘 사람이어야 하는 것이다. 루돌프 보렌은 설교자가 한 사람의 인격적 모범자여야 함을 강조하면서 다음과 같이 주장한다.

모범의 개념은 설교를 말만의 행위로서의 설교에 한정시키는 것을 용서하지 않는다. 그것은 오히려 말만의 행위가 인격과 그의 봉사의 전체 속에 깊이 파묻혀 있다는 것을 암시한다. 그러므로 여기에서 말과 실존, 설교와 목회의 결합이 나타난다.

설교자는 그리스도에 대해 전하는 것만으로는 안 된다. 그리스도의 설교자의 인격에서 찾아볼 수 있는 요소여야 하는 것이다. 하나님께로부터 보내심을 받은 사자란 자기 안에서 메시지가 이미 구체화된 사람을 말한다. 진실로 인격은 우리의 말보다도 더 큰 설득력을 가진다고 볼 수 있다. 그래서 진실이란 "우리가 진실하게 말해야 한다는 것과 우리가 말하는 바를 행하여야 한다는 것을 의미한다." 그리고 진실한 사람만이 하나님의 말씀에 대해서 열정을 가질 수 있다. 정 성구는 설교자가 갖추어야 할 인격에 대해서 다음과 같이 제시하고 있다.[16]

① 거듭난 사람이어야 한다.
② 주 예수 그리스도를 사랑하는 자라야 한다.
③ 설교자의 인격의 기초는 다른 사람의 영혼을 사랑해야 한다.
④ 설교자의 인격은 진실을 전제로 한다.
⑤ 설교자의 인격에는 열정이 요구된다.

---

15) 송기태, "평신도들의 설교수용태도 분석"(Ⅱ), 「목회와 신학」 1991년 9월호, p. 88.
16) 정성구, 「개혁주의 설교학」, 서울: 총신대학출판부, 1991,pp. 234-243

칼빈의 말대로 하나님은 인간에게 말씀하실 때 인간을 통해서 말씀하신다. 하나님의 인간 구원이 예수 그리스도를 통해서 성육(incarnate)된 것처럼 하나님의 말씀은 인간을 통해서 재성육(re-incarnate)되는 것이다. 설교자는 말씀을 맡은 대사로서 예수 그리스도의 인격으로 성숙되어야만 한다.

설교자의 인격개발은 자신이 하나님 앞에 선 자이며, 동시에 사람 앞에 선 자라는 인식에서부터 출발한다. 설교자는 회중 앞에 서기 전에 먼저 하나님 앞에서 하나님의 말씀을 듣는 자이다. 또한 설교를 하는 그 순간에도 하나님 앞에 서 있음을 잊지 말아야 한다. 그럴 때에 설교자는 하나님의 권능을 힘입어 말씀을 증거하게 될 것이다. 하나님 앞에 마음으로 서 있는 설교자는 회중들 앞에는 행위의 인격자로 서 있다. 하나님의 말씀을 자신의 행위로 증거하는 인격자가 될 때 설교자가 말하는 진리는 효과적으로 전달될 것이다.

(2) 말에 대한 대상 인식

효과적인 커뮤니케이션이 이루어지려면 대상에 대한 올바른 파악이 있어야 한다. 무엇보다 먼저 회중의 연령, 성, 학력, 직업, 기존성향, 거주 장소 등을 파악하는 것이 중요한다. 이러한 파악은 교인 기록부나 설문지를 통해서 할 수 있다.

설교자가 행하는 회중분석은 설교 전의 분석, 설교중의 분석, 설교 후의 분석이 요구된다. 설교 전의 분석은 앞에서 언급한 것과 같은 회중들에 대한 객관적인 자료를 통해서 이루어진다. 이러한 분석은 설교자가 회중들에게 어떤 언어와 자료를 사용해야 할 것인지 결정하는데 유익하다. 회중의 나이나 학력에 따라서 사용하는 어휘가 달라질 수 있다. 직업이 무엇인지 설고 있는 지방이 해안인지 산악지대인지에 따라서 더 적절한 예화를 선택할 수 있게 된다. 설교 중의 분석은 회중의 피드백을 효율적으로 이용할 수 있게 한다. 즉 회중이 주는 암시를 정확하게 해석하고, 메시지의 설득력을 증가시키기 위해 회중들의 암시에 반응을 보일 줄 아는 능력을 개발할 수 있다. 회중들에 대한 설교 후의 분석은 회중의 필요와 감정을 더 잘 이해하고 그들을 효율적으로 도울 수 있게 한다.

어떤 유형이든 설교이든 한 시대를 주도하고 사람들의 삶의 변화를 가져왔던 위대한 설교가들의 설교는 한결같이 회중들의 필요에 민감한 설교였다. 그래서 회중을 일컬어 회중은 성경 다음가는 "제2의 본문"이라들 한다. 그래서 설교자가 회중을 본문으로 삼고 깊이 살펴서 명상함으로서 그들을 위한 말을 발견한다는 것이다. 회중들을 창조적으로 발견한다는 것은 하나님의 은혜로 말미암는 선택 가운데 있는 회중들에게 하나님께서 무엇을 계획하고 계시는지 미리 그려보는 것이다. 그리고 성령의 임재 속에서 이미 거기에 있는 자로서 회중을 발견하는 것이다.

회중들의 필요에 민감해질 수 있는 또 한 가지 방법은 회중들의 삶에 접촉하는 것이다. 목자는 양들 틈에 살아야 양들의 약함과 어려움, 걱정거리를 파악하게 된다. 이것은 목양과 설교의 역할이 분리되어서는 안된다는 점을 알게 해준다. 훌륭한 설교자는 훌륭한 목회자이다.

다양한 환경 속에서 사는 다양한 계층의 사람들에게 설교자가 효과적으로 진리를 전달하기 위해서 사용할 수 있는 한 가지 방법은 감정이입을 활용하는 것이다. 감정이입은 한 개인이 그 자신을 다른 사람의 처지 속에 투사시킬 수 있는 능력으로서 이질적인 사람들 사이에서도 효과적인 커뮤니케이션을 할 수 있는 방법이다. 회중의 생활을 아는 설교자만이 그들의 처지와 형편을 안다. 대상을 바로 인식할 때 설교자는 그들의 가슴으로 느낄 수 있고, 그들의 언어로 말할 수 있을 것이다.

(3) 말에 대한 상황 판단

커뮤니케이션의 상황은 크게는 시대적 상황과 지리적 상황으로 구분된다. 전자는 커뮤니케이션이 일어나고 있는 시대적 배경을 말하며, 후자는 커뮤니케이션이 일어나고 있는 문화권이나 사회 또는 지역을 말한다. 설교자는 도시화와 산업화라는 시대적 흐름을 무시할 수 없으며, 한국적인 문화적 습성을 무시해서도 안된다.

더 좁게는 시간의 문제, 예배실의 구조, 장식, 좌석의 배치, 음악, 음향, 조명 등 환경언어도 설교에 영향을 미치는 요소들이다. 아침에 설교를 듣는 사람, 오후에 듣는 사람, 저녁에 듣는 사람들은 각각 반응이 다르다.

설교시간의 길고 짧음도 설교효과에 영향을 미친다. 죠나단 에드워즈는 두 시간 이상 걸리는 설교를 하기도 했지만 현대에 와서는 특별한 사경회가 아니고는 그렇게 할 수 없는 상황이다. 포스딕은 강단에서의 정상적인 설교는 35분이 걸려야 한다고 말한다.

오늘날 한국의 회중들은 30분 정도가 적당하다고 보는 견해가 많고(61.67%), 다음으로는 25분 정도를 적당한 길이로 보고 있다.(18.33%) 주일 낮 설교는 대체로 25-30분 정도가 적당하다고 생각하는 것 같다. 그러나 수요일 저녁의 강해설교는 좀 더 시간을 길게 할 수도 있을 것이다. 또한 교회력과 절기에 맞추어 설교를 할 때 더 큰 효과를 얻을 수 있을 것이다.

설교자는 예배 전체의 주제와 설교의 주제가 일치되어 균형있는 예배와 설교가 되게 해야 한다. 이러한 목적을 위해서는 성가대의 찬양, 전주, 후주, 회중이 부르는 찬송 등을 전체 주제와 연관되게 해야 할 것이다. 모든 음악의 바른 선정과 바른 연주는 설교를 더욱 강력하고 효과있게 나타내 줄 수 있는 요소가 된다.

4) 커뮤니케이션으로서 성경과 교회

(1) 성경적 커뮤니케이션의 교회

성경은 하나님은 인간들과 소통하였다는 사실과 그 소통의 형태, 방법 그리고 의미들을 제시하고 있다. 하나님이 인간에게 말씀하셨다는 것, 그리고 그 말씀은 하나의 사건 곧 "언어 사건"(Language Event)을 가져왔다는 사실이 기독교 메시지의 중심이라 해도 과언이 아니다. 하나님께서 인간에게 말씀하셨고 그 말씀사건은 그리스도의 성육신으로 이어지는 하나님의 자기 계시로 나타난 것이다.[17] 바로 여기에 기독교 커뮤니케이션의 출발이 있는 것이다. 이런 의미에서 기독교는 그 출발부터 커뮤니케이션의 종교인 것이다. 창조부터 하나님은 자기 스스로를 끊임없이 인류에게 말씀하였다. 결국 성경적 커뮤니케이션의 주체는 하나님이신 것이다. 창세기 1장에 보면 하나님의 형상을 따라 지음 받은 존재로서 인간에 관한 기사에게 하나님을 엘로힘, 곧 단수가 아닌 복수형을 지닌 동일체로 나타난다. 뿐만 아니라 창세기 2장의 성경기사 역시 하나님께서 최초의 인류를 보실 때 좋지 않게 여기신 것이 바로 커뮤니케이션이 없는 존재로서의 인간, 즉 혼자 있는 인간성이라는 것이 성경의 기본 사상인 것이다. 하나님의 커뮤니케이션은 역사속에서도 나타난다. 구약과 신약을 통하여 복음전달의 매체로서의 커뮤니케이션이 행해진 포괄적이고 대표적인 모델은 세속적인 인간 역사 속에 개입하시고 참여하신 하나님의 역사 참여행위에서 찾을 수 있다. 하나님의 역사참여는 성경적 맥락에서 보면 인간과의 참된 의미의 인격적 교제를 의도하신 행위이며 신학적으로는 인간의 구원을 의도한 것이다. 그리고 커뮤니케이션의 절정이 예수의 성육신(Incarnation)에서 이루어지고 있다.

헨드릭 크래머에 의하면 커뮤니케이션에 대한 성경적 이해는 예수 그리스도안에서 커뮤니케이션의 두 개의 원형인 "~ 과 ~ 사이의 커뮤니케이션" 과 "~ 의 커뮤니케이션"이 긴밀한 관계를 맺어진 것으로 나타난다. 그 이유는 예수 안에서만 하나님의 선물인 믿음과 소망과 사랑이라는 새로운 영역이 인류의 부패한 육신 속에 들어오기 때문이다. 따라서 예수는 원칙적으로 인간의 전체 상황을 변화시킨다.[18] 그것은 그리스도안에서 모든 것

---

17) 염필형, "커뮤니케이션의 본질에 대한 성서적 이해", 신학과 세계 제10호(서울:감리교 신학대학, 1984), p.327.
18) Hendrik Kramer, op.cit., p. 160.

이 하나로 통합되는 것을 의미한다. 예수는 구속과 전체성을 가져다주는 분, 또는 성취하시는 분으로서의 말씀이 주어졌고 모든 것이 하나님과 화합됨으로 하나님과 인간사이의 커뮤니케이션이 실현될 수 있는 유일한 근거이다. 친히 하나님이시면서 인간의 언어, 문화, 형식을 사용하셨으며 인간이 거주하는 시간과 공간에 개입하셨다. 그리고 인간의 복잡한 관계와 죄의 흐름 속으로 들어오신 것이야말로 커뮤니케이터의 본이라 할 수 있을 것이다. 페레 (N.F.Ferre)는 교육신학적인 입장에서 성령을 개인교사로 보았다. 성령은 모든 믿는 자들을 진리 가운데로 이끌어 주며 진리를 깨닫도록 도와주신다. 결국 성령은 사람들을 하나님의 진리안으로 인도하고 깨닫게 하고 거하게 하고 생활하게 함으로 그리스도를 통한 하나님과의 커뮤니케이션을 가능하게 하시는 것이다.

(2) 하나님의 커뮤니케이션 통로로서의 교회

교회는 사람들이 그들의 생애를 통해 하나님을 인식하도록 하기 위한 커뮤니케이션 기증을 제 1차적인 기능으로 갖고 있다. 이것은 선교 혹은 복음 전파라고도 부르는데 거기에는 교육적인 측면도 있다. 계시는 일회적인 상황이라기보다는 세속적으로 발생하는 관계이기 때문에 불신자에 대한 선교/전도와 신자에 대한 교육과정을 구분하는 것은 올바른 것은 아니다. 교회는 인간이 하나님과의 사귐을 통해서 인간 상호간의 커뮤니케이션을 위해 자신을 개방하도록 존재한다. 하나님에 관한 커뮤니케이션의 통로로서의 교회는 그 메시지에 있어서 어떻게 하면 가장 효과적이면서도 순수할 수 있겠는가 하는 역설적인 문제를 안고 있는 동시에 효율성과 순수성을 달성할 수 있다는 교만을 어떻게 탈피할 수 있는가 하는 문제를 안고 있다.

교회는 본래 오늘날과 같은 제도화된 교회가 있기 이전에 사귐이었다. 하나님과 인간사이의 사귐은 말씀과 성례전을 중심으로 하는 사귐 곧 예배로 나

---

18) Hendrik Kramer, op.cit., p. 160.

타나며 인간과 인간 그리고 인간과 세계사이의 사귐은 선교와 전도로 나타나는 사귐 곧 봉사로 나타난다.[19] 우리가 커뮤니케이션을 친교의 성취와 유지를 위한 과정으로서 이해한다면 교회는 곧 커뮤니케이션이라고 간주해도 좋을 것이다. 교회는 인간을 고립과 소외에서 해방시키며 개인적으로나 집단적으로 그리스도와 더불어 친교를 맺도록 설계된 거대한 커뮤니케이션 네트 워크(Net work)이기 때문이다. 여기에서도 교회의 이중적인 고민이 있다. 커뮤니케이션의 채널로서의 교회는 성경과 하나님의 선정자인 동시에 성경과 하나님의 영광을 가리고 왜곡시키는 역할도 한다. 왜냐하면 교회는 필요에 의해 일단 세속적인 커뮤니케이션 기술에 참여하게 되었으나 이러한 세속적인 기술이 초래한 왜곡에 사로잡히기 때문이다. 이 모호성을 교회가 적절하게 극복하고 올바른 커뮤니케이션을 수행하도록 커뮤니케이션의 왜곡 과정과 그 회복방안을 검토해야 한다.

(3) 예수가 보여준 커뮤니케이션

설교자가 설교를 통한 커뮤니케이션의 적용을 실시하기 앞서 성경에 나타난 예수의 커뮤니케이션의 모범을 살피는 것은 유익한 일이다. 역사상 가장 훌륭한 커뮤니케이터의 모델은 역시 예수이시다. 예수의 본을 살펴보면 커뮤니케이션에 대한 유익한 정보를 얻어 낼 수 있을 것이다.

첫째, 예수께서는 그가 대하는 모든 청중의 상황과 형편을 알았다. 예수님은 청중의 본성을 완전히 이해하였다(요2:25). 누구나 죄인이며 구주가 필요한 것을 아셨다(눅5:30-32). 친히 하나님이신 예수의 존재론적 위치로 이 부분을 간과할 수 있겠으나 성경에 나타난 예수는 하나님으로서 청중을 아셨다고만 할 수 없다. 예수에게는 청중에 대한 사랑과 관심이 있었다. 이러한 본질적 통찰력 이외에도 예수님은 메시지를 들어야 하는 청중들의 배경과 필요

---

19) 김영운, 사랑과 진리의 대화 (서울:대한기독교서회, 1991), pp. 159-160.

를 아셨다. 예수는 청중을 예리하게 관찰하였고 그들의 실제를 파악하기 전에는 판단을 내리시지 않았다. 그것은 무엇보다도 그들에 대한 연민에서 출발한 것이다. 마태복음 9장 36절 "무리를 보시고 민망히 여기시니 이는 저희가 목자 없는 양과 같이 고생하며 유리함이라."

마가복음 6장 34절 "예수께서 나오사 큰 무리를 보시고 그 목자 없는 양 같음을 인하여 불쌍히 여기사 이에 여러 가지로 가르치시더라."

둘째, 예수께서는 상대가 처한 상황에서 그들에게 접근하셨다. 이것은 예수께서 청중이나, 수용자에게 접근하실 때 상대의 처한 문화적, 사회적, 개인적 상황을 충분히 고려하시면서 다가가셨음을 의미하는 것이다. 복음서를 통해 자주 빈번하게 드러나는 것처럼 예수께서 일상생활의 예화, 친숙한 단어, 비유의 사용에 능통하셨던 것도 주님의 말씀을 듣는 이들의 상황을 고려하심 때문이었다고 할 수 있다. 예를 들어 요한복음 3장에서 사마리아 여인과의 대화 속에서도 예수는 그 여인과 개인적 상황을 고려하시면서 대화를 전개하신다.

셋째, 상황에 따라 다른 방법으로 수용자에게 접근하셨다.

구원에 대해 설명하실 때 니고데모에게는 중생의 의미를 사용하셨고(요 3:3), 우물가의 여인에게는(요4장) 생수를 줄 것이라는 말로 구원을 다르게 설명하셨다. 이것은 예수님께서 각 사람에게 복음이 그 나름대로 의미있게 전달되어야만 이해할 수 있음을 알고 계셨음을 말해준다. 복음의 불변의 진리들은 언제나 변화의 여지가 없으나 그 복음을 전하는 수단의 면은 변화의 가능성이 있음을 엿볼 수 있는 것이다.

넷째, 성령을 의지하셨다. 예수님 자신이 하나님이시기에 당신이 성령을 의지하셨다는 말이 선뜻 이해되지는 않으나 우리의 구원 사역의 성취를 위해 주님은 고난과 죽으심을 당하셨다. 그러한 그의 삶 가운데 많은 사역과 기사들 속에서 주님은 항상 기도하시며 성령의 도우심과 아버지 하나님의 말씀을 기다리셨다. 이상의 주님의 모습에서 우리는 의사 전달에 있어서의 중요한 원리들을 발견할 수 있다.

『설교는 치료의 양약이다』

　　상처는 내 삶의 흔적이다 그 상처가 크면 클수록 내 인생은 많이 아프다. 그리고 아픔만큼 나는 건강하게 살아 있다는 증거이다. 역사 속에 수많은 교부들이 이 아픔을 이겨내며 때로는 아픔을 넘어 인간의 가장 소중한 목숨을 바치는 순교의 장도의 길을 가면서 지금의 교회들을 우리들에게 만들어 주었다. 그리고 오늘날의 우리들의 설교의 말씀은 그 분들에 의하여 하나님이 주신 그 아픔의 치료의 양약이다.

- 著者의 辯 -

제4장

설교에서의 말의 역할

앞장에서는 커뮤니케이션의 뜻을 밝히고 커뮤니케이션의 도구인 말의 역할을 살핀 후에 효과적인 말을 위한 조건들을 논의했다. 제4장에서는 설교에서 말의 역할에 대해서 살펴보고자 한다. 설교자와 회중은 말을 중심으로 어떻게 바람직한 의사소통을 할 수 있는지, 그러한 목적을 위해서 설교자는 어떻게 문체를 개발해야 할 것인지에 대해서 논의하고자 한다. 다음으로 말의 효과를 높일 수 있는 몸짓말의 사용에 대해서도 살펴볼 것이다.

1) 설교자와 회중

모든 하나님의 백성들은 교회사역의 사자들이다. 설교자가 교회에서 하나님의 말씀을 선포할 책임이 있는 것과 마찬가지로 회중은 세상에 나가서 하나님의 말씀을 증거를 해야 할 책임이 있다. 설교자의 말을 통한 설교와 행동을 통한 설교가 일치해야 하듯이 회중들도 세상 사람들에게 말을 통한 설교를 들려주고 행동을 통한 설교를 보여주어야 한다. 이런 의미에서 교회안에서 선포되는 설교는 설교자와 회중간의 상호협력에 의해서 이루어져야 한다고 볼 것이다.

(1) 대화로서의 설교

오늘날 한국강단에서 선포되는 많은 설교들이 엉성하게 짜여져서 주제를 파악할 수 없는 단어의 나열로 그치고 마는 것을 보게 된다. 알아듣기 어려운 모호한 개념들만 이야기할 뿐 그것을 명료화시키기 위해서 적절한 자료들을 사용하지 않는다. 회중들은 이해가 되지 않고 감동도 없는 설교를 듣고 있다가 결국 졸기 시작하고, 설교가 끝나고 설교자의 "기도 드리겠습니다."하는 소리에 그제야 퍼뜩 잠을 깨게 된다. 이런 상황에서 복음은 옥토에 뿌려질 수 없고 교회의 변화는 일어날 수가 없다.

설교의 무기력화에 대한 책임은 설교자와 회중 모두에게 있다. 설교에서 커뮤니케이션의 책임은 어느 한 쪽에만 떠맡길 수 없는 것이다. 그 이유는 무엇인가?

설교는 설교자와 회중의 공동노력에 의해 이루어지는 대화라 할 수 있다. 대화란 "의미의 교환, 즉 인격과 인격의 상호교류"이다. 여기서 각자가 상대방을 경험하고 따라서 서로의 커뮤니케이션은 참된 말을 주고받는 것이 된다. 그러므로 양쪽 다 대화적인 인격을 소유해야 한다. 대화적인 인격은 "관계를 맺는 인격"이다. 설교자와 회중이 함께 설교를 통해서 대화적인 인격의 소유자로 만날 때 경험의 의미는 변화되고, 삶의 정황은 새로운 가능성을 얻게 되며, 진리의 성격이 드러나게 된다.

설교라는 커뮤니케이션에서 설교자와 회중 사이에는 언어, 인상, 차이점, 불안, 방어성 등의 장애요소가 존재한다. 설교의 중요과업은 이러한 장애를 극복하는 것이다. 설교자와 회중이 장애요소를 인정하고 그것을 함께 극복하려고 노력할 때 참된 대화가 이루어진다. 대화의 회복은 설교할 때 피드백을 보임으로써 성취된다. 회중이 설교자에게 반응을 보여주고 설교자는 회중의 반응에 진지하게 대응함으로써 대화는 진행되는 것이다.

대화적인 설교를 위해 설교자와 회중이 노력해야 할 점들을 살펴보기로 하자.

① 설교자의 자세

설교자 편에서 회중을 설교의 참여자로 끌어들이기 위해서는 다음과 같아야 한다.

ⓐ 설교자는 회중에게 감사하라. 회중은 하나님의 선택을 받아 나온 귀한 존재들이기 때문이다.
ⓑ 설교자는 회중을 보라. 회중은 새롭게 만들어질 가능성의 존재이다.
ⓒ 설교자는 회중에게 물어라. 회중은 설교자에게 말하고 싶은 것이 있을 것이다. 이런 점에서 회중은 설교자에게 제이의 본문이다.
ⓓ 설교자는 회중에게 들어라. 설교자가 들으려 하지 않고 묻기만 하는 것은 의미가 없다.
ⓔ 설교자는 회중을 마음에 두어라. 설교자는 회중에게 대하여 열린 마음을 가져야 한다.
ⓕ 설교자는 회중에게 꿈과 환상을 가져라. 회중은 바로 설교자가 품는 꿈, 바로 그것이다.
ⓖ 설교자는 회중에게 봉사하는 자이다. 그는 회중위에 군림하는 자가 아니라 본질적으로 회중을 섬기는 자이다.
ⓗ 설교자는 회중을 변화시켜야 한다. 설교한다는 것은 자신이 말씀과 함께 변화할 뿐만 아니라 그 변화가 회중의 것으로 되어간다는 것이다.

(2) 회중의 자세

회중이 설교사역에 참여하기 위해서는 다음의 사실들이 중요하다.

첫째, 회중이 설교에 참여하는 가장 중요한 방식은 기도이다. 그래서 회중은 설교자가 진리를 전하도록 설교자를 위해서 기도하고 자기들이 그 메시지를 받아들일 수 있도록 자신을 위하여 기도하는 것이 가장 우선적인 준비라 는 것이다. 기도는 회중이 설교자를 도울 수 있는 노력 중 최대의 것이다.

둘째, 회중이 설교에 참여하는 가장 구체적인 방법은 그 설교를 잘 듣는 것이다. 듣는다는 것은 설교자의 음성이나 소리를 듣는다는 것이 아니라 설교의 내용을 듣고 그 말씀을 실천하는 데까지 삶으로 실천하여 나아가는 것을 의미한다. 윌리암 톰슨(William Thomson)은 설교를 잘 듣는 방법을 다섯 가지로 요약하고 있다.

① 설교의 중심사상을 들어라.
② 설교의 다음 말씀을 기대하라.
③ 설교의 내용과 자신을 동일시하라.
④ 들은 말씀을 반복하여 묵상하라.
⑤ 어떤 경우에서도 이와 같은 원칙을 적용하라.[1]

셋째, 회중이 설교에 참여하는 한 가지 방법은 설교자를 도와주는 것이다. 무엇보다도 설교자가 기도하며 연구할 수 있는 시간을 배려해주어야 한다. 지금까지 심방위주의 목회를 해 온 한국교회의 설교자들에게는 특히 이런 도움이 필요하다. 그들은 주일 낮 설교, 주일저녁 설교, 수요기도회, 금요기도회, 매일 새벽기도회 등 엄청난 양의 설교를 해야 한다. 그런데다 밤낮으로 심방하며 성도들을 돌보기 때문에 설교 준비를 제대로 할 수 없을 뿐만 아니라 자신의 건강도 돌볼 수가 없게 된다. 미국의 제일차 대각성운동을 주도했던 조나단 에드워즈(Jonathan Edwards)는 심방이나 상담보다는 설교를 위한 기도와 연구에 거의 모든 시간을 바쳤다.[2] 그러나 그의 설교는 모든 회중의 뜨거운 회개를 불러일으키는 능력 있는 설교였다. 이제 한국교회는 설교자가 연구와 심방에 균형을 이룰 수 있도록 설교자를 도와

---

1) William Thomson, 「A Listener's Guide to Preaching」, New York: Abingdon Press, 1966, pp. 87-93.
2) Clyde E. Fant, Jr., William M. Pinson, Jr., 「20 Centuries of Great Preaching」, Vol. Ⅲ. Texas: Waco. Word Books, Publisher, 1976, p.47.

주어야 할 것이다. 설교자와 회중은 서로 설교의 협력자가 될 때 하나님의 말씀 안에서 의미 있는 대화를 나눌 수 있을 것이다.

(3) 설교와 경청

커뮤니케이션으로서 설교는 쌍방적 과정으로서 말하기와 듣기로 구성되어 있다. 따라서 주의 깊은 경청이 없이는 효과적인 설교란 불가능한 것이 된다. 경청은 듣는다는 신체적 과정 이상의 것으로서 인간이 능동적이고 강한 의미 추구 과정을 통해서 자신의 신체적, 정서적, 지적 능력을 통합해내는 과정이다. 설교자와 회중은 의미를 창조하는 상호과정에 참여하고 있기 때문에 능동적이고 역동적인 경청이 요구된다. 그런데 설교를 위한 경청에는 많은 장애요소들이 있어서 올바른 경청을 어렵게 하고 있다.

우리나리 회중의 경우 설교를 듣는 데 방해되는 요소는 "나 자신의 주의집중력 부족"이 46.56%로 가장 높은 비율을 나타내고 있다. 설교를 들을 때 느끼는 감정도 "딴 생각을 자주 한다"가 61.48%의 높은 수치를 나타내고 있다. 설교자는 이런 현상에 대한 원인이 무엇인지 분석해서 경청의 장애요소를 없애도록 해야 할 것이다. 한편 회중은 경청의 이유와 목적을 가지고 상대방의 말속에 담긴 의미를 찾으며 커뮤니케이션에 집중하도록 노력해야 할 것이다.

여기서 한 가지 기억해야 할 것은 하나님의 말씀을 선포하는 설교자도 회중의 한 사람이라는 것이다. 설교는 회중에게 하는 것인 동시에 설교자 자신에게 하는 것이다. 그 이유는 오직 하나님의 말씀은 하나님 자신으로부터 나오기 때문이며, 설교자는 말씀의 도구로 쓰임을 받고 있기 때문이다. 따라서 설교자는 설교를 준비하는 단계에서 하나님의 말씀에 귀를 기울이던 것과 마찬가지로 설교를 할 때도 경청하는 자세를 가져야 한다. 그래서 말하는 것과 듣는 것은 동시에 하나이다. 그것을 마치 설교와 기도가, 부름과 응답이, 계명과 순종이, 그리고 예수 그리스도의 신성과 인성이 동시에 하나인 것과 같다.

그래서 하나님께서 말씀하시도록 참된 경청의 자세를 가지고 설교자와 회중이 함께 설교에 참여할 때 "들음으로써 말씀을 취하고, 전하면서, 변화되는 단계까지 나아가게"될 것이다.

2) 수사학적 상상력과 문체의 개발

언어를 매개로 사상이나 감정을 주고받는 사람, 즉 말하는 사람, 듣는 사람, 글 쓰는 사람, 읽는 사람 사이에 의사소통의 정도를 높일 수 있도록 말 또는 글을 효과적으로 이용하는 방법, 또는 그 방법을 가르치는 학문을 수사학이라고 한다.

원래 수사학은 웅변을 체계화한 분야로, 고대 그리스와 로마 시대에 웅변가들에게 토론법이나 대중 연설시의 여러 화술을 훈련하는 데 적용되었다. 아리스토텔레스에 따르면, 수사학은 곧 남을 설득하는 기술이었다. 로마가 몰락하고 공공광장이 사라진 뒤 수백 년 동안 수사학을 문어(文語)에 적용하려는 시도가 이루어졌다. 수사학이 지식을 전달하는 수단으로서 갖고 있던 영향력은 16세기 이후 꾸준히 줄어들었지만, 고전적 수사학(웅변술)의 흔적이 아직도 남아 있는 교육계에서는 확고한 지위를 차지하고 있다.

수사학은 대로마제국이 멸망하고 5세기에 이르러 기독교의 번영과 발전으로 기독교의 신학자들이 교회에서의 설교와 수도원과 신학교에서 수사학을 가르치거나 적용을 하여 성직자들에게 보편화된 학문이 되어 버렸다. 설교를 위해서는 절대적인 웅변술이 필요로 했다. 회중을 모으고 설득하고 반견을 하게 하고 변화시키고 그리고 복음을 전파하는데 수사학적 웅변술을 많이 활용을 하였다. 그래서 기독교가 수사학적 설교기능이 그 동안 많이 발전이 되었다.

설교는 회중의 설득과 결단을 목적으로 한다. 설득을 위해서는 수사학적 문체의 사용이 중요한 위치를 차지한다. 설교자가 문체에 관심을 기울이지 않을 수 없는 이유가 여기에 있다. 설교자가 수사학과 함께 풍부한 상상력과 함께 효과적인 문체를 사용하여 기대하는 것 이상의 많은 결과를 얻을 수 있었던 것이다.

(1) 수사학의 기원과 설득

커뮤니케이션을 "한 인간이 다른 인간에게 영향을 미치기 위하여 의도적으로 계획된 행동"이라고 보는 입장에서는 커뮤니케이션과 "설득"이라는 말을 거의 같은 뜻으로 사용하고 있다. 설득이라는 하나의 커뮤니케이션 현상을 연구대상으로 하는 수사학이 탄생하게 된 직접적인 계기가 된 것은 BC 476년으로 역사를 거슬러 올라가본다

지중해에 있는 이탈리아의 한 섬인 시실리(Sicily)의 시라큐스(Syra-cuse)에서 트라시발루스(Thrasybalus)라는 독재자가 쫓겨난 후에 이루어진 민주정부의 수립이었다. 독재자가 물러나자 시실리에서는 그에게 빼앗겼던 재산과 시민권을 되찾으려는 사람들이 법정에 몰려들어 서로 자기의 이권을 되찾고자 했다. 거기서 그들은 어떻게 자기의 주장을 법정에서 효과적으로 표현하고 전달할 수 있느냐 하는 방법에 관심을 갖게 되었다고 한다.[3] 그 때 이러한 시민들의 욕구에 따라 코렉스(Corax)라는 유능한 웅변가인 사람이 『수사술』(Rhetorike Teche, C.470B.C.)이라는 책을 써서 시민들에게 법정에서 효과적으로 논증하는 방법을 가르치기 시작했는데 그것이 수사학의 효시였다. 코렉스는 이 책에서 수사학이란 "청중으로부터 화자가 바라는 반응을 불러일으키기 위한 설득술"이라고 정의하고 있다.[4]

이렇게 시작된 수사학은 그리스의 아테네에서도 민주정치가 시행되면서 그 필요성이 크게 인식되어 연구되기 시작하였다. 아테네에서는 주로

---

3) George Kennedy, 「The Art of Persuasion in Greece」, Princeton University Press,, 1963, pp.27-34.
4) James C. Mccroskey, 「Introduction to Rhetorical Communication」, Englewood Cliffs, N. J. Prentice-Hall, 1968, p. 4 .

민주주의적 재판제도와 선거제도를 중심으로 발전하였다. 수사학이 학문으로서 이론체계를 갖추게 된 것은 바로 BC 3세기경에 이르러 아리스토텔레스(Aristotle, 384-322 B.C.)에 의해서였다. 그는 『수사학』(Rhetoric, C. 330 B.C.)이라는 책을 통해서 수사학을 하나의 기술이 아니라 조직적이고 과학적인 학문으로서 체계를 세워놓았다. 그의 『수사학』은 총 3권 60장으로 나누어져 있는데 제1권에서는 수사학의 필요성을, 제2권에서는 청중의 심리를, 그리고 제3권에서는 메시지 고안의 문제를 다루고 있다.

아리스토텔레스는 커뮤니케이션을 화자가 말(speech)이라는 수단을 사용하여 청자의 태도나 행동을 변화시키는 역동적인 설득과정으로 보고, 설득의 방법을 다음과 같이 제시했다.

① 사실과 논쟁과 논리를 펴서 머리에 호소하라.
② 감정을 통해서 가슴에 호소하라.
③ 연사의 성격으로부터 스며 나오는 것을 사용하라.

이 중에서 가장 중요한 것은 연사의 인격이라고 아리스토텔레스는 말했다. 그러나 설득을 위해서는 위의 모든 방법들이 활용되어야 할 것이다.

설교의 목적은 삶의 변화이다. 이 목적을 달성하기 위해서 설교자는 회중들이 삶을 변화시켜 가고자 하는 결단을 내리도록 설득해야만 한다. 설교란 단순히 무엇을 알려주고 위로를 주고, 감동을 주며 확신을 주는데서 끝나는 것이 아니라 메시지의 실현화를 가져오도록 하는 설득이 최종단계가 되어야 한다. 설득된 회중만이 결단할 수 있기 때문이다.

다음에는 수사학적 설득의 효과를 높이기 위한 방안으로 상상력에 대해서 살펴보고, 이어서 문체의 개발에 관한 문제를 다루고자 한다.

(2) 수사학적 상상력

설교의 역사를 살펴보면 위대한 설교자들은 풍부한 상상력을 설교에 활용한 사람들이었음을 알게 된다. 헬무트 틸리케(Helmut Thielicke)로부터 "여러분이 소유한 모든 것을 팔아서 스펄전을 사라. 가야 할 길을 발견하도록 그가 도와줄 것이다." 라고 까지 극찬을 받았던 스펄전(Charles Haddon Spurgeon)은 "상상력이 완벽한" 복음 설교 였다.[5] 거대한 회개의 물결을 불러 일으켰던 죠나단 에드워즈(Jonathan Edwards)는 상상력을 통해서 피부로 느낄 수 있는 말씀을 증거를 했던 설교자였다. 이로보아 설교에 있어서 상상력은 복음선포의 필수 요소라고 할 수 있을 것이다.

상상력에 대한 이론은 앤드류 블랙우드의 이론이 설득에 많은 도움을 줄 수 있다고 여겨진다. 블랙우드는 상상력을 근본적으로 볼 수 있는 능력이라고 하였다.

마치 미켈란젤로(Michelangelo)가 대리석을 앞에 놓고 조각할 천사의 상을 보는 것처럼 성경가운데서 설교의 자료를 보기 위해 상상력을 이용해야 한다는 것이다. 설교자는 상상력을 잘 사용함으로 성경에 들어있는 모든 것을 볼 수 있을 뿐만 아니라 설교 때에 회중들이 그만큼 잘 볼 수 있도록 할 수 있는 것이다. 상상력은 "설교작성에 있어서 하나님께서 주신 것을 보고, 또한 자신이 본 것을 보여줄 수 있는 하나님이 주신 자연의 능력"인 것이다.

사람들은 일반적으로 상상력을 적용하여 통찰력을 얻게 된다. 목회적인 통찰력은 회중의 필요를 아는 능력이고, 성경적인 통찰력은 성경에 있는 내면의 성령의 은총을 보는 능력이다. 마지막으로 설교학적 통찰력은 성경의 진리로서 회중들의 필요를 채울 수 있는 방법을 보는 능력이다. 그는 이 세 가지 형태의 통찰력을 모두 내포하고 있는 설교가 훌륭한 설교라고 했다. 그 예로 필립 브룩스를 목회적, 성경적, 설교학적 상상력을 가진 사역자로 묘사했다.

실제로 설교 본문연구에 있어서 상상력은 필수적인 것이다. 그래서 성경은 다음과 같은 설교에 있어서 상상력을 가져오는 효과에 대해서 잘 말

---

5) E .C .Dargan, 「A History of Preaching」, Vol. Ⅱ. Michigan: Baker Book House, 1974, p. 537.

해주고 있다.

"갈릴리 해변가에서의 예수님의 조반"은 생생하게 묘사된 진리와 더불어서 그리스도 자신이 친히 구우신 고기 냄새를 맡아가며 듣도록 설교해야 한다. 우리는 그리스도께서 지신 십자가의 처절한 모습을 피부에 와 닿도록 성도들에게 묘사할 수 있어야만 한다.

상상력은 설화체 설교에 더욱 강하게 요청되는 요소라고 할 수 있다. 상상력이 풍부한 설교자는 풍부한 말을 소유하게 되고, 풍요로운 말을 소유한 설교자는 더 풍요로운 커뮤니케이션을 할 수 있을 것이다.

(3) 수사학적 설교문체의 원리

하나님의 영감으로 기록된 말씀을 회중들에게 선포하고 해석하며 적용시키는 설교자는 자신이 사용하는 말에 대해서 반드시 주의를 기울여야 할 것이다. 그런데 우리는 설교자들이 사용하는 말 가운데 부정확하고 부적합하며 중요하지 않은 말이 많다는 사실을 기억해야 한다. 하나님의 말씀을 바르고 정확하며 효과적으로 전달하기 위해서는 우리는 문체(style)에 관심을 갖지 않을 수 없다.

① 문체의 뜻
문체에 대한 정의들을 살펴보면 다음과 같다.
문체는 곧 사람이다. (뷔퐁)
문체는 곧 생각이다. (구르몽)
문체란 바로 정신의 외모이다. (쇼펜하우어)
문체는 언어에 의해 전달된 정보에 의미의 변질없이 부가된 표현적, 정의적, 수사적 강세이다. (리파테즈)

이들 정의 가운데서 가장 널리 쓰이는 것은 "문체는 곧 그 사람이다."라

는 정의이다. 어떤 사람의 입에서 나오는 말은 곧 그 사람의 인격과 개성이 반영되어 있다는 것이다.[6]

설교학에서는 문체를 "화자가 자기의 사상을 전달하는 데 사용하는 개별적인 표현형태" 혹은 "사상을 전달해주는 언어를 창의적으로 사용하는 것"으로 말하고 있다. 말을 할 때 그 내용도 중요하지만 형식을 무시할 수 없다. 내용과 형식이 잘 들어맞을 때 그 말은 가장 효과적으로 전달되는 것이다.

설교에서 문체에 영향을 주는 조건은 설교는 말로 하는 의사전달이라는 것이다. 회중은 글을 읽는 독자와는 달리 한 번 듣고 그 뜻을 파악해야 하며 동시에 다음 문장에 귀를 기울여야 한다. 따라서 설교자는 문어체가 아니라 구어체를 사용해야 할 것이다. 정확한 문법을 사용하고, 개인적이고 회화적인 말을 사용할 때 회중의 경청을 도울 수 있다. 설교자는 설교를 작성할 때 말하는 것처럼 써야 하고, 설교할 때는 개개인에게 따로따로 말하듯이 해야 할 것이다.

또한 설교자는 다양한 회중에게 공통되는 문체를 사용해야 한다. 설교는 신학적인 집단이나 문학적인 집단, 성인이나 젊은이들, 또는 다른 소수의 삶들을 위한 것이 아니라 전체 회중을 위한 것이 되어야 한다. 설교는 오늘날의 사람들을 위한 것이다. 설교는 "지금, 여기서" 선포되는 것이기 때문에 현대의 언어로 말하지 않으면 안된다. 그러므로 오늘날의 회중이 갖는 사고방식과 문화적 배경 안에서 말해야 할 것이다.

② 효과적인 문체가 갖추어야 할 요소들

문체는 메시지 작성요령, 즉 철자, 구두점, 구문, 문법 등에 대한 보편적 원칙과 개개인의 특유한 문장의 성격을 포함한다.

효과적인 문체에 대한 설교학자들의 견해를 살펴보면 일리온 존즈(Ilion T. Jones)는 단순한 어휘의 사용, 최소한의 어휘의 사용, 인상적인 어휘의 사

---

6) 황석자, 「현대문체론」, 서울: 한신문화사, 1987, pp.7-8

용, 간단하고 기본적인 문장구조의 사용을 강조한다. 한편 앤드류 블랙우드는 명확성, 흥미, 아름다움, 강도가 좋은 문체의 요소라고 주장한다. 효과적인 문체를 얻기 위해서는 다음과 같은 요소가 필요하다고 본다.[7]

ⓐ 명확성 : 설교자는 학식에 관계없이 모든 사람들이 알아들을 수 있는 명확한 말로 설교해야 한다. "하나님의 말씀을 이해하는 것은 생사의 문제이다." 라는 말은 설교자의 임무가 얼마나 중요한가를 잘 말해준다. 명확성을 높일 수 있는 방법은 구체적이고 회화적인 말을 사용하는 것이다.

ⓑ 정확성 : 설교자는 현재 통용되고 있는 말을 가장 바르게 사용하는 사람이어야 한다. 이것은 현대 표준말의 문법을 잘 알고 있어야함을 의미한다. 문법에 맞는 말을 쓸 때 말속에 담긴 뜻이 정확하게 전달이 된다.

ⓒ 적합성 : 어떤 사물이나 사실을 가리키는 데 꼭 들어맞는 말은 하나밖에 없다. 상상력과 표현력을 향상시킬 때 가장 적절한 어휘를 쓸 수 있는 능력도 개발될 것이다.

ⓓ 아름다움 : 인간은 아름다움을 추구하는 존재로 설교언어에서도 예외일 수는 없다. 설교는 요리와 같다. 주어진 자료들을 가지고 요리를 잘할 때 맛있는 음식이 나오듯 설교도 마찬가지이다. 블랙우드는 "메시지를 잘 요리해서 따뜻하게 대접하라."고 말하고 있다.

ⓕ 힘 : 위의 네 가지 요소를 다 갖추고 있어도 동적인 힘이 없다면 의미전달에 성공하기 어렵다. 힘이 있는 문체는 "하나님께서 내게 말씀하시기를..." 하고 외쳤던 선지자들의 자세가 들어있는 문체이다. 구체적인 언어, 간결한 문장, 명확성, 대조와 문장의 다양성, 비유적인 표현의 사용 등은 문체를 힘 있게 하는 요소이다. 설교자의 개성, 대명사 "여러분"의 사용, 기운차고 생명력이 있는 언어, 긍정적인 내용도 문체를 힘 있게 만드는 요소이다.

---

7) J. E. Adams, 「The Homiletical Innovation of Andrew W. Blackwood」 정삼지, 역, "블랙우드의 창조적인 설교법" 서울: 기독교문서선교회 p.161.

⑨ 흥미 : 흥미도 효과적인 문체에서 **빼놓을** 수 없는 요소이다. 흥미가 있는 문체를 만드는 몇 가지 방법을 살펴보자. "우리 모두"의 뜻이 담긴 말을 사용하여 회중을 설교에 직접 포함시킴으로 흥미를 끌 수가 있다. 더욱 흥미를 유발시켜 회중의 관심을 이끌 수가 있어야 한다. 그래서 설교는 재미도 있어야 한다. 마치 현대의 드라마처럼, 재미의 직접적인 접근에 능숙한 설교자 일수록 더욱 좋다. 현재시제의 사용, 신선한 접근(새로운 형태와 표현), 대조법의 사용, 개인적인 말이나 문장의 사용은 회중의 흥미를 불러일으킨다. 직접적이고 구체적이며 활동적인 언어도 흥미가 있는 문체의 요소라 할 수 있다.

(3) 수사학적 설교문체의 개발

앞에서는 효과적인 문체가 갖추어야 할 요소들에 대해서 살펴보았다. 이제 어떻게 효과적인 문체를 개발할 수 있는지 그 방법에 대해서 논의하고자 한다.

다른 모든 학문과 마찬가지로 문체의 개발에 있어서도 먼저 연구가 필요하다. 일리온 죤즈는 단어, 문법, 작문, 그리고 수사학을 연구하라고 말을 한다. 언어의 낱말을 많이 아는 만큼 표현력은 풍부해진다. 실제로 어떤 설교자는 작은 사전을 가지고 다니면서 낱말을 외우고 그것을 설교에 활용했다고 한다. 국어문법이나 작문에 대한 연구는 문장의 구성, 서론, 본론, 결론의 구성, 수사법의 활용 등에 대해 많은 것을 얻게 해 줄 것이다.

폭넓은 독서도 문체의 개발에 필요하다. 성경을 포함하여 수필, 희곡, 단편, 시, 소설, 동화, 월간지 등 설교자의 독서는 그 제한이 없다. 신학, 역사, 철학, 과학, 심리학 등의 책을 비롯하여 다른 설교자의 설교집 까지도 독서의 대상이 될 수 있다. 성경저자들의 문체, 예수님의 문체에서부터 시작하여 학자들, 시인들, 소설가들, 월간지 기자들, 다른 설교자들의 문체를 대하면서 논리의 전개와 문장의 구성, 낱말 선택, 상상력, 수사법 등 많은 것을 배우게 될 것이다. 교회사에 이름을 남긴 유명한 설교자들의 설교집을 많이 읽는 것만큼 설교개발에 도움을 주는 것은 없다고들 한다. 유명한 설교를 소화하고 이용하는 것은 창작으로 이어진다는 것이다.

심방을 통해서 회중과 접촉할 때 그들의 필요와 능력, 언어에 대해 통찰력을 가지는 것도 문체 개발에 도움이 될 수 있다. 효과적인 목회와 효과적인 설교는 분리될 수 없는 것으로 설교자가 관심을 가지고 회중을 대하게 된다면 그들에게 호소력을 가지고 설교할 수 있을 것이다.

그런데 자신이 직접 쓰는 일보다 더 문체개발에 도움이 되는 것은 없다고 한다. 설교 원고를 직접 쓰는 연습을 통하여 효과적인 문체의 본질적 요소인 명확성, 정확성, 적합성, 아름다움, 힘 등을 개발할 수 있다는 것이다. "설교가 세상을 구원하시는 하나님의 계획의 일부요, 설교의 언어가 설교에서 그러한 목적을 제한 또는 확장시키는 것"이라고 할 때 의사전달의 기술을 강화해 줄 훈련은 반드시 필요한 것이다.

마지막으로 설교자가 기억해야 할 것은 가장 좋은 설교의 문체는 자신은 나타나지 않으면서도 메시지를 분명하게 드러낼 수 있는 것이어야 한다는 점이다.

"최선의 스타일이란 고급 판유리와 같이 너무 투명하기 때문에 이를 통해 사물을 보는 사람이 그 매개체를 잊어버리는 것과 같다. 말을 가지고 하나님께 봉사하는 설교자는 그 시대의 말을 가장 잘 사용하는 사람이어야 할 것이다. 잘 사용한다는 것은 바르고 분명하게, 그리고 꼭 들어맞게 사용하면서 아름다움과 힘을 함께 갖춘 것을 의미한다."

3) 설교자의 입말과 몸짓 말

말이 아무리 설교의 주요 수단이라고 해도 비언어적인 커뮤니케이션의 도움을 받지 않고는 완전한 효과를 기대하기 어렵다. 따라서 음성의 개발과 아울러 몸짓말의 사용, 미디어의 활용에 대해서도 관심을 가져야 한다.

커뮤니케이션을 언어적 커뮤니케이션과 비언어적 커뮤니케이션으로 구분할 때 비언어적 커뮤니케이션은 유사언어, 기호언어, 제스처와 몸짓, 대상언어, 접촉커뮤니케이션, 커뮤니케이션으로서의 공간과 시간으로 나누어진다. 여기서 유사언어란 말속에 숨어있는 정보로서 어조나 어떤 단어에 대한 강조, 억양, 문장 중에서의 쉼 등을 들 수 있다. 음의 고저와 강단, 크기, 변화, 음량, 음직 등도 여기에 포함된다.

(1) 설교자의 음성의 개발

설교자가 가지고 있는 가장 중요한 신체적 도구는 음성이다. 따라서 설교자는 자기의 발성을 이해하고 보호하면 최대한 사용하는데 대해 관심을 가져야 한다. 목소리를 잘 돌보는 일은 하나님의 사역에 대해 우리가 해야 할 의무들이다.

① 설교자의 발음
말이 형성이 되는 데는 호흡, 발성, 공명, 분절의 네 가지 과정이 있다. 효과적인 전달에서 적절한 호흡보다 더 중요한 것은 없다. 말을 하기 위한 호흡은 횡경막과 복부를 활용하는 것이어야 한다. 신속하고 조용하게 공기를 마시고 느리고 고르게 내뿜는 조절된 속도의 호흡이 필요하다. 편안한 자세로 서 있을 때 적절한 호흡을 할 수 있을 것이다.

공기가 폐로부터 후두 안에 있는 성대를 통과할 때 소리가 발생하는데 이 과정을 발성이라 하며 음의 고저(高低), 음역(音域), 억양(抑揚) 등과 같은 요소를 포함한다. 가장 효과적인 설교자는 자기 음역 내에서 가장 높은 음과 가장 낮은 음을 모두 이용한다. 고저의 변화가 없으면 단조롭고 지루한 설교가 되고 만다. 후두에서 음질이 형성되면 그것은 목과 코, 머리, 입 등의 공간속에서 확대되고 공명한 소리를 낸다. 거친 소리나 쉰 목소리는 목의 근육이 긴장하기 때문에 목의 공명이 적절하게 되지 않아서 나는 소리이다. 목의 근육을 풀어주면 이 문제는 해결된다.

발음에 있어서 마지막 과정은 분절이다. 분절기관들은 혀, 이, 입술인데 이들은 소리를 낱말로 만드는데 사용된다. 분절상의 잘못들은 소리가 첨가되거나 혹은 생략되거나 일그러질 때에 일어난다. 설교자는 정확한 발음을 위해서 국어 자모의 발음, 각 음절의 발음, 낱말의 발음을 연습해야 할 것이다.

② 설교자의 발음의 속도

전달의 속도는 설교자의 인격과 회중의 규모, 건물의 음향상태, 설교의 특징 등에 따라 변하는 음성요소이다. 일반적으로 말하자면 회중이 크고 음향장치가 좋지 않을수록 말의 속도를 느리게 하는 것이 바람직하다. 격려하거나 교훈적인 설교들은 전달을 더 천천히 할 필요가 있다.

말을 잠시 멈추는 것은 효과적으로 사용되어야 한다. 숙련된 화자는 적절한 멈춤을 통해서 전달의 효과를 높인다. 로빈슨(Haddon W. Robinson)의 말대로 멈춤은 사려가 깊은 침묵이다. 그것은 단순히 멈추는 것을 넘어서서 회중에게 생각하고 느끼고, 응답할 수 있는 짤막한 기회를 제공하는 것이다.

③ 설교자의 설교음성 크기

설교자가 지나치게 큰 소리를 지르면 회중을 불쾌하게 하고 설교자 자신의 음성을 상하게 하는 것이 된다. 목소리를 높이는 대신 근육을 풀고 소리를 내보내는 것이 좋다.[8] 목에다 힘을 주고 고함을 치는 대신 배에다 힘을 주고 깊은 곳에서 나오는 소리를 사용할 때 강하고 중후한 음성을 낼 수 있다고 한다.

---

8) 「Charles H. Spurgeon Lectures to my Students」. Vol. 1. pp. 165-188. 에서 설교자의 음성에 관한 몇가지 견해를 제시하고 있다. ① 음성에 대하여 너무 지나치게 신경을 쓰지말라. ② 자신의 음성을 너무 무시 하지 말라. ③ 유행하는 꾸며낸 목소리를 흉내내지 말라. ④ 듣기에 거북한 특징은 고쳐 나가라. ⑤ 언제든지 들리도록 말하라. ⑥ 음성을 최대 한으로 높이는 일은 피하라. ⑦ 음성의 강도를 다양하게 하라. ⑧어조를 조절하라. ⑨ 음성을 얘기하는 내용과 일치하게 하라. ⑩ 음성을 공들여 가꾸라. ⑪ 목구멍을 잘 관리하라. ⑫ 목을 단단히 감싸는 일이 없도록 하라.

말의 크기는 크게 할 수도 있고, 작게 할 수도 있다. 그러나 자기의 기본적인 음직을 바꾸지 않고 중간음조를 사용하면서 때에 따라서 폭풍우가 휘몰아치듯 크게, 때로는 잔잔한 강물 위에 이슬비가 내리듯 속삭이는 작은 소리로 말하는 것이 극적인 효과를 살릴 수 있을 것이다.

말을 할 때 일부러 꾸미는 목소리를 낸다거나 문장의 마지막 음절을 빠뜨리는 습관은 피해야 할 것이다. 대화할 때처럼 자연스러운 목소리를 사용하고 다양한 어조를 구사하는 것이 바람직하다. 설교자가 이 모든 것을 기억해야 하지만 일단 설교가 시작되면 목소리보다 전하려는 메시지와 맞게 하려는 사람들에게 주의를 기울이는 자세가 필요하다고 본다.

(2) 설교자의 몸짓 말

인간이 상호간에 접촉할 때 말 만으로서는 상대방을 거의 믿지 않는다. 말과 몸짓이 나타내는 내용이 다를 때는 비언어적인 제시를 더 믿게 된다. 커뮤니케이션에 있어서 그만큼 몸짓 말은 중요한 것이다. 여기서 몸짓 말이라고 하는 것은 인간이 말 이외의 수단으로 하는 모든 행동을 가리키는 것으로 사용하고자 한다. 몸짓 말이 커뮤니케이션에 미치는 효과에 대해서는 심리 외의 수단으로 하는 모든 행동을 가리키는 것으로 사용하고자 한다. 몸짓 말이 커뮤니케이션에 미치는 효과에 대해서는 심리학자 메라비언(Mehrabian)의 공식이 잘 입증하고 있다.

전체 지각 = 7%의 언어 + 38%의 음성 + 55%의 표정[9]

말이 진정한 효과를 나타내기 위해서는 음성과 얼굴표정의 역할이 크다는 것이다. 몸짓 말이 입말보다 더 큰 설득력을 지니는 이유는 그것이

---

9) John Knox, 「The Integrity of Preaching」 New York: Abingdon Press, 1957. P.152.

잠재의식에 직접 말하기 때문이라고 한다. 우리가 의사소통을 할 때 비언어적 요소가 이처럼 큰 비중을 차지한다면 결코 그것을 소홀히 생각할 수가 없다.

이제 설교할 때 영향을 미치는 비언어적 요소들을 살펴보기로 하자.

① 설교자의 설교 외모

설교자는 회중들 앞에 서는 공인이며 영적인 지도자이다. 따라서 그가 어떤 모습으로 회중들 앞에 서는가 하는 것은 대단히 중요하다. 설교자의 정중하고 깨끗하며 진지한 모습과 복장은 그 자신의 내면적 모습의 표출이라는 점과 아울러 회중에 대한 예의요, 존경의 표현이다. 그러나 만일 복장이 설교자의 메시지보다 더 주의를 끌도록 한다면 그것은 적절하지 못하다. 유행에 너무 무관심하거나 너무 민감한 것은 바람직하지 않다. 그러므로 설교자는 언제나 신중하고 깨끗한 복장을 해야 할 것이다.

② 설교자의 설교 자세

설교 순서를 기다리고 앉아있을 경우에는 똑바로 앉아서 두발을 가지런히 내려놓은 것이 좋은 자세라고 본다. 말하는 동안에는 호흡과 발성에 편안한 자세를 가져야 할 것이다. 두 발을 가지런히 벌리고 서거나(약 10cm 간격으로) 몸의 균형을 유지하면서 한 쪽 발은 다른 쪽보다 약간 앞쪽으로 내밀고 서는 것이 자연스러운 자세이다. 스펄전은 설교자의 자세는 마땅히 자연스러워야 하며 발음기관을 방해하지 않고, 또한 품위가 있어야 하는 것이라고 말하고 있다.

③ 설교자의 설교 제스처

제스처는 손, 팔, 머리, 몸 등 설교의 전달을 돕기 위한 몸 전체의 움직임을 가리킨다. 제스처는 때로는 말보다 더 효과적인 결과를 가져다 줄 수도 있다. 몸의 움직임은 의도성이 드러나지 않고 자연스럽게 표현되어야 하는 것이 가장 중요하다. 각 민족마다 제스처의 사용 정도가 다르며, 사람에 따라서 다르다. 따라서 자연스러운 느낌을 주도록 사용해야 하며 제스처가 지나치거나 어색한 것보다는 차라리 사용하지 않는 것이 낫다는 스펄전의 주장은 타당하게 여겨진다.

제스처를 위한 일반적인 원칙을 다음과 같다. (1) 제스처는 내면으로부터 우러나와야 한다. (2) 부드러워야 한다. (3) 제스처를 사용하는 시간이 적절해야 한다. (4) 상황과 회중의 규모 및 설교의 특성에 적절한 것이어야 한다. (5)다양해야 한다. 10)

설교자의 신중한 연습을 통해서 적절한 제스처의 사용은 가능해질 것이다. 한편 설교자의 습관적인 버릇은 회중의 웃음을 자아내게 하여 의사소통을 방해할 수도 있다. 그러므로 나쁜 습관은 발견하여 고치도록 설교자는 노력해야 할 것이다.

④ 설교자의 얼굴표정

얼굴은 설교의 변화하는 분위기와 의미를 표현하는데 있어서 대단히 큰 가능성을 가지고 있다. 앞에서도 말과 목소리, 얼굴표정 중 얼굴표정이 감정 전달을 가장 효과가 있게 해준다는 사실을 언급했다. 그러나 대부분의 사람들은 얼굴표정으로 내적 감정을 표현하는 일이 거의 없다. 어떤 사람들은 설교의 분위기에 관계없이 계속 웃음을 띠거나 찡그리고 있는 버릇을 갖고 있다. 이것은 회중들에게 오해를 불러일으킬 수가 있다. 비록 어렵긴 하지만 얼굴표정에 대해 연습한다면 훨씬 더 효과적으로 의사전달을 할 수 있을 것이다.

⑤ 설교자의 시선교환

말하는 동안에 신체를 사용하는데 있어서 가장 중요한 것은 회중과의 시선교환이다. 훌륭한 시선교환은 한 개인이나 어떤 지점에 시선을 너무 오래 고정시키지 않고 회중을 골고루 둘러보는 것이다. 설교단을 내려다

---

10) C. H. Vol. Ⅱ. pp. 144-147.

보거나 회중들의 머리 위를 바라보는 것, 벽이나 천정을 바라보는 일 등은 좋지 않다고 본다. 특히 권면이나 호소하는 대목에 이르러서는 눈을 사람들에게 고정시키지 않으면 안된다. 훌륭한 시선교환은 감정이 입을 가능하게 해주며 진실성을 반영한다. 회중의 주의를 집중시키는데 시선교환보다 더 좋은 방법은 없다. 또한 회중의 눈을 통해서 반응을 포착하고 적절히 대응해 나갈 수 있다.

이러한 몸짓 말은 입말로 한 것을 다시 반복해주는 역할을 하는가하면 강조하거나 보충해주기도 한다. 몸짓 말을 통해서 감정과 느낌이 더 정확하게 전달되고 관계성이 드러나며, 입말보다 더 많은 것을 더 효과적으로 전달할 수 있다. 몸짓 말은 암시적 메시지에 가장 적합하다. 하나님의 말씀을 하나님의 백성들 앞에서 전해야 하는 설교자는 이 모든 기술들을 활용함으로 하나님께서 일하실 수 있는 여지를 더 많이 드리게 될 것이다.

(3) 미디어와 설득

"대중전달의 모든 미디어는 신학적으로 관련이 있고, 또한 중요하다."[11] 라는 말은 오늘날 설교자들이 커뮤니케이션의 매체에 관심을 갖지 않을 수 없을 만큼 대중매체가 발달되어 있음을 보여주고 있다. 커뮤니케이션 이론에서 미디어는 매체와 같은 뜻으로 사용되고 있다. 발신자가 기호를 구성하여 보내는 메시지가 수신자의 머릿속에 들어가서 어떤 의미를 형성하기까지 그 메시지의 이동, 전달을 도와주는 모든 장치와 수단 및 통로를 가리켜 미디어라고 한다.

대인 커뮤니케이션에서는 수신자가 어떤 대상을 지각할 때 하나의 감각기관만을 사용하는 것이 아니라 오관(五官) 전체를 사용한다. 시각, 청각, 촉각, 미각, 후각 등 여러 가지 감각을 통해서 얻어진 것들이 종합되어 어

---

11) Malcolm Boyd, 「Crisis in Communication」, New York: Doubleday & Company, Inc., 1597, p. 48.

떤 통일을 갖는 지각세계가 나타나는 것이다. 흔히 매스 미디어를 그것이 호소하는 감각기관과 관련시켜 시각매체(신문, 서적 등), 청각매체(라디오, 전축 등), 시청각 매체(텔레비젼, 영화 등)로 분류한다.

오늘날 매체의 발달로 인해 커뮤니케이션의 혁명이 일어나고 있다. 마샬 맥루한의 "미디어가 곧 메시지이다."라는 말은 이 사실을 웅변적으로 입증해준다. 전자매체의 발달은 시청각을 통한 효과적인 의사소통의 길을 열어놓았다. 따라서 설교자도 매체언어에 대한 관심을 갖지 않고는 안될 상황에 놓이게 되었다. 그 결과 일직선의 논리를 전개하는 설교보다는 복합적이고 동시적인 매체언어를 구사해서 듣는 사람들이 되새길 수 있는 설교가 요청되고 있다는 주장도 나오고 있다.

이러한 상황을 감안해 볼 때 설교자는 시청각 자료, 연극, 비디오, 영상의 전자매체 등에 관심을 갖고, 그것들을 이용하여 더 효과적으로 복음을 전할 수 있어야 할 것이다. 매체가 발달할수록 그 매체는 말의 위력을 약화시키는 것이 아니라 오히려 강화시킨다. 매체를 이용한 설교는 앞으로 설교자들에게 주어진 또 하나의 과제라고 할 수 있을 것이다.

설교에서 말은 일방적인 독백이 아니라 설교자의 회중간의 대화이므로 서로 협력이 필요하다. 설교가 일반연설과 다른 것은 성령께서 말을 복음전달의 도구로 사용하신다는 것이다. 설교자는 연구와 독서, 집필을 통한 문체개발, 음성과 몸짓 말에 대한 훈련 등을 통해서 성령께서 일하실 수 있는 조건들을 더 잘 갖추도록 노력해야 한다. 그럴 때에 설교자가 사용하는 말은 그 구실을 다할 수 있을 것이다. 지금까지 설교에서 말의 역할을 살펴보았다. 다음 장에서는 우리말의 특징과 아울러 설교자들이 우리말을 어떻게 이상적으로 사용할 것인가에 관한 문제들을 논의하고자 한다.

『설교자는 신비한 방정식을 선포하는 자』

프린스턴 대학교의 교수인 존 내시(John Nash)는 천재적인 수학적 능력을 가졌지만 늘 인간관계에 문제가 있어 한때 누군가에게 쫓긴다는 압박감으로 결국은 환각 환청의 정신분열증에 시달리며. 정신병원에 감금되어 폐인과 같은 나날을 보내기도 했다. 그러나 부인 알리시아는 남편을 포기하지 않고 끊임없는 사랑과 이해를 가지고 남편의 회복을 위해 기도하며 치유의 노력을 했다. 그래서인지 존 내시는 다시 강의를 하게 되고 자신의 이름을 딴 '내시 균형이론'이 현대 경제학에 미친 공로가 인정을 받아 1994년 세계 노벨 경제학상을 수상하게 되고 31세의 나이로 MIT공대의 종신교수가 되기도 한다.

그 수상식에서 존 내시는 아내를 가리키면서 "나는 그 동안의 어떤 논리나 이성으로 풀 수 없는 사랑의 신비한 방정식을 발견했다. 그리고 나는 당신 때문에 여기에 섰다. 그래서 당신은 내 모든 존재의 이유이다"라고 말했다. 존 내시의 일대기는 2001년 할리우드 영화 뷰티풀 마인드를 통해 세상에 알려지면서. 전 세계 약 3억명이 넘는 관람객을 모으며 아카데미 최우수 영화상을 비롯한 4개 부문을 수상을 했다.

우리가 살아가는 삶의 현실에는 해결할 수 없는 수많은 문제들이 있지만, 그 문제들은 오직 하나님의 사랑의 방정식으로만 풀 수 있다. 설교자는 설교로, 주님 사랑의 신비한 방정식을 설교로 선포하는 설교자가 되어야 한다.

- 著者의 辯 -

▌제5장

설교에서 우리말의 사용방법

설교자가 국어발음이나 음성표현에 대해서 무지하거나 문법적으로 맞지 않는 말을 사용할 때 회중들은 설교의 내용을 듣기에 앞서 거부감을 가지게 된다.

칼빈의 주장대로 "말이 영혼에 영향을 미치는 열쇠다" 라고 한다면 설교자는 말에 대해서 아무리 세심한 주의를 기울여도 지나치지 않을 것이다. 설교란 "목사 자신의 구술사역을 하나님의 계시의 언어에 종속시키는 훈련" 이기 때문에 설교자는 하나님께 대하여 귀를 열고, 사람들에게 대하여는 입을 여는 훈련을 하지 않으면 안된다. 입을 열되 그 시대의 말로, 그 회중들에게 맞는 말로 하나님의 말씀을 전해야 서로가 소통이 될 것이다. 따라서 설교자는 자기가 사용하는 말에 대해 애정을 가지고 갈고 닦아야 할 의무가 있다고 본다.

이 장에서는 설교자가 한국말을 이상적으로 사용하기 위해서 노력해야 할 일들을 구체적으로 살펴보고자 한다. 우리말의 발음과 음성표현, 주어와 서술어의 문제, 어휘의 사용, 수사법의 활용 등에 대해서 논의하게 될 것이다.

1) 설교자의 발음과 음성표현

설교자가 좋은 음성을 가지고 자기가 사용하는 말을 올바르게 발음하며, 말하고자 하는 것을 적절하게 표현하는 능력을 소유할 때 하나님의 말씀을 효과적으로 증거할 수 있을 것이다. 죠지 횟필드(George Whitefield)는 사람들을 설득하는 천부적인 재능을 타고 난 것으로 인정받는 설교자이다. 그러나 그는 말하는 기술을 숙달할 때까지 음성과 제스처의 사용, 말의 기능 등에 대해서 연구하고 노력했던 인물이다. 횟필드는 모든 설교자들이 말하는 기술을 개발하기 위해서 노력해야 함을 보여준 사람들 중의 하나라고 할 수 있을 것이다.

여기서는 먼저 좋은 목소리를 내기 위해서 알아야 할 호흡법과 발성 및 공명에 대해서 알아보고, 다음으로 우리말의 발음과 음성 표현에 관한 문제를 다루고자 한다.

(1) 호흡법

발성의 첫걸음은 호흡이며 호흡의 기초가 되는 것은 자세이다. 올바른 자세를 가지면 좋은 가슴을 소유할 수 있다. 가슴이 넓어지면 인후도 넓어지고 턱도 편해져서 구강 안이 넓고 깊어지며 이에 따라 아름답고 좋은 목소리가 나오게 된다. 올바른 자세가 되어 있을 때 올바르고 깊은 호흡이 가능해지는 것이다. 호흡이 좋아지면 자연히 올바른 발성이 된다.

남성은 복식호흡, 여성은 흉식호흡을 주로 하는 것으로 알려져 있다. 오래전부터 성악 전문가들은 복식호흡만이 좋은 것이라고 생각해왔으나 근래에 와서는 복식호흡과 흉식호흡이 다 성악에 요구되는 것으로 인정하고 있다. 설교에 있어서도 마찬가지로 복식호흡과 흉식호흡이 다 필요하다.

그러나 복식호흡이 절대적으로 필요한 것은 사실이다. 발성과 공명에 있어서 많은 이점을 얻게 하기 때문이다. 복식호흡의 이점은 다음과 같다.[1]

① 복근(腹筋)과 배근 (필자 주 : 등에 잇는 힘살)의 공동 동작에 따라서 흉근(胸筋)에 무리한 긴장을 주지 않고 두 허파에 충분한 공기를 흡입하게 된다.

② 배근과 복근의 지지에 따라 횡경막이 흉식호흡 때보다 더욱 안정된다.

③ 흉근이 공명체의 역할을 다하게 된다. 즉 이상적 공명이란 흉근이 횡경막 진동을 받아서 확대 공명작용을 이룩하여 흉곽 전체를 무리없이 공명시키는 것이다. 여기에는 흡기 동작 이외에는 몸 전체에 힘이 빠져 있어야만 이 목적을 달성할 수 있다.

④ 배근 및 요근(腰筋)에 상체의 중심이 걸리게 되므로 자유자재로 상체의 조작이 가능하다. 따라서 희망하는 공명 음색을 자유롭게 얻을 수 있다.[1]

⑤ 배근과 요근을 지지대로 해서 횡경막으로부터 하반신을 자유롭게 사용할 수 있고, 상반신 공명을 쉽게 얻을 수 있다. 물론 횡경막을 중심으로 한 상반신, 하반신, 양쪽 손으로의 공명의 복합은 극히 중요한 일인데, 이런 일이 가능한 것은 모두 복식호흡의 덕택이다.

설교자는 복식호흡을 통해서 울림이 풍부한 목소리를 낼 수 있고, 음을 깊고 길게 또 자유로운 음량으로 유지할 수 있게 된다.

(2) 발성과 공명

발성이란 폐장속의 공기를 밖으로 호출할 때 성대가 진동함으로써 발생하는 모든 공명음을 총칭하는 것이다. 기관(windpipe)의 맨 위에 위치한 상자같은 구조가 후두인데 이것을 흔히 음성상자라고도 한다. 이 안에는 성대라고 불리는 두 개의 유연한 막이 있는데 공기가 통과할 때 진동한다. 이것이 진동할 때 음파가 발생하며 마치 하프나 피아노의 줄을 건드릴 때 진

---

1) 문영일, 「발성과 공명」, 서울: 도서출판 청우, 1985, 재판, pp. 111-112

동이 생기는 것과 같다. 이 음파는 길이와 주파수가 다르며 인간의 음성이 낼 수 있는 음조의 다양성은 바로 이것 때문이다.

음조의 질은 혀와 목, 턱, 얼굴의 근육에 의해 영향을 받는다. 목과 턱의 근육은 이완되어야 한다. 그렇지 않으면 후두를 위축시키거나 억누르므로 성대의 진동을 방해한다. 소리가 팽팽한 근육으로 제한받을 때는 거칠고 쉰소리가 마찰소리처럼 발생한다.

따라서 말하는 법을 배우는 두 번째 단계는 이러한 근육을 이완시킴으로써 음조가 통로를 통과하여 방해를 받지 않고 공기중으로 나가도록 하는 것을 배우는 것이다. 소리로 하여금 쉽게 흘러가도록 해야 한다. 횡경막으로 소리를 밀어내야 하며 목이나 목구멍의 근육으로 밀어내려고 해서는 안 된다. 큰 소리를 내려고 할 때는 외쳐대려고 하지 말고 먼저 호흡으로부터 그 음량이 나오도록 해야 한다는 것이다.

소리가 성대로부터 나올 때는 반드시 공명기에 의해 확장되어야 한다. 경구개 또는 입천정은 소리가 나는 널판지로 작용하여 음조를 입에서 마지막으로 밀어낸다. 소리가 음성상자로부터 생겨날 때 완전하고 듣기 좋은 소리가 되려면 비강과 구강에서 다시 울려야 한다. 만일 비강으로부터 단절되고 구강을 통해서만 나오게 되면 그 소리는 찢어지는 듯한 소리가 된다.

만일 비강으로부터 단절되고 머릿속으로만 들어가면 무겁고 두꺼운 소리가 된다. 이것이 콧소리를 만들어낸다. 상부인두[2] 는 비강과 관계가 있고 중부 및 하부인두는 구강과 관계가 있다.

설근에 힘을 넣어서 발성할 때는 아래쪽으로 압박하기 때문에 하부인두강의 공명이 불량해진다. 모음과 자음의 대부분은 구강의 공명과 인두 공명에 의해서 생성된다.[3]

구강의 공명이 절대적이라는 말은 인두 공명이 절대적이라는 말과 상통한다. 구강이 크게 공명한다고 해도 인두 후벽이 더욱 후방으로 물러남

---

2) 인두 : 입안의 끝부터 식도의 첫머리 사이의 근육으로 된 부분. 위는 코 안으로, 앞은 입안으로, 밑은 식도로 닿는 깔때기 모양의 근육

3) 문영일. 「발성과 공명」, 서울: 도서출판 성우, 1985, 재판, pp111-112.

으로써 구강안의 넓이가 확대되는 것이다. 공명이 잘 될 때 아름다운 음성을 낼 수가 있다.

발성과 공명의 연습은 음성학이나 성악가의 도움을 받아서 할 수 있을 것이다. 찬송가를 소리를 내어 부르는 연습은 설교자에게 큰 도움이 될 것이라 생각된다.

〈음성기관〉[4]

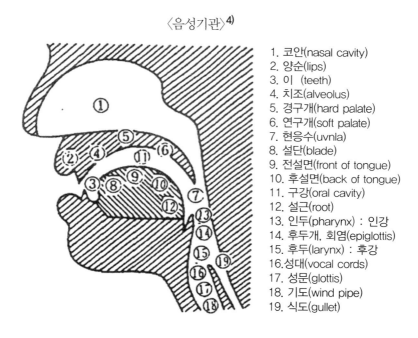

1. 코안(nasal cavity)
2. 양순(lips)
3. 이 (teeth)
4. 치조(alveolus)
5. 경구개(hard palate)
6. 연구개(soft palate)
7. 현응수(uvnla)
8. 설단(blade)
9. 전설면(front of tongue)
10. 후설면(back of tongue)
11. 구강(oral cavity)
12. 설근(root)
13. 인두(pharynx) : 인강
14. 후두개, 회염(epiglottis)
15. 후두(larynx) : 후강
16. 성대(vocal cords)
17. 성문(glottis)
18. 기도(wind pipe)
19. 식도(gullet)

(3) 발음연습

서투른 발음은 듣는 사람으로 하여금 화자가 무엇을 말했는지 추측하게 하고 때로는 정확한 전달에 엄청난 잘못을 빚어내기도 한다. 단어가 이해되고 전달되려면 음절이 적절하게 발음되어야 할 것이다.

---

4) 전재호, 박병채 외 「신국어학개론」 서울: 형설출판사, 1983, p. 20.

① 모음 발음

국어 모음의 갈래는 설면위치의 전후, 고저와 입술모양에 따라 나누어진다. 설면위치의 전후에 의해서 모음은 전설모음, 중설모음, 후성모음으로 분류된다. 전설모음은 설면위치의 바깥쪽에서 발음 되는 것으로 ㅣ, ㅟ, ㅔ, ㅚ, ㅐ 등이 있다. 중설모음은 설면위치의 중간지점에서 발음되는 것으로 ㅏ, ㅡ, ㅓ 등이 있다. 후설모음은 설면위치의 안쪽에서 발음되는 것인데 ㅗ, ㅜ 가 있다.[5]

설면위치의 고저에 따라 모음은 고모음, 중모음, 저모음으로 분류된다. 혀는 아래턱에 붙었으므로 설면위치의 고저는 결국 아래턱의 상하 움직임에 관한 높낮이를 말한다.

고모음은 ㅣ, ㅟ, ㅡ, ㅜ 이고, 중모음은 ㅔ, ㅐ, ㅚ, ㅗ, ㅓ 이며, 저모음은 ㅏ 이다. 고모음에서 저모음으로 갈수록 아래턱이 내려가는 각도가 커진다. 이상의 설명을 종합하여 모음삼각도를 그려보면 다음과 같다.

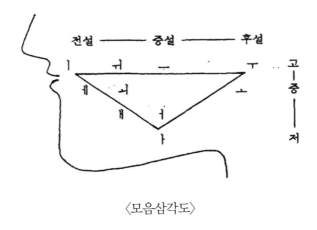

〈모음삼각도〉

입을 오므리거나 펴는 모양에 따라 모음을 평순모음과 원순모음으로

---

5) 전재호 외, op. cit., pp. 119-120.

분류한다. 입을 좌우로 편 모양으로 발음하는 것을 평순모음이라 하며 ㅣ, ㅔ, ㅐ, ㅏ, ㅓ, ㅡ 등이 이에 속한다. 입술을 오므리고 발음하는 모음을 원순모음이라고 하는데 ㅟ, ㅜ, ㅚ, ㅗ 등이 있다.[6]

　이러한 분류 기준에 따라 발음 연습을 하면 모음을 정확하게 발음할 수 있을 것이다. 이외에 우리말에는 낱말에 따라서 모음의 길이와 높낮이를 달리 발음해야 하는 것들이 있다.

　　길게 발음해야 하는 것 – 사람, 시내, 비단, 웃다, 살다 등
　　짧게 발음해야 하는 것 – 옷, 집, 어부, 강자, 대전 등

　음의 길이에 의해 뜻이 달라지는 낱말은 특히 발음에 유의해야 한다. 아래 낱말 중 뒤의 것은 길게 발음을 해야 한다.

　　말(馬) – 말(言): 눈(眼) – 눈(雪): 발(足) – 발(簾):
　　밤(夜) – 밤(栗): 종(種) – 종(鐘): 벌(罰) – 벌(蜂):

　이런 낱말들은 장단을 정확하게 발음하지 않으면 의미가 정확하게 전달되지 않는다. 다음과 같은 낱말은 음의 높낮이를 정확하게 발음해야 하는 것들이다. 앞의 낱말은 높게 뒤의 낱말은 낮게 발음해야 뜻이 올바르게 전달된다.

　　얼음(氷) – 어름(果實)　걸음(步) – 거름(肥料)
　　업다(負) – 없다(無)　　경비(經費) – 경비(警備)

　우리말의 발음에 있어서 특히 주의가 필요한 것은 "의"의 발음이다. "의"의 발음은 세 가지로 구분된다.[7]

---

6) Ibid., p. 121.
7) 전영우, 「국어화법론」, 서울: 집문당, 1990, p.196.

ⓐ 제 1음절에서는 『으』와 『이』의 합음, [i]로 발음된다. : 의사, 의무, 의뢰, 의견, 의논, 의례, 의복 등

ⓑ 소유격 조사 『의』는 [e]로 발음된다. : 복음의 전파, 기도의 능력, 십자가의 도, 하나님의 사랑 등

ⓒ 제 2음절 이하에 오는 『의』는 [i]로 발음한다. : 의의, 논의, 동의, 불의, 주의, 대의, 문의 등

설교자들 중에는 "ㅡ"와 "ㅓ"의 발음을 정확하게 하지 못하는 사람이 있다. "하늘나라"를 "하널나라"로, "오늘"을 "오널"로 발음하는 따위이다. 이런 설교자들은 발음연습을 통해서 정확한 발음을 하도록 노력해야 할 것이다.

② 자음 발음

자음은 조음작용과 조음기관, 자음체계에 따라서 각각 분류할 수 있다. 조음작용에 의한 분류는 소리의 통로가 열리는 상태에 다라서 정지음, 파찰음, 마찰음, 비음, 유음 등으로 나누어진다.[8]

정지음은 통로가 가장 밀폐된 상태에서 발음되는 것으로 ㅂ, ㅃ, ㅍ, ㄷ, ㄸ, ㅌ, ㄱ, ㄲ, ㅋ 등이 있다. 파찰음은 파열과 마찰이 혼합된 음으로 ㅈ, ㅉ, ㅊ 등이 이에 속한다. 마찰음은 완전한 마찰로 조음되는 것으로 ㅅ, ㅆ, ㅎ 이 있다. 비음은 구강이 닫힌 상태에서 비강을 통해서 나오는 음으로 ㅁ, ㄴ, ㅇ 이 여기에 해당된다. 유음은 입안의 기류가 약간의 장애는 받으나 충분한 마찰은 없이 흘러나오는 것으로 ㄹ 이 여기에 속한다.

조음기관에 의한 분류로는 양순음, 치조음, 경구개음, 연구개음, 성문음 등이 있다.[9]

양순음은 아래, 위의 입술의 접촉에 의해서 발음되는 것으로 ㅂ, ㅃ,

---

8) 전재호 외, op. cit. pp.127-129.
9) Ibid. pp. 129-130.

ㅍ, ㅁ 이 있다. 치조음은 이와 혀의 접촉으로 조음되는 것이며 ㄷ, ㄸ, ㅌ, ㄴ, ㄹ 이 이에 해당된다. 경구개음은 경구개와 설면의 접촉에 의해서 발음되는데 ㅈ, ㅉ, ㅊ, ㅅ, ㅆ, 이 있다. 연구개음은 연구개와 설근의 접촉으로 조음되고 ㄱ, ㄲ, ㅋ, ㅇ 이 여기에 속한다. 성문음은 공기가 후두의 성문을 나오며 미끄러지는 소리인데 ㅎ 이 이에 속한다.

자음체계에 따라서 분류하는 방법은 연음과 경음, 그리고 격음으로 나누는 것이다. 연음은 평음을 말하는 것으로 ㅂ, ㄷ, ㄱ, ㅈ, ㅅ 이 있다. 경음은 긴장이 강한 소리로 ㅃ, ㄸ, ㄲ, ㅉ, ㅆ 이 여기에 속한다. 격음은 격한 소리로 ㅍ, ㅌ, ㅋ, ㅊ 이 여기에 해당된다.

단독 자음만 있을 때는 발음에 별 문제가 없다. 그러나 낱말 중에 쓰일 때는 무의식적으로 부정확한 발음을 하는 경우가 많다.

천하 – 천아   흔히 – 흔이   홀연히 – 홀연이
위험하다 –위엄하다   분명히 – 분명이   시험 – 시엄

이런 말들은 발음을 분명하게 하기 위해 주의할 필요가 있다 고 본다. "읽지 – 익지, 닭고 – 담고, 값이 – 갑시, 값어치 –가버치, 진흙 – 진흑" 등 대표음으로 소리가 나는 말들도 정확하게 발음해야 할 것이다. 두음법칙의 영향을 받는 말들로는 "양심, 낙원, 누각" 등이 있고 한자어로서 발음에 주의해야 할 것은 "모란(牧丹), 시월(十月), 오뉴얼(五六月), 김천(金泉)" 등이 있다.[10]

경음으로 발음되는 것은 "헌법, 사건, 인격, 남다, 신다, 물결, 등불" 등을 예로 들 수 있는데 요즘은 경음으로 발음하지 않으려는 경향이 있다. 연음으로 발음하는 것은 더 품위가 있는 것으로 인식되고 있는 것이다. "팔랑팔랑, 펄렁펄렁, 모락모락, 무럭무럭" 등 모음조화에 의한 발음에는 별 문

10) 전영우, op. cit. pp. 199-200.
11) Ibid. p. 202.

제가 없는 듯하다. 동화작용에 의한 말들은 "진리 – 질리, 원리 – 월리, 환난 – 활란, 섭리 – 섬니" 등이 있고, 구개음화가 되는 말들은 "같이 – 가치, 굳이 – 구지, 밭이 – 바치" 같은 것들이다.[11]

설교를 듣는 회중들은 설교자의 발음에 대해서도 민감하다. 그들의 마음에 들지 않는 설교전달방법 중 세 번째 순위가 "발음이 정확하지 않거나 사투리가 심하다."(17.74%)는 것이다. 나채운은 설교자들이 틀리게 발음하는 낱말들을 다음과 같이 지적하고 있다.

> 빗 – 빗 꽃 – 꼿 젖 – 젓 무릎을 – 무릅을
> 끓고 – 끌고 다르고 – 달르고, 다 고
> 다릅니다 – 다릇습니다.[12]

앞의 낱말을 뒤의 말처럼 발음함으로써 의미를 바르게 전달하지 못하고 있는 것이다. "겁이 나서"를 "겁시 나서"로 발음하는 사람도 있다. "사울이가, 야곱이가"처럼 주격조사를 불필요하게 덧붙이는 경우도 있다.

또 어떤 설교자들은 문장의 마지막 낱말을 끝가지 발음하지 않는 버릇을 가진 사람들이 있다. 가령 "했습니-"와 같은 경우이다. 혹은 중간 음절을 빼고 "했슴다."와 같이 발음하는 사람도 있다.

설교자는 우리말의 자음과 모음, 그리고 낱말들을 정확하게 발음하여 복음을 바르고 정확하게 전달할 수 있도록 노력해야 할 것이다.

(4) 설교자의 음성표현

설교를 할 때 어떤 설교자들은 처음부터 끝까지 낮은 목소리로 말을 해서 회중들이 졸도록 만드는 경우가 있다. 반면에 다른 설교자들은 높은 음정을 변화가 없이 사용함으로 회중들에게 불안감과 거부감을 갖게 하여 설

---

12) 나채운, 「목회용어비판」, 새문안교회 언더우드 학술강연, 1991. 11. 21. p. 4.

교를 듣지 않도록 만들어 버리기도 한다. 말이 너무 빠른 설교자는 회중이 이해할 수 있는 여유를 주지 않고, 말이 너무 느린 설교자는 회중을 지루하게 만든다.

따라서 공명이 잘되는 목소리를 가지고 정확한 발음을 한다고 해도 음성에 변화가 있어야 전달의 효과를 높일 수 있다는 것을 알 수 있다. 말의속도, 음량, 어조, 강조를 통해서 다양한 변화를 얻을 수 있을 것이다.

① 속 도

평신도들의 설교 수용태도에 대한 송 기태의 분석을 참고하면 회중의 입장에서 마음에 들지 않는 설교의 전달방법은 "말이 너무 빠르거나 느리다"(20.97%)는 지적이 가장 많고, "어딘지 모르게 졸리게 설교를 한다"(18.55%)가 그 다음 순위로 나타나 있다.[13]

이로보아 말의 속도는 설교전달 효과에 큰 영향을 미치는 요소임을 알 수 있다.

말의 속도는 회중이 어떤 사람인가에 따라서 정해질 수 있다. 대상이 어린이나 노인들일 때는 천천히 말하고, 이해가 빠르고 지적 수준이 높은 청장년들일 때는 좀 더 빠른 속도로 말하는 것이 좋다. 내용에 따라서는 중요한 사실이나 복잡한 사실, 또는 숫자나 통계 등을 말할 때는 좀 더 느리게 말해야 할 것이다.

적절한 호흡단위는 말하는 것보다 더 중요할 때가 있다. 호흡단위는 문장의 의미단위에 따르는 것이 보통이다. 호흡단위를 두는 목적은 아이디어를 분리하고, 분리된 아이디어를 사고단위로 떼어놓으며, 주요 아이디어를 드러내놓고, 말하는 사람이 사고를 구성하는 시간을 얻기 위한 것이다.

습관적으로 말이 빠른 사람은 천천히, 분명하게 발음하면서 말하는 연습을 해야 할 것이다. 그러나 "적절한 속도란 듣는 사람이 설교에 흥미를 유지할 수 있을 정도로 변화가 있는 것"이라는 말을 설교자는 기억해야 하

---

13) 송기태. op. cit. p.91.

리라고 본다.

② 음 량

감정과 정서에 맞게 다양성을 가져야 하는 것이 음량이다. 아름다움, 엄숙한, 위엄, 평온함, 부드러움 등은 음성표현상 긴 음량을 필요로 한다. 한편 흥분, 기지, 쾌활, 놀라움, 방탕 등은 짧은 음량을 요구한다. 어떤 내용을 강조하려고 할 때는 큰 소리로 외칠 수도 있지만 오히려 음량을 줄이는 것이 더 효과적일 수도 있다.

음량 표현을 위해서 설교자는 여러 가지 글들을 택해서 실제로 연습을 하는 것이 바람직하다. 이때는 감정 이입법(移入法)을 활용하는 것이 크게 도움이 될 것이다.

③ 어 조

설교단에 올라서기만 하면 어조가 달라지는 설교자가 있다. 그러나 보통 대의 어조처럼 설교 때의 어조도 자연스러운 것이 바람직하다. 습관적으로 높은 어조를 유지한다든가, 문장의 끝을 올리거나 내리는 것은 복음 전달에서 생동감의 결여를 가져오게 된다. 그러므로 설교자는 자연스러운 어조를 유지하면서도 말할 내용에 따라 다양한 어조를 구사해야 할 것이다.

어조 가운데 계속 올라가는 어조는 흥분, 사자후, 의문, 불확정, 불안, 우유부단을 표시한다. 계속 내려오는 어조에는 안정, 확신, 자신감, 최후, 결심, 강경성이 표현된다. 어조의 활용은 감정적 내용보다 사상적 내용을 전달하고 표현하는데 유용하다. 전달하고자 하는 의미를 한층 더 명맥하게 해준다는 것이다.

성악가는 전음역에 걸쳐서 발성연습을 하지만 설교자의 훈련은 적은 범위로도 충분하다고 본다. 보통 강연이나 설교에 쓰이는 음의 높이는 D-E를 중심한 거의 3음정 정도이다. 높은 소리를 내는 사람도 E나 F를 중심한 3음정 범위이다. 사람은 각자의 소리의 기초음에서 두 음정 반쯤을 물결처럼 오르내리면서 억양이 붙는다는 것이다. 따라서 설교자는 자신의 기초음을 중심으로 해서 세 음정쯤의 범위에서 발성연습을 하면 될 것이다.

④ 강조

속도, 음량, 어조의 변화는 낱말이나 구절, 문장의 뜻을 강조하는 효과를 가져 온다. 호흡단위 역시 마찬가지이다. 중요한 낱말에 힘을 주어서 발음하는 강세나 반복을 통해서 강조할 수도 있다.

강조에 있어서 주의할 점은 지나친 강조를 피하라는 것이다. 억제되지 않은 감정보다 다소 억제된 감정은 회중에게 한층 더 인상적이다. 그리고 설교자의 감정이 전부 노출되지 않을 때 그의 깊은 정감과 절정의 흥분이 회중에게 잘 전달된다. 또 한 가지 주의할 점은 계속적인 강조를 피하라는 것이다. 만약 어떤 사실의 가치와 중요성을 지나치게 강조하면 회중의 신뢰를 잃을 염려가 있고, 계속적으로 강조하면 결과적으로 강조되는 것은 아무 것도 없게 되는 것이다. 그러므로 강조법은 분별이 있게 활용해야 할 것이다.

절정에 있어서 음성 표현의 방법은 음성을 증가시키는 방법과 감소시키는 방법 두 가지가 있다. 후자의 방법은 전자보다 상당한 기교가 요구되지만 더 큰 효과를 얻을 수 있다. 활기차고 효과적으로 절정에 이르렀다면 공백 표현을 쓰든가 말하는 태도를 바꾸는 것이 바람직하다. 발음연습이나 음성표현의 개발을 위해서는 성경을 큰 소리로 읽는 것이 도움이 될 것이다.

2) 주어와 서술어

언어마다 문장을 구성하는 방식이 약간씩 다르지만 대체로 "주어+목적어+동사", "주어+동사+목적어", "동사+주어+목적어"의 세가지 유형으로 구분된다. 한국말은 "주어+목적어+동사"의 문장구성을 갖는 언어로 일본어, 몽고어, 터키어, 버마어, 힌디어, 케추아어 등이 이 유형에 속한다. "주어+동사+목적어"의 문장유형을 가지는 언어로는 핀란드어, 이탈리아어, 마야어, 노르웨이어, 타이어, 스와힐리어 같은 것이 있고 영어도 크게 보아 이 부류에 속한다. 그리고 히브리어, 마오리어, 마사이어, 웨일스어, 자포텍어 등은 "동사+주어+목적어"의 문장구성을 가진다.[14]

"주어+목적어+동사"의 문장구성을 가지는 언어의 하나로서 우리말은 몇 가지 문장구성상의 특징이 있다. 모든 문법적 형태는 즉 조사, 어미, 접사는 어근 또는 어간 뒤에 쓰인다. 또 주어, 목적어, 동사의 자리 옮김이 자유스럽다. 그러나 수식부사나 관형사는 자리를 옮기지 못한다. 체언을 꾸미는 관형어는 반드시 꾸밈을 받는 체언 앞에만 온다. 주어나 목적어가 한 문장 안에 잇달아 나타나는 문장구성이 있는 점도 특이하다 말하는 사람과 듣는 사람이 함께 주어가 무엇인지 알고 있을 때, 또는 한 문장 안에서 주어가 반복될 때는 주어를 생략하는 것이 국어의 특징이다. 또 조사나 어미가 대단히 발달해 있다는 것도 하나의 특징이다.

여기서는 우리말의 특징을 모두 다룰 수는 없고 설교에 있어서 문제가 되는 주어와 서술어에 대해서만 중점적으로 살펴보고자 한다.

(1) 주어 생략의 문제

주어는 서술어(술어)를 필요로 한다. "하나님은 사랑이시다."라는 문장에서 "하나님"이라는 주어는 "사랑이시다"라는 서술어와 결합하여 문장을 이룬다.

주어는 문장의 필수성분이지만 우리말에서는 생략되는 경우가 많다. 문맥으로 보아 주어를 밝히지 않아도 그 문장의 주어가 무엇인지 알 수 있는 경우에는 주어를 생략하는 것이 일반적인 현상이다. 말을 하는데 있어서 "노력을 절감하려는 경제원칙"이 작용하기 때문이다. 이러한 현상은 대

---

14) 남기심, 고영근, 「표준국어문법론」, 서울: 탑출판사, 1991, 9쇄, p. 22.

화할 때에 더 많이 나타난다. 특히 명령문은 주어가 항상 이인칭인 까닭에 그것이 생략되어도 의사소통에 문제가 없다. 그러므로 명령문에서는 주어가 거의 생략되는 것이 보통이다. 한 문장안에서 주어가 여러 번 반복될 때도 이를 생략하는 것이 국어의 특징이다. 우리말에 가장 발달되어 있는 존대어도 주어가 없어도 상대방이 누구인지 알 수 있게 해주는 역할을 한다. 이 존대어 때문에 외국 사람이 우리말을 배울 때는 많은 어려움을 겪으며, 문장의 호응관계가 어긋난 문장을 쓰는 예가 많다.

우리말은 말할이가 들을이와의 관계, 즉 연령, 신분, 친숙도 등에 따라 알맞은 말을 선택하여 쓰지 않으면 언어생활을 할 수 없게 된다. 곧 우리들은 우리말의 높임법의 문법구조에 따라 말할이가 들을이와의 관계를 판단하지 않으면 안 되도록 강요당하고 있는 것이다. 이것은 한국말을 사용하는 사람들이 모든 생활에서 수직적인 사고를 하지 않으면 안 된다는 것을 의미한다. 높임말이 발달되어 있다는 것은 우리 사회가 유교문화의 영향아래 존속하는 설열 사회라는 것을 말하는 것이다.

이같이 머리를 조아리는 자기를 비하는 한국 사회에서 살아날 수 있는 조건이요, 당위였다. 왜냐하면 한국 사회는 서열사회요, 한국 사회에 소속된다는 것은 그 서열의 어느 척도에 종적으로 소속되는 것이기에 상서열자(上序列者)에 대한 자기비하는 곧 소속의 조건이기 때문이다.

이규태의 말대로 가문, 촌락, 단체, 학교, 직장 등 모든 공동사회에는 이 서열의식과 자기비하의 의식이 지배하고 있다.[15] 이는 한국인의 사고가 얼마나 수직적인 서열에 매여 있는가 하는 것을 한 선교사의 예를 통해 보여주고 있다. 한말에 한국에 왔던 선교사 게일은 만나는 사람마다, "선교사는 벼슬로 치면 현감보다 높으냐? 또는 기와집에서 살 수 있느냐"고 꾸준히 서열적으로 파악하려는데 진땀을 뺐다는 것이다. 그럴 때마다 그는 묻는 사람이 아전이면 아전보다 낮다고 하고, 관노(官奴)이면 관노보다 낮다

---

15) 이규태, 「한국인의 의식구조」, Ⅱ, 서울: 신원문화사, 1987, p.228.

고 했으며, 초가집에 사는 사람이 물으면 초가집만도 못한 데 산다고 말해야만 비로소 그들과 친근해질 수가 있었다는 것이다.

서열의식에 의한 수직적 사고는 우리의 말에 그대로 반영되어 있으며, 설교자의 언어사용에서도 이것은 발견된다. 한국의 설교자들이 자주 사용하는 "축원합니다", "기원합니다", "원합니다", "바랍니다" 등의 서술어는 명령형이다. 정장복이 주장한 것과 같이 이런 말들은 설교자가 지도자의 위치에서 "윗 사람이 아랫사람에게 내리는 메시지로" 설교를 인식하고 있음을 보여주는 것이다.[16]

따라서 설교자는 하나님의 말씀을 전하면서 하나님의 권위를 내세우는 것이 아니라 자신의 권위로 회중들이 무엇인가 하도록 하는 형태를 취하고 있다. 이런 문제점은 우리말 속에 들어있는 수직적 사고와, 우리말에 빈번히 나타나는 주어의 생략현상이 함께 빚어낸 결과라고 볼 수 있다.

그런데 설교에 있어서 주어의 생략현상은 심각한 문제를 초래한다. 설교자가 설교를 비 성경적인 것으로 만들어버리는 오류를 범하게 되는 것이다. 설교에 있어서 주어의 생략현상이 초래하는 결과에 대해서 정장복은 다음과 같이 말하고 있다.

첫째, 설교의 주어는 성삼위가 되시는 하나님이신데 주어의 생략과 함께 그 말씀의 주인이 보이지 않게 된다.

둘째, 우리 언어에 주어를 사용하지 않는 경우는 말하는 자신 즉 1인칭을 의미하는 경우이고, 3인칭을 사용할 때는 반드시 주어를 사용해야 의미의 전달이 정확하다. 그러므로 주어가 생략된 자신의 설교는 바로 그 메시지의 내용이 자신의 발상이며 표현이라는 것을 스스로 인정하는 것이다.

셋째, 영어에서나 우리의 언어에서 주어를 사용하지 않는 경우는 명령어를 사용할 때이다. 그러므로 주어를 생략한 한국의 설교는 명령적인 형태로 일관하게 되고 그것이 바로 하나님의 명령으로 연결되어 나가는 비성경적인 모순을 쉽게 본다.[17]

---

16) 정장복, 「1988년 교회력에 따른 핸드북」, 서울: 홍성사, 1987, p. 63.
17) Ibid. pp. 63-64.

설교자가 설교를 할 때 주어를 생략함으로써 자신의 하나님의 말씀의 대언자가 아니라 그 말씀의 주인으로서의 역할을 하게 된다. 자신도 알지 못하는 사이에 "나"라는 일인칭 단수 주어를 사용하고 있기 때문이다. 그러나 이 "나"는 문장에서 생략되어 숨은 주어로 활동하고 있는 까닭에 설교자는 그것을 깨닫지 못하고 있는 것이다. 그렇지만 서술어의 형태에서 주어가 누구인지 분명하게 드러나게 된다. "축원합니다", "기원합니다", "믿습니다", "원합니다", "바랍니다", "생각합니다", "느낍니다", "봅니다" 등의 말에서 주어는 의심할 것이 없이 "나"인 것이다. 결국 설교자는 하나님의 말씀을 대언하는 것이 아니라 하나님의 말씀에 대해서 강의하고 있는 것이 되고 만다.

이러한 문제를 어떻게 극복할 수 있을 것인가? 이어서 그 해결 방안을 찾아보고자 한다.

(2) 삼인칭 서술

설교는 하나님 자신의 말씀이기 때문에 설교자가 주어가 될 수 없다. 어디까지나 "하나님"이 주어가 되어야 한다.[18]

설교자에게 있어서 최종적인 권위는 언제나 성경이다. 따라서 "하나님께서 말씀하시기를...." "하나님께서....라고 말씀하십니다" 라는 식으로 설교자는 말해야 할 것이다.

주어의 생략 때문에 오는 일인칭 단수 주어 "나"의 사용을 피하기 위해서는 문자에서 주어를 나타내려는 노력이 필요하다. 주어를 명시하되 삼인칭 주어를 쓰는 것이 바람직하다고 여겨진다. 왜냐하면 설교자가 객관적인 서술을 할 수 있기 때문이다.

---

18) 정장복, 「설교사역론」, 서울: 대한기독교서회, 1990, p.138.

ⓐ (나는) 예수님만이 우리를 죄로부터 구원하실 구주라고 생각합니다.
ⓑ 예수님만이 우리를 죄로부터 구원하실 구주이십니다.

　　문장 ⓐ는 한국의 설교자들이 많이 사용하는 형태로 일인칭 단수 주어 "나는"이 사용되어 "생각합니다" 라는 주관적인 서술로 끝나는 문장이다. 이런 문장에서는 흔히 주어가 생략된다. 그러나 문장 ⓑ는 삼인칭 단수 주어인 "예수님만이"가 사용되어 "구주이십니다" 라는 객관적인 서술 형태를 가진다. 이 문장에서는 성자 하나님이신 예수님이 절대적인 위치를 차지하고 있음을 알 수 있다. 이런 선포 형태가 하나님께서 말씀을 통해서 직접 임재하실 수 있는 형태라고 할 것이다.

　　때로는 "우리는", "여러분"과 같은 일인칭 복수 주어나 이인칭 주어도 사용할 수 있다. 일인칭 관점에서 전개되는 설화체 설교도 예외가 된다. 그러나 평소에 삼인칭 서술을 하는 태도를 갖는 것이 설교자가 자신을 주어로 내세우는 잘못을 막는 길이 될 것이다. 삼인칭 서술을 하되 하나님이 주어로 나타나도록 해야 한다. 앞으로도 말했듯이 설교는 하나님 자신의 말씀이기 때문이다. 칼 바르트는 말하기를 "하나님"이란 말은 언제나 주어로서 타당하고 객어(客語)가 되지 않는다고 했다. 삼인칭 서술은 특히 케리그마적 설교와 교훈적 설교에 효과적이라고 볼 수 있다. 설교자는 말을 올바르게 사용함으로 자신의 위치를 지킬 때 진정한 설교자가 될 수 있을 것이다.

(3) 간결한 문장

　　설교를 할 때 문장에서 주어를 명확히 나타내는 또 하나의 방법은 간결한 문장을 사용하는 것이다.

　　입말과 글말은 다르다. 글말은 눈으로 의미를 전달하는 것이기 때문에 한꺼번에 많은 정보를 주어도 된다. 사실 글말에는 입말보다 더 많은 관념들이 포함되어 있으며, 어려운 단어들, 복잡한 문장들이 더 많이 쓰인다.

그러나 입말은 일회적인 속성이 있기 때문에 한꺼번에 많은 정보를 줄 수 없다. 상대방이 이해하기 쉬운 말로 정보를 조금씩 주어야 한다. 따라서 간결한 문장이 요구된다.

"우리는 하나님께로부터 왔다가 하나님께로 갑니다. 오늘이라고 하는 시간도 왔다가 갑니다. 그러므로 한 시간 시간은 우리에게 대단히 중요한 의미가 있습니다." [19]

이런 문장들은 간결한 형태를 통해서 그 뜻을 명확하게 전달하고 있음을 볼 수 있다. 이 문장들을 다음과 같이 바꾸어 써 보자. "우리는 하나님께로부터 왔다가 하나님께로 가며, 오늘이라고 하는 시간도 왔다가 가기 때문에, 한 시간 시간은 우리에게 대단히 중요한 의미가 있습니다." 비록 전달하고자 하는 뜻은 같을지라도 이 두 종류의 문장을 통해서 우리는 전혀 다른 느낌을 받게 된다. 뒤의 문장은 사고의 단위가 불명확하기 때문에 그만큼 이해의 속도도 느리게 만드는 것이다.

명확한 문체의 주요 특징들 중의 하나는 짧은 말로써 많은 것을 말하는 것이다. 함축된 의미를 담은 말들은 시어에서 많이 배울 수 있다. 그러므로 설교자는 틈이 나는 대로 시집을 읽음으로 세련된 표현들을 익힐 수 있을 것이다.

우리말의 특징 가운데 하나는 연결어미가 매우 발달되어 있다는 것이다. 연결어미를 사용함으로써 문장과 문장을 여러 가지 뜻으로 접속시킬 수 있다. 문장을 대등적으로 이어주는 대등적 연결어미에는 "-고, -면서, -든지~-든지, -(으)며, -지만, -(으)나" 등이 있다. 앞의 문장을 뒤의 문장에 종속적인 관계로 이어주는 종속적 연결어미에는 "-면, -니, -는데" 등이 있다. 보조적 연결어미는 보조 용어를 본용언에 이어주는 것으로 "-어, -고, -게, -지" 등이 있다. [20]

연결어미의 발달로 인해 주어가 없이도 말이 이어질 수 있고, 문장을 한없이 길게 할 수도 있다. 이것은 큰 사상이나 어떤 사람의 생애를 물 흐

19) 곽선희, 「요한복음강해」 (상) 서울: 도서출판 엠마오, 1991. p. 340.
20) 남기심, 고영근, op. cti., p. 154.

르듯 자연스럽게 쓸 수 있는 장점이 있는 반면 문장이 길어지다 보면 주어가 불명확해진다는 단점이 있다. 그래서 말을 하는 경우에는 듣는 사람이 주의 깊게 귀를 기울이지 않으면 안 되는 것이다. 다양한 연결어미에 의해 이어지는 술어중심의 문장은 끝에 가서야 말하는 이의 의도를 파악할 수 있게 된다.

하나님은 사랑이 많고 자비로운 분이시므로 우리를 극진히 사랑하시지만 또한 공의를 행하시는 분이시니 죄인을 그 죄에 따라 벌하지 않을 수 없으나 우리의 믿음에 따라….

앞의 문장에서 주어는 "하나님"이다. 그런데 서술어는 "사랑이 많다", "자비롭다", "우리를 극진히 사랑하신다", "공의를 행하신다", "죄인을 벌하신다" 등이다. 이 서술어들은 "-고, -므로, -만, -니, -나" 등의 연결어미에 의해서 계속 이어진다.

이와 같이 말이 어디까지 이어질 것인지 그 다음에 무슨 말을 할 것인지 끝까지 듣지 않고는 결론을 내릴 수가 없는 것이다. 이처럼 말하는 사람의 결론을 끝에 두는 문장을 도미문(periodic order sentence)이라 하고, 중요한 부분을 먼저 말하고 이차적인 것을 뒤에 말하는 어순을 갖고 있는 문장을 산열문(loose order sentence)이라 한다.[21]

전자는 듣는 사람을 끝까지 붙잡아두는 장점이 있고, 후자는 듣는 사람이 비판적으로 받아들일 수 있는 장점이 있다. 인도유럽말은 산열문이지만 우리말은 도미문이다. 도미문은 "우회적인 추리의 논리"가 지배적이다. 빙빙 둘러서 추리해가다가 자기의 판단을 잊어버리기 쉽고, 따라서 비판적 사고가 약화된다. 그러므로 효과적인 의사소통을 위해서는 적당한 길이로 문장을 끊어주는 것이 바람직하다.

말을 끝없이 길게 할 때는 주어가 불명확해지고 주어와 술어의 불일치 현상이 나타나게 된다. 말이 안 되는 문장이 되는 것이다. 또 말하는 사람

---

21) 정정덕 편저, 「언어와 인간」, 대구:도서출판 영남서원, 1990, pp.62-75.

의 의도를 파악하기 어렵게 된다.

이런 문제들을 없애기 위해서 설교자는 간결한 문장을 사용해야 할 것이다. 주어나 서술어가 간결할수록 그 뜻이 잘 드러나게 되는 것이다. 간결한 문장의 사용은 대부분의 설교학자들이 주장하는 것인데 그 중에서도 블랙우드의 제안이 가장 구체적인 것으로 보인다. 22)

ⓐ 한 문장 안에서 우회하는 것을 피하라. 삽입구를 사용하여 혼란시키지 말라.
ⓑ 주어를 서술부 가까이에 놓아라. 설명하는 것을 길게 하면 횡설수설하게 되고, 어디서 끝내야 할 것인지도 모르게 된다.
ⓒ 대부분의 문장을 짧게 하라.
ⓓ 문장 안에서는 사상의 연결성을 지키도록 하라.

짧은 문장과 긴 문장을 적절히 섞어서 사용하는 것이 이상적이라는 주장을 무시할 수는 없지만 대체로 짧은 문장을 사용하는 것이 의사소통에 효과적이라 여겨진다.

(4) 현재시제의 사용

설교에 있어서 서술어의 사용은 대단히 중요하다. 우리말처럼 술어중

---

22) 김종택, 「문장연습」, 서울: 새문화출판사, 1986, pp. 18-28.에서는 비문의
　　유형이 제시되고 있다.
　① 필요의 성분이 결여된 경우: 주어, 부사어 등
　② 호응의 불일치: 조사나 어미
　③ 말의 중첩과 남용: 명사나 수식어
　④ 수식관계의 불투명
　⑤ 논리적 모순과 혼란: 문장안 도는 문장들 사이에
　⑥ 문장 구조의 중첩: 조사나 어미, 구문 구조의 반복
　⑦ 의미적 저항: 의미상 관습상으로 용납될 수 없는 것

심으로 이루어지는 말은 더욱 더 그렇다. 여기서는 서술어의 시제 사용에 관해서 논의하고자 한다.

먼저 우리말 시제의 특징에 대해서 살펴보자. 일반적으로 시제는 과거, 현재, 미래로 구분하는데 미래시제는 말하는 이의 추측이나 의지, 가능성에 대한 의미가 강하기 때문에 우리말의 시제를 "과거와 비 과거"로 보는 견해가 많다. 미래시제를 나타내는 형태로 "겠"은 미래를 나타내는 것이 아니라 말하는 이의 추측, 의지 등 심리적 양상을 나타내는 서법(mood)에 속한다고 본다. 국어 시제의 이분체계로 인해 우리 민족은 과거에 대한 집착이 강하고 현재중심의 사고를 가지며, 미래지향적 사고가 부족하다는 견해가 있다.

그러나 우리말이 인도 유럽 말처럼 일차원적 시간관에 근거한 것이 아니라 삼차원적 시간관에 근거하고 있다고 주장한다. 시간을 일직선으로 흘러가는 것처럼 생각하는 물리적인 시간관에서는 과거는 "이미" 지나가서 없고, 미래는 아직 오지 않아 없고, 현재도 엄밀하게 따지면 과거와 미래로 갈라지고, 남는 것은 부피가 없는 순간이 되고 만다는 것이다.

이에 반해 삼차원적 시간관은 둥근 원과 같은 시간구조를 말한다. 아랫 반원은 과거이고, 위의 반원은 미래이며, 이들의 원의 직격으로서의 현재는 둘렀고 있는 시간구조라는 것이다. 여기서는 과거는 기억과 전승으로서 살아있고, 미래는 희망과 기대로서 살아있으며, 현재는 과거와 미래에 의해서 보호된 상태와 움직임이기 때문에 이것이 "살아있는 시간"이며 구체적인 시간이라는 것이다. 그래서 우리나라 사람들은 현재시제를 중심으로 한 현상학적 사고가 강하고, 구체적인 삶의 논리속에 살고 있다는 것이다.

이 점은 한국인의 내세관을 지극히 현세적인 것으로 파악한 것과 일치한다. 내세의 모든 것은 현세와 밀접한 연관을 갖는 것으로 알았고, 따라서 내세를 "북망산"이라 하여 바로 마을 앞에 있는 하나의 산처럼 생각할 수 있었다는 것이다. 불교의 내세관이 이 한국적인 내세관과 절충 융합하여 지옥관과 극락관을 형성했는데 한국인의 집요한 현세 주의적 사고방식은 그 지옥, 극락마저도 현세와 밀접한 연관을 맺도록 해놓았다는 것이다.

나아가서 한국인의 현세적 내세관은 생사연결형 문화를 형성하게 된다. 죽은 사람의 영혼은 아무 데에도 가지 않고 이 세상에서 그와 가까운 사람들 곁에 방황하고 있는 것으로 알았다. 그래서 조상에 대한 숭배의식이 그토록 뿌리가 깊다는 것이다. 토마스 아퀴나스로부터 데카르트에 이르는 유럽사상사의 대저를 남긴 불케나우는 죽음의 개념에 의해 문화 유형을 구분하고 있다. 메소포타미아와 이집트 중심의 죽음을 부정하는 문화가 있는 반면 그리스 중심의 죽음을 수용하는 문화가 있다. 기독교는 죽음에 도전하는 문화이다. 이에 비해 한국인의 내세관은 죽음을 긍정하지도 않고, 부정하지도 않으며, 초월하지도 않는 죽음과의 연결형 문화라는 것이다.

우리는 두 사람의 주장을 통해서 우리 민족은 현재중심의 사고가 강하고, 그 사고가 우리말에 그대로 반영되고 있다는 것을 알 수 있다. 그렇다면 현재시제는 설교와 어떤 관계가 있는가?

설교에 있어서 현재시제는 매우 중요한 역할을 한다.

설교는 본문을 해석하고 그것을 현재 상황에 나타나는 문제점들에 적용시키는 것이다. 따라서 "현재시제로써 설교한다는 것은 설교의 내용을 명확하게 하며, 그것을 회중에게 해석, 적용한다는 것을 의미한다."는 것이다. 현재시제로 설교하는 것은 설교에 역동성을 부여하는 일이며, 설교가 살아있는 것이 되게 한다. "하나님께서 오늘, 우리에게 이렇게 말씀하십니다."라고 말하는 것과 "하나님께서 그 때, 그들에게 이렇게 말씀하셨습니다."라고 하는 말은 분명히 차이가 있다. 현재시제의 사용은 설교현장에 살아계시는 하나님의 임재를 더 생생하게 느낄 수 있게 해준다. 결국 현재중심의 사고가 강한 한국인들에게 현재시제로 설교한다는 것은 하나님의 말씀의 역동성을 더해주는 효과를 얻게 하는 것이다.

만일 제목과 서두 문장 및 대지들이 현재시제로 표현된다면 훨씬 더 현대적인 감각을 지니게 될 것이다. 가령 "교회를 교회답게 하라"는 설교제목은 "바울의 교회훈련이론"이라는 제목보다 훨씬 더 회중의 관심을 불러일으킬 수 있다.

설교의 역동성과 관련하여 생각해볼 수 있는 것은 동사의 사용법이다.

동사는 "-하다"와 같은 능동형이 있는가 하면 "-되다"와 같은 수동형이 있다. 능동태 동사는 설교에 힘을 준다. 루돌프 플레쉬(Rudolf Flesch)는 이것을 "살아있는 언어"라고 표현했다.[23]

　어떤 문장이든지 생명을 불어넣는 것은 동사이다. 사람들이 사용하고자 하는 동사는 능동적인 역할을 하는 동사들이다. 만약 수동태의 동사를 사용하거나 분사, 동명사로 바꾸어 사용한다면 진행과정에서 가장 효과적인 부분을 상실해버린 셈이 될 것이다. 이것은 마치 야채를 요리하고 나서 국물을 버림으로써 그 안에 들어있는 비타민을 모두 버리는 것과 같다.
　능동태 동사의 사용은 현재시제와 무관하지 않다고 본다. 능동태 동사를 현재형으로 사용할 때 말은 더 큰 생동감과 힘을 얻을 것이기 때문이다.

3) 우리말 어휘의 사용

　한국의 회중들이 설교를 잘 듣지 않는 이유는 "설교가 너무 길기 때문에"(16.29%)가 가장 많고, 다음 순위가 "내용이 너무 어려워서"(11.25%)라는 것이다. 내용이 어렵다는 것은 설교자가 사용하는 어휘가 어렵다는 것을 뜻한다. 또한 설교자의 언어구사에 대한 조사 결과를 보면 보편적인 언어구사를 한다는 경우가 80.3%이나 어렵다는 응답이 14.5%이고, 저질적이라고 하는 응답도 4.83%나 된다.[24]
　여기서 우리는 설교자가 사용하는 어휘는 쉽게 이해할 수 있고 단순한 것이어야 함을 알게 된다.

23) Rudolf Flesch, 「The Art of Plain Talk」, New York: Collier Books, 1962, pp. 83 ff.
24) 송기태, 「평신도들의 설교 수용태도분석」 목회와 신학, 1991, 9월호, p. 85.

(1) 대화체의 어휘

성경에 의하면 최초의 기독교 설교는 대화적 형태였는데 수사학의 발달로 인해 웅변으로 대치가 되어 있다. 그리하여 웅변가의 위대함이 예수 그리스도의 놀라운 사건을 대신해버렸다고, 말하는 사람과 듣는 사람 사이의 대화는 독백형식의 설교 속으로 사라져버렸다는 것이다.

물론 웅변형의 말투는 예수 그리스도를 더욱 힘 있게 증거 할 수도 있다. 베드로의 설교를 듣고 삼천명이나 회개한 사건을 두고 볼 때 그가 낮은 목소리로 조용조용 이야기했다고 보기는 어렵다. 그러나 웅변형의 설교는 그것이 갖는 많은 장점에도 불구하고 의사전달의 일방성과 전제적인 성격 때문에 비 교과적 이다. 그리고 속도와 정보시대에 살고 있는 현대인들은 대화적인 말투를 선호하는 것으로 여겨진다. 가장 명확한 설교문체는 덜 공식적이고, 더 개인적인 대화체의 말이다.

우리말은 서술어 중심의 어순을 지닌다. 서술어 중심이면서 긴장된 대화형이다. 인도 유럽말은 대체로 주어가 먼저 정립되고 그 주체의 존재와 동작을 표현하는 동사가 따르고 목적이나 보어가 그 뒤에 온다. 사실을 안정된 자세로 서술하는 구조이다. 그러나 우리말은 사실을 서술하면서 발전되었다기보다는 나와 너와의 대화로써 발전되어 왔기 때문에 우리말의 구조는 상관적인 구조라고 할 수 있다. 우리말에 주어가 흔히 생략되는 것도 그 때문이다. 주어가 생략된 이야기는 그 자체로서는 안정된 구조를 이루지 못해도 대화 속에서 상관관계를 통해서 주어는 드러난다.

우리말의 구조는 상관적인 대화형이면서 긴장된 대화형이다. 긴장된 대화형이라는 것은 안정된 서술형이 아니라 나와 너, 그리고 상황의 삼각 관계에서 이해되어야 하는 점도 있지만 우리말의 접사와 어미가 아주 중요한 역할을 하기 때문이기도 하다. 우리말은 어근이나 어간에 접사나 어미가 첨가되어 구성되는 첨가어로서 이 접사나 어미가 전체 문장 안에서 큰 의미를 갖는 것이다.[25]

---

25) 고영근, 남기심, op., cit., p. 20.

말을 잘한다.
말은 잘한다.
말도 잘한다.

이 문장들에서 "-을", "-은", "-도" 라는 격조사(접사)에 따라서 말의 뜻이 크게 달라지는 것이다. 더구나 말이 끝나갈 때 붙는 연결 어미가 말의 방향을 전혀 다른 데로 돌려버린다. 이러한 접사나 어미의 묘한 역할 때문에 우리말은 나와 너와 상황의 삼각관계를 긴장된 관계로 만드는 것이다. 어쨌든 우리말은 서술어 중심의 대화형이라는 사실이 중요하다. 설교자와 회중간의 대화로서 진행되는 설교에서 우리말의 대화적인 성격은 장점으로 이용될 수 있기 때문이다.

대화체는 개인적인 말과 문장의 사용을 포함한다. 대화체의 말은 압축과 반복의 특징도 지닌다. 한 문장 안에 같은 낱말을 두 번 사용하거나 자신의 개성을 메시지에 집어넣는 일, 자신의 사상을 문장이 아닌 구로 전환시키는 일 등을 할 수 있는 것이다.

인칭대명사 "여러분"이나 "우리"라는 말은 설교자와 회중 모두에게 일체감을 주는 말로서 회중을 설교에 참여시키는 역할을 한다. 이런 인칭대명사는 예언적 설교에서 효과적으로 사용될 수 있을 것이다.

대화체의 말은 간결한 문장, 단순한 문장구조, 단순한 어휘를 사용할 때 가능하다. 예수님께서도 하나님 나라를 전파하실 때 모든 사람이 다 알아들을 수 있는 평범한 말로 얘기하셨다. 설교에 있어서 대화체의 말을 사용한다는 것은 쉬운 말을 사용하는 것이라고 할 수 있다. 미국의 유명한 설교자였던 아이언사이드(Ironside)의 이야기는 설교자가 어떤 태도로 어휘를 사용해야 할 것인지 잘 말해주고 있다. 어느 날 설교 후에 어머니와 함께 왔던 어린이가 이렇게 말했다고 한다. "엄마, 저 선생님은 훌륭한 선생님이 아닌 것 같애... 글쎄, 나도 알아 듣겠는 걸." 그 때 그 설교자는 매우 기뻐하며 "나는 오랫동안 너 같은 어린이도 이해할 수 있는 설교를 하고 싶었단다." 라고 말했다는 것이다. 설교자가 아무리 심오한 복음의 진리라도 어린아이들까지 알아들을 수 있는 쉬운 말로 이야기할 수 있을 때 복음은 진실로 만인의 복음이 될 것이다.

이 모든 것에 더하여 설교자가 개인에게 이야기하듯 회중 한 사람, 한 사람에게 눈길을 보내며 친근한 태도로 말한다면, 설교자와 회중의 마음은 효과적인 교류를 하게 된다. 설교에 있어서 대화체의 말은 "회중의 흥미를 끌고, 회중을 구경꾼이 아니라 능동적인 참여자로 만드는" 대화설교의 효과를 얻도록 해 줄 것이다.

(2) 정확한 어휘

정확한 말을 한다는 것은 문법과 표준말 규정, 맞춤법에 맞는 말을 하는 것을 뜻한다. 문법은 매우 유용하고 필요한 것이기 때문에 수사학에서도 중요하게 취급되었다. 수사학을 교육학의 분야에 수용했던 퀸틸리안(Quintilian)은 교양과목의 근본을 문법, 논리, 수사학이라고 하였다.[26]

문학이 포함되는 문법은 이해력을 증진시키고, 논리는 판단력을 길러주며, 수사학은 배운 모든 것을 예술적으로 표현할 수 있게 해주는 것이다. 문법은 올바르게 말하기 위한 기초이다.

그런데 오늘날 행해지는 설교가운데 문법이나 표준말, 맞춤법에 맞지 않는 말이나 잘못된 어휘들이 많다는 데에 문제가 있다. 잘못된 어휘들을 사용할 때 회중들은 그 설교의 내용에 관계없이 거부감을 갖게 되고, 심한 경우에는 아예 그 설교를 듣지 않게 되는 것이다.

구체적으로 한국 설교자들의 어휘 사용에 있어서의 문제점들은 어떤 것인가? 도 그 해결책은 무엇인가? 어느 설교학자의 주장을 기초로 하여 논의해보고자 한다.

---

26) C. K. Barrett, 「Biblical Problems and Preaching」 Philadelphia : Fortress Press, 1965.
　　　p. 125

① 성경의 어휘를 정확하게 알 것

설교자들이 성경의 어휘를 잘못 이해하여 그릇되게 사용하는 것으로 다음과 같은 예를 들고 있다.

> 그리스도의 몸된 교회 – 하나님의 몸된 교회 (엡 4:12)
> 재갈 – 자갈 (약 1:26)
> 귀가 가려워서 – 귀가 가리워서 (딤후 4:3)
> 죄의 삯은 사망 – 죄의 싹은 사망 (롬 6:23)
> 구유에 누인 – 마굿간에 누인 (눅 2:12, 16)
> 큰 물고기 뱃속 – 고래 뱃속 (욘 1:17, 마 12:40)
> 회개의 기도 – 참회의 기도[27]

설교자가 "그리스도의 몸된 교회"라고 해야 할 것을 "하나님의 몸된 교회"라고 한다는 것이다. 에베소서 4장 11절부터 12절에서는 "그가 혹은 사도로, 혹은 선지자로, 혹은 복음 전하는 자로 혹은 목사와 교사로 주셨으니, 이는 성도를 온전케 하며 봉사의 일을 하게하며 그리스도의 몸을 세우려 하심이라." 고 되어 있다. 따라서 교회를 "그리스도의 몸"으로 비유할 수는 있어도 "하나님의 몸"이라고 할 수는 없다.

"재갈"이라고 해야 할 것을 "자갈"로 말하는 경우도 있다. 그런데 야고보서 1장 26절에서 "(혀를) 재갈먹인다"는 말은 헬라어로 Χαλιναγωγων(칼리나고곤)이다. 그 원형은 Χαλιναγωγεω(칼리나고게오)인데 그 뜻은 "굴레를 씌우다, 억제하다, 지배하다"이다. 그런데 "자갈"은 작은 돌멩이를 말한다. 따라서 "재갈"과 "자갈"은 그 뜻이 전혀 다르다.

"귀가 가렵다"는 말과 "귀가 가리워져 있다"는 말도 같을 수가 없다. 죄의 삯"이라고 할 때 "삯"은 "값"을 의미한다. 그러나 "싹"은 식물의 상태를 묘사하는 말이다.

---

27) 나채운, 「목회용어비판」 새문안교회 언더우드 학술강연, 1991. p. 2.

설교자들 중 "구유"를 "마굿간"이라고 말하는 사람도 꽤 많다. 예수님의 탄생기사에서 성경에는 "구유에 누인 아기"(눅 2:12, 16)라고 기록되어 있다. "구유"는 "마굿간이나 외양간 내에 짐승의 먹이를 주는 여물통"이다. [28)

그러므로 "구유"를 "마굿간"이나 "외양간"이라고 하는 것은 정확한 표현이 아니다.

마찬가지로 요나서에 나오는 "큰 물고기"는 "상어"일 수도 있고, "고래"일 수도 있겠지만 우리가 무엇이라고 단정을 지을 수는 없다. 그런데 "고래"라고 말하는 것은 주관적인 해석이라고 할 수 있다.

"회개"와 "참회"는 사전적으로는 뜻이 비슷하지만 일반적으로 "참회"는 "뉘우침"의 뜻이 강하고, "회개"는 "마음과 행동을 고침"의 뜻이 강한 것으로 인식되고 있다. 그리고 "참회"는 불교 용어로, "회개"는 기독교 용어로 많이 쓰여 지고 있는 실정이다. 따라서 "참회의 기도"보다 "회개의 기도"라는 말이 더 적절한 것으로 여겨진다.

이처럼 설교자는 어휘의 사용면에서도 정확한 표현을 위해 주의를 기울이지 않으면 안된다. 설교자는 성경에 있는 어휘들에 대해서 정확한 뜻을 알고 그 어휘들을 정확하게 쓰도록 노력해야 할 것이다.

② 잘못된 번역, 서툰 번역의 성경 어휘는 바로잡아서 설교할 것

다음으로 생각할 문제는 번역이 잘못되어 부정확한 어휘가 성경에 기록되어 있고 설교자들은 그것을 그대로 사용하고 있다는 것이다. 번역이 잘못된 것은 다음과 같은 어휘들을 지적을 한다.

오늘날 - 오늘 (마 6:11, 눅 2:11, 수 24:15 등)
오히려 - 아직도 (막 10:21, 히 11:4, 룻 1:11 등)

---

28) Harod k. Moulton, ed. 「The Analytical Greek Lexicon」 Michigan」 : The Zondervan Corporation Grand Rapids, 1978, p. 434.

달아날지라도 – 달릴지라도 (고전 9:24)
산 제사 – 산 제물 (롬 12:1)
등대 – 등잔대 (출 25:31, 32, 레 24:4 등)32)

설교자들이 주로 사용하는 개역성경에서 주기도문을 보면 "오늘날 우리에게 일용할 양식을 주옵시고"에서 "오늘날"은 "오늘"이라고 해야 할 말을 잘못 번역한 것이다.

헬라어 원문의 σημερον은 틀림없이 24시간의 하루를 말하는데, 우리말의 "오늘날"은 24시간의 하루가 아닌, "오늘의 시대"를 뜻하기 때문이다. 우리말에서 "오늘"이란 두 가지 뜻을 가지고 있어서 첫째로 24시간 하루도 뜻하고, 둘째로 "오늘날"의 뜻도 가지지만, "오늘날"에는 단지 한 가지 뜻밖에 없는 것이다.29)

"오늘날"이라는 말은 우리가 지금 살고 있는 이 시대를 가리키는 것이요, "오늘"은 스물 네 시간으로 규정된 하루를 가리키는 말이다. 따라서 "세메론"은 새번역이나 공동번역에서 쓴 것처럼 "오늘"이라고 하는 것이 정확한 말이다.

마가복음 10장 21절에서 "네게 오히려 한 가지 부족한 것이 있으니 가서 네 있는 것을 다 팔아 가난한 자들을 주라." 는 예수님의 말씀가운데 " 오히려"라는 말은 뒤에 나오는 "부족하다"라는 말과 상응한다. "오히려"라는 말은 "예상이나 기대한 것에 비하면 차라리 다른 것이 낫다."는 뜻이다. 예수님께서 모든 계명에 충실했던 부자 청년을 사랑했다는 사실을 염두에 두면 이 문맥에서는 "아직도 한 가지 부족한 것이 있다."고 하는 것이 적합한 표현이다. 고린도전서 9장 24절에서 "달아날지라도"로 번역된 말도 다시 생각해볼 필요가 있다. 우리말에서 "달아나다"란 말의 뜻은 "(1) 빨리 뛰

29) 나채운, 「주기도문, 사도신경」, 축도서울」 장로회신학대학출판부, 1989, 2판 p.106.

어가다. (2) 위험을 피하여 도망치다. (3) 없어지거나 떨어지다." 등이다.[30]

　이 중에서도 "달아나는 노루보고 얻은 도끼를 놓았다."에서처럼 "도망
치다"라는 뜻으로 주로 쓰이는 말이다. 그런데 고린도전서 9장 24절에서
"운동장에서 달음질하는 자들이 다 달아날지라도 오직 상 얻는 자는 하나
인 줄을 너희가 알지 못하느냐?"로 되어 있어 "달아난다"는 말이 문맥의 흐
름상 어색함을 느끼게 한다. 이 말로 번역된 단어는 헬라어로 τρεχω(트레
코)로서 "달리다, 돌진하다, 죽 달리다"이며, 전이된 의미로는 "서두르다"
라는 뜻이 있다.[31]

　따라서 이 구절은 "운동장에서 달음질하는 자들이 다 달릴지라도....", 또
는 "다 달음박질 할지라도"라고 고쳐 말하는 것이 바람직하다.

　설교자들이 많이 사용하는 본문인 로마서 12장 1절 중 "너희 몸을 하나
님이 기뻐하시는 거룩한 산제사로 드리라."에서 "산제사"라는 말도 정확한
번역이 아니라고 본다. 이 구절에서 사용된 "θυσια"(뒤시아)라는 단어는 "
희생제물"(sacrifice)과 "제사 행위"(the act of sacrifice)라는 두 가지 뜻으
로 다 쓰인다. 그런데 이 구절에서는 "θυσια"가 "몸"이라는 구체적인 실체
를 가리키는 것이므로 "산제사"가 아니라 "산 제물"이라고 해야 할 것이다.

　성경 원어와 그 뜻이 엄청나게 거리가 먼 단위로 번역된 것 중의 하나가
모세오경에 많이 나오는 "등대"라는 말이다. 가령 "그가 여호와 앞에서 순
결한 등대위의 등잔들을 끊이지 않고 정리할지니라."(레위기 25:4)와 같은
경우이다. 원문에서 의미하는 것은 "등잔을 걸어놓는" "등잔대"가 분명한
데 그것을 "등대"라고 한 것이다. "등대"는 "연안을 항해하는 선박에게 항
구의 위치를 밝혀주는 대"이다. 아마 처음 교회에 나온 사람이 이런 본문의
말을 그대로 사용하는 설교를 듣는다면 설교자가 왜 그런 용어들을 사용하

---

30) 한글학회, 「우리말 큰 사전 1」 서울: 어문각, 1991, p.943.
31) Gerhard Kittel, Gerhard Friedrich, ed. tr. by Geoffrey W. Bromiley, 「Theologi-
　　cal Dictionary of The New Testament」, Vol Ⅷ. Michigan: Cushing-Malloy,
　　Inc., 1975, 3rd ed., pp. 226-227.

는지 의아해 할 것이다. 그러므로 설교자는 이런 본문들을 가지고 설교할 때 잘못 번역된 말들을 바로잡아서 설교할 수 있어야 할 것이다.

③ 맞춤법에 맞는 말을 쓸 것

설교자는 자기가 살고 있는 시대의 표준어와 맞춤법에 민감한 사람이어야 한다. 우리나라에는 1933년에 제정된 조선어학회의 "한글 맞춤법 통일안"이 사용되어 왔다. 그러다가 시대의 변천에 따라 새롭게 고치고 보완한 새 맞춤법이 1989년 3월부터 시행이 되었다.[32]

표준어의 총칙 제 1항에 보면 "표준어는 교양 있는 사람들이 두루 쓰는 현대 서울말로 정함을 원칙으로 한다." 고 되어 있다. 맞춤법의 총칙에는 "한글 맞춤법은 표준어를 소리가 나는 대로 적되, 어법에 맞도록 함을 원칙으로 한다."고 규정하고 있다.[33]

설교자가 맞춤법에 맞는 말을 사용하지 못한다면 회중에서 신뢰감을 잃게 되고, 전달의 효과도 그만큼 감소할 수 밖에 없을 것이다. 요즈음 설교자들이 사용하고 있는 말 가운데 맞춤법에 맞지 않는 것들을 몇 가지 살펴보자. 먼저 "가르치다"와 "가르키다"를 혼동해서 쓰는 경우가 있다. "가르치다"는 "지식이나 이치 따위를 알도록 하다" 라는 뜻이고, "가리키다"는 "손가락 등으로 어떤 방향이나 대상 따위를 나타내 보이거나 집어서 말하다"라는 뜻이다. "쫓다"와 "좇다"를 혼동해서 쓰는 사람들도 있다. 그런데 이 두 말의 뜻은 전혀 다르다. "쫓다"는 "(1)뒤를 따라서 급히 가다. (2)있던 자리에서 떠나도록 억지로 몰아내다"라는 뜻이다. 그런데 "좇다"는 "뒤를 따르다. 남의 뜻을 따라 그대로 하다. 대세에 거역하지 않다"라는 뜻이다. 이처럼 글자 모양은 비슷하지만 뜻은 전혀 다른 낱말들은 그 뜻을 정확하게 알고 문맥에 맞게 써야 할 것이다.

---

32) 맞춤법에 대하여 누구나 쉽게 도움을 받을 수 있는 책은 「한글 바로 쓰기」 (서울: 종로서적, 1989)가 있다.
33) Ibid, p. 17.

"사랑하시는 성도 여러분"은 설교자들이 흔히 사용하는 말 중의 하나이다. 그런데 이 말은 "하나님께서 사랑하시는 성도 여러분"이라고 하면 맞는 말이다. 그러나 실제로는 설교자들이 자신을 주어로 생각하고 말하는 것이므로 "내가 사랑하시는 성도 여러분"이 되어 스스로 자신을 높이는 꼴이 되고 만다. 따라서 바른 말이 되게 하려면 존칭어미 "−시−"를 빼고, "사랑하는 성도 여러분"이라고 해야 할 것이다.

이외에도 뜻이 중복되는 낱말을 쓰는 경우가 있다. "졸업맡았다, 제대맡았다, 축구찬다, 야구친다" 등의 말은 "미술을 그린다"처럼 어법에 맞지 않는 말이다. "졸업"이라는 말에 이미 어떤 과정을 마쳤다는 의미가 들어 있으므로 "졸업맡았다"가 아니라 "졸업했다"라고 해야 한다. 마찬가지로 다른 것들도 "제대했다, 축구한다, 야구한다"로 말해야 할 것이다. "모래 사장"은 "모래밭"이나 "사장"으로 "해변가"는 "해변"이나 "바닷가"로, "스스로 자각하다"는 "스스로 깨닫다"나 "자각하다"로, "축복을 빌다"는 "복을 빌다"나 "축복하다"로 고쳐써야 할 것이다.

현대의 언어로 복음을 증거를 해야 하는 설교자들은 현대의 문법과 표준말, 맞춤법에 대한 올바른 지식을 가지고 설교할 의무가 있다고 본다. 설교자가 사용하는 전달 매체가 정확한 것일 때, 회중과의 공감영역이 확대되고, 의사소통의 밀도가 높아질 것이다. 여기서 다루지 못한 표준말 부분은 뒤에 가서 더 자세히 다루게 될 것이다.

(3) 감각어

설교의 어휘 사용에 있어서 중요한 것은 그것이 명백하고 단순하며 생생한 어휘여야 한다는 것이다. 감각어는 구체적이고 생생한 묘사를 가능하게 한다. 그런데 우리말은 어떤 나라 말보다도 감각어가 풍부하다. 따라서 한국말에 감각어가 발달되어 있다는 것은 복음 선포에 있어서 큰 이점을 가지고 있다는 말이 된다. 감각어의 다양성은 다음의 예에 잘 나타난다.

(1) 맛 : 달다, 달콤하다, 달작지근하다

(2) 색 : 노랗다, 샛노랗다, 노르끼리하다, 누르스름하다

(3) 기온 : 춥다, 싸늘하다, 서늘하다, 시원하다

(4) 소리 : 시끄럽다, 소란하다, 떠들썩하다, 왁자지껄하다

(5) 접촉 : 부드럽다, 보드랍다, 보드레하다

(6) 냄새 : 향기롭다, 향긋하다, 구수하다, 고소하다

(7) 공감각어 : 높은 목소리, 가벼운 목소리, 차가운 목소리, 구수한 목소리

우리말은 인간의 시각, 청각, 미각, 후각, 촉각 등 모든 감각에 관계되는 표현이 아주 다양하게 발달되어 있는 것이다.[34]

이처럼 우리말에 감각어가 발달되어 있는 원인은 무엇일까? 그것을 한국인의 의식 속에 추상적인 사물을 구상적으로 파악하고자 하는 경향이 다른 민족보다 강하기 때문이라고 파악한다. 친밀도를 강조하는 말로 "간을 빼준다"고 하고, 줏대가 없는 것을 "쓸개가 없다"고 하며, 실없는 사람을 "허파에 바람이 들었다"고 표현하는 등 내피부적 촉각마저도 서슴없이 비유할 정도라는 것이다.

그런데 우리말의 감각어에 대해서 의미 분야를 분명히 구별하여 주는 어휘가 아니라 어디까지나 감정을 동반한, 표현의 다양성에 관계된 어휘들로 보는 견해가 있다. 이런 감각적인 어휘를 쓰는 동안 감정적, 직관적, 비논리적 사고에 젖어들게 된다고 보는 것이다. 이 견해는 어느 정도 타당성이 있다고 본다. 그러나 한 가지 면만 보고 다른 장점을 무시할 수는 없다. 언어가 사고를 지배하는 반면 표현된 언어는 그것을 사용하는 사람의 사고를 반영한다. 언어가 풍부할수록 사고가 더 발달되어 있다는 것은 일반적인 사실이다.[35]

다른 사람이 쓰지 못하는 언어를 사용한다는 것은 그만큼 더 알고, 느끼

---

34) 정재윤, 「우리말 감각어 연구」 서울: 신문화사, 1989에서 표현 감각어를 말하고 있다.

35) 이기동 편저, 「언어와 인지」 서울: 한신문화사, 1986, p. 58.

고, 생각한다는 것을 의미한다. 따라서 우리말에 감각어가 풍부하다는 것은 우리의 감정과 사고가 더 풍부하다는 것을 의미한다고 본다. 그러므로 설교자는 우리말의 감각어를 잘 활용할 수 있는 안목을 가져야 할 것이다.

인간은 시각, 청각, 후각, 미각, 촉각 등 감각을 통하여 우리 주위의 세계를 배운다. 그러므로 회중들에게 메시지를 경험시키기 위해서 설교자는 감각에 호소하지 않으면 안된다.

헬무트 틸리케(Helmut Thielicke)가 "여러분이 소유한 모든 것을 팔아서 스펄전을 사라"고 할 정도로 극찬을 받았던 스펄전은 감각적 호소에 뛰어난 설교자였다. 몇 가지 예문을 보자.

"누구든지 우리 가운데서 마음 깊은 곳으로부터 그 마지막을 그림으로 그려보시기 바랍니다.

그의 말은 음악입니다...그 입에서 떨어지는 한 마디...천국의 하프를 켜는 화음과도 같습니다.

주님께서 소경의 눈을 만지시니 그녀가 눈을 떴으며, 죽었던 소녀가 살아서 일어났다. 오! 주님께서 만지시는 능력이여! 주께서 우리를 만지실 때 우리를 구원하십니다. 오늘 여러분은 그 분의 만지심을 경험하셨습니까?" [36)]

위의 문장들은 각각 시각, 청각, 촉각에 호소하여 전달의 효과를 높이고 있다. 생생한 어휘는 구체적인 어휘를 가리킨다. 마음에 그림을 그리듯이 묘사하는 것이다. 소설가처럼 머릿속에 그림을 그려가며 생각할 때 구체적인 어휘를 사용할 수 있다. 스펄전의 감각적 호소의 영향력은 스펄전 자신뿐만 아니라 회중의 상상력을 자극한다는 것이었다. [37)]

36) Jay E. Adams Studies in Preaching Vol. 1. 「Sense Appeal in The Sermons of Charles Haddon Spurgeon」 Presbyterian and Reformed Publishing Company, 1975, p. 29.
37) Jay E. Adams, 「Sense Appeal in The Sermons of Charles Haddon Spurgeon」 pp.33-35.

따라서 생생한 어휘는 상상력과 불가분의 관계에 있음을 알 수 있다. 죠나단 에드워즈의 설교에서 우리는 뛰어난 상상력과 구체적인 묘사의 결합을 발견하게 된다.

"지옥의 구렁텅이 위로 여러분을 떠받들고 계시는 하나님은, 마치 거미를 쥐고 있는 사람처럼, 아니면 불 위에 징그러운 벌레를 잡고 있는 사람처럼 여러분을 보고 생각하기를 '이놈들은 다만 불에 집어넣어 태워 죽게 하는 것이 상책이야.'라고 생각하실 것입니다."

위의 문장은 마치 눈앞에 펼쳐지고 있는 장면을 보고 있는 것처럼 선명하게 묘사하고 있다. 이처럼 상상력과 생생한 표현은 밀접한 관계에 있다.

똑같은 말이라도 표현에 따라서 의미전달에 차이가 있다. 스펄전이 천부적인 설교의 재능을 타고 났다고 평가되지만 설교의 기술을 개발하기 위한 그의 노력 또한 매우 큰 것이었다. 그는 사람들의 마음을 끌기 위한 설교를 작성하기 위해서 언제나 노력했기 때문이다. 그의 감각적 호소는 그러한 노력의 산물이라고 해도 지나친 말이 아니다.

인간의 감각에 호소하는 방법은 영상의 시대를 살고 있는 현대인들에게 더욱 설득력을 가질 수 있을 것이다.

(4) 높임법

설교자가 관심을 가져야 할 우리말의 특징 중 하나는 높임법에 대한 것이다. 사회적 행위로서의 언어사용은 대화 당사자들 사이에 조화를 이루어야 한다. 어떤 사람이 자기 자신과 상대방의 사회적 지위, 연령, 성별 등에 어울리는 말을 사용하지 않을 때 의사소통에 어려움을 겪게 된다. 우리말에 높임법이 특히 발달해 있다는 것은 앞에서 다루었듯이 우리 사회가 서열사회의 성격이 강하기 때문이다. 높임법 때문에 외국 사람이 우리말을 배울 경우 적지 않은 어려움을 겪지만, 우리는 이 높임법에 따라서 말을 사용하지 않을 경우 사회생활에 있어서 많은 어려움을 겪게 된다. 더 엄밀히 말하자면 의사소통에 있어서 높임법을 지키지 않을 경우에 사회생활 자체가 불가능해진다. 예를 들면 영어권에서처럼 손자가 할아버지에게 "너(you)"라는 호칭을 사용하는 것이 우리에게는 용납되지 않는 것이다.

높임법은 인물들 상호간에 누가 더 존귀한가에 따라서 여러 가지 표현법을 지닌다. 말하는 사람이 말을 듣고 있는 상대방을 높여야 하는 경우, 문자의 주체를 높여야 하는 경우, 목적어나 기타 부사격으로 등장하는 객체를 높여야 하는 경우 등이 있다.

① 주체높임법

주체높임법은 말하는 사람이 그 문장의 주어가 지시하는 대상, 곧 그 문장이 기술하는바 행위, 상태, 존재, 환언의 주체를 높이는 것이다.[38)]

가령 "예수님께서 반드시 재림하신다."는 표현은 "재림 한다"의 주체인 "예수님"을 높이는 것이다. 주체높임법은 일반적으로 존칭어미 "-(으)시-"를 붙여서 표현한다. "재림 하신다"를 분석하면 "재림하-신-다"가 되는 것이다.

우리말의 높임법은 대화의 상대가 누구인지 보지 않고도 그 사람을 알수 있는 장점이 있다. 그러나 높임말을 쓰려면 발화행위에 노력을 더 들여야 한다는 단점도 있다. 그 때문에 실제로 높임말을 완전하게 사용하지 않는 경우가 많다.

(가) 하나님은 우리를 사랑한다.
(나) 하나님은 우리를 사랑하신다.
(다) 하나님께서는 우리를 사랑한다.
(라) 하나님께서는 우리를 사랑하신다.

---

38) 남기심, 고영근, op. cit., pp. 323-324.

위의 문장 가운데서 높임법에 맞게 쓰여진 문장은 (라)이다. 그런데 실제로 사람들이 많이 쓰는 형태는 (나)인 것이다. 개역성경에도 높임법에 맞지 않게 번역된 문장들이 많이 있다.

"전능하신 하나님이 네게 복을 주어 너로 생육하고 번성케 하사 너로 여러 족속을 이루게 하시고"
위의 문장은 높임말과 낮춤말이 섞여 있다.[39]
"하나님"이 주체인데 "하나님이", "주어" 등은 낮춤말로 쓰였고, "번성케 하사", "이루게 하시고" 등은 높임말로 쓰였다. 밑줄 친 부분은 "하나님께서"와 "주사" 또는 "주시어"로 바꾸어 쓰는 것이 옳다고 본다.
한 가지 주의할 점은 "비가 오시는데 우산을 가지고 가시지요"에서 처럼 "비"와 같은 비 인격체인 주체에게 높임법을 쓸 수는 없다는 것이다.

② 상대높임법
상대높임법은 말하는 이가 특정한 종결어미를 씀으로써 말 듣는 이를 높이는 법을 일컫는다. 종결어미를 그 높임의 정도에 따라 아주높임, 예사높임, 예사낮춤, 아주낮춤으로 구분하고, 이에 해당하는 종결어미를 각각 합쇼체, 하오체, 하게체, 해라체라 하였다. 그리고 이런 등급에 들지 않는 것으로 반말을 따로 구별하였다.[40]
이 높임법에 대해서는 존비법(尊卑法), 대우법(待遇法), 겸양법(謙讓法), 존대법(尊待法) 등 그 이름만큼이나 여러 학자들의 견해가 다양하다. 여기서는 높임법 자체에 대한 논의는 국어 학자들의 과제로 남겨두고, 다만 설교와 관계되는 범위에서만 이 문제를 다루려고 한다.
"해라"나 "해"로 끝나는 말은 친구간이나 아랫사람에게 보통 말(평대)로 쓰이는 형태이다. 그러나 말하는 사람이 자기보다 손윗사람에게 이런 말

39) 창세기28:3
40) 최현배, 「우리말본」 서울: 정음사, 1959, p. 252.

을 했을 때는 분명히 낮춤말이 되고 만다. 이런 점에서 볼 때 높임법은 상대적인 성격이 강하다는 것을 알 수 있다. 국어 학자들이 존대와 비 존대로 구분하든지 높임과 낮춤으로 구분하든지 간에 높임법의 주관심사는 상대방에게 맞는 높임말을 썼는가 하는 것이다.

설교자가 회중들에게 낮춤말을 씀으로써 회중의 기분을 상하게 하는 경우가 있다. 특히 부흥회에서 설교하는 사람들이 회중들에게 낮춤말을 쓰는 일이 많다. 설교자는 사적인 자리에 있는 자가 아니라 공적인 위치에 있기 때문에 언어 예절상 반드시 회중들에게 높임말을 써야 한다. 높임말을 쓴다는 것은 회중들을 존중해준다는 의미가 있다. 서로 간에 존중하는 마음이 있을 때 더 원활하게 의사소통이 이루어진다.

말씀선포에 있어서 예수님의 권위와 설교자의 권위는 본질적으로 다르다. 예수님은 거룩한 존재로서 죄와는 상관없는 분이지만 설교자는 회중과 함께 하나님 앞에서 겸비한 자세로 하나님의 말씀을 들어야 할 죄인이다. 그러므로 자기는 의인인 체하고 회중을 죄인 시 할 수 없다. 이런 점에서 볼 때도 설교자는 회중에 대해서 높임말을 써야 한다고 본다.

③ 객체높임법

객체높임법은 "성도들이 하나님께 기도드린다"라는 말에서 "하나님께"처럼 여격어나 대격어가 되는 말을 높이는 법을 가리킨다.[41]

"성도들이 하나님에게 예배한다"라는 말은 높임법에 맞지 않는 말이다. 이것은 "성도들이 하나님께 예배드린다"로 해야 옳다. 객체 높임법에서는 "드리다, 모시다, 계시다, 여쭈다, 뵙다, 돌아가시다"처럼 동사가 존대를 나타내는 형태를 취하는 것이 많다.

우리에게 있어서 하나님보다 더 높은 존재는 없다. 따라서 성삼위 하나님에 대해서는 아주 높임 말을 써야 한다. 여러 가지 번역 성경들은 우리말을 사용함에 있어서 높임법을 충실히 지키지 못한 표현이 많다. 한 예

---

41) 성기철, 「현대국어 대우법 연구」 서울: 개문사, 1990, 재판, pp. 149–151.

로 요한복음 20장 30절, 31절을 새 번역, 공동번역 및 현대인의 성경과 비교해서 살펴보자.

예수께서는 이 책에 기록되지 않은 다른 많은 표징들도 제자들 앞에서 행하셨습니다. 그러나 여기에 기록한 것은 예수님께서 그리스도요, 하나님의 아들이심을 당신들로 믿게 하고 또 믿고 그의 이름으로 생명을 얻게 하려는 것입니다. (새 번역)

예수께서는 제자들 앞에서 이 책에 기록되지 않은 다른 기적들도 수없이 행하셨다. 이 책을 쓴 목적은 다만 사람들이 예수는 그리스도이시며 하나님의 아들이심을 믿고, 또 그렇게 믿어서 주님의 이름으로 생명을 얻게 하려는 것이다. (공동번역)

예수님은 이 책에 기록되지 않은 다른 기적도 제자들 앞에서 많이 행하셨다. 그러나 이것을 기록한 목적은 예수님이 하나님의 아들 그리스도라는 것을 여러분이 믿게 하고 또 여러분이 믿고 그분의 이름으로 생명을 얻도록 하기 위해서이다. (현대인의 성경)

새 번역에서 높임법에 맞지 않는 표현을 찾아보면 "그리스도요"와 "그의"라는 낱말이다. 공동번역에서는 "예수는"이고, 현대인의 성경에서는 "그리스도라는"이다. 이 낱말들을 높임말로 한다면 어떤 형태를 취하게 되는가 하는 것은 위의 번역들을 서로 비교해보면 쉽게 알 수 있다.

공동번역에서는 "예수는 그리스도이시며"라는 표현은 글말에서는 가능하다고 볼 수 있다. 그러나 입말에서는 "예수는"이라는 말이 낮춤말이 되므로 설교할 때는 존칭어미 "-님"을 붙여야 할 것이다. 결국 번역 성경에는 높임말을 써야 할 곳에 높임말과 낮춤말이 뒤섞여 있음을 발견하게 된다. 설교자는 성삼위 하나님에 대해서는 반드시 높임말을 쓰도록 노력해야 할 것이다.

(5) 외래어, 사투리, 비속어

여기서는 설교자들이 사용하는 외래어와 사투리, 비속어에 대한 문제를 다루고자 한다.

① 외래어

설교자들의 언어사용에 대한 한 가지 오해는 회중이 잘 알아들을 수 없는 한자어나 영어, 일어, 또는 히브리어나 헬라어를 써야 유식하게 보인다는 생각이다. 그러나 이것은 오히려 회중들에게 소외감을 느끼게 하고, 생명의 복음이 전달되는 데 방해요소가 될 수 있다. 설교자가 설교 중에 한자어나 영어, 일어로 된 책을 그대로 낭독하는 일은 설교자의 유식함이 하나님께서 사랑하시는 회중들로부터 복음을 받을 수 있는 기회를 빼앗아버리는 것이다. 또 설교자가 사용하는 "크리스챤의 아이덴티티", "에큐메니칼 정신", "코이노니아" 등의 외래어는 고등교육을 받지 않은 회중들은 이해할 수 없는 말들이다. 교육수준이 높은 회중들도 머릿속에서 번역의 과정을 거쳐야 그 뜻이 완전하게 이해되기 때문에 의사소통에 방해를 받게 된다.

우리말에는 빌려 온 말이 많다. 중국에서 들어 온 한자말, 일제의 잔재 언어인 일본말, 근래에 들어 온 서양말, 외래어와의 사이에서 생겨난 튀기말 등으로 우리말은 무척이나 오염되어 있는 상태이다. "찬물"보다 "냉수"가, "아내"보다 "와이프"라는 말이 더 대접을 받고, "양파"가 아직도 일본말인 "다마네기"로 사용되고 있다. 거기에 "역전앞"(역앞), "낭만틱하다" 등의 튀기말까지 쓰이고 있다.

요즘에 와서는 특히 서양말을 쓰는 것을 자랑스럽게 여기는 풍조가 널리 퍼져 있다. 이런 서양말들은 깨끗하고 아름다운 우리말을 내어   고 그 자리를 차지하여 주인노릇을 하고 있는 실정이다.[42]

영어, 한자 조기 교육 등 정부의 잘못된 언어 교육 정책도 여기에 한 몫을 더하고 있는 것으로 여겨진다. 이러한 잘못된 언어교육 정책에 대해서는 한글학회가 여러 면에서 비판하고 있다. 그리고 영어의 조기교육에 대해서는 영어 교육자들까지도 반대하고 있다.

---

42) 이오덕, 「우리글 바로 쓰기」 서울: 한길사, 1991, 제11쇄, pp. 185-186.

초.중등 교육에서는 외국어 교육보다는 모국어 교육이 절대로 중요하다는 것이다. 그것은 모국어가 교육의 매체일 뿐만 아니라 앞으로 모든 사회생활을 위해 절대로 필요한 의사소통의 매체이기 때문이다.

우리나라에서 영어는 정부 기관 공용어도 아니고, 수업용어도 아니다. 다만 제 1외국어의 위치에 있을 뿐이다. 그러므로 효과적인 의사전달 능력을 기르기 위해 우리나라의 유일한 공용어인 한글을 초등학교에서 철저히 가르치도록 해야 한다 는 주장에 우리는 수긍할 수밖에 없다. 국제화 란 자기 나라의 문화를 도외시하거나 무시하고 외국의 언어인 영어를 가르치거나 배움으로써 이루어지는 것이 아니라, 오히려 자기 나라의 문화화 언어에 대한 철저한 교육의 바탕위에서 이루어져야 한다는 것이다. 나아가서 언어는 우리에게 세계를 보는 눈을 제공하기 때문에 가치관이 정립되지 않은 어린이들에게 영어를 국어로 쓰는 영미인과 그들의 문화에 대한 선호감을 높여 주게 된다는 것이다.

이런 결과는 설교자들이 사용하는 말에 의해서도 똑같이 나타나리라 생각된다. 설교자들이 영어나 한자어를 쓰기 좋아한다면 우리나라 인구의 거의 25%를 차지하는 기독교인들에게 미치는 영향이 얼마나 클 것인가? 우리말은 고유어 대 한자어, 고유어대 영어의 이중구조를 지니고 있다. 이것은 한자어나 영어를 쓰는 사람에게 사대사상을 심어줄 뿐만 아니라 그 말들을 아는 사람과 모르는 사람 사이에 위상적 대립을 초래한다. 계층의 상하구별이 있는 말을 사용하는 사람들은 수직적 사고에 젖어들게 된다.

의사가 사용하는 전문용어를 환자가 알아들을 수 없는 것처럼 계층의식을 느끼는 사람들 사이에는 친밀한 의사소통이 이루어질 수 없다. 따라서 설교자는 헛된 "권위의식"을 버리고 모든 사람들이 다 쉽게 알아들을 수 있도록 순수한 우리말을 사용해야 할 것이다. 성경원어인 히브리어나 헬라어도 그대로 사용하는 것을 피하고 우리말로 풀어서 설명해주는 것이 바람직하다. 설교자는 히브리어나 헬라어 등 언어에 정통해야 하지만 설교단 위에서는 쉬운 모국어를 사용해야 할 것이다. 진실한 사고와 감정의

나눔은 오직 자기가 살고 있는 자기 나라의 말에 의해서만 가장 잘 이루어질 수 있는 것이다.

② 사투리

설교자들 가운데 회중들이 알아들을 수 없는 사투리를 사용하는 설교자들이 있다. 그러다가 다시 표준말로 바꾸느라고 시간을 낭비하기도 한다. 회중들의 마음에 들지 않는 설교 전달 방법 가운데 "발음이 정확하지 않거나 사투리가 심하다"는 지적이다. 이것은 사투리를 고치려는 노력이 설교자들에게 필요함을 보여준다. 설교자들이 사투리를 사용하는 예는 "쌀"을 "살"로, "마음"을 "마엄"으로, "은혜"를 "언해"로 말하는가 하면 "되겠어"라는 말을 "쓰겠어"로 말하는 것 등이다. 이외에도 설교자들이 사용하는 사투리를 여기서 낱낱이 다 열거할 수는 없다.

설교자들은 모든 사람들에게 보편적인 표준말을 사용해야 할 것이다. 표준말은 그 국가, 그 민족의 모든 사투리의 최대공약수와 같은 것으로 그 나라의 국어에 공통되는 직능을 발휘할 수 있는 것이다. 또한 표준말을 정하는 목적은 누구나 이해하기 쉽고, 예외에 어긋나지 않도록 동시에 문화적인 사명을 완수하는 말만을 사용하게 하는 데 있다.

한편 같은 사투리를 쓰는 지방 사람들을 대상으로 한다면 친근성과 유머의 목적으로 사투리를 사용할 수 있을 것이다. 그렇지만 설교자는 보편성을 유지하기 위해서 표준말을 연습하는 것이 필수적인 임무라고 생각된다.

③ 비속어

설교할 때 은어나 비속어를 사용하는 설교자는 자신의 품위를 떨어뜨릴 뿐만 아니라 하나님 말씀의 권위도 떨어뜨린다고 여겨진다. 은어는 "어떤 특수 계급 사이에서만 통용되는 말"로서 다른 계층의 사람들에게는 통하지 않는 말이다.[43]

---

43) 손동인 「오늘의 문장 강화」 서울: 창조사, 1991, 초판 2쇄, p.165.

가령 "노가리(거짓말)", "똘마니(소매치기, 꼬마)", "자갈 공사(여드름 짜기)", "4.8작전(컨닝)" 같은 말들이다. 일리온 존즈는 은어가 직접적이고 곧은 표현보다는 완곡한 표현을 사용하고, 구체적인 것보다 모호하고 복잡한 추상명사를 사용하기 때문에 사고의 명료성을 방해한다고 했다.

설교자가 "처먹다", "대가리", "모가지" 등의 욕설이나 "문둥이", "껌둥이" 등 혐오감을 주는 말을 쓰는 일도 바람직하지 않다고 본다. "문둥이"는 "나병환자"로, "껌둥이"는 "흑인"으로 말하는 것이 그들을 더 존중해주는 의미가 있다고 여겨진다. 설교자는 회중 전체에게 미치는 말의 영향을 생각하여 바르고 고운 말, 품위가 있는 말을 쓰도록 노력해야 할 것이다.

4) 수사법적 표현방법

설교자들은 하나님의 말씀을 효과적으로 전하고자 하는 열정은 가지고 있으나 수사법을 효과적으로 활용하려는 의식은 부족한 것 같다. 그러나 설교에서 수사적 표현은 빼놓을 수 없는 중요한 요소이다. 수사적 표현은 말에 "아름다움과 생생함과 강세를 더해주어" 내용을 바르고도 효과적으로 전할 수 있게 해주기 때문이다.

수사법은 모든 화술을 대상으로 하는 것으로 현대에 와서는 "사물의 수사학"을 연구하는 경향까지 보인다. 건물, 자동차, 산, 바위 등도 무엇인가를 말하고 있는데 그러한 사물의 언어까지 연구대상으로 삼는 것이다.

그러나 여기서 우리가 관심을 두고자 하는 수사법은 문장의 어구나 문장의 표현방법에 대한 것이다. 수사법은 설득을 위해서 지적 언어에 정적인 요소를 더하는 것이다.[44]

일반적으로 수사법을 비유법, 강조법, 변화법 등으로 나눈다. 비유법은 비유의 유무에 따라 구별이 되지만 강조와 변화는 서로 구별이 어려운

---

44) 김상선, 「문장 수사학」 서울: 일조각, 1988, p. 105.

면도 있다. 그러나 편의상 비유법과 강조법, 변화법으로 구분하여 살펴보고자 한다.

(1) 비유법

예수님께서 회중들에게 하나님 나라에 대해서 가르치실 때 가장 즐겨 사용하신 방법은 바로 비유법이었다. 비유법을 통해서 회중들은 심오한 진리를 쉽게 이해할 수 있었고, 그 진리를 자신들의 삶속에 적용할 수 있었다.

"계시의 빛과 인간이 만나는 언어는 비유라는 독자적인 형식을 입고 있다. 계시의 빛이 인간의 이해와 삶속에 도달되고 인간이 그것을 받아들이기 위해서는 비유의 언어로 굴절되어야 했다. 말씀이 비유를 거칠 때 인간이 보고 이해하며 듣고 만지는 글자의 몸을 입게 되었던 것이다. 그러므로 비유는 하나님의 인간을 위한 섭리 기술이 낳은 빼어난 표현양식이었다." [45]

따라서 성경은 "예수께서 이 모든 것을 비유로 말씀하시고 비유가 아니면 아무 것도 말씀하지 아니하셨다."(마 13:35)라고 증언하고 있다. 이로보아 우리는 예수님께서 복음을 전하는데 비유법을 사용하심으로 얼마나 큰 효과를 얻을 수 있었는지를 짐작할 수 있다.

비유는 "추상적이고 복잡한 사상을 구체적으로 간결하게 보여주는" 표현 방법이다. 비유는 본래 표현하고자 하는 어떤 의미가 도입해 온 다른 의미에 의해 대체되며, 그 때 관련을 맺은 두 의미는 이질적이면서도 어떤 공통점을 가진다. 전자는 원관념이요, 후자는 보조관념이다. 원관념은 대체되는 것이요, 보조관념도 대체하는 것이다. 비유는 원관념, 보조관념, 이질성과 공통성의 네 요소를 성립한다. 비유에는 직유, 은유, 의인, 활용, 제유, 증의, 우화와 풍유 등이 있다.

---

45) 정영식, 「비유가 아니면 말하지 아니 하였다」 서울: 기획출판 보라, 1987, p. 25.

① 직유법

두 가지 의미를 "같이, 처럼, 양, 듯이" 등의 연결어로 결합시켜 표현하는 방법이다. 직유의 특징은 반드시 원관념과 보조관념이 표면으로 나타나고, 그것들을 결합하는 연결어가 있다는 점이다. 예를 들면 "해는 그 방에서 나오는 신랑과 같고 그 길을 달리기 기뻐하는 장사 같아서 하늘 이 끝에서 나와서 하늘 저 끝까지 운행함이여"(시 19:5-6)와 같은 표현이다.

마태복음 13장은 천국에 대한 비유로 가득차 있다. 씨뿌리는 비유, 가라지 비유, 누룩 비유, 감추인 보화 비유, 값진 진주 비유, 그물 비유, 새 것과 옛 것 비유 등이다. 예수님께서 씨뿌리는 비유 이후에 다른 비유들은 모두 직유법을 사용하여 말씀하셨다. "천국은 좋은 씨를 제 밭에 뿌린 사람과 같으니"(24절), "천국은 마치 사람이 자기 밭에 갖다 심은 겨자씨 한 알 같으니"(31절), "천국은 마치 여자가 가루 서말 속에 갖다 넣어 전부 부풀게 한 누룩과 같으니라."(33절) 예수님께서는 누구나 쉽게 이해할 수 있는 직유법을 통해서 추상적인 개념인 천국에 대해서 구체적으로 가르쳐주신 것이다.

② 은유법

연결어가 없는 은밀한 비유법이다. 유사성을 함축시킨 것으로서 직유법에서 전형적으로 나타나는 비유적 부사를 생략한다. "(가)는 (나)이다"와 같은 방식으로 표현된다. "경우에 합당한 말은 아로새긴 은쟁반에 금 사과니라."(잠 25:11), "너희는 세상의 소금이다."(마 5:13)와 같은 표현이 여기에 해당된다.

③ 의인법

의인법은 무생물에 인격적 요소를 부여하여 표현하는 것이다. 무생물에 인격적 속성이 아닌 동물적 속성을 넣어서 표현하면 활유법이 된다. "산들과 갖은 산들이 너희 앞에서 노래를 발하고, 들의 모든 나무가 손바닥을 칠 것이며"(사 55:12)라는 표현은 의인법에 속하고, "청산이 깃을 친다."는 표현은 활유법에 속한다.

④ 우화법과 풍유법

우화와 풍유의 공통점은 원관념이 드러나지 않고, 보조관념만이 문장 전체를 채운다는 점이다. 우화의 보조관념은 전부 비인격적인 것이지만, 풍유는 반드시 동물이나 식물이 등장하지 않아도 된다. 우화는 동물이나 식물을 통해서 인간의 속성을 암시한다. 우화 가운데 가장 유명한 것은 이솝의 우화이다. 우화와 풍유는 풍자, 익살, 기지, 교훈 등을 지니고 있는데 특히 풍유는 속담에 많이 나타난다. "말 한 마디로 천냥 빚을 갚는다," "가랑잎이 솔잎더러 바스락거린다고 한다."와 같은 것들이다.

⑤ 제유법

어떤 사물에 대해 그 자체의 명칭을 일컫지 않고 다른 사물로써 대신하는 방법이다. 곧 사물의 일부로써 그 사물의 전체나 그것과 관계되는 다른 사물의 전부를 나타내는 것이다. 제유는 부분으로 전체를 나타내거나 전체로써 부분을 나타내는 것이다. 환유는 원인으로 결과를, 결과로써 원인을 나타내는 방법이다. "이 때에 가이사 아구스도가 영을 내려 천하로 다 호적을 하라 하였으니"(눅 2:1)에서 "천하"는 광범위한 영토를 강조하기 위해 로마제국 대신 사용되었다. 제유법의 한 보기이다. "할례자도 믿음으로 말미암아 또는 무 할례자도 믿음으로 말미암아 의롭다 하실 하나님은 한 분이시니라."(롬 3:30)에서는 "할례"와 "무 할례"라는 구체적인 결과로서 그 원인이 되는 대상을 가리키고 있다. 이것은 환유법의 예라고 할 수 있다.

⑥ 성유법

어떤 언어의 음은 자연의 소리나 자연의 상태와 직접적으로 연결되어서 그 소리나 상태를 묘사하는데, 그것을 성유 또는 음성상징이라고 한다. 성유는 그 언어가 지시하는 대상, 그 언어의 음성, 그 언어의 뜻 이 세 가지가 필연적인 관계로 느껴지는 것이 특색이다. 음성상징에는 언어의 음성이 그대로 실물의 소리로 느껴지는 의성어와, 언어의 음성이 그대로 실물의 움직임이나 모양으로 느껴지는 의태어가 있다. 의성어에 의한 법을 의성법, 의태어에 의한 법을 의태법이라고 한다. "뻐꾹새는 뻐꾹뻐꾹, 아지랑이 아롱아롱"과 같은 표현은 의성법과 의태법이 함께 쓰인 것이다.

⑦ 중의법

하나의 말이 전혀 다른 두 가지 이상의 뜻을 나타내는 것이다. 어떤 낱말의 뜻이 그것과 비슷한 음의 다른 뜻을 가진 어구를 암시함을 의미한다. 동음이의어 또는 유음어를 이용한 일종의 기지이다. "죽은 자들로 저희 죽은 자를 장사하게 하고 너는 나를 좇으라."(마 8:22)는 예수님의 말씀은 중의법을 사용하여 영적으로 죽은 자와 육적으로 죽은 자를 대조하고 있다.

비유적 표현들은 상상력을 불러일으키고 효과적으로 기억하게 하는데 적합하다. 우리가 성경에서 비유적 표현들을 바로 해석할 수 있다면 하나님의 말씀을 더 명확하게, 큰 능력으로 받아들일 수 있을 것이다. 나아가서 설교자가 비유법을 적절히 사용할 수 있다면 영적인 진리를 더 쉽고, 더 감명 깊게 회중에게 전달할 수 있을 것이다.

(2) 강조법

강조법은 사상이나 감정을 두드러지게 하여 강한 인상을 주려고 하는 것이다.[46]

과장된 비유를 쓴다든지 감탄문이나 의문문의 형태를 취한다든지, 문장의 어순을 바꾸거나 글에 리듬을 주는 것 등은 이런 목적으로 쓰이는 방법이다.

① 과장법

---

46) 손동인, op. cit., p. 216.

사물의 실제 크기, 정도, 모양, 소리 보다 더 보태거나 줄여서 서술하는 방법이다. 로버트 스타인(Robert H. Stein)은 예수님께서 사용하신 과장법을 "극단적 표현양식(hyperbole)"과 "과도한 표현양식"(overstatement)으로 구분한다. 극단적 표현양식은 문자적으로 불가능한 과장법을 말하는데 "외식하는 자여, 먼저 네 눈 속에서 들보를 빼어라. 그 후에야 밝히 보고 형제의 눈 속에서 티를 빼리라."(마 7:5)와 같은 것이다. 눈 속에 들보가 들어 있다는 말 자체가 불가능한 것이다. 과도한 표현양식은 문자적으로 실행할 수도 있지만 그렇게 하는 것이 참된 의도가 아닌 과장법을 말한다. "만일 네 오른손이 너로 실족케 하거든 찍어 내버리라, 네 백체 중 하나가 없어지고 온 몸이 지옥에 던지우지 않는 것이 유익하니라."(마 5:30)라는 말은 실제로 손을 찍어버리라는 것이 아니라 죄에 대하여 얼마나 민감해야 하는가를 생생하게 전달해주는 표현이다.

과장법의 가치는 로버트 스타인에 의하면 다음 몇 가지로 요약된다. (1) 기억에 큰 효과를 미친다. (2)가르침의 심각성을 선명하게 심어주어 결단과 변화를 촉구하게 한다. (3)말하는 자가 논점에 대해 어떻게 생각하고 있는지를 정확하게 전달해준다. (4)관심을 고조시켜 주의를 집중하게 한다.

② 반복법

문장의 뜻을 강조하고 흥취나 묘미를 돋우기 위하여 같은 어구나 유사한 어구를 되풀이하는 방법이다. 이사야 45장은 "나는 여호와라. 나 외에 다른 신이 없느니라."는 말이 전체 25절 중에서 일곱 번이나 반복되면서 이스라엘의 구원자이신 하나님을 강조하고 있다.

"할렐루야 하늘에서 여호와를 찬양하며 높은데서 찬양할찌어다. 그의 모든 사자여 찬양하며 모든 군대여 찬양 할 찌어다. 해와 달아 찬양하며 광명한 별들아 찬양 할 찌어다."

이 시편은 반복법을 통해서 하나님을 찬양할 것을 강조하고 있는 보기이다. 예수님의 산상설교에서 팔복은 "심령이 가난한 자는 복이 있나니 천국이 저희 것임이요"로 시작된다. 이 팔복 부분(마 5:3-12)도 같은 형식을 반복함으로 천국을 소유할 사람이 어떠해야 하는지에 대해서 강조하고 있다.

③ 영탄법

슬픔, 기쁨, 놀라움, 안타까움 등의 감정을 강조하여 표현하는 수사법이다. "아아", "어머나", "아이구", "이크", "저런" 등과 같은 감탄사나 "보라!" 같은 말을 사용하여 고조된 감정을 나타낸다.

④ 대조법

반대 또는 모순되는 어구를 연결하여 그 의미의 대립을 강조하고 뚜렷한 인상을 느끼게 하는 방법이다. 이것은 선악, 고저, 장단, 대소 등을 뚜렷하게 밝혀주는 방법이다. 그래서 두 사물의 차이점을 주로 지적해서 서로 어떻게 차이가 나는가를 드러내주는 것은 대조법이고, 두 사물이 얼마만큼 비슷한가를 보여주는 것은 비교법이라고 밝히고 있다.[47]

누가복음 18장에는 바리새인과 세리의 기도가 대조되어 있다. 로마서 5장은 아담과 그리스도가, 갈라디아서 5장은 육체의 일과 성령의 열매가 예리하게 대조되고 있다. 에베소서 5장에서는 빛과 어두움, 술 취함과 성령 충만이 서로 대조를 이루고 있다. 신약성경은 대조로 가득 차 있음을 볼 수 있다. 다음은 대조법을 통해서 영에 속한 사람과 육에 속한 사람의 특성을 설명하고 있는 보기이다.

"세상에는 영에 속한 사람과 육에 속한 사람으로 나눌 수 있습니다. 영에 속한 사람은 오직 영에 대해 관심이 많고, 육에 속한 사람은 물질적인 것에만 관심이 있습니다."

---

47) 서정수, 「생각하는 힘을 기르는 문장력 향상의 길잡이」 서울: 한강문화사, 1991, 2쇄, p. 461.

⑤ 점층법

말의 뜻을 앞으로 나아갈수록 점점 더 강하고, 크고, 깊게하여 절정에 도달하는 방법이다. 단편소설의 다섯 단계인 발단, 발전, 위기, 절정, 결말도 점층법의 하나이다. 다음의 설교는 점층법을 통해서 점점 더 강하게 회개를 촉구하고 있다.

"오! 저기 신사분, 바로 당신이 이 경우에 해당합니다. 당신은 극히 위험한 상태에 있습니다. 당신의 죄와 강퍅함은 극히 커서 위험합니다... 다만 당신 자신을 생각해보고 긴 잠으로부터 깰 때가 되었습니다."

⑥ 미화법

좋지 않은 것을 실제보다 아름답게 표현하는 수사법이다. 가령 도둑을 "양상군자"나 "도선생"으로, 시험에 떨어진 것을 "미역국을 먹었다."로 말하는 것 등이다.

⑦ 열거법

열거법은 동등한 자격을 가진 어구나 문장을 늘어놓아 의미를 집중적으로 강조하는 수사법이다. "하나님께서 하은이와 보람이와 가은이를 사랑하신다."고 하지 않고, "하나님께서는 하은이를, 보람이를, 가은이를 사랑하신다."처럼 말하는 것이다. 설교에서 열거법을 사용한 예를 찾아보면 다음과 같다.

우리의 직장 생활, 우리의 사업, 우리의 가정, 우리의 모든 사회 생활 속에서 한국의 그리스도인들은 신앙의 양심을 지켜야 합니다. 신앙의 양심에 바로 서야 합니다. 그렇지 못하면 이 사회의 빛이 되지 못하며 소금이 되지 못합니다.

⑧ 억양법

처음에는 누르고 다음에는 추켜올린다든지, 반대로 처음에는 추켜올리고 다음에는 누르는 수사법이다. 사람이나 어떤 대상을 칭찬하거나 비난하려고 할 때 이 방법을 쓴다. 삭개오에 대해서 말할 때 "삭개오가 회개하기 전에는 백성들을 착취하는 악명 높은 세리장 이었습니다. 그러나 그가 예수님을 만난 후에는 자기 재산의 절반을 가난한 사람들에게 나누어 줄 정도로 변화되었습니다." 와 같은 표현이다.

⑨ 문답법

평이하게 서술하면 효과가 적다고 생각될 때 인물의 등장을 가정하여 문답형식을 취하는 방법이다. 추상적 문장에 문답이 도입되면 그만큼 구체성을 띠게 된다. 다음은 문답법의 한 보기이다.

오늘 그리스도인은 왜 그 힘을 잃어버리고 있습니까? 그것은 자기 속에 '참'을 지키지 못하기 때문입니다. 어떻게 하면 나에게 이로운가 하는 이 문제만 따지다 보니 자기를 잃어버렸습니다. 진실을 잃어버렸습니다. '참'을 잃어버린 그리스도인의 삶은 무기력하기 짝이 없는 것입니다.

⑩ 현재법

과거에 있었던 일이나 미래에 일어날 일을 과거시제나 미래시제를 쓰지 않고 현재 눈앞에 일어나고 있는 것처럼 표현하여 생동감을 주는 수사법이다.

"그러나 당신은 여기를 보십시오. 십자가에 달려있는 사람이 보입니까? 고통스럽게 머리를 가슴에 떨어뜨리고 있는 모습을 보십니까? 가시면류관으로 인해 얼굴에 방울방울 흘러내리고 있는 핏방울을 보십니까? 그의 저주받은 두 손과 두 발은 잔인하게 못으로 꿰뚫려 온 몸의 무게를 지탱하다 못해 거의 두동강이 날 정도로 찢겨져 있는 것을 보십니까?" [48]

이것은 십자가에 달려 있는 예수님에 대한 생생한 표현이다. 요한계시록은 미래에 일어날 일을 현재법을 사용하여 실감나게 표현하고 있다.

---

48) Charles Haddon Spurgeon, 「Sermons of C.H. Spurgeon」 Vol. I. New York: Funk & Wagnalls Company, no date, p. 15.

(3) 변화법

① 도치법

어순 또는 문장성분의 배열 순서를 바꾸어 서술하는 방법이다. 어떤 부분을 두드러지게 강조하거나 격앙된 감정을 나타낸다. 주기철은 "사(死)의 준비"라는 설교의 마지막 부분에서 이 도치법을 사용하여 주제를 강조하고 있다.

"마귀와 영원한 형벌을 받을 자식아, 저 불 가운데 들어가라."는 엄한 선고를 나릴 때에 어떻게 할까? 신자여! 준비합시다. 사(死)의 준비를!

② 설의법

서술형으로 표현해도 되는 것을 일부러 의문형으로 표현하여 그 뜻을 강조하는 방법이다.

"분명하게, 인간이 오늘날 걷는 모든 길은 죄에 대한 재발견일 뿐입니다. 예를 들어 과학적인 발명을 봅시다. 그것은 인간의 풍성한 삶을 구가할 수 있을 만큼 얼마나 희망에 불탔습니까? 보다 나은 지구를 건설할 수 있는 선물이 끝없이 풍성한 듯 했습니다. 그러나 이것들이 비극적으로 잘못 사용된 현실을 주시합시다."

위의 설교문장은 설의법을 사용하여 과학적 발명에 대한 인간의 기대와 희망을 강조하고 있다.

③ 대구법

반대되는 단어나 구절을 병립시키지 않고 형식적으로 어조가 비슷한 낱말과 구절을 짝지어 대립의 아름다움을 드러내는 수사법이다. 예를 들면 "인생은 짧고 예술은 길다."는 대조법에 속하고, "산은 높고 물은 맑다."는 대구법에 속한다.

④ 경구법

평범한 어구가 아니라 진리를 내포한 기발한 어구로써 독자에게 교훈이나 자극을 주는 방법이다. 속담, 격언, 명언 등은 이 법을 쓴 좋은 예라 할 수 있다.

"바라기는 여러분들이 감리교회 사람이 되지 마시고, 장로교회 사람이 되지 마시고, 대한민국 사람이 되지 마시고, 오직 그리스도의 사람이 되시기를 바랍니다. 하나님의 사람이 되시기를 바랍니다."

이 예문은 경구법을 적용한 표현을 보여주고 있다. 또한 점층법과 반복법도 함께 사용하여 말하고자 하는 바를 강조해주고 있다.

⑤ 반어법

겉으로 나타난 의미와 숨은 의미가 반대되는 표현이다. 실제적인 의미에 반대되는 표현을 사용해 죄악이나 어리석음을 비웃고 풍자하는 것이다. 열왕기상 18장 27절에는 엘리야가 반어법을 통해서 존재하지 않는 바알 신을 섬기는 자들을 조롱하고 있다.

정오쯤 되었을 때 엘리야는 그들을 조롱하며 "더 큰 소리로 불러라. 그가 신이 아니냐! 그가 딴 생각을 하고 있거나 용변을 보러 갔거나 여행을 떠났거나 아니면 잠이 들어 깨워야 할지도 모르겠다!" 하고 비웃었다.(현대인의성경, 왕상 18:27)

⑥ 인용법

남의 말, 격언, 속담, 저서 등에서 필요 적절한 부분을 인용하는 것이다. 인용법을 쓰면 문장의 내용을 풍부하게 하고 논증의 정확성을 기할 수 있는데, 특히 권위자의 말과 저서에서 인용하면 큰 효과를 거둘 수 있다.

그래서 기자들은 슈바이처에게 "어떻게 선생님께서 이렇게 남루한 3등 칸에서 고생하시며 갑니까?"하고 물었습니다. 그러자 슈바이처가 대답한 유명한 말이 있습니다. "나는 내가 즐길 곳을 찾아서 살아온 것이 아니라 나를 필요로 하는 그곳을 찾아다니며 살아왔습니다. 지금도 나는 그렇게 사는 것뿐입니다."

오늘 그리스도인의 삶속에 이와 같은 삶의 자세가 있어야 하는 것입니다. 이러한 삶이야말로 바로 예수님의 삶인 것입니다.

위의 예문은 슈바이처의 말을 인용하여 그리스도인이 예수님처럼 살아야 할 것을 주장하고 있는 내용이다.

⑦ 비약법

일정한 방향으로 서술해 나가던 화제를 별안간 다른 방향으로 바꾸는 수사법이다. 화제가 공간적으로, 시간적으로 비약한다든지, 현실에서 상상으로, 상상에서 현실로 돌변하는 것이다. 다음은 상상과 현실 사이를 오가는 비약법의 한 보기이다.

야곱의 우물, 내가 거기에 도착했을 때 거기엔 피곤에 지친 한 사람이 있었습니다. 그는 오랫동안 먼 길을 걸어온 듯 했습니다. 그 사람은 옷차림으로 보아 유대인이 분명했습니다. 그러나 내가 상관할 바는 아니었습니다. 나는 전처럼 물동이를 내려놓고 두레박으로 물을 긷기 시작했습니다. 그러나 생각은 우물가의 그 사람에게 집중되어 있었습니다.

'유대인이 어떻게 여기에 와 앉아 있을까? 유대인들은 우리 사마리아 사람들과 만나는 것조차 싫어하지 않는가? 저 사람은 왜 이 곳으로 왔을까? 혼자서 쉬고 있는 것 일까, 아니면 누굴 기다리고 있는 것일까?'

"나에게 물을 좀 주시오."

나는 깜짝 놀라 하마터면 두레박을 떨어뜨릴 뻔했습니다.

⑧ 역설법

일반적인 생각과는 반대되는 말로써 표현하여, 진리가 아닌 듯하나, 실은 진리를 말하는 방법이다. 주제어와 그것을 풀이하는 부분이 의미상으로 어긋나는 것 같이 보이나 깊이 생각해보면 더 높은 진리를 말하는 것이다. "누구든지 제 목숨을 구원코자 하면 잃을 것이요."(막 8:35)라는 말은 유명한 역설법의 하나이다.

수사법은 말을 더욱 말답게 만드는 도구이므로 적절하게 사용할 때 말에 힘을 부여하게 된다. 그러므로 설교자는 수사법을 잘 활용하여 자신이 사용하는 말에 생동감을 불어넣어야 할 것이다.

(4) 유머

유머와 다음에 다룰 자신의 표현개발은 수사법과 직접적인 관련은 없지만 수사법과 관련지어서 살펴보는 것이 도움이 될 것으로 보아 여기서 함께 다루고자 한다.

유머는 왜 필요한가?

나이하고는 상관없이 사람들은 누구나 재미있는 것을 좋아한다. 무엇을 말하고 있는지 이해하고 있을 때 회중은 열심히 듣는다. 그리고 재미있게 이야기할 때 그들은 거의 즉각적인 반응을 보이게 된다. 이처럼 유머는 회중의 주의를 집중시키는데 효력이 있다.

유머는 진리를 잘 들어내게 하는 데 도움이 된다. 합리적이고 이론적인 세계뿐만 아니라 인간의 감정과 여유, 웃음과 풍류가 있는 개방적인 심성의 문을 넓게 열고 효율적으로 진리를 찾고 발견하게 해준다. "비판을 받지 아니하려거든 비판하지 말라."(마 7:1)는 말보다 "어찌하여 형제의 눈 속에 있는 티는 보고 네 눈 속에 있는 들보는 깨닫지 못하느냐?"(마 7:3)라는 말은 유머를 사용하여 진리를 더 분명하게 드러내주는 표현이다.

유머는 회중을 광적인 열광주의로부터 구해준다. 종교는 유머 감각을 갖지 못한 이들에게는 위험한 존재이다. 왜냐하면 종교는 엄격하고 완전한 헌신과 집중을 요구하기 때문이다. 그렇기 때문에 이들은 자칫 기독교의 목적은 궁극적 가치에 관한 것이며 그 이외의 것은 전혀 불필요하다는 식의 흑백논리에 사로잡힌다. 기독교에 관한 것이 아니면 악마적이요, 파괴적인 것으로 본다. 그러므로 유머는 이러한 아량이 없는 마음이나 열광주의로부터 자유로워지게 하고 폭넓은 진리 탐구의 자세를 가지게 해주는 것이다.

유머는 사람들이 가졌던 우울한 분위기에서 벗어나 참 의미를 되새기며 웃으며 바라볼 수 있는 여유를 가져다준다. 유머는 하나님께서 인간에게 주신 선물로서 인간의 곤경을 여유 있게 다룰 수 있게 해준다는 것이다. 또한 유머는 회중이 함께 웃으며 마음을 열게 하여 하나로 통일시켜 준다. 이렇게 될 때 설교자와 회중간의 상호작용이 원활해진다. 그래서 회중들이 설교의 제시와 요구를 쉽게 받아들이도록 해주는 것이다.[49]

그런데 설교에 있어서 유머의 사용은 가장 주의 깊게 다루어져야 한다. 지나치게 많은 유머의 사용은 예배의 분위기를 해치는 것이 되기 때문이다. 강단은 코미디를 위한 장소가 아니다. 또 서투른 유머는 오히려 해로운 것이 될 수도 있다. 그러나 가끔 유머를 사용하는 것은 회중들이 설교자의 온정과 진정한 인간성을 느낄 수 있는 기회를 주는 것이다.

유머는 회중의 마음을 열 수 있는 또 하나의 열쇠이다.

다음의 말은 유머를 사용하고자 하는 설교자가 어떤 태도를 가져야 할 것인지 잘 말해주는 것이라 할 수 있다.

"철저히 엄숙하게 말하고, 네가 갖고 있는 모든 능력을 불러 일으켜서, 그것이 거룩되게 하라. 그런 경우에 유머를 조금 섞으면, 그것은 번개의 순간적인 섬광이 깊은 밤의 어둠을 한층 더 인상 깊게 하는 것처럼, 설교의 말의 무게를 더욱 증대시킬 것이다."

---

49) Homer K. buerlein, 「How to Preach More Powerful Sermons」 Philadelphia: The Westminster Press, 1986, p. 129.

(5) 자신의 표현 개발

모든 설교는 설교자의 인격과 사상이 표현되는 자기표현이다. 그러므로 하나님께 설교자 자신이 받은 말씀을 외쳐야 하는 것이지 다른 사람들이 하나님께 들었던 내용을 빌려다가 수선을 떨지 말아야 할 것이다. 그러므로 성령께 쓰임을 받는 설교자는 순수하게 자기 자신인 사람이어야 한다.

설교의 중요함에다 설교자의 훈련을 더한다면 그것이 설교가 행해지는 그 역동적 순간에 이용할 자료를 성령께 제공하게 된다. 그 때에 설교자는 다른 어떤 사람을 닮으려고 할 것이 아니라 있는 그대로여야 한다. 그는 설교단에서 진지하게 복음을 전해야 하며 순수해지지 않으면 안된다.[50]

사람은 누구나 이 세상에서 유일한 개성을 가진 존재이다. 자기의 개성을 소중히 여기고 발전시킬 때 그것은 말에 힘과 진실을 넣어주는 생기가 된다. 따라서 다른 설교자의 설교를 모방하거나, 목소리를 흉내 내는 것은 자신의 개성과 창의성을 말살하는 일이다. 설교자는 하나님께서 주신 자신의 개성을 인정하고 자신의 표현을 꾸준히 개발하는 습관을 가져야 할 것이다.

① 설교와 자기 소통

설교는 설교자와 회중 간에 일어나는 의사소통의 사건이다. 따라서 말은 설교자와 회중을 연결시켜주는 매개체이다. 한국인은 한국말을 통해서 의사소통을 한다. 설교자와 회중은 우리말을 통해서 복음의 힘을 공유한다.

말은 의미를 전달하는 상징체계로서 몇 가지 기본적인 특성을 지닌다. 말은 그 말 공동체의 규범이 되는 정신을 지니고 있다. 이것을 에토스라고 한다. 말에 나타나는 감정의 표현을 파토스라고 한다. 말에는 말하는 사람

---

50) Dale Carnegie, 「Effective Speak」 New York: Association, 1964, p.198.

의 논리가 포함되어 있다. 이것을 로고스라고 한다. 에토스, 파토스, 로고스는 설교자의 인격, 열정, 논리와 관계가 있다. 설교자의 인격과, 열정, 논리가 조화를 이룰 때 효과적인 설득이 가능하며 구원이라는 설교의 목적이 이루어진다.

말은 커뮤니케이션의 가장 중요한 도구이다. 커뮤니케이션은 삶을 공유하는 과정이다. 스스로 커뮤니케이션의 주체자가 되신 하나님께서는 인간에게 말을 걸어오심으로 커뮤니케이션을 수행하셨다. 성육신으로 오신 예수 그리스도는 인간과 영생을 공유하기를 원하시는 하나님의 구체적인 커뮤니케이션 형태이다. 말의 창조자이신 하나님께서는 인간에게 복음전달의 도구로 말을 주셨다. 설교자가 사용하는 말이 효과를 얻기 위해서는 설교자가 인격적 모범자여야 한다. 설교자는 회중들이 말보다 인격을 더 중시한다는 사실을 기억해야 할 것이다. 회중의 필요와 환경언어에 대한 이해도 효과적인 말을 위해서 필요하다.

설교에서 말의 역할을 더 깊이 이해하려면 설교에 대한 이해가 먼저 있어야 한다. 설교는 설교자와 회중의 공동 노력에 의해 이루어지는 대화이다. 따라서 설교의 장애요소를 극복하기 위해 양쪽이 함께 노력해야 한다. 설교에서 가장 중요한 것은 성령의 역할이다. 설교자와 회중이 함께 성령께 마음을 내어드리고 경청할 때 성령께서는 설교를 통해서 구원의 사역을 이루신다.

설교가 성령의 사역이라고 해도 설교자는 회중의 설득과 결단을 돕기 위한 방법을 연구하지 않으면 안된다. 풍부한 상상력과 효과적인 문체의 개발을 위해서 설교자는 노력해야 할 것이다. 효과적인 문체의 요소는 명확성, 정확성, 적합성, 아름다움, 힘, 흥미 등이다. 설교자는 문체의 개발을 위해서 문법과 작문에 대한 연구 폭넓은 독서, 회중과의 접촉, 설교원고 작성 등에 힘을 기울여야 할 것이다. 음성의 개발과 몸 짓말, 미디어 등은 말의 효과를 높일 수 있도록 활용되어야 한다.

설교자가 우리말을 이상적으로 사용하기 위해서는 음성학적, 문법적, 표현적인 면에 관심을 갖지 않을 수 없다. 호흡과 발성에 대한 연습, 국어

자모와 낱말에 대한 발음과 속도, 음량, 어조, 강조 등 음성표현에 대한 훈련이 필요하다. 특히 발음의 문제는 의미전달에 혼란을 가져올 수 있으므로 주의해야 한다.

문법적인 면에서 볼 때 우리말은 서술어 중심의 말이다. 따라서 주어의 생략이 많다. 이것은 설교자들이 말씀의 주체이신 하나님을 잊어버리고 자신이 말씀의 주인으로 등장하는 결과를 가져오게 한다. 이런 문제점을 극복하려면 삼인칭 서술 형태를 취하는 것이 바람직하다고 여겨진다.

우리말은 연결어미가 매우 발달해 있어서 서술어만으로도 말을 끝없이 길게 할 수가 있다. 설교자는 간결한 문장을 사용함으로 주어를 나타내고 주어와 서술어가 불일치하는 현상을 피해야 할 것이다. 우리말의 시제는 과거와 미래가 현재에 살아있는 현재중심의 시제이므로 우리 민족은 현세중심의 사고가 강하다. 그러므로 현재시제로 설교하는 것이 매우 효과적이다.

표면적인 면에서 볼 때 설교자는 대화체의 어휘, 정확한 어휘를 사용해야 한다. 성경의 어휘를 정확하게 알 뿐만 아니라 잘못 번역된 어휘도 바로잡아서 사용하고, 맞춤법에 맞는 말을 써야 할 것이다. 우리말에 발달되어 있는 감각어는 복음전달에 있어서 하나의 강점이다.

감각어의 사용은 의미전달의 효과를 증가시켜 주기 때문이다. 우리 민족은 서열의식이 강하기 때문에 우리말에 특히 높임법이 발달되어 있다. 설교자는 성삼위 하나님에 대해서는 반드시 최고 높임말을 쓰도록 노력해야 할 것이다. 외래어, 사투리, 비속어는 설교자가 삼가야 할 말들이다. 설교자가 또 하나 관심을 가져야 할 것은 수사법이다. 비유법, 강조법, 변화법 등을 활용하여 말에 생동감을 더하고 설득의 효과를 높일 수 있을 것이다.

② 설교와 자기발견

이 연구를 통해서 발견한 점들을 정리해보면 다음과 같다.

첫째, 설교에서 복음전달의 가장 중요한 도구는 말이다. 대중전달 말 개체의 사용과 몸짓말, 환경언어의 영향도 무시할 수는 없지만 가장 기본적인 것은 입으로 하는 말이다. 그러므로 설교자가 자신이 사용하는 말에 대한 관심과 애정을 가지고 갈고 닦아야 하는 것은 당연한 일이다.

둘째, 하나님께서는 우리 민족에게 고유한 말을 주셨고 그것은 우리의 사고와 감정을 나누는데 가장 적합하다. 따라서 우리민족에게 복음을 전하는 데는 우리말이 가장 적합한 것이다. 그러나 이 사실을 깨닫지 못하고 있는 설교자들이 많다. 외래어가 들어와서 우리말로 그대로 굳어진 것은 어쩔 수 없지만 회중들이 알아듣지 못하는 외래어를 그대로 사용하는 설교자들이 있다는 것이다. 그것은 생명을 구원하는 복음전달의 방해요소가 된다.

셋째, 우리말의 특징은 설교에 큰 영향을 미칠 수 있다. 주어의 생략현상은 말씀의 주인이신 하나님은 뒤로 밀려나고 설교자가 주인 역할을 하는 결과를 빚어낸다. 연결어미의 발달은 어떤 사람의 생애나 사상을 자연스럽게 표현할 수 있는 장점이 있는 반면, 문장을 길어지게 하여 주어와 서술어가 어긋나게 한다. 감각어의 발달은 설교에서 감각적 호소를 효과적으로 할 수 있게 해준다. 높임법은 수직적 사고를 낳게 하며 번거로운 점도 있지만 하나님께 대한 경외심을 잘 표현할 수 있는 장점이 있다. 우리말의 시제는 현재 중심적이므로 현재시제의 사용은 말씀의 적용력을 높여준다. 구체적인 삶의 논리 속에서 말씀은 살아 움직이는 것이다. 서술어 중심의 어순이면서 대화형의 성격을 가지기 때문에 설교에서 대화체의 사용을 가능하게 한다.

넷째, 설교는 설교자와 회중, 그리고 성령이 함께 참여하는 커뮤니케이션이다. 설교자의 입에서 선포되는 말씀을 중심으로 설교자와 회중, 성령과 회중, 성령과 설교자 사이에 커뮤니케이션이 이루어진다. 효과적인 커뮤니케이션이 이루어지려면 설교자의 인격과 구원에 대한 열정, 설교의 논리성이 잘 조화되어야 한다.

다섯째, 설교는 설교자와 회중 간에 이루어지는 대화이다. 눈에 보이는 대상인 설교자와 회중이 말씀을 중심으로 서로 인격과 인격을 교류하는 과정이다. 서로 인격의 만남 속에서 설교자는 회중에게 말하고 회중은 설교자에게 반응하며, 또 다시 설교자가 회중에게 반응하는 관계로 진행되는 것이다. 따라서 설교자가 선포하는 말씀의 문장 형태는 대화체가 요구된다.

여섯째, 설교에서 정확한 어휘의 사용이 매우 중요하다. 물론 명확성이나 적합성 등 다른 요소도 중요하지만 그보다 먼저 정확성이 있어야 한다. 의미전달에서 정확성이 없다면 혼란이 빚어진다. 정확한 어휘를 사용하려면 문법과 표준말, 맞춤법에 맞는 말을 써야 한다.

일곱째, 효과적인 전달의 위해서는 수사법의 활용이 필요하다. 문학적인 표현은 말에 아름다움과 생생함과 강세를 더해주어 내용을 바르고 효과적으로 전할 수 있게 해주기 때문이다. 예수님께서도 수사법을 사용하셨는데 주로 비유법을 통해서 추상적인 하나님 나라를 구체적으로 알기 쉽게 표현하셨다.

여덟째, 사투리나 비속어는 설교의 장애요소가 될 수 있다. 사투리는 그 말을 모르는 회중과의 의사전달을 방해하고, 비속어는 설교자의 인격 및 회중의 감정을 상하게 할 뿐만 아니라 하나님 말씀의 품위를 떨어뜨린다.

아홉째, 설교에서 발성과 공명, 발음, 음성표현 등 음성학적인 요소도 중요하다. 설교자의 몸은 말을 만들어내는 근원으로서 말과 관계되는 각 기관을 올바로 사용할 때 제대로 된 말을 하게 된다. 국어자모와 낱말의 발음은 정확성과 관련이 있고, 말의 속도, 음량, 어조, 강세 등은 효과적인 표현과 관계가 있다.

③ 설교와 자아(自我)

말씀을 통해서 인간에게 다가오신 하나님께서는 설교자들의 구술사역을 통하여 오늘도 구원의 일을 이루어나가신다. 말을 커뮤니케이션의 수단으로 삼으시는 하나님께서 우리들에게 주신 말을 통하여 영생을 얻게 하심은 하나의 신비이다.

설교자가 우리말을 이상적으로 사용하여 영생을 얻게 하는 설교사역을 잘 감당할 수 있는 방법은 무엇일까?

첫째, 우리말로 복음을 증거하는 설교자는 우리말을 사랑하는 사람이어야 한다. 가장 효과적인 커뮤니케이션을 위해서 인간의 모습으로 우리에게 말씀해오신 하나님께서는 우리 민족의 사고와 감정을 나눌 수 있는 가장 적합한 도구로 우리말을 주셨기 때문이다. 설교자는 우리말이 복음전달의 가장 좋은 도구라는 사실을 인식하고 우리말을 사랑하며, 발전시켜 나가려는 자세를 가져야 한다.

둘째, 설교자는 우리말의 장점을 살려서 생명의 말씀을 더 효과적으로 전해야 할 것이다. 풍부한 감각어를 활용하여 감각적 호소를 효과적으로 할 수 있고, 높임법을 사용하여 성삼위 하나님께 대한 경외심을 잘 표현할 수 있다.

현재중심의 시제는 말씀을 회중에게 적용시키는데, 우리말의 대화적인 성격은 대화체의 사용에 효과적으로 사용할 수 있다. 다양한 연결어미를 사용하여 어떤 사람의 생애나 사상을 자연스럽게 표현할 수도 있다.

셋째, 설교자는 설교에서 우리말의 단점을 보완해나가야 한다. 자주 생기는 주어의 생략 현상에 주의해야 한다. 주어를 나타내려고 노력하되 "나"라는 주어 대신 "하나님"을 사용하도록 힘써야 한다. 말씀의 주인이신 하나님께서 직접 등장하도록 할 때 말씀은 힘이 있게 된다. 일인칭 단수 주어의 사용을 적게 하려면 삼인칭 관점에서 서술하려는 자세가 필요하다. 여러 가지 연결어미의 사용으로 문장이 너무 길어지지 않게 해야 주어와 서술어가 어긋나는 잘못을 막을 수 있다.

간결한 문장을 사용하여 주어와 서술어가 분명하게 하고, 의미가 명확하게 전달되도록 해야 할 것이다. 우리말의 특징인 높임법으로 인해 젖어들기 쉬운 수직적 사고를 설교에서는 없애도록 노력해야 할 것이다. 회중들에게 명령하는 태도가 아니라 "너와 나"의 수평적 관계를 유지할 때, 회중의 언어로 말할 수 있을 것이다.

넷째, 설교는 설교자와 회중, 성령이 함께 참여하는 커뮤니케이션이라는 사실을 인식하고, 설교자는 인격과 열정, 논리성을 갖추도록 힘써야 할 것이다. 설교자는 하나님 앞에 선 자이며 동시에 사람 앞에 선 자라는 사실에 기초하여 모범된 인격자가 되어야 한다. 이와 함께 구원을 필요로 하는 영혼들에 대한 열정과 회중을 설득하기 위한 논리성이 조화를 이루어 성령께 드려지도록 해야 할 것이다.

다섯째, 설교는 설교자와 회중사이의 대화이므로 대화체의 어휘를 사용해야 한다. 설교자와 회중이 인격과 인격을 교류하는 과정이므로 설교는 대화적인 말로 진행되어야 한다. 이것은 사람들이 대화에서 쉬운 말을 사용하듯 설교자가 쉬운 말로 설교해야 한다는 의미도 있다.

여섯째, 설교자는 정확한 어휘를 사용해야 한다. 정확한 어휘를 사용하기 위해서 설교자는 우리말의 문법과 표준말, 맞춤법을 잘 알고 있어야 한다. 문법은 말을 말이 되게 하는 기본적인 틀이므로 바른 말을 하는데 필요하다. 표준말이나 맞춤법은 시대의 흐름에 따라 변하기 때문에 설교자는 "표준말 규정"과 "한글맞춤법 통일안"에 대해 관심을 가지고 제 때에 맞추어 활용할 수 있어야 할 것이다. 그리고 성경에서 잘못 번역된 어휘들도 바로잡아서 사용해야 할 것이다.

일곱째, 설교자는 효과적인 표현을 위해서 수사법에 관심을 가져야 할 것이다. 이성적인 것에 감정적인 요소를 더해주는 문학적인 표현은 회중들의 마음 깊숙이 접근하는 힘을 가진다. 예수님의 비유법은 효과적인 전달을 위해서 수사법이 얼마나 중요한 것인가를 보여주는 훌륭한 보기이다.

여덟째, 외래어와 사투리, 비속어는 설교에서 사용하지 않도록 해야 한다. 외래어는 의미전달을 방해할 뿐만 아니라 회중과의 거리감을 깊게 한다. 영어, 한자어, 일본어 등이나 히브리어, 헬라어까지도 우리말로 풀어서 사용해야 할 것이다. 설교자는 사투리를 삼가고 보편적인 표준말을 사용하는 자세가 필요하다. 비속어는 하나님의 말씀에 대한 경외와 회중에 대한 존중의 의미에서 금하는 것이 바람직하다고 본다.

아홉째, 설교자는 자신의 음성개발을 위해서 노력해야 한다. 발성과 공명, 국어의 자음과 모음 및 낱말의 발음, 말의 속도, 음량, 어조, 강세 등에 대한 훈련을 해야 할 것이다. 휫필드나 스펄전처럼 천부적으로 음성을 타고 났다고 하는 설교자들도 끊임없는 연습과 훈련을 통해서 음성표현의 효과를 높이려고 애썼다는 점을 기억해야 할 것이다.

열번째, 설교자들에게 한국말의 사용에 대한 교육과 훈련이 있어야 한다. 지금은 신학교에서 우리말의 사용에 대한 교육이 거의 없는 실정이다. 신학교에 우리말의 특징이나 어법, 수사법에 대해서 잘 알고, 설교사역에 효과적으로 사용할 수 있도록 훈련하는 과정이 반드시 있어야 할 것이다. 이 시대에 우리말로 효과적인 복음 선포를 할 수 있는 설교자는 성령님께 일할 수 있는 여건을 그만큼 더 만들어드리는 것이다.

우리말은 하나님께서 우리 민족에게 주신 선물이다. 우리말은 하나님 께서 한국의 설교자들에게 주신 가장 값진 도구이다. 설교자는 우리말 전체에 영향을 미치는 공적 지도자이다. 설교자는 영혼의 구원을 위해 말씀을 맡은 하나님의 대사이다. 그러므로 설교자는 우리말을 가장 바르고 정확하게, 아름다우면서도 효과적으로 사용하는 사람이 되어야 한다.

그리고 그 모든 것들을 성령께 내드릴 수 있어야 한다. 그 때에 하나님 께서 설교자의 입에서 나오는 말이 생명력을 지닌 말씀이 되게 해주실 것이다.

『영구예미(靈龜曳尾)』

앞에서 간 사람의 발자국이 뒷사람의 길이 된다. 거북이가 모래 속에 알을 낳고 바다로 돌아가면서 다른 짐승들이 그곳을 알지 못하도록 자기 발자국을 꼬리로 지우며 바다에 들어간다. 그러나 그 꼬리자국 때문에 오히려 알이 있는 곳을 들키게 된다는 사실의 의미인데 결국은 사람의 발자국이 뒷사람의 길이 되듯, 설교자는 지나온 인생길에서 성경을 통하여 앞으로의 올바른 미래 시대의 길을 인도하는 하나님의 설교자가 되어야 한다. 회중은 설교자를 따르기 때문이다. 회중을 향한 설교자의 외침의 설교는 회중의 깊잡이가 되고 회중은 그 설교 말씀대로 인생길을 걸어 자신의 인생길 발자국을 남긴다. 회중은 설교자의 설교말씀을 행함으로 따르기 때문이다.

- 著者의 辯 -

제6장

사람의 신체적 전달기관인 오감(五感)

세계 설교사의 설교황제라고 불리우는 찰스 스펄전 (Charles Haddon Spurgeon)은 설교를 「상상력이라는 캔버스 위에 그림을 그리는 것이다」라고 말하며 회중으로 하여금 설교를 눈으로 듣게 하였다. 여기에서 우리가 주목할 수 있는 것은 그의 설교에서 감각에의 호소(Sense Appeal)를 내포하고 있다는 사실이다.

스펄전의 감각에 호소하는 능력은 주로 설교들을 연구하고 특별히 청교도 설교가들의 것을 일반적으로 연구했고, 특수하게 존 번연의 것을 연구했다. 자연에 관한 집중적인 연구와 모든 감각의 영역을 연구함으로써 획득한 것이다. 스펄전의 강점은 그의 설교체에 있다. 그의 설교는 때로 생동감이 있고, 음악적이요, 시적이다. 그는 생생한 성경을 활용하였고 오감을 통한 호소를 하였다. 이러한 오감 감각의 호소는 그의 설교의 주류를 이루는 특징이 된 것이다. 사람의 신체적 전달기관인 오감을 잘 활용을 하므로 회중은 시.청.촉.미.후각을 통하여 설교를 받아들였다.

이제 구체적으로 시각적, 청각적, 촉각적, 미각적, 후각적인 설교 오감(五感)호소에 관해 살펴본다.[1]

---

1) Charles Haddon Spurgeon, 「Spurgeon's Sermom」 Vol. 19, New York: Funk and Wagnalls Co, 1982, p. 262.

1) 시각적인 호소

스펄전은 회중의 오감을 잘 활용을 하는 설교자이며. 청중들을 위하여 언어 그림(Word Picture)을 그리려고 의식적으로 노력했다. 흥미롭게도 그는 설교 자체 속에 그 사실을 드러내 놓는 것을 싫어하지 않았다. 그는 단순히 회중들이 눈을 뜨게 하는데 그치지 않고 떠서 바라보도록 하였다. 생생하게 살아있는 듯한 묘사로 그들 눈앞에 그림을 그려서 걸어 주며 하나님께서 부여하신 시각에 호소하면서 마음의 눈으로 그것을 분명하게 바라볼 수 있게 하였다. 그리하여 그의 입술로 부터 살아있으며 생명력이 넘치는 묘사가 쏟아져 나왔다.

"만일 우리 중 누가 마음 속 깊이 그 광경을 볼 수 있다면, 우리는 정복당하지 않겠습니까? 오늘 아침 그 마지막 놀라운 날을 그려보시기 바랍니다. 모든 다른 날들이 그날을 위하여 만들어졌습니다. 기대함으로 그날을 바라보십시오."

"그리고 그리스도의 죽음에 대하여 말하면서 청중들 자신도 마음의 그림(mind painting)을 그리도록 촉구하고 있습니다.

당신의 추리력으로 윤곽을 그리도록 하고 당신의 사랑이 세밀한 부분을 채우도록 하십시오. 상상력으로 채색을 진하게 한다 해도 나는 불평하지 않을 것입니다."

주님의 십자가 고난에 대해 애절한 표현을 살펴보자.

"그러나 여기를 보십시오. 십자가에 달려있는 저분을 보는가요? 그의 가슴 위로 고요히 떨어지는 그의 고통스러운 머리를 바라봅니까? 그의 볼 위로 뚝뚝 떨어져 내리는 핏방울의 원인인 저 가시관을 바라봅니까? 꿰뚫려 갈라진 그의 두 손과 잔인한 두 못으로 거의 쪼개진 체중을 지탱하고 있는 그의 신성한 발을 봅니까? 당신은 십자가에 못 박힌 그를 상상해 주시하여 보십니까? 그의 피 흘리고 손과 발이 풀어낸 응혈을 보고 계십니까? 그를 보십시오." 라고 촉구하고 있다.

그는 이러한 영적인 상상력을 통하여 자신이 전하는 말씀을 청중들이 보다 잘 이해하도록 하였다. 그리고 그리스도의 죽음에 관해 이렇게 묘사하고 있다.

"주께서 그의 손가락을 당신의 눈꺼풀 위에 얹으시고, 당신의 입술에 입맞춤으로 당신의 영혼을 부르십니다. 구세주되신 그리스도를 바라보라"고 강청하기도 하였다.

"살아계시나 죽으셨고 이제는 영원히 살아계셔서 지옥과 사망의 열쇠를 가지신 주님을 바라보십시오! 그의 안에서 살아계시고 가까이 하기 좋은 구세주, 사랑의 목소리로 외치시는 구세주의 모습을 보십시오.

투명한 아름다움의 특성 자체를 보기 위하여 이슬방울들이 꽃들의 눈 속에서 눈물처럼 빛난다. 마치 어둠의 긴 밤이 지난 후 다시 태양을 맞는 기쁨에 울고 있는 듯... 얼마나 신앙을 가지도록 호소하였던가?"

그의 설교 가운데는 청중의 상상력을 동원하기 위해 '마음의 눈들, '영적인 눈들'이라는 말들을 자주 사용하였다.

스펄전은 몸이 그 육신의 눈으로 쉽게 볼 수 있듯이 마음도 영적인 눈으로 쉽게 언어 그림을 볼 수 있다고 굳게 믿고 있는 듯하다. 이 확신은 그의 설교 이론의 기초를 뚜렷이 이루고 있었다. 그러므로 계속하여 그는 회중들의 눈을 열어 그가 하나님께로부터 받아서 그들에게 보여 주어야 했던 것을 보라고 요구했다.

그는 설교에 그치지 않고 청중들의 눈을 여는데 도움이 될 수 있는 모든 일을 하였다. 생생하고 사실적인 표현으로 그들의 시각에 간접적으로 호소하면서, 하나님께서 주신 마음의 눈으로 볼 수 있는 이 능력을 사용하도록 격려하면서 살아있는 언어 그림을 그들 앞에 매달았다. 또한 하늘나라에는 피곤함이 없다는 것을 설명하기 위하여 그는 자연에서 다음과 같이 희귀한 비유를 사용했다.

"그 날개를 영원히 펄럭여도 그것이 날개임을 느끼지 못하는 것은 얼마나 복된 일인가, 시대 상황을 통감하고 복음의 통로를 활짝 여는 그의 진지함을 발견할 수 있다.

자기의 차를 멈추고 나에게 오거나, 과일 수레를 세워 놓든지, 검은 구두 닦기 통을 그대로 두든지, 누더기 옷을 입었든지, 감옥의 호송 버스에서 탈출을 했든지 간에, 그가 누구인가는 문제가 아니므로 나는 그에게 이 말씀을 받아들일 만함을 분명히 확인시킬 수 있습니다. 이 말씀을 받아들인다 하여 왕이나 성도들의 지위가 낮아지는 것은 아닙니다. 그럼에도 불구하고 이 복음은 가장 비천하고 나쁜 자들에게도 해당되는 것입니다."

잠자는 그리스도인에게는 다음과 같이 묘사했다.

"악마는 당신의 졸리는 얼굴을 보고 기쁨의 이빨을 드러내 놓으며, 당신이 잠든 동안 마귀들은 잠든 시체 주위를 돌면서 한 그리스도인이 잠들어 있다고 지옥 속에서 말한다."

스펄전의 많은 설교들은 이런 간략한 언어 묘사들이 점점이 박혀 장식되어 있다. 또한 그는 섬세한 회화의 숙련가이기도 하다. 어떠한 설교의 문구이든지 선명한 그림을 그리는데 정열을 쏟은 설교가라 하겠다. 스펄전은 붓과 캔버스를 제쳐놓고 언어조각(word sculpture)까지 시도하기를 두려워하지 않는 노련한 예술가였다. 얼마나 많은 설교가들이 감히 이 일을 할 수 있을까? 스펄전이 '시각에의 호소력'을 풍부히 이용했다는 것이 명백할 것이다. 그것이 예외 없이 모든 설교에서 현저하다. 그것은 스펄전 설교의 한 표지로 나타나고 있다.[2]

2) 청각에의 호소

시각에의 호소 다음으로 스펄전의 청각에의 호소를 들 수 있다. 청각에의 호소가 있는 많은 곳에서 인간의 목소리를 포함하여 노래에 관한 것이 나타난다. 자연의 소리에 대한 스펄전의 호소는 부가적이다. 때때로 그

---

2) Adams, Jay E. 「Sense Appeal in the Sermons of C. H. Spurgeon」. Grand Rapid: Baker Books House, 1976, pp. 30-31

음향들은 유쾌하고 때로는 불협화음이다. 가끔 시각에의 호소처럼 직접적으로 접근한다.

"우리 모두 안전하게 그것에 도착하게 될 때 승리의 노래가 울려 퍼질 것입니다. 오! 그렇지만 만일 그 중 한 사람이 없어진다면 - 오! 만일 하나님의 택함 받은 가족 중 한 사람이 다른 곳으로 난파해 버린다면 - 그럼 그 구원의 노래는 영원토록 불협화음을 이루게 될 것입니다. 그렇게 되면 낙원에 있는 거문고 줄이 끊어져 다시는 찬양이 울려 퍼지지 못할 것입니다."[3]

가끔 시각과 청각에의 호소는 가깝게 결합되어 있다. 이것이 나타날 때마다 일반적인 순서는 첫 번째가 시각이요, 그 다음이 청각이다. 그는 처음 일정한 거리에서 한 장면을 스케치한 후 그가 말한 것을 듣게 하기 위하여 청중을 보다 가까이 데려온다. 어쨌든 종종 그 목적은 청중이 그 시야 속에 있는 목적물을 만지거나 냄새 맡거나 혹은 맛보게 할 수 있도록 하기 위함이었다. 그러나 대개 시각이 다른 감각보다 우선하였다.

대부분의 청각에의 호소는 몇 개 되지 않는 중립적인 것과 더불어 유쾌하거나 혹은 불유쾌한 것이다. 지옥의 소리에 관한 것이 적지 않다. 다음의 발췌문을 보자.

"저주받은 자들이 고통의 불타는 쇠사슬 소리를 쩔렁쩔렁 낼 때 그들은 '영원히'라고 말하게 될 것이다."

고통 속에서 외치는 그대의 끊임없는 고함 소리가 하나님의 마음을 움직일 수 없을 거시며, 그대의 신음소리와 짠 눈물이 당신을 동정하도록 그를 움직이지는 못한 것입니다.

"당신은 먼 못으로부터 중상과 냉소의 으르렁거리는 소리를 듣습니까?"

"포근히 싸여있는 북 같은 우리의 심장이 무덤을 향한 장송 행진곡에 맞춰 뛰고 있습니다." 이러한 어두움의 불유쾌한 표현뿐만 아니라 아름다

---

3) Charles Haddon Spurgeon, 「Spurgeon's Sermom」 Vol. 19, New York: Funk and Wag-
nalls Co, 1982. p. 297.

운 곡조의 호소도 있다.

예수의 이름을 가장 매혹적이라고 표현한 그의 설교를 들어보자.

"여러분의 귀에는 예수님이라는 매혹적인 이름만큼 달콤하게 들리는 음악소리는 없을 것입니다. 가장 훌륭한 시인의 노래 소리라도 그 이름에 비하면 조금도 사랑스럽게 여겨지지 않을 줄 압니다."

"들으시오! 들으시오! 나는 달콤한 음악을 들은 듯합니다. 하늘 위에서 내려오는 한 노래, 아라비아의 향긋한 작은 숲에서 오는 듯합니다. 땅의 것이 아닌 한 소리를 들었습니다. 오, 조화의 강! 그대에게 흘러나오는 그 입술은 어디에 있는가?"

"들어 보십시오! 대서양과 태평양의 파도를 가로질러 영국 국기를 단 많은 배에서 드려지는 기도와 찬송의 소리가 들립니다. 바다의 숱한 작은 섬에서 들려오는 노래가 미풍에 부딪히고 밤의 정적 속에서 영국이 기쁨의 노래를 멈출 때는 오스트레일리아가 그 노래를 계속 합니다."

주님의 보혈의 피를 강조하여 외치기도 하였다.

자, 그분이 하시는 말씀을 귀담아 들으십시오. 그분이 피 흘린 땅에서 여러분께 말씀하십니다. 그러므로 그분의 피는 아벨의 것보다 귀하고 이 피는 크고 맑은 소리를 울립니다. 라고 하였고 주님의 부활에 대한 기쁨의 표현도 엿볼 수 있다.

이제 죄인도 보증인도 다 함께 자유롭습니다. 이것은 놀라운 기쁨입니다. 황금 거문고를 가지고 고상하고 고상한 음악을 울릴만한 큰 기쁨입니다.[4)]

대화의 방법은 창조적인 청각의 호소에 있어 가장 효과적이다. 그것은 직접적인 설교의 담대한 사용을 가능하게 하는 형식이다. 스펄전이 한 것처럼 목소리의 억양을 적당히 조절하면 누구든지 마치 그가 실제의 대화를 듣고 있는 것처럼 느끼도록 할 수 있을 것이다. 이것은 그가 그렇게 위

---

4) C. H. Spurgeon, p. 201.

대한 가능성을 갖고 있었던 시각에의 호소의 산문적인 특성과 결합되었을 때 특히 그러하였다.

스펄전이 시각뿐만 아니라 청각에도 강하게 호소하였다는 것은 증거에서 명백하다. 다른 세 감각에도 역시 출중한 그의 언어 구사력을 볼 수 있다.

3) 촉각에의 호소

'촉감'에는 많은 것이 내포되어 있다. 그것은 접촉하여 뜨겁거나 찬 온도에 의해 견고하거나 부드러움 또는 습함. 건조한 밀도에 의해 거칠거나 고른 피륙의 바탕에 의해 혹은 고통과 같은 감각 등에 의해 활동되어진다.

이것들은 신체의 외부적인 것일 수도 있고 내부적인 것일 수도 있다. 스펄전은 그런 호소로써 규칙적으로 설교했다.

당신의 손가락을 내미십시오. 사랑하는 여러분. 당신의 손가락을 내미십시오. 당신이 믿음의 기도나 혹은 소망으로 주님과 접촉할 때까지 가버리지 마십시오.

몇 개의 다른 구절들에서는 '만지심'(touch)라는 단어 자체를 포함하고 있다. 주님이 나의 오른손을 붙잡아 주실 것을 간절히 구하는 그의 설교를 만날 수 있다.

나의 영혼은 종종 나의 영혼의 대장께 "나의 주여, 정복하시는 주의 오른손으로 나를 잡아 주신다면, 그 일을 하겠습니다" 고 말했습니다. 오, 어떤 이가 그리스도의 손을 꼭 붙잡고 그리스도께서 그의 손을 꼭 붙잡게 될 때 , 얼마나 큰 능력이 그 사람 속에 부어지는지요! 그리스도와의 교제는 교회가 갖게 되는 힘의 원천입니다. 직접적인 그의 만지심을 보면, 그는 소경을 만져서 시력을 주셨습니다. 또한 죽은 소녀도 그렇게 하여 살아났습니다. 오! 그의 만지심의 힘! 우리는 예수님의 만지심으로 구원받았습니다. 그가 우리를 만지실 때 무엇인들 안되겠습니까?

예수님을 곧 붙잡으십시오. 한 손 전체로 만지지 않으려면 한 손가락으로도 만지십시오. 살아계신 하나님의 위대함을 표현하는데 있어 살아계신 하나님이 내려오셔서 산들을 만지시자 그 산들이 거대한 향단처럼 연기를 피웠기 때문에 그들은 그곳을 떨면서 서 있었을 것입니다. 조그마한 고통에 대한 인간의 반응을 다음과 같이 제시한다.

식탁이 진수성찬으로 차려져 있습니다. 하늘의 만나가 우리의 손 가까이 놓여 있는 것입니다. 그러나 옷이 조금 헤어졌거나 손가락에 조금만 가시 하나가 박혀 있다고 해서 우리들은 마치 가장 나쁜 불행이라도 우리에게 닥쳐온 것처럼 앉아서 웁니다.

구원받지 못한 자의 죽음을 촉각에의 호소(touch appeal)와 육체적인 감각의 어투로 묘사하였다.[5]

그는 눈을 감지만, 이마 위에 있는 차고 앙상한 손을 느낍니다. 그의 심장 속에 있는 죽음의 시름 때문에 그는 떨고 있습니다. 인간의 모반성(謀叛性)에 대해서는 "어리석은 손가락, 그것은 자신의 베개를 위해 가시를 준비 한다" 라고 그는 말하였다.

4) 미각에의 호소

미각적인 호소는 청각에의 호소와 마찬가지로 대부분 '유쾌한 맛'과 '불유쾌한 맛'의 범주에 속해 있다. 가장 즐겨 사용하는 맛으로는 꿀맛이다.

스펄전은 끊임없이 그것을 인용하였다. 하나의 설교 제목 전체가 그것을 중심한 것이었다. "꿀로 가득찬 두 손"(Hands Full of Honey)이 그것이다.

당신이 내게 꿀이 쓰다고 말했다고 가정해 봅시다. 나는 '아니오, 확실

---

5) Ibid., p. 201.

히 당신은 그것을 맛을 보았을리 없습니다. 그것을 맛보시오'라고 대답할 것입니다. 성령에 있어서도 마찬가지입니다.[6)]

그는 가혹하게 비난한 사람들의 말에 대답하면서 그는 말했다. 매우 좋습니다. 그대로 두십시오. 의술은 종종 쓰지만 이롭게 되도록 일합니다. 그리고 이 약이 쓰다고 의사가 쓴 것은 아닙니다.

그는 그리스도인을 영적인 미식가로 표현하기도 했다.

어떤 사람들에게는 기독교인이 영적인 미식가로 보입니다. 그는 오직 먹을 목적으로 말씀의 사역에 수종을 듭니다.

또한 그에게서 특별하게 미각에 대한 적합한 묘사를 발견할 수 있다. 배고픈 사람이 음식 먹는 것을 보는 일은 즐거운 일입니다. 그에게는 쓴 것도 답니다. 그는 여러분 중의 몇 분이 까다로운 기호 때문에 그러는 것처럼 음식을 이리저리 뒹굴리지 않으며 연골의 작은 조각 하나도 잘라내지 않습니다.

그리스도인의 기쁨을 설명하면서 그는 즐거워했다.

시들지 않는 것은 기쁨입니다. 당신이 해마다 그것을 입 속에 간직할 수 있습니다. 그렇다 할지라도 그것은 결코 싫증나게 하지 않습니다. 세상의 남자들은 술에 곧 진절머리가 나고 그리스도인들은 즐거움을 갖고 있는데 그것은 꿀과 같고 꿀 벌집과 같습니다. 지상 최고의 것입니다.

시각과 미각에 호소하는 스펄전의 가장 생생한 언어 그림 중 하나는 앞에서 말한 '꿀로 가득찬 두 손'이라는 설교에 잘 그려져 있다. 구주는 살해된 사자의 시체에서 꿀을 움켜쥔 삼손에게 비유된다.

양손에 꿀을 가지고 잔치를 계속하면서 그는 주위에 둘러서 있는 모든 사람들에게 하늘의 즐거움을 보이면서 말하기를 "오, 맛을 보고 주의 선하심을 알라. 그를 믿는 자는 복되도다."

---

6) Thielicke Geknet, 「Encounter With Spurgeon」 Grand Rapids: Baker, 1963. p. 152.

5) 후각에의 호소

이제 냄새만 남았다. 유쾌한 냄새와 불유쾌한 냄새가 대조되어 나타나 있다. 중간적인 것은 하나도 발견할 수 없었다.

후각적 호소의 구절을 보자

그는 묘실을 향기로 가득 채우기 위하여 땅 속에서 잠시 동안 쉬어야 했다. 향기는 그가 즐겨 사용하는 것 중의 하나이다.

복음의 귀한 향기가 대지를 향기롭게 하기 위하여 밖으로 쏟아져야만 합니다. 한 어린이가 회심 할 때 나는 한 가족이 회심하리라 는 희망을 갖습니다. 은혜는 값진 연고와 같기 때문입니다. 그것은 향기를 사방에 뿌립니다. 향기로운 향로 상자 하나가 방안에 놓이면 그 향기는 곧 온 방을 채웁니다. 그는 우리의 기도를 기억의 책갈피 속에 장미 잎처럼 끼워 놓습니다. 그리고 마침내 책이 펼쳐질 때는 값진 향기가 그곳으로부터 퍼져 나올 것입니다.

좋지 않은 냄새에 관하여도 말했는데 그때에는 대부분 항상 어떤 향기로운 것과 대조를 시켰다.

"그는 슬픔의 세례를 받으시고 그로 인해 더 나아지고 영광스럽게 되셨다. 나도 역시 그렇게 될 것이다." 라고 생각하십시오. 주의 명하심을 따라 풀무불 속에 들어가십시오. 불냄새가 여러분에게 날아오는 것을 두려워하지 마십시오. 라고 말하고 있다.

꼭 유황과 같은 불쾌한 불신앙은 너무나 자주 우리의 탄원을 못 쓰게 하지 않습니다.

그 지하 납골당에는 죽음의 안개로 덥힌 습기나 마땅히 있어야 할 부패한 공기도 없습니다. 일반적인 무덤 속에는 부패하는 유독한 냄새가 있습니다. 그러나 그리스도의 무덤 속에는 어떤 냄새도 나지 않습니다. 오히려 향기가 있을 따름입니다.

또한 청각과 후각이 연결되어진 상태로 나타나는 경우도 있다. 우리 성도들의 귀에는 그리스도의 이름이 너무나 아름답게 들립니다. 그가 교회의 남편이라 불리든, 교회의 신랑이라 불리든, 교회의 친구라 불리든, 태초부터 죽음당한 어린양으로 불리든, 아니면 왕이나 선지자 또는 제사장이라는 호칭으로 불리든, 실로나 임마누엘 또는 기묘자나 전능하신 모사라는 이름으로 불리든, 아무튼 그리스도의 모든 이름은 다 꿀이 방울져 떨어지는 벌집처럼 향기롭습니다.

스펄전의 설교에서 나타나는 센스어필(sense appeal)의 실제는 매우 주목할 만한 가치가 있다.

(1) 스펄전 설교의 내용 분석

첫째로, 그의 설교는 그리스도 중심의 설교이다.

스펄전은 천부적인 은사를 받은 설교자이다. 그러나 스펄전이 위대한 설교자가 된 것은 그의 천부적인 웅변술이나 재미있는 예화의 사용이나 설교전달의 기교에 있었던 것이 아니라, 우리 죄를 대신 짊어지시고 십자가에 달리신 그리스도를 설교한 데 있다. 즉 그리스도 중심의 설교를 했다고 볼 수 있다. "그는 나사렛 예수를 사랑했고 나사렛 예수는 그를 사랑했기에" 뛰어난 설교자가 될 수 있었던 것이다. 스펄전은 십자가에 달리신 그리스도만을 설교의 중심 주제로 삼았고, 설교에서 그리스도만을 존귀케 하였기에 그의 설교는 위대하게 된 것이다. 스펄전의 설교는 철저히 그리스도 중심이었다.

그는 어떠한 본문을 가지고 설교를 하든지 간에 그 메시지를 통하여 그리스도의 십자가만을 전하려고 했다. 그 자신도 "십자가에 달리신 그리스도를 설교하였다"라고 평가되어지기를 원했다.

스펄전은 구원의 확신을 가지지 못하고 방황하고 있을 때 아무도 그에게 명확히 구원에 이르는 길을 가르쳐 주지 못했기에 그는 자기의 교우들이 자기를 젊었을 때처럼 방황하는 것을 원치 않았다. 그래서 그는 철저히 교리적이고 신학적인 설교를 통해 구원과 중생의 확신을 주며 신앙의 좋은 안내자가 되기를 결심하였던 것이다.

스펄전에게 있어서 교리는 매우 실제적이며 삶의 여정을 올바른 길로 인도하는데 없어서는 아니 될 지침이었다. 그의 설교는 살아있는 말씀을 통한 하나님의 인격적인 메시지였다.

둘째, 그의 설교는 삶에 실질적인 변화와 적용을 주는 설교였다.

스펄전 당시의 설교자들은 회중의 상황과 필요를 고려하지 않고 오히려 회중의 삶과 무관한 메마르고 지루한 산문체의 설교를 하고 있었다. 반면에 스펄전은 모든 사람이 이해 할 수 있는 평이하고도 쉬운 구어체를 사용했으며 회중의 삶과 직접적으로 연관되어 있고, 적용할 수 있는 설교를 하였다. 그의 설교는 은유, 직유, 이야기, 유추와 이미지로 가득찬 신선하고도 회중의 마음에 깊이 새겨지며 감동을 주는 설교, 풍성한 상상력을 불러일으키는 메시지였다.

그는 마이크와 앰프가 생기기 이전에 6천명을 수용할 수 있는 메트로 폴리탄 테버네클과 1만 2천명이나 수용하는 서레이 가든 음악당에서 모든 사람이 쉽게 알아들을 수 있는 힘 있고 박력이 있는 음성을 가지고 있었다.

스펄전의 설교가 사람들의 마음에 깊은 감명과 영감을 주고 삶을 변화시키는 능력이 있었던 것은 토마스 트로저가 말한 것처럼 환상적이며 시적인 은유의 언어로써 회중의 마음 깊은 곳에 감동을 주었기 때문이다.

셋째, 그의 설교는 예언자적 감각이 있는 설교였다.

스펄전은 복음주의 예언자적 설교자의 반열에 설 수 있을 정도로 사회적인 문제에 관심이 많았다. 그는 사회의 구조적인 변화에 대한 관심보다는 전통적인 복음주의 입장에 서서 개인 생활의 도덕적 타락, 알코올 중독, 노름, 부유한 자들의 사치, 노예 문제 등에 관심을 가지고 설교를 했다. 특히 그의 교회는 구제활동을 위하여 런던에 구호소를 설치하였다. 스펄전 교회는 고아원을 운영하였고 교육받지 못한 사람들을 위하여 야간 학교를 운영하였다. 무엇보다 그는 말씀의 사역자를 양육하기 위해 목회자 대학 (Pastor's College)을 설립했다.

물론 스펄전 이라고 완벽한 것은 아니었다. 그의 설교의 내용을 살펴보면 성경해석을 하는데 있어서 역사적 상황의 이해는 조금 미약하다 볼 수 있다. 그는 구약성경을 지나치게 영적인 해석(Spiritualization)을 할 때도 있었다. 스펄전은 영적인 해석을 단순히 우화적 해석으로만 생각한 것이 아니라 여기에 상상, 풍유, 비유, 모형 상상력(Imagination)등도 포함시켰다. 그는 목회자 후보생들에게 "한계만 지킨다면 영적 해석을 하는 것이나 색다른 원문을 쓰는 것은 겁낼 필요가 없다"고 말하고 있다. 성경의 장절을 살피고 당연히 해야 할 의무가 있는 뜻만을 선포하는 것이 아니라 그 표현에 나타나 있지 않은 것까지도 그 안에서 빼내도록 하는데, 어느 경계선 안에 있어서는 채용할 것을 권하고 있다.

(2) 감각적 호소의 영향

스펄전의 메시지가 당대뿐만 아니라 100년이 지난 오늘날에도 세안의 주목을 받고 있는 이유는 바로 복음에 대한 확신을 듣는 회중들의 감각에 호소하였기 때문이라 해도 과언이 아니다. 흔히 교회의 지도자들이 그랬듯이 스펄전 역시 구원의 확신을 체험한 후 생을 마칠 때까지 복음 전파의 사명감에 불타오르고 있었다. 복음을 외치지 않고는 견딜 수가 없었던 것이다.

평범한 어휘와 그의 뛰어난 유머 감각은 그의 설교를 더욱 빛나게 만들었다. "그가 사용한 말도 보통 사람의 말이었고 그 내용도 당시 영국 사람들이 보통 경험하는 일을 기초로 한 것이다. 그가 사용한 일화도 역시 그러했다. 그러므로 그의 설교는 누구나 즐겁게 들었고 또 은혜를 받았다."

스미스(W. M. Smith)가 "스펄전은 설교하기 위해 태어났다"고 말한 것은 결코 과장된 표현이 아니다. 그는 이면에서 19세기가 낳은 미국의 위대한 설교자 찰스 피니와 견줄 수 있는 인물이지만 스펄전의 영향력을 지나치게 기교와 연계시키는 것은 바람직하지 않다. 현대 일부 학자들은 스펄전을 평가할 때 그의 설교적 기교에만 강조하는 경향이 있는 것은 사실인데 스펄전의 유산은 그의 육체와 함께 사라진 그의 화술(Oratory)이나 그의 인격에 있는 것이 아니라 복음에 대한 그의 확신에 있다고 할 수 있다.

복음에 대한 스펄전의 확신은 자연히 설교의 성격을 결정지었다. 스펄전이 설교한 주제는 매우 다양했지만 설교의 중심은 항상 구원, 그리스도, 하나님의 영광이었다. 스펄전은 그리스도의 구원의 선포를 통해 하나님의 영광을 드러내는 것이 진정한 설교라고 보았고, 한 영혼을 위해 감각에 호소(appeal)한 것이 전 세계의 그리스도인에게 호소하게 된 것이다.

스펄전의 설교를 "일상생활에서 사용하는 재능을 설교에서도 사용하도록 명령하는 사람"이라고 사람들은 말을 했다. 일상생활에서 우리는 계속해서 모든 오관을 사용한다. 어쨌든 이 의견은 설교에 적용되지 않아 왔다. 설교를 들을 때 일반적으로 청각과 시각만 움직였고, 나머지 감각은 거의 활용하지 않는다. 스펄전은 앞에서 살펴본 대로 듣는 사람이 모든 기관을 사용하도록 한다. 사실상 그는 회중들이 상상력을 사용하는 것을 배움으로 이 감각 기관들을 활동을 키시도록 요구한다. 스펄전의 감각적 호소는 충분히 영향력을 미쳐 청중들은 마치 외적으로 보고, 듣고 접촉한 것처럼 눈물 흘리며 흐느끼지 아니할 수 없었다.

'템플 바(The Temple Bar)'잡지는 다음과 같이 썼다.

『그가 참으로 영감 받은 웅변의 폭발로 설교를 들을 때, 그는 온 회중들이 놀라워하고 청중의 큰 무리가 염려하거나 희망에 차있는 채로 '두었다'. 그러나 모든 경우 청중들은 마치 하늘이 열린 것을 본 것처럼 감동하였다. 그의 맑고 단순하고 그림같이 생생하며, 늘 설득력 있는 말은 모든 사람의 귀에 스스로 가락을 맞추는 어조로 들렸으며, 모든 사람들의 가슴속에 들어갈 출입구를 발견하였다.』

달간(Edwin C. Dargan)은 관찰력과 상상력 즉 감각적 호소의 한 부분인 면에서 그를 말하고 있다.

『지적인 명에서 그는 훌륭한 상상력과 풍부하고 빈틈없는 관찰력과 광범위한 독서와 좋은 기억력을 가졌을 뿐만 아니라 민활하고 영리하고 깊고 강하였다.』 이런 면을 보면서 그의 감각적 호소가 끼친 영향을 내외적으로 설명되어진 것이다.

(3) 감각적 호소에 나타난 장, 단점

위대한 설교자 스펄전의 설교에 나타난 감각적 호소에 대해 장, 단점을 찾아낸다는 것은 참으로 힘든 작업이다. 어떠한 설교이든 지나고 나면 아쉬움이 남는 법이다. 감각적 호소를 보아온 것에서 보다 더 나은 우리만의 설교를 만들기 위해 힘써야 할 것이다. 그의 설교는 철저하게 그리스도 중심의 청교도 전통 위에 서 있다고 해도 과언은 아니다. 구체적으로 그의 감각적 호소에서 드러난 장, 단점을 살펴보고자 한다.

그는 오관을 통한 메시지의 핵심이 역시 "그리스도에 대한 사건" 내지는 현존하는 "그리스도의 역사하심"에 집중하고 있다는 것이다. 여기에서 아주 단순하고 당연한 진리이지만 그의 설교의 위대함을 발견할 수 있다.

오직 그의 설교가 그리스도를 중심 어휘로, 그의 말씀이 중심 메시지로, 그리스도의 사건을 중심 주제로 삼았던 것이다.

그리고 센스어필을 통해 소홀하기 쉬웠던 회중이 시각과 청각만 움직이는 설교에서 이제는 거의 모든 감각이 활용되어지도록 회중을 자극했다는 점이다. 마이크도, 앰프 영상시설도 없었던 시대에 그토록 많은 회중에게 영향력을 줄 수 있는 능력을 지닐 수 있었던 것은 하나님의 놀라운 은사였고, 거기에 자신만의 독특한 감각적 호소를 통해 가능할 수 있었던 것이다.

한 영혼에 대한 뜨거운 구령의 열정으로 그리스도에게 이끌고자 하는 초청의 메시지가 그 안에 개입되어 있었다는 점이다.

또한 그는 감각적 호소를 통해 회중들에게 확신을 심어 주었고 소망을 주었다는 점이다. 그의 감각적 호소를 통해 확고한 신앙의 체험들을 설교에 삽입하였고, 확신 있고, 설득력 있는 설교를 위해 늘 준비하는 설교자였다는 것이다. 더불어 그는 회중들에게 현실과 내세에 대한 소망과 위로를 풍성하게 제시해 주었다. 그 당시 회중의 필요를 깊이 인식하고 있었고, 실제적인 위로와 사랑의 메시지를 구체적으로 선포하였던 것이다.

마지막으로 그는 한 권의 책의 사람이었던 그는 철저히 성경 중심의 말씀 사역이었다는 점이다. 설교에 있어서 가장 경계해야 할 점이 본문의 말씀에서 벗어나는 비 성경적인 설교라 할 수 있는데, 스펄전은 철저히 성경 중심이었다는 사실이다. 설교 가운데 성경의 인용이 많았고, 한 책에 편중되지 않고 광범위하게 신, 구약 전체에 고루 퍼져 있었다는 점을 잊어서는 안 될 것이다. 이외에 많은 장점을 들 수 있겠으나 이것으로 접고, 단점을 살펴보도록 한다.

그의 설교에 나타난 단점을 살펴보자. 스펄전은 본문을 한두 구절만 선택하여 제목 설교를 하였는데, 스펄전이 본문을 1–2절로 짧게 잡음으로 이러한 전통이 영국과 미국 설교의 특징으로 최근까지 내려오게 되었다. 본문을 짧게 잡고 설교할 때에는 설교자가 본문의 맥락을 무시하고 설교할 수 있는 위험성을 내포하게 된다.

최근에는 제목 설교를 지양하고 강해 설교 쪽으로 경향이 바뀌는데 있어서 보다 효과적인 말씀 사역을 이루기 위해 상호 보완과 절충이 필요하리라 본다.

또한 설교가 너무 길고 지루한 감이 있다는 것이다. 그의 설교를 분석하며 그의 설교전집을 보았을 때 그 분량을 강단에 옮긴다면 과연 얼마나 될까? 적어도 50분에서 1시간은 족히 될 것이다. 지금으로서는 상상하기 힘든 시간이라고 볼 수 있다. 물론 그 때 당시의 상황과 지금 현시대와는 다른 점이 있었으나, 우리가 오늘날 예배 설교로는 너무 긴 감이 있고, 길어지다 보니 불필요한 표현도 많이 있을 수 있다는 맹점을 지닐 수 있는 것이다.

그리고 그의 설교가 주로 영혼 구원에 집중하다보니, 개인 구원은 강조가 되지만 사회 구원 측면은 미흡했다는 지적을 할 수 있다. 물론 사회 문제에 많은 관심을 갖고 있었지만, 공동체를 향한 메시지가 아니라 개인적인 면에 국한시킴으로 역사변혁의 사명을 충실히 구현하지 못한 아쉬움을 남겼다는 것을 의미한다.

그 외에 외적인 요소로 스펄전의 예배는 너무 설교 중심의 예배이고 메트로폴리탄 테버네클 교회도 예전적인 면을 고려하지 않고 설교를 듣는 강당처럼 교회를 건축하였다고 하는 아쉬움도 찾을 수 있다. 어찌 되었든 스펄전은 우리 설교사에 대단한 인물임에는 틀림없다.

『쓴맛 후에 깃 드는 달콤한 맛』

  독일의 시인이자 극작가인 요한 볼프강 폰 괴태(Goethe)는 "고통이 남기고 간 뒷맛을 봐라, 그리고 그 고난이 지나가면 반드시 단맛이 깃 든다" 라고 하였다. 성경속의 교부들의 그때 그 고난의 역사 속에서 만들어 낸 그 고통과 고난의 쓴맛이 현대교회들이 맛보는 달콤한 설교자들의 설교 말씀이다.

- 著者의 辯 -

제7장

세계 설교의 역사

1) 초대교회의 설교

일반적으로 초대교회라고 말할 때 속사도 시대에서 4세기 말까지를 가리킨다. 속사도 시대의 교부들 가운데 알렉산드리아의 클레멘트는 헬라 철학과 기독교를 조화, 결합시키려고 했던 스토아 철학의 영향을 받았던 사람이다.[1] 그는 기독교 신앙의 원리를 가르치기 위하여 알렉산드리아에 문법학교를 만들었다. 이때에 기독교가 왕성해지기 시작했다. 그의 스승 판타이뉴스는 스토아 철학의 영향을 많이 받았는데, 이 영향으로 그의 설교 중에 신앙과 지식, 헬라 철학과 기독교를 조화하고 절충시키려는 경향이 많이 있었다.

---

1) 알렉산드리아의 클레멘트는 헬라의 철학자였다. 그는 150년도에 아테네에 태어났다는 것 외에 어린시절에 대해 알려진 것이 전혀 없다. 그는 순교자 저스틴과 같이 기독교로 회심한 사람이며 알렉산드리아에 기독교 대학교와 같은 문법학교를 설립을 했고 저스틴과 이레니우스 이래 기독교 문화를 주도한 인물이었다. 그리고 로마황제 카라칼라(211-217) 통치 동안 예루살렘에 거하였고, 안디옥을 여행하였다. 그러다가 약 220년 세상을 떠났다.

2) 오리겐은 185년경 알렉산드리아에서 태어나 독교인인(그리스인) 그의 양친으로부터 부드러운 사랑으로 성경교육을 받았고 판네누스와 클레멘스에게서 신학을 공부했다. 18세때 이미 알렉산드리아의 교리문답 학교의 교장이 되었다. 오리겐은 정열, 헌신, 학식, 비범한 지적 능력의 사람이었고 249년 테키우스의 박해가 있을때 오리겐은 심한 고문을 받고 255년 두로에서 죽었다.

오리겐은 뛰어난 신학자이며 유력한 설교가로 설교사에 중요한 인물이다.[2] 그에 의하여 설교가 형식을 갖추게 되었음을 인정해야 한다. 그는 A.D. 230년 가이사랴의 장로로 임명되면서 설교생활을 시작했다. 현존하는 설교 중 누가복음의 39편의 설교를 제외하면 모두 구약의 본문을 기초로 하여 만든 연속 강해설교였다. 또한 성경을 깊이 있게 연구하고 영적인 의미를 탐구한 것은 귀한 것이다. 그러나 문자적 해석 방법보다 우화적 해석(allegorical interpretation)방법을 택한 것은 오늘날 설교에 악영향을 미치게 되었다

알렉산드리아 신학자들은 아프리카 동부지역에서 헬라어를 사용했으나 터툴리안은 서부의 칼타고에서 활동한 설교자였다.[3] 그는 라틴 신학의 아버지라 할 수 있을 만큼의 영향을 주었고, 라틴어로 저술 활동을 하게 된다. 그는 삼위일체를 하면서 태양에 있어서 빛, 열 등을 설명한 최초의 설교자이기도 하다. 라틴 교부 터툴리안은 거짓된 이단들이 기독교를 공격할 때 기독교의 진리로 변증하기도 하였다. 그가 쓴 변증서의 내용 한 부분은 다음과 같다.

우리는 우리의 거룩한 글들을 읽기 위하여 모인다. 그 거룩한 말씀으로 우리는 신앙을 살찌우며 우리의 희망을 고무시키고, 우리의 확신을 더욱 견고케 한다. 그러할지라도 하나님의 교훈들을 반복적으로 배움으로써 우

---

3) 터툴리안(Quintus Septimius Florens Tertullianus)은 약 150-160년 경 북아프리카 카르타고에서 태어났다 그리고 220-240년경에 세상을 떠났다고 추측된다. 아프리카 변증가들 중 터툴리안을 빼놓고 이야기 할 수 없을 정도로 유명하고 '삼위일체'(Trinitas)라는 용어를 최초로 사용한 인물이다. 라틴 계통의 기독교 문학이 시작하여 어거스틴에 이르러 절정을 이루었던 곳은 바로 아프리카였고, 그는 로마의 감독 빅토르와 아폴로니우스 이후로 라틴 신학을 이끌었던 자였다.

4) 요한 크리소스톰(John Chrysostom)은 초기 기독교의 교부이자 제37대 콘스탄티노폴리스 대주교였다. 뛰어난 설교자였던 그는 중요한 신학자 가운데 한 사람이었고 끊임없이 기독교 교리에 대해 설전을 펼쳤다. 안디옥에서 동로마 황제의 부대를 지휘하는 장군 세쿤투스의 아들로 태어나 하나님을 접하게 된다. 그리고 동로마 황제 아르카디우스와 그의 아내 아일리아 에우독시아에 의해 박해를 받고 유배를 당해 유배지에서 죽었다. 그의 죽음 이후 '황금의 입을 가진'이라는 뜻의 그리스어인 크리소스토무스라는 별칭이 붙었다.

리는 좋은 습관들을 굳힌다. 또한 동일한 곳에서 권면들이 행해지고 꾸지람과 책망들이 베풀어진다.

그는 논리를 배척하고 계시를 초이론적 사실이라고 주장하였다. 안디옥의 크리소스톰[4]은 기독교 역사에 있어서 설교의 대가였다. 그는 설교에 능하고, 웅변적 설교를 할 때에는 사람들을 매료시키기까지 하였다.

당시 그의 스승 디오도루스가 성경의 알레고리 해석을 거부하고 성경의 문자적 또는 역사적 해석 방법을 가르쳤는데 그의 영향을 크리소스톰이 받게 되었다. 결국 그는 우수한 수사학적 훈련과 논리적인 법률학적 지식 그리고 성경의 문자적, 역사적 해석 방법을 통달하여 최고의 설교자가 되었다. 그는 즉흥적인 설교를 쉽게 잘 할 수 있었고, 1000편을 넘는 설교를 남겼다.

어거스틴과 크리스톰은 당대의 훌륭한 신학자요, 설교자로 유명하였다.[5] 그는 자신이 수사학자였으나 웅변술과 설교를 구별하였다. 즉 설교는 웅변을 필요로 하지만 설교자는 오직 성경에서만 그 지혜와 방법을 찾아야 한다고 말하면서 수사학은 다만 수단에 불과하다고 말하였다.

그는 설교는 논리적이면서 세 가지 교훈, 흥미, 설득의 원칙을 세웠으나 설득에 강조점을 두었다. 현재까지 약 400편의 설교가 남아 있는데 주로 해석 및 강해설교에 뛰어났다. 그의 주일 설교를 일반 사람들이 알아들을 수 있게 쉬운 말로 쓰려 했다. 또한 그의 설교는 다양하면서도 수사학에 얽매이지 않고 성경을 풀어가는 설교를 했다. 어거스틴의 설교 내용을 보면 인간의 타락과 전적 무능뿐만 아니라 구원은 오직 예수 그리스도의 속

---

5) 성 아우렐리우스 아우구스티누스(Aurelius Augustinus)을 영어식으로 어거스틴(Augustine)이라고 부를 때도 있고, 간혹 아우구스틴(Augustin)이라고도 한다. 그 당시 로마 제국의 식민지인 북아프리카의 소도시 타가스테에서 태어났다. 아버지 파트리키우스는 이교도였으나, 어머니 모니카는 그리스도인이었다. 어머니 모니카가 아우구스티누스를 신앙으로 교육했으나 세례를 받지는 않았다. 한동안 심한 내적 갈등을 겪은 끝에 결국 386년 여름, 부활주일 날에 성 암브로시우스에게 세례를 받았다 그리고 신학과 철학, 그리고 일반 학문을 함께 연구하는 중세의 스콜라 학풍에 지대한 영향을 미쳤다. 밀라노의 주교인 성 암브로시우스를 만난 어거스틴은 수사학이나 철학에도 능했고 결국 어거스틴은 내전으로 인한 피난민들을 돌보다가 걸린 열병으로 76세의 일기로 생을 마감했다.

죄와 성령에 의한 중생에 의한 것이라고 하였다.

그는 설교자의 개인적인 삶에 대해서도 큰 관심을 가졌다. 그래서 설교자는 지혜롭고 신실해야 할 것을 주장하였다. 그는 설교의 유일한 목표를 청중들의 마음의 변화에 두었다. 그러나 그의 설교를 보면 성경을 정확하게 해석하는데는 좀 부족한듯했으며 풍유적 해석에서 크게 벗어나지 못했다. 그리고 그는 당대의 최고의 설교가 였으나, 어거스틴 이후 약 1000년의 세월동안 말씀의 종교에서 의식의 종교가 계속 되었다.

2) 중세교회의 설교

일반적으로 중세는 어거스틴 이후 종교개혁 때까지 약 1000년간을 포함한다. 중세기 가톨릭의 전성시대는 설교를 잃어버린 시대였다고 할 수 있다. 가톨릭의 의식 종교에 설교는 점점 사라지고, 설교가 있다고 하여도 종교 강연 정도였다. 더군다나 6세기에 들어와서는 성경 본문을 읽는 것조차 중단을 시켜 버렸다. 그래서 대개 사람들은 설교할 때 성경본문을 쓰는 것은 낡은 습관으로 점차 이해를 하였다.

오히려 로마 가톨릭 교회는 전통 또는 교회가 성경해석자라고 하여 성경 내용을 교회의 전승과 교의에 일치하도록 해석하였다. 당시 복음은 스콜라철학에 영향을 입어 그 모습을 잃어가고 하나님의 말씀인 성경은 여러 가지 이교 철학과 지식 그리고 교회의 그릇된 전승에 의하여 소홀하게 되었다. 중세 초기 세빌리아의 이시돌(Isidorus of Serillia)은 학문 높은 설교가였지만 어거스틴의 설교법을 답습하는 정도였다. 또한 릴리의 알란은 설교자가 신구약 성경에 대한 각별한 지식을 가져야 한다고 주장하고 특히 성경의 위치를 강조하였다. 중세기 중엽에는 십자군 운동, 수도원 운동, 스콜라주의에 의하여 설교가 갱신되기 시작했으나 이전 교부들의 설교와는 달리 성경본문을 사용하지 않았다. 대부분 중세기의 설교가들은 라틴 설교의 전통과 맥락을 같이하고 오리겐의 유산을 발전시키려는 부담을 가지게 되었다.

그들은 성경 주석법을 이중적 의미만 아니라 삼중적 의미 즉 문자적 의미, 도덕적 의미, 비유적 의미 또는 은유적 의미를 말했으며 때로는 신비적 의미까지도 추가하였다. 그러나 중세교회의 형식주의적 종교의식 가운데 소수의 신앙을 가진 설교운동이 있었다.

버나드(Bernard of Clairvaux)는 불란서의 가장 유명한 설교가 중의 한 사람이다. 브로더스(John Broadus)는 "중세기의 어떤 설교자보다도 버나드는 오늘날 기독교인들에게 가장 큰 영향력을 줄 수 있는 사람으로 생각을 한다"고 하였다.[6]

설교자로서 특출하여 당대뿐만 아니라 루터까지도 그의 설교문에 감화를 받았다. 루터도 "버나드는 설교에 있어서 어거스틴 뿐만 아니라 모든 신학자들의 설교보다 더 훌륭하다. 그 이유를 그는 그리스도를 가장 뛰어나게 증거하기 때문이다"라고 칭찬하였다. 그는 설교만이 아니라 일반 저서와 서신들도 성경을 많이 인용하되 항상 그리스도를 높이는 그리스도 중심의 사상을 가지고 있었다. 특별히 80여 편의 아가서 설교는 고전적 유산으로 지금까지도 남아 있다.

비록 버나드의 성경 사용 방법이 오늘날과 비교하여 부족한 점이 있지만 그가 설교를 중요시했던 것과 설교를 은총의 위대한 도구와 인간의 마음이 하나님께로 나아가게 하는 수단으로 간주한 것은 높이 평가되어야 한다.

성 프란시스(Francis of Assisi)도 독특한 삶으로 전해 내려오고 있다. 프란시스는 설교를 하면서 "우리가 다른 이들에게 가르치기보다는 오히려 우리 스스로 실천해야 하며, 우리의 행위를 우리의 가르침과 조화를 이루어야만 한다"고 주장하였다.[7]

또한 그는 "내가 하나님께 간구하는 단 한 가지 소원은 내가 결코 사람들에게 영광을 받지 않도록 해달라는 것이다. 오히려 나는 모든 사람을 존

---

6) 정성구, 「개혁주의 설교학」 서울: 총신대학출판부, 1991, p. 110.
7) Sherley-Price, Leo, 「St. Fransis of Assisi」 New York: Harper & Brothon, 1959, p. 62.

경하기를 원하며, 그리스도의 거룩한 계율과에 복종함으로써 말로가 아니라 내 자신의 모범으로써 모든 사람들로 하여금 그리스도께로 돌아오도록 하기를 원한다"고 하였다.

그의 설교는 학문적이기 보다 신비적이며, 그의 소리는 선율적이며, 쾌적했으며 풍부한 억양을 지녔다고 전해진다. 그는 청중들처럼 감정이 풍부하고 얼굴표정과 몸짓으로 설교하는 다양성을 보였다고 한다. 그의 언어는 일반인들이 사용하는 평이한 것이며 지식인들이 사용하는 어휘는 사용하지 않았다고 한다. 무엇보다 그의 설교는 힘이 있고 열렬하여 많은 사람이 회개케 되었는데 그의 설교를 듣는 사람들이 부정하게 얻은 재물을 가난한 자에게 나누어주었으며, 부정한 생업을 중단하였다고 한다. 그의 가장 자주 사용하는 용어 가운데 하나가 평화라는 말이었다.

토마스 아퀴나스(Thomas Aquinas)의 설교는 현대의 설교학적 측면에서 보면 평범하였지만, 청중들을 감화시키는데 탁월하였다.[8] 그의 설교는 모범적 설교는 아니지만 당시 사람들에게 큰 영향을 주었다. 설교학자 브로더스(John Broadus)는 그의 설교를 다음과 같이 묘사했다.

그의 뛰어나고 놀라운 작품들 가운데 많은 간단한 강화가 섞여 있다. 거짓들은 분명하고 단순하고 실천적이다. 그는 표현에 있어서 높은 상상력도 흐름도 없으며, 문장들을 짧고, 모든 것은 대지와 소지로 되어있다. 보통 셋으로 나누어진다. 그러나 꾸밈이나 부풀어 오르는 열정이 없는 반면 그는 많은 면에서 가정적이고 생생한 비교를 사용했다.

---

8) 토마스 아퀴나스(Thomas Aquinas, 1224)는 기독교의 저명한 신학자이자 스콜라 철학자이다. 그는 기독교 교리와 아리스토텔레스의 철학을 종합하여 스콜라 철학을 대성한 중세 기독교 최대의 신학자이다 또한 그는 자연 신학의 으뜸가는 선구자이며 로마 가톨릭교회에서 오랫동안 주요 철학적 전통으로 자리잡고 있는 토마스 학파의 아버지이기도 하다. 교의학자 33명 중 하나이며, 로마 가톨릭교회는 그를 교회의 위대한 신학자로 존경하고 있으며, 이에 따라 그의 이름을 딴 학교나 연구소 등이 많이 있다.

9) 존 위클리프(John Wycliff, 1324-1384)는 1324년 경 영국의 요크셔(Yorkshire)에서 태어나 옥스포드에서 공부하고 신학박사가 되었다. 존 위클리프는 신학 박사 학위를 받은 후에는 신학 교수로 거의 한 평생을 옥스포드와 인연을 맺고 살았다. 그는 학자였으며, 사제이고, 중세 스콜라 철학의 석학이었으며, 국가주의자 였다. 애국자 존 위클리프는 모든 면에서 14세기의 뛰어난 복음주

설교 역사학자 다건(Charles Dargan)은 아퀴나스의 설교 중에 영어 번역본을 발췌하였다. 이 설교는 오리겐의 알레고리를 능가했다. 그의 설교는 마음 혹은 양심보다는 지성에, 일반의 지성과 이성보다는 학자들의 지성에 그 기초를 두었다고 보여진다.

설교자로서의 존 위클리프(John Wycliff)[9]의 생애는 1361년 사제로 서품 받음으로써 시작되었다. 그의 능력이 있는 설교와 저술은 수많은 사람들에게 영향을 주었다. 주로 살았던 곳은 옥스퍼드였고 교구목사로 임명된 루터워즈(Lutter worth)에서 설교자로서의 사역을 감당하였다.

그는 모든 진리는 성경 안에 포함되어 있으며 그 안에 기록된 모든 것은 진리라고 주장하였다. 오로지 성경만이 유일한 종교적 권위의 근원이라고 말하였다. 그는 난해한 구절들은 보다 확실하고 명료한 구절들에 의해 설명되어야 한다. 그리고 성경 지식 없이는 아무도 예수 그리스도를 알 수 없다. 따라서 말씀의 연구와 설교는 어떤 성례전보다도 중요하다고 하였다. 그는 개혁가로서의 중요한 위치에 있었고 설교자로서도 그 재능은 뛰어났다. 그의 설교는 라틴어와 영어로 전해오고 있으나 철저히 성경에 기초하고 있다. 그런데 그의 설교는 스콜라적이고 풍유적인 해석에다 로마 가톨릭적 문제에서 크게 벗어나지는 못하였다. 그러나 그의 설교의 방향은 개혁주의 입장에 있었다. 그의 설교는 그 시대를 뛰어넘어 오늘의 메시지로도 정확한 외침이었다.

존 후스(John Huss) 이전에도 도덕적 개혁을 위해 노력하였던 발트 하우젠의 콘라드(Conrad of Waldhausen), 존 밀릭(John Milic) 그리고 야노프의 매튜(Matthew of Jonov) 등이 있었다. 그는 초기 목회에 이들의 모범을 쫓았다(Cannon, 400). 그리고 그는 설교자로서 능력이 많아 보헤미아 방언을 하는 청중을 위해 세워진 베들레헴 교회에서 담임 설교자로 일하게

의자였다. 교회가 부와 권력을 잘못 사용하는 것에 대하여 격렬하게 공격을 하였고, 라틴어 성경을 영국어로 번역하고 존 위클리프는 종교개혁을 위하여 위클리프의 농민운동을 일으켰다가 진압되었다. 1382년 그의 모든 저술들은 불태워졌고 그 해에 위클리프는 뇌졸중으로 쓰러졌고 두 번째로 발병한 뇌졸중으로 사망했다.

되었다. 개혁에 지지자는 아니지만 개혁주의 입장에서 설교했기에 공주를 비롯하여 많은 사람들로부터 호응을 얻었고 확고한 기반을 가지게 되었다. 후스는 이제 설교와 글로 교황청과 교회의 부패를 공격하기 시작했다. 이것은 성경을 근거하여 지적하고 화형대에서 주장을 하였던 모습에서 발견할 수 있다. 그는 위클리프의 추종자가 되었고 마틴 루터의 선구자가 되었다. 그의 위치는 참된 개혁자가 되었고 교황은 그에게 로마의 교황법정에 출두하여 이단시비에 답변하라고 소환하려 했으나 거절하였다.

그리고 그는 설교를 계속 했다. 많은 설교가 전해져오고 있으며 얼마는 요약 설교로서 대부분 라틴어로 되어 있다. 그는 언변적 달란트는 없었으나 기교로서 만족을 시켜주기보다 확신으로부터 오는 능력과 진실성 때문에 그의 설교는 무게가 있었던 것 같다.

3) 종교개혁 시대의 설교

16세기에 이르러 종교 개혁자들의 첫 작업은 성경을 번역하고 성경의 가르침에 따라 강단에서 설교하는 것으로 시작되었다. 개혁자들의 예배는 하나님의 말씀이 중심이 되었다. 종교개혁 당시의 말씀에 대한 의미는 기록된 말씀(Written Word)과 선포된 말씀(Preached Word)을 모두 포함했다. 성경을 읽고 설교하는 것이 예배 의식의 중심부가 되었고 성경을 쉽게 강해하여 예수 그리스도의 구속의 은총을 선포하였다. 그래서 성경으로부터의 설교(Preaching from the Scripture) 전통을 회복시켰다. 그 중에서 개혁자들인 루터, 쯔빙글리, 칼빈은 설교의 우선권을 부여하였다.

종교개혁자 루터(Martin Luther)는 설교에 대하여 마지못해 하였으나 점차 설교의 소명감을 가지게 되었다고 한다. 그는 1512년 신학 박사가 되고 시편, 로마서, 갈라디아서, 히브리서 등을 강의와 설교하면서 복음의 확신을 가지게 되었다. 그의 마음은 어거스틴 신학이 사로잡았고, 그는 강의와 설교를 통하여 설교자들은 설교하는 일에 더욱 열심과 주의를 기울여야만 하며 고행보다는 회개와 믿음을 더욱 강조해야 한다고 가르쳤다. 루터는 설교에 대하여 다음의 원칙을 가지고 있었다.

첫째로, 설교자는 먼저 문법적인 지식을 가져야 한다는 것이다. 둘째로, 설교자는 해석할 성경본문의 시대나 환경이나 그 밖의 고려할 일들을 이해하도록 한다는 것이다. 셋째로, 설교할 성경본문의 문맥 전후 관계를 명백히 파악해야 한다. 넷째로 신앙의 조화가 있어야 한다. 즉 신앙과 행위, 율법과 복음 사이의 조화를 이루어야 한다고 하였다. 특히 그의 설교에서 언제나 예수 그리스도가 성경의 중심주제가 되어야 한다는 것을 주장하였다.

루터는 루텐베르그 대학교에서 십계명, 주기도문, 회개 참된 삶의 주제들을 설교하였다.[10] 그는 로마서 연구를 통해 믿음으로 말미암아 구원받는다고 설교를 했다. 이 명백한 설교는 독일 전체에 더 나아가 그는 인간의 도덕적 의무와 영적인 본성에 대해서도 설교하였다. 그는 성경을 억지로 해석하거나 풍유적 해석을 피하려 했으며 그의 설교는 단순성과 명료성을 추구하였다. 설교 역사학자 다간(E. C. Dargan)은 "루터의 설교들은 성경에 대한 바른 해석과 적용이 그 특징을 이룬다" 라고 하였다. 그러나 루터도 완벽한 설교라 할 수 없고, 가끔은 풍유적으로 해석하고 곡해했던 부분도 있었다.

1519년 쯔빙글리(Huldreich Zwinglil, 484-1531)는 취리히 대성당의 사제로 지위를 맡은 후에 자신의 개혁운동을 열심히 하였다. 그의 첫 번째 활동은 그리스도의 생애에 대하여 설교하겠다는 선언으로 시작되었다. 존

---

10) 루터(Martin Luther) 1505년 에르푸르트대학교에서 인문석사학위를 1508년 신학을 더 깊이 연구하기 위해 진보적인 비텐베르크대학교 입학했다. 1509년 3월 이 대학교에서 성경학사학위를 받고 그 다음 단계의 학위, 곧 명제집 정통자(sententiarius) 학위를 받기 위해 에르푸르트로 돌아갔다. 1512년 10월 19일 신학박사학위를 받았고, 성경신학 교수가 되었다. 당시 로마 교황청은 부패하여 면죄부를 판매하는 등 폐단이 매우 심했다. 이에 루터는 1517년 10월 31일 '진리를 이끌어낼 목적으로' 95개 조항을 작성하여 비텐베르크의 만인성자 교회 문에 붙였다. 이로써 가톨릭 교회와 전면적인 대립을 겪게 되었다. 교회의 부패를 공박한 그의 95개 조항은 프로테스탄트 개혁을 촉진시켰다. 그의 사상과 저술에서 비롯된 종교개혁운동은 개신교를 낳았으며, 사회 · 경제 · 정치사에 커다란 영향을 끼쳤다.

멕레일(John T. Mcneil)은 다음과 같이 말했다.

그의 설교는 충분한 학식과 매일의 연구에 의한 결실들의 특정이 이어지고 동시에 단순성, 확신, 열의에 의하여 특징이 나타나게 되었다. 어떤 한 청중은 마치 자신의 머리카락이 잡히어져 공중에 떠있는 것처럼 느꼈다고 말했다. 독실한 신자가 아닌 사람들도 그의 설교를 듣기를 즐겨하였다. 보다 가난한 계층에 속한 사람들은 자신들에 대한 설교자의 동정을 느꼈고 그들의 삶의 여건에 대한 그의 이해를 구했다. 그들의 두드러진 반응은 중산층 이상의 시민들에게는 다소 껄끄러운 것이었다. 쯔빙글리는 솔직한 어투로 시민들의 행위의 동기들을 검토하여 그 행위를 폭로하고 또한 그들 지도자들의 정치적 도덕적 결함들을 폭로했다. 한편 그는 계속해서 그들에게 회개와 구속자에 대한 성경적 신앙을 촉구하였다.[11]

그는 원고 설교를 하지 않았고, 자유롭게 자신의 청중들과 친밀하고 즉각적인 접촉을 유지하였으며, 일관된 사상의 전개를 원하였다. 그는 많은 시간을 깊은 명상에 잠김으로 자신의 설교를 준비하였다. 쯔빙글리의 설교는 성경의 한 책에 대해서 연속적인 설교를 하였고, 수사학적 표현을 하지 않았다. 그의 설교의 목적은 회중들이 미신과 거짓종교에서 벗어나 하나님의 백성이 되게 하며, 오직 진리 안에 그리스도인이 되도록 하는 것이었다. 1525년 성경전권을 강해설교를 하여 세기의 유명한 강해설교자로 유명하여졌다.

---

11) 울리히 츠빙글리(Ulrich Zwingli) 1530년대 스위스의 기독교 신학자이며 종교 개혁의 주요 인물로 평가된다. 10세 때에는 바젤에서 라틴어 문법, 음악, 그리고 변증학을, 1498년에는 베른 대학에서 스위스 종교 개혁의 기수로 알려진 하인리히 뷜플린에게 배웠다. 1506년 로마 가톨릭교회의 사제로 서품을 받았으며, 글라루스의 성직자가 되어 부임하였다. 10년 동안 사목 활동을 하면서 헬라어를 공부, 희랍과 고대 로마의 철학자, 시인, 웅변가, 고전을 배웠다. 이 기간에 인문학자이자 성직자(사제)인 에라스뮈스와 서신을 교환하며 우정을 쌓았으며, 절친한 사이기도 했다. 1519년 취리히의 대성당의 설교자가 되어, 체계적인 성경강해를 하여 1525년 성경전권을 강해설교를 하여 많은 시민에게 호응을 받아 강해설교로 유명해 졌다 그리고 그는 가톨릭교를 견지하는 원시(原始) 5주(州)와의 사이에 전투가 벌어지자 츠빙글리가 이끄는 취리히 군대는 10월 11일 카펠 전투에서 교전 중 전사를 하면서 츠빙글리는 47세의 인생의 황금기에 개혁을 마무리하지 못하고 전투에서 끝내 숨지고 말았다.

존 칼빈(John Calvin, 1509-1564)은 신학논문을 쓰고 성경주장을 집필하며 신학강의를 하고 로마가톨릭 학자들과 신학논쟁을 하였지만 주된 임무는 바로 설교였다. 종교개혁자 칼빈은 교회개혁의 틀 안에서 하나님의 말씀을 진실하게 설교하였다. 또한 성경강해 설교 방식을 통해서 안전하게 하나님의 말씀을 증거를 하는 모범을 보여 주었다. 헤롤드 데커(Herold Dekker)는 "존 칼빈이 먼저 설교가로 간주되어야 함에도 불구하고 조직신학자로도 알려지게 된 것은 자체가 역사의 이례(Anomalies of History) 중의 하나"라고 했다. 그의 설교는 성경의 원문에 충실한 성경강해 설교였다. 성경 구절을 신속한 지각, 능력있는 표현, 현실에 대한 이해와 함께 성경의 깊은 뜻을 드러나게 하였다.[12]

칼빈의 설교에 대한 태도는 미리 준비된 원고를 읽어서는 안되고 언제나 살아계신 하나님의 말씀으로 선포되어야 한다는 것에서 알 수 있다. 또한 성령의 감동 가운데 되어져야 한다고 역설했다. 그의 강해설교는 언제나 성경은 성경으로 강해되고 해석되어져야 한다는 것이었다. 칼빈의 설교 형식은 명쾌하고 잘 이해되도록 짜여졌다. 또한 그의 설교는 신학적인 명확한 확신과 하나님 중심적(Theocentric)인 신학의 위에 세워졌다는 특징이 있다. 결국 그가 하나님의 말씀은 선포함으로 설교를 통해서 교회를 교회되게 했던 것이다. 그리고 설교를 통해서 죄인인 인간과 하나님을 만나게 한다는 것이었다.

---

12) 존 칼빈(John Calvin : 프랑스 북부 도시 노용에서 교육법률 자문관의 제라르 코벵의 아들로 태어났고, 1528. 몽떼귀 대학에서 문학사 학위를 취득하였고 에라스무스와 같은 당대 석학을 만나, 고전 연구와 원어 연구에 몰두하면서 1531. 아버지가 죽고 형이 이단의 죄목으로 처벌을 받는다. 오를레앙대학에서 법학박사 학위를 취득하였고 친구인 콥이 성바르브 대학의 교수이자 학장에 취임하는 계기를 맞이해서 그는 마5:3을 주제로 취임 연설문을 작성해주었다가 소르본느에서 이 연설로 이단으로 제소하여 파리로부터 그의 고향 노용으로 도주하였다. 이때 종교적 박해의 위협을 받게 되어 바젤로 피신한다. 이때에 연구에 몰두하여 개혁의 지식을 얻었다. 1536년 칼빈의 대표저작인 "기독교강요"를 약관26세 때 출판되었다. "기독교강요" 발행으로 프랑스 개신교의 지도자가 되었고 장로교회의 뿌리가 되었다.

4) 근대교회의 설교

종교개혁 이후 설교는 대중과 멀어지면서 관념적인 색채를 가지므로 복음의 본래적 의미를 상실하였다. 또한 합리주의적인 신앙에서 이신론이 등장하여 인간의 이성에 의하여 자연법칙의 원리를 종교에 응용하려 하였다. 더욱이 계시로서의 성경과 신적인 그리스도를 부정하여 성경을 윤리 교본과 그리스도를 도덕 교사로 생각하였다. 이렇게 종교개혁 시대의 설교가 17, 18세기에 들어와서 매우 약화되었다. 그러나 당시 철학적이고 무미건조한 설교를 지양하고 생기있고 직접적인 결단을 요구하는 복음주의 설교자들이 있었다.

존 번연(John Bunyan, 1628-1688)은 1653년에 소명감을 깨닫고 벤드포드 독립교회에서 설교하기 시작했다. 그는 당대의 사람들이 말해주듯이 살아 있는 최고의 설교자들 중 한 사람이라 할 수 있다. 그는 자신의 종교적 체험이 그의 설교와 함께 천재적 소질을 더하여 주었다. 세심하고 마음이 넓은 태도와 목회자로서 복음주의자들의 관점에서의 설교자였다. 그의 설교는 영원하고 보편적 진리에 대해서 말했으며 언제나 중심주제가 뚜렷하였다고 한다.

존 웨슬리(John Wesley, 1703-1791)는 모라비안의 영향을 받아 회심한 뒤 영국을 영적인 위기에서 각성하게 한 사람이다.[13] 그는 성경을 깊이 있게 묵상함으로써 설교하였고 다른 사람과 함께 나누며 거룩함과 하늘에 이르는 길을 가르쳤다. 그의 설교는 단순하고 죄를 책망하며 회개를 권고

---

13) 존 웨슬리(John Wesley)는 1703년에 잉글랜드 링컨셔 엡워스에서 태어나 영국국교회 복음 전도자 이며 영국국교회에서 감리교회를 창설한 인물이다. 런던 카르투지오 수도회 수도원과 옥스퍼드대학교 크라이스트 처치에서 공부한 뒤 사제가 되기로 결심했다. 선교를 위해 건너간 미국에서 모바리아교도들을 만나 큰 영적 교훈을 받은 후 모라비아교도 페터 빌러를 만나, 자기가 필요로 하는 것은 믿음뿐이라는 확신을 얻게 되었다. 35세의 그는 모라비아교도들로 구성된 모임에 참석하여 루터의 〈로마인들에게 보낸 편지 주석〉 서론을 읽는 동안 지적 확신이 개인적인 체험으로 바뀌었고, 그 순간부터 믿음으로 구원을 얻는다는 복음을 선포하는 것을 필생의 사명으로 여기고 이 복음을 전했다.

하고 믿음으로 구원받는다는 복음적 설교를 하였다. 그는 개인적인 회개 문제에 관심을 두고 믿음 이전에 회개에 합당한 열매가 있어야 한다고 강조했다. 당시 그의 설교는 실제적인 인구폭발, 부정부패, 유행, 농촌문제, 실직, 빈민구호, 노예 등의 광범위한 문제를 다루었다. 그러므로 사회적 종교를 강조하면서 전반에 걸쳐 구원문제와 관련시키는데 설교의 초점이 맞추어졌다. 설교 방법에 있어서 먼저 성경 말씀을 통해서 우리 삶과 공감할 수 있는 피조세계를 들어서 설교하였다. 그리고 그 위에 복음적 설교를 하되 간결하고 선명하게 전달하려 하였다. 그의 설교 중심은 하나님 사랑이었다.

찰스 스펄전(Charles H. Spurgeon, 1834-1892)은 당대 훌륭한 설교자 이였을 뿐 아니라 오늘날 놀라운 감화력과 은혜를 끼치고 있다.[14] 그의 설교의 천부적인 모습은 스펄전이 16세 되던 해였다.

---

14) 찰스 해돈 스펄전(Charles H. Spurgeon)은 영국 에섹스 켈비던에서 목사의 아들로 태어났다. 평온하고 독실한 목회자 가정에서 신앙 생활을 하던 스펄전은 사춘기를 구원을 향한 회의의 시기로 보내게 되었다. 그에게 그리스도인의 삶이란 어린 시절부터 몸에 배어온 일상이었으나, 마음 깊은 곳에서부터 그리스도를 구주로 고백하는 삶은 아니었다. 그러던 어느 날 작은 교회에서 예배를 드리게 되었다. 그날 설교를 하기로 되어 있던 목사님이 눈보라 때문에 나타나지 않아서, 회중에 있던 한 성도가 설교를 하게 되었다. 그 성도의 설교는 간단했다. 구원을 위해서는 다만 그리스도만 바라보라는 것이었다. 그는 죄의식으로 지치고 낙담한 스펄전을 가리키며 "단지 주만 바라보라 그리하면 구원을 얻으리라"고 말했다.

그 순간 스펄전은 극적인 회심을 하게 됐다. 구원이 오로지 주님만 주실 수 있는 은혜임을 깨닫게 된 것이다. 그때부터 스펄전의 삶은 주의 복음을 전하고자 하는 열정의 삶이었다. 1851년 그는 17세의 나이로 정식 목사 직분을 얻었다. 그후 일생 동안 그가 설교하는 곳에는 수많은 사람들이 그의 설교를 듣기 위해 몰려들었다. 그의 힘차고, 신학적이며, 감미로운 설교는 그로 하여금 "설교의 황제"라고 불리게 만들었다. 861년 3월 31일 스펄전의 메트로폴리탄 태버나클에서 최초의 주일 예배가 드려졌다.

스펄전의 설교를 들으러 오는 사람들을 수용하기 위해 지어진 이 교회 건물은 6천석을 가지고 있었지만 몰려오는 사람들을 다 수용할 수 없었다. 그의 설교는 매번 서서 예배를 드리는 사람들까지 1만명을 넘었다. 그러고도 수백명의 사람들이 항상 되돌아가야만 했다. 그는 매 번의 설교를 위해 수 시간을 기도했다. 그는 결코 제목 설교를 한 적이 없었으며 항상 성경 본문으로 강해 설교를 하였다. 그럼에도 불구하고 그는 내용이 다른 설교 3,500여 편을 중복해서 설교한 적이 없었다. 1891년 1월 그의 생애가 끝날 때까지 그는 불타는 진실성과 굽힐줄 모르는 신학적 신념과 열정을 가진 '복음의 전파자'였다.

1850년 캠브리지 근처의 테버샴(Teversham)의 한 농가에서 처음 설교하였는데 청중들을 놀라게 하였다. 이때에 필립 브룩스(P. Brooks), 화이트(A. White), 무디(D. L. Moody), 마이어(F. b. Meyer), 맥크라렌(A. Ma-claren), 파키(J. Parkes) 등이 활동하는 설교 중흥시대이다. 그의 설교는 완화된 칼빈주의로 보였으나 다른 사람들은 철저한 칼빈주의로 생각했다. 설교와 목회를 보면 스펄전은 설교만이 아니라 비 진리를 대항하는 투쟁자였다. 즉 그는 교리에는 철저한 사람이었다. 그의 설교하는 자세는 전혀 꾸밈이 없었고 솔직담백하였다고 한다.

아일랜드의 설교자 노울스(J. S. Knowles)는 "그의 완숙한 웅변술과 명확한 연기 능력 때문에 세계에서 제일 훌륭한 설교자이며 그는 청중을 자유로 다룰 줄 아는 사람"이라고 하였다(167). 그후 1855년부터는 자기가 설교한 설교를 출판하였다. 로버트 니콜(Robert Nicoll)은 스펄전의 책은 성경 다음으로 의미가 깊다고 하였다. 스펄전은 언제나 주권자이신 하나님 앞에서 설교하였으며 좋은 육성과 유창한 말 그리고 불같은 정열을 가지고 있었다. 위어스비(Waren Wiersbe)는 "스펄전은 약점과 잘못이 없었던 것이 아니다. 그러나 그는 하나님의 은혜를 크게 보았으며 하나님을 영화롭게 하였다. 우리 모두는 스펄전 처럼 될 수는 없다. 그러나 우리는 그가 예수 그리스도의 복음을 설교할 때 그의 믿음은 우리도 가질 수 있다"고 했다. 그리고 스펄전의 설교는 자신의 지식과 개성을 충분히 전달하는 능력을 가지고 있었다.

5) 현대 교회의 설교

19세기에 들어오면서 미국의 브로더스(John. A. Broadus), 비처(Heny Ward Beecher)와 브룩스(Philips Brooks)가 1871년 예인 대학에서 가르친 설교이론 강의들은 현대설교학의 기초가 되었다. 그것은 설교의 내용에 있어서 영감적(inspirational), 유형에 있어서 제목설교(Topical

Sermon)이었으나 종교 강연에 지나지 못하였다. 그래서 설교는 심리학적 방법(Psychological)과 심층 심리학(depth psychology) 그리고 사회심리학(Social Psychology)과의 지식을 연결시키는 시도가 대두되었다. 이때부터 설교를 신학적으로 접근시키기 시작했다.

그리고 다른 경향을 플린스톤 신학교 설교학 교수인 블랙우드의 구조가 설교의 중심을 이룬다 라는 완벽한 설교의 조식에 대한 것이었다. 블랙우드는 우리 시대의 영향력이 있는 설교자로서 칼 바르트(Karl Barth), 부트릭(G. A. Buttrick), 차펠(C. G. Chappeil), 포스딕(H. E. Fosdick), 가쉽(A. J. Gossip), 홀톤(D. Horton), 죤스(E. De Witte Jones), 멕카트니(C. E. Macartney), 마이어(W. A. Maier), 뉴톤(J. F. Newton), 니몰러(M. Niemoller), 필립(H. C. Phillips), 포티트(E.M.Poteat), 레이드(James Reid), 쉐러(P. E. Scherer), 시조(J. R. Sizoo), 속크만(R. W. Sockman), 스튜아트(J. S. Steuwart), 웨더헤드(L. D. Weatherhead) 같은 사람을 들고 있다. 그 외에도 영국의 자유교회에는 유능한 설교자들이 많았으며 1974년부터 1980년까지 켄터베리 대주교를 지낸 도날드 코건(Donald Coggan)은 영국교회의 설교회복에 큰 자극을 주었으며, 그는 반세기 동안 말씀의 사역자가 되는 즐거운 전제정치 하에 지내왔다고 말할 정도로 능력있는 설교자였다.

자유교회에서는 1938년부터 1968년까지 런던의 웨스트민스터 교회를 맡아서 설교해온 마틴 로이드 죤스(Martin Lloyd Jones)의 목사이다.[15] 그는 주일날에 자신의 강단을 떠난 일이 결코 없었지만 그의 메시지는 전 세계에 미쳤다. 그의 강해설교를 보면 설교는 본문으로부터 나와야 하며, 설교는 하나의 완벽한 총체이어야 하며, 설교는 진리를 명백하게 나타내어

---

15) 마틴 로이드 존스(Martin Lloyd-Jones) 영국의 남웨일즈에서 출생하였고, 런던대학교 의과대학에서 의학박사 학위를 취득하였다. 그는 성 바돌로매 병원에서 의학을 수련한 후 외과의사로서 실무에 종사하였다. 그러나 1927년에 그는 의학계를 떠나 남웨일즈 에버라본 시의 웰쉬 장로교회 목사가 되었다. 근세에 가장 유명한 명설교자이다 1938년부터 그는 런던 웨스트민스터 교회에서 캠벨 몰간 목사의 후임으로 30년간 목회에 종사하다가 1981년 2월에 82세를 일기로 운명하였다.

야 하며, 설교는 설명의 요소를 가져야 하며, 설교는 적용의 요소를 가져야 한다는 기본적인 설교학적 원리에 의하여 통제되고 있음을 알 수 있다

로이드 죤스(Lloyd-Jones) 그리고 존 스토트(John R. W. Stott) 목사도 오늘의 영국을 대표하는 목사이며 프란시스 쉐퍼(Francis Schaeffer), 최근 미국의 척 스미스(C. Smith), 죤멕카드(John,MaCather),챨스 스윈돌(Charles R. Swindoll), 케네디(Kenedy) 목사 등도 훌륭한 강해 설교자이다.

화란에는 19세기말 아브라함 카이퍼(Abraham, Kuyper), 구속사적 설교를 제창한 스킬더(K. Schilder), 홀베르다(B. Holwerda), 베인호프(C. Veenhof), 더 그라프(De Graaf) 같은 사람들의 설교가 화란 교회를 최근까지 영향을 끼쳤으며, 그 전에는 식켈(Sikkel) 목사 등이 강한 설교자로서 많은 영향을 주었다. 이들에 의해서 구속사적 설교가 최근에 다시 관심을 끌고 있다.

그러나 최근 설교 형태의 강조점은 초대교회나 종교개혁의 설교 전통에 입각한 성경적 기초에 대한 강조도 집약되고 있다. 이러한 경향의 설교자들은 주해적 방법(expository method)과 성경을 근거로 삼을 것을 강조하고 있다. 따라서 설교의 형태가 제목 설교의 방법에서 주석내지 본문 설교 방식으로 바뀌고 있다. 그래서 "최초의 사도들은 제사장이나 감독이 아니라 설교자였고 또한 전도자였다. 사도전승은 전도자이다. 즉 말씀의 설교자였던 것이다"라고 했다. 결국 현대 설교의 동향은 성경본문을 중요시하는 강해설교(주석설교)의 방법이 발전되고 있다.

『성경의 세계를 깊이 이해하고 발견하는 언어와 인문학』

1536년 26세에 기독교강요(Christianae Religionis Institution)를 저술한 존 칼빈(John Calvin)은 조직신학자로서 강해설교자로서 종교개혁의 뜻을 펼친다. 칼빈은 마르세(LaMarche)대학에서 라틴어의 대가인 마두린 코디어((Mathurin Cordier)로 부터 라틴어를 익히고, 몽테큐(De Montaigue)대학에 전학을 하여 칼빈은 대 영국사(Histore of Great Britain, 1521)와 복음서주석(Commentary on the Gospel, 1529)과 같은 책을 저술한. 죤 메이저 밑에서 저술력과 비판력을 키우는 계기를 갖는다.

1528년 몽테귀대학을 졸업을 한 칼빈은 오르레앙(Orleans)대학으로 다시 전학을 하여 당시 프랑스의 최고의 법학자인 피퍼 타이잔(Peter Taisan)문하에서 법학을 공부하며 법과 사회 그리고 정치가 무엇인지를 배우면서 고전문학과 인문주의에 학문의 깊이를 넓힌다. 또한 멜쉬오르 볼마르(Melchior Wolmar)에게 헬라어를 언어학, 문학, 고대문학, 고급헬라어를, 프랑소와 빠따블(Francois Vatable)교수로부터 고전과 고급 히브리어를 배움은 물론 신약성경의 원문을 능통하게끔 언어학문을 익힌다.

청년 칼빈은 종교개혁의 기초가 되는 인문학, 고전문학, 언어학, 법학, 신학, 성경학의 박학다식(博學多識)한 학문에 기초를 잘 쌓아 역사의 가장 훌륭한 종교개혁자가 되었고 장로교회의 뿌리가 되었다.

– 著者의 辯 –

제8장

신구약 성경에
나타난 설교의 원형

교회의 갱신은 하나님의 말씀 선포인 설교를 통해서 이루어지며, 그 교회의 갱신을 이루는 설교는 성경적 설교, 즉 강해설교라는 것을 지적하였다. 그래서 여기에서는 설교의 성경적 배경을 연구하기 위하여, 설교의 원형을 성경에서 찾아 연구하고자 한다.

기독교의 설교의 출발은 엄밀한 의미에서 예수 그리스도부터 시작한다고 볼 수 있다. 그러나 구약성경과 신약성경의 예언과 성취, 약속과 완성에서 밀접하게 관계 되어진 것처럼, 설교도 구약의 모세, 제사장들, 예언자들의 선포와 밀접한 관련을 지니고 있다. 모세의 설교인 신명기는 최초의 설교 중의 하나라고 볼 수 있다. 신명기의 설교를 보면 그것이 신약교회의 설교처럼 공적 예배에 포함되는 것은 아니지만 설교가 이미 모세 때로부터 그 백성들에게 선포된 것을 볼 수 있다.[1]

포시드(P. T. Forsyth)는 "설교자가 간단없이 성경으로 돌아가지 않으면 안될 큰 이유는 성경이 세계 최대의 설교이기 때문이다. 다른 어떤 기능보다도 월등하게 성경은 하나의 설교이며 케리그마 이다"[2]

라고 말하며, 더욱 강조하기를 "성경은 설교자에게 설교하는 설교자이

---

1) 정규남, 「구약개론」 서울: 한국개혁주의신생협회,1985. p. 361.
2) P. T. Forsyth, 「positive Preaching and the Modern Mind」 Grand Rapids: Baker Book House, 1980. p. 10.

다(The Bible is the preacher to the preachers)"라고 말하고 있다. 대체로 구약설교의 내용들은 하나님의 통치를 선언하고 사람들의 복종을 요구하며, 거기에 거역하는 자에 대한 심판을 설교하고, 회개를 권면하며, 속죄의 의식이 행해지고, 그리고 메시야의 구원이 약속되어 있기 때문에 구약전체가 메시아를 예언하고 그 속죄를 전하고 있는 것이다. 특히 예언자는 이 속죄의 일을 말로써 설명하고, 해석하고, 적용하여 전파하며 국민의 죄를 지적하고 회개를 촉구하며 하나님께 돌아갈 것을 권하고 있다.

성경에서 대표적인 설교로 간주되는 구약의 신명기 설교와 호세아 설교, 그리고 신약성경에서의 스데반 설교와 사도바울 설교가 대표적인 설교이다. 하나님의 백성은 하나님의 말씀에 의존하여 존재한다. 성경 전체는 이 사실에 대한 증언이라고 할 수 있다. 하나님께서는 그의 백성들에게 말씀하시며, 그들에게 자신의 길을 가르치시고, 하나님 자신과 그들을 위해 그의 말씀을 듣고 순종하라고 호소하신다. 예수님께서도 신명기의 말씀을 인용하시어 "사람이 떡으로만 사는 것이 아니요 하나님의 입에서 나오는 말씀으로 산다." (신8:3, 마4:4) 고 하셨다.

그러므로 하나님의 백성은 하나님의 말씀을 믿고 그 말씀에 순종함으로써 축복을 받으며 번성한다. 이 사실을 성경은 다음과 같이 증명해 주고 있다. 아담의 타락은 그가 하나님의 말씀보다는 뱀의 말을 순종한 때문이고, 하나님께서 아브라함과 언약을 세웠을 때 아브라함이 그의 약속을 믿었기 때문에 그를 의롭다 하셨고, 그 약속의 말씀을 준행했기 때문에 하나님께서는 그에게 축복하셨다.[3] 이 사실을 알고 있는 이스라엘 민족을 출애굽기 24장에 보면 여호와의 모든 말씀과 그 모든 율례가 선포되었을 때 그들은 한 목소리로 여호와의 모든 말씀을 우리가 준행하리라.[4]라고 응답하고 있다.

그러나 주지하는 바와 같이 광야 40년의 비극적인 불순종의 역사[5] "저희가 미구에 잊어버리며 여호와의 말씀을 청종치 아니하였다" 때문에 언약

---

3) 창세기 15:1-6, 22:15-18.
4) 출애굽기 24:3.
5) 시편 106:13, 25.

은 재개될 수밖에 없었으며, 율법은 되풀이 되었다.

1) 구약성경 신명기서에 나타난 모세의 설교

신명기는 모세가 하나님께서 이스라엘 민족에게 허락하신 약속의 땅 가나안을 눈앞에 두고, 자신은 그곳에 들어갈 수 없는 처지에서 요단 맞은편 아라비아 광야에서 선포한 고별 설교이다.[6]

그 설교는 교훈과 권고의 형태를 띤 하나님의 말씀의 선포이다. 설교가 성경의 본문을 강해하며 해석을 하여 오늘의 상황에 살고 있는 회중들에게 적용하여 하나님의 뜻에 순종하도록 하는 것이라고 한다면, 신명기는 분명 율법을 본문으로 하여 설교를 한 모범적인 성경적 설교의 전형임을 알 수 있다. 그러면 모세는 율법에 대해 어떻게 설교를 했는가 살펴 보자.

출애굽기 21장 2절-11절의 계약법전에 있는 노예법은 6년 봉사 후에 종을 해방하라고만 하여 여종에 대해선 언급이 없다. 그러나 신명기에서 모세는 남녀를 막론하고, 6년 후 정상적인 자유인으로 돌려보내야 하며 애굽에서 종 되었던 것과 하나님 여호와께서 구속하신 것을 기억하고 공수로 돌려보내지 말고, 선물을 주어 보내라고 이렇게 부탁하고 있다. "네 양무리 종에서와 타작마당에서와 포도주 틀에서 그에게 후히 줄찌니 곧 네 하나님 여호와께서 네게 복을 주신대로 그에게 줄찌니라"[7]고 했으며 한걸음 더 나아가 종을 동족(형제)이라고 부르며 같은 하나님의 백성임을 강조하고 있다.(15:12) 모세는 그렇게 함으로 범사에 복을 주실 것이라고 결론을 맺고 있다. 이는 마태복음 25장 31절-46절에서 예수님이 지극히 작은 자에게 베푸는 선행을 강조하신 것과 같은 뜻이 있다.

이처럼 모세는 그의 율법을 통해 특별히 개인과 불쌍한 사람을 보호하는데 강조하고 있음을 볼 수 있다.[8]

---

6) 신명기 1:1.
7) 신명기 15:14-15.
8) 구덕관, 「지혜와 율법」 서울: 대한기독교출판사, 1982, p.78.

이것은 분명 "설교 말씀으로 선포되어진 율법이고 듣는 사람의 개인 신앙 양심에 호소하고 있는 감동적인 율법설교이다." 신명기 설교는 이렇게 율법을 그 역사적 상황에 올바로 적용하여 지켜 살도록 경고하고 권고하여 하나님의 말씀을 순종케 함으로 이스라엘 민족의 신앙회복과 하나님의 선민으로서의 삶을 바르게 살도록 한 설교 말씀이다.

(1) 신명기 설교의 구조

니콜슨(E. W. Nicholson)은 신명기서를 다음과 같이 6등분하고 있다.[9] 부록부분인 31장-34장을 뺀 나머지 설교부분은 5개의 설교로 나누고 있음을 볼 수 있다.

① 1장-4장 43절: 짧은 서문으로 된 첫 번째 설교로서(1:1-5) 역사적 회고(1:6-3:29)를 내포하고 권고적인 부분(4:1-40)으로 이어진다. 여기에 이어 짧은 설교(4:41-43)가 따르는데 이 안에는 요단 건너편에 위치하는 도피처들에 관해 법령을 3인칭으로 말하고 있다.

② 제2의 설교는 5장-11장에 나타나는데 그에 대한 짧은 서문은 4장 44절-49절에 있다. 이 두 번 째 설교는 십계명(Decalogue 5:1-21)과 쉐마(Shema 6:4-5)를 율법의 요약물로서 그에 내포하고 있는데 여기에 추가로 권고적인 자료와 짧은 역사적 부분의 언급(9:7하-10:11)이 나오고 있다.

③ 중심부분 : 두개의 서론적 설교 속에 율법서술부분(12:26)이 나타나는데 이 안에는 대부분 삽입적인 자료를 위해 첨가한 아주 다양한 연령층과 근거(origin)로 구성된 율법의 선집을 담고 있다.

---

9) E. W. Nicholson, 「Deuteronomy and Tradition」, Philadelphia: Fortress Press, 1967. pp. 18-19.

④ 율법부분의 결말부분은 28장에 나타나며 여기에서는 이제 막 설정해 놓은 계약조건에 대한 이스라엘 백성들의 사실 또는 불성실에 따라 그들에게 내려질 축복과 저주가 선포되고 있다.

⑤ 29장-30장 : 계약의 요구에 대해 신실할 것을 새롭게 주장하는 또 다른 설교이다.

⑥ 최종부분(31:-34:): 부록들로서 모세가 행한 최후의 격려사(31:1-8), 매7년마다 계약갱신의 축제를 가지도록 하는 율법서의 진술(31:9-13),모세의 후계자로 여호수아를 위임하는 내용(31:14-15:23), 모세의 시가(32:1-44, 이서론 부분은 (31:16-22, 24-30), 이스라엘 백성에게 최종적으로 신명기서를 권하는 내용(32:45-47), 그리고 모세의 축복(33:)과 죽음을 표현(34:)하는 내용의 결론 부분이다.

그러나 신명기 설교는 주로 다음과 같이 세 개의 설교로 구분해 볼 수 있다.

첫째설교 : 1장 6절-4장 43절 역사적이고 권명적인 것으로 호렙, 곧 시내산에서 부터 모압땅 까지의 광야에서 있었던 이스라엘의 생활을 회고하고 있다. 이 설교는 요단 저편의 세개의 도피성 설치에 관해서 언급하고 있다.

둘째설교 : 5장 1절-26장, 28장 십계명으로 부터 시작하여 첫째 계명의 설명(5:-11:)과 율법 서술 (12:-26:)이있는데 여기에는 제사법(12:1-16:17), 시민법(16:18-18:22), 형사법(19:1-21:9), 가족 및 재산에 관한 법(21:10-26:19)들이 나온다. 그리고 계약 조건에 대한 축복과 저주가 나온다.(28)

셋째설교 : 29장-30장 계약조건에 신실할 것을 요구하고 있다. 즉 새 언약을 받아들이도록 독려하며, 그들이 범죄를 했더라도 진심으로 회개에 힘쓰면 그들을 용서할 것이라고 약속을 하고 있다.

위의 세개의 설교에 포함되지 않은 부분들은 전체 설교의 서론 부분으로 1장1절–5절, 둘째 설교의 예고인 4장 44절–49절, 그리고 둘째 설교의 끝부분 26장과 28장 사이에 삽입된 27장, 모든 설교를 마친 후 부록 31장–34장 등이 있다.

모세는 설교를 마친 후 부록에서 고별인사를 하며 제사장에게 율법의 전수를 행하고 여호수아에게 주도권을 위임하고 찬송과 축복 등 을 기록하고 있다.

신명기 설교의 메시지는 다음과 같이 요약될 수 있다. "이스라엘아, 이제 내가 너희에게 가르치는 규례와 법도를 듣고 준행하라. 그리하면 너희가 살 것이요, 너희 열조의 하나님 여호와께서 너희에게 주시는 땅에 들어가서 그것을 얻게 되리라. 그리하면 네가 복을 얻으리라." 10)

(2) 신명기 설교의 내용의 성격

신명기 설교는 하나님께서 주신 계명과 율례와 법도를 지키지 않은 광야 40년 동안의 비극적인 불순종을 가슴 아파 하며, 눈에 보이는 축복의 땅 가나안에 들어가게 되는 사람들이 결코 잊지 않고 지켜 행해야 될 말씀들이다.

죠지 아담 스미스는 신명기를 생생한 하나님의 말씀으로 이해하면서도 종교 개혁자들의 작품이라는 잘못된 견해를 가지고 있다. 그러나 그는 신명기 설교가 올바른 신앙유지를 위해서 잘못된 삶을 경계하고 개혁을 이룩하는 말씀으로 이해하고 있음을 볼 수 있다.11) 그러면 모세가 신명기 설교를 통해 이스라엘 민족의 신앙을 갱신한 것들은 무엇인가?

그것은 크게 세 가지로 볼 수 있는데 첫째는 유일신관의 정립이요, 둘째는 신앙윤리성을 강조한 것이며 셋째는 하나님과의 계약을 강조한 것들로서는 다음과 같다.

---

10) 신명기 4:1, 5:1, 6:1–3, 11:26–28, 15:5, 28:1.
11) G. A. Smith, 「The Book of Deuteronomy」 Cambridge Bible Series 1950, p. 122.

첫째, 유일 신관을 정립하고 있다.

하나님께서는 "너는 나 외에 다른 신들을 네게 있게 하지 말찌니라. 너를 위하여 새긴 우상을 만들지 말고 또 위로 하늘에 있는 것이나 아래로 땅에 있는 것이나 땅 아래 물속에 있는 것의 아무 형상이든지 만들지 말며 그것들에게 절하지 말며, 그것을 섬기지 말라."[12]고 하시어 하나님만을 섬기며 순종하도록 했으나 이스라엘은 아론을 시켜 금송아지를 만들게 했고 그것을 경배[13]하는 등 우상을 방자히 섬겨 하나님을 진노케 했을 뿐만 아니라 하나님은 오직 한분뿐이라는 신관을 무너뜨렸다. 그래서 모세는 "이스라엘아 들으라. 우리 하나님 여호와는 오직 하나인 여호와시니"[14] 하고 하나님은 오직 한분뿐이라는 사실을 다시금 가르치므로 하나님과 우상을 겸하여 섬기며 범신론에 빠진 타락한 신관을 배제하고 유일신관을 정립하고 있다.

우리 하나님 여호와는 오직 하나인 여호와시라는 이 말씀은 후기 유대교의 쉐마(Shema)교리가 되었으며, 철저한 유일신관에 규약종교의 생명이 있는 것이다.

이 유일신관의 정립을 위해

① 말씀을 순종하라고 가르친다.

"오늘날 내가 네게 명하는 이 말씀을 너는 마음에 새기고 네 자녀에게 부지런히 가르치며"[15] 말씀을 품고, 가르치고, 강론하며, 항상 말씀과 더불어 살라고 하셨다. 그래서 하나님 경외의 말씀을 네 손목에 매며(신6:8), 마음판에 새기라(6:7)미간에 붙여 표를 삼고 또 네집 문설주와 바깥문에 기록 할 찌니라. "이를 네게 나타내심은 여호와는 하나님이시요, 그 외에는 다른 신이 네게 없음을 알게 하려 하심이니라"[16]고 말하여 하나님의 말

---

12) 출애굽기 20:4-5.　　13) 출애굽기 32:19-24.
14) 신명기 6:4.　　15) 신명기 6:6-7.
16) 신명기 4:35.

씀을 철저하게 순종하여 하나님과 동행하는 삶을 살도록 권고하고 있다.

② 유일신관을 철저하게 실천하기 위해서 다음으로 예배처소의 통일을 강조하고 있다.

"오직 너희 하나님 여호와께서 자기 이름을 두시려고 너희 모든 지파 중에서 택하신 곳인 그 거하실 곳으로 찾아 나아가서 너희 번제와 너희 희생과 너희 십일조와 너희 손의 거제와 너희 서원제와 낙헌 예물과 너희 우양의 처음 낳은 것들을 너희는 그리고 가져다가 드리고 거기 곧 너희 하나님 여호와 앞에서 먹고 너희 하나님 여호와께서 너희 손으로 수고한 일에 복을 주심을 인하여 너희와 너희 가족이 즐거워 할지니라. 우리가 여기서는 각기 소견대로 하였거니와 너희가 거기서는 하지 말지니라"[17] 여기 지정된 예배 처소는 예루살렘의 처소를 가리킴이다. 예배처소의 통일을 실현하기 위하여 여러 가지 필요한 조건들을 말하고 있어 새로운 환경에 적응하도록 마음을 쓰고 있다.

즉 가나안 족속들이 그 신들을 섬기는 동산, 푸른 나무 아래를 파멸하라(신12:2), 우상의 단을 헐며 그 우상들을 모두 없애라(신12:3), 하나님 여호와께서 자기 이름을 두시려고 너희 지파 중에서 택하신 곳에서만 예배하라(신12:5-6)

너희는 여호와께서 자기 이름을 두시려고 택하신 곳으로 모든 번제와 희생과 십일조와 손의 거제와 서원물을 가지고 가라(신12:11), 오직 성물과 서원물을 여호와께서 택하신 곳으로 가져가라(12:26)위의 말씀들에서 모세는 이스라엘 민족이 가나안 종족이 신성시 했던 동산이나 나무들을 하나님을 예배할 곳과 혼동하는 것을 막고, 예배는 오직 하나님이 지정하신 곳에서 드리게 하며, 모든 예물도 하나님이 지정하신 곳에서만 드리게 함으로 예배처소의 통일을 강조하여 하나님은 오직 한분이심을 강조하였다.

---

17) 신명기 12:5-8.

③ 유일신의 정립을 확실히 하기 위해 이스라엘이 선민이라는 의식을 고취시키고 있다.

하나님과의 관계가 끊어지면 이스라엘은 존재근거를 상실하게 된다. 이스라엘은 결코 특별한 백성이 아니다. 하나님이 백성이 될만한 특별한 무엇이 있기 때문이 아니다. 그럼에도 불구하고, 하나님께서 저들을 사랑하셔서 많은 민족 가운데서 택하여 하나님의 백성을 삼아 주신 것이다.

그래서 모세는 이 사실을 저들에게 아래와 같이 확인을 시키고 있다. 신명기 27장 9절-10절에서 모세가 레위 제사장들로 더불어 온 이스라엘에게 고하여 가로되, "이스라엘아 잠잠히 들으라 오늘날 네가 하나님 여호와의 백성이 되었으니 그런즉 하나님 여호와의 말씀을 복종하여 내가 오늘날 네게 명하는 그 명령과 규례를 행할찌니라"고 말하고 있는데, 폰라드(G. von Rad)는 여기서 하나님의 의를 위한 엄숙한 계약과 계명의 갱신을 취급하고 있다고 말하고 있다.[18]

하나님이 이스라엘을 택하신 것은 수효가 많음이 아니라[19]하시며, "여호와께서 오직 너희 열조를 기뻐하시고 그들을 사랑하사 그 후손인 너희를 만민 중에서 택하셨음이 오늘과 같으니라"[20] 고 했다.

하나님이 그 열조를 사랑하시고 약속하셨다.(야곱과의 약속)(창50:24-신7:8, 출32:13)하나님과 이스라엘은 계약관계에 있다. 하나님은 이스라엘을 사랑도록 하고 이스라엘은 하나님을 경외하도록 말이다. 그런데 이스라엘이 불순종하므로 이 계약은 깨지고 말았다. 계약의 회복만이 이스라엘이 살 수 있는 길이다.

하나님의 선민의식이야 말로 이스라엘 민족의 순수성을 지키게 하며 결속하게 하고, 하나님의 사심을 증거하는 민족으로서의 사명의식을 가지고 살게 했다. 이 사실을 신명기의 신학적 과제와 설교의 원형문제에서 하나님 백성사상은 이스라엘을 신인 공동체로 결속하고 그 결속을 통하여 민

---

18) Gerhard von Rad, 「Old Testament Theology」, vol.I. New York: Harper and Row Publishers, 1962 pp. 17-18.
19) 신명기 7:7.
20) 신명기 4:37, 10:15.

족적 사명의식을 고취하며 동시에 그들의 역사의식을 고양시켜 주고 있다.

"오늘 네가 하나님 여호와의 백성이 되었으니" [21] 이토록 하나님은 열조와의 약속대로 오늘도 하나님을 떠나 우상을 섬기며, 철저하게 불순종하고 있는 저들이지만, 하나님의 백성으로 삼아주시고, 그들을 통해 세상에 하나님은 오직 한 분 뿐 이시라 는 사실을 믿을 뿐 아니라 증거를 하도록 하셨다.

오늘날 네 하나님 여호와께서 이 규례와 법도를 행하라고 네게 명하시나니 그런즉 너는 마음을 다하고 성품을 다하여 지켜 행하라. 네가 오늘날 여호와를 네 하나님으로 인정하고 또 그 도를 행하고 그 규례와 명령과 법도를 지키며 그 소리를 들으리라 확언하였고 여호와께서도 네게 말씀하신 대로 오늘날 너를 자기의 보배로운 백성으로 인정하시고 또 그 모든 명령을 지키게 하리라 확언 하였은즉 여호와께서 너의 칭찬과 명예와 영광으로 그 지으신 모든 민족위에 뛰어나게 하시고 그 말씀하신 대로 너로 네 하나님 여호와의 선민이 되게 하시리라[22] 이스라엘은 하나님에 의해 선민이 되었다. 이스라엘은 출애굽 사건으로부터 하나님께서 자기들을 선택하시고 하나님과 자기들과 특별한 관계를 세우셨음을 확신하였다. [23]

이스라엘에게 있어서 이 계약은 어떤 역사적 시기와 장소에서, 즉 시내 산에서 일어났던 실제의 사건이었다. 그리고 이것은 "다른 백성들이 경험하지 못했던 아주 독특한 사건이었다."[24]

그러므로 "선택은 역사에 투사된 신앙이 아니라 역사상의 실제적 사건이었으며 그래서 이 사건은 그 후에 계속된 역사의 의미를 밝혀주고 있다." 이 선민의식을 통해 하나님에 대한 이해를 하도록 하고 있다.

둘째, 신앙의 윤리성을 강조하고 있다.

---

21) 신명기 27:9.
22) 신명기 26:16-19.
23) 참고 G. Ernest Wright, 「God Who Acts」 London: SCM Press LTD 1962. p. 54. 여기서 Wright는 이스라엘 백성이 하나님께서 자기들을 택하였음을 추리했다고 말하지만, 이는 단순히 인간적인 추리가 아니라, 하나님이 계시해서 확신케한 믿음의 사실로 생각된다.
24) 신명기 5:26.

"신명기 사상의 알파와 오메가는 하나님을 사랑하는 것이다." 그러므로 신명기에는 하나님을 사랑하는 것이 복의 근원이 됨을 말하고 있다. 그러나 그에 못지 않게 하나님의 백성이 지상에서의 삶에 대한 윤리적 교훈이 또한 강조되고 있음을 보게 된다.

신명기 설교는 하나님께 대한 제사적인 면, 하나님의 말씀을 통한 예언적인 면, 그리고 백성 상호간의 윤리적인 면으로 구성되어 있음을 볼 수 있다. 윤리생활을 강조하고 있음에는 특히 개인과 불쌍한 사람을 보호하는데 그 목적이 있었다. 그러므로 신앙이 이웃사랑의 횡적관계를 무시한 것이 되지 않고, 하나님 사랑이 이웃사랑으로 연결되어 열매를 맺도록 하여 이상적인 신앙 공동체를 이룩하려고 하고 있다.

예를 들면 7년마다 면제하는 규정(15장), 길 잃은 양을 주인에게 돌려주는 규정(22:1-), 도망간 종을 주님에게 돌리지 말라는 규정(23:19), 신혼하여 1년간 휴가규정(24:5), 부녀자의 인권옹호 규정(24:1-,25), 도피성 규정(4:41-43)등이다. 신명기 설교는 종교 의식법 까지도 그러하다.

축제의 본래의 목적이 '비참한 사람들의 영양보충'을 위한 것인 듯한 인상을 준다.

이 사상이야말로 예수께서 "나는 자비를 원하고 제사를 원치 아니하노라" 25)고 하신 것과 또 "누구든지 내 이름으로 어린 아이 하나를 영접하면 곧 나를 영접함이니 나를 믿는 이 소자 중 하나를 실족케 하면 차라리 연자맷돌을 그 목에 달리우고 깊은 바다에 빠뜨리우는 것이 나으니라."26)

그리고 어느 율법사의 가장 큰 계명에 대한 질문의 대답에서 보여주신 "네 마음을 다하고 목숨을 다하고 뜻을 다하여 주 너희 하나님을 사랑하라 하였으니 이것이 크고 첫째 되는 계명이요, 둘째는 그와 같으니 네 이웃을 네 몸과 같이 사랑하라고 하였으니 이 두 계명이 온 율법과 선지자의 강령

---

25) 호세아 6:6.
26) 마태복음 18:5-6.

이니라"[27]고 하신 가르침과 같다.

셋째, 계약을 강조하고 있다.(계약중시)

하나님은 벧엘에서 아브라함과 이삭에게 하셨듯이 야곱과 계약하시고 계시다.[28] 이처럼 여호와 하나님은 이스라엘의 하나님이 되었다. 신명기 설교의 또 하나의 중요한 요소는 계약사상이다. 대표적인 예가 28장에 나타난다.

하나님의 말씀을 순종하면 그것이 의이며, 지상에서는 그 보상이 물질적인 보상으로 나타나고, 불순종하면 그것이 악이며, 그 보상은 물질적인 손해로 나타남을 강조하고 있다.

또한 신명기는 국가가 그 하나님의 교훈에 순종하여 크게 강성하도록 요구하고 있다. 이것이야말로 불순종하는 이스라엘을 순종케하는 하나님의 사랑의 돌보심을 선포한 것이다. 신명기의 생명개념은 지혜문학의 생명 이해와 동일하다. 즉 "양쪽 모두 자주 생명을 물질적인 유익, 선한 삶, 장수, 다남, 번영, 기쁨, 땅 소유" 등으로 이해한다.

충만한 생(행복)은 법 준수로 또는 훈계를 받아 지킴으로 약속되고(신 16:30, 22:7, 25:15, 16:20, 4:1-50, 6:24, 8:1, 11:9, 30:6, 15:20, 32:47), 어느 의미에서는 신명기의 법이 국가의 생명을 뜻한다. 그래서 이렇게 설교하고 있다. "보라 내가 오늘 생명과 복과 사망과 화를 네 앞에 두었나니 내가 오늘날 천지를 불러서"[29]증거를 삼는다고 말하고 있다. 그러므로 이것은 불변의 것이며 만인이 아는 것임을 강조하여 하나님은 이스라엘의 하나님으로 이스라엘을 축복하시고 이스라엘은 여호와를 자기 하나님으로 믿고 순종하여 축복받도록 권고하고 있다.

---

27) 마태복음 22:37-40.
28) 창세기 28:13-14,21. 참고 창세기 26:5.
29) 신명기 30:19-20.

(3) 신명기 설교의 특색

신명기 설교는 대체적으로 다음 세 가지의 특색을 지니고 있다.

① 순종을 특별히 강조했다.

모세는 그가 출애굽을 한 후 길르앗과 아르논 골짜기 정복까지 오직 하나님의 말씀대로, 명령대로, 이르신 대로, 율법대로, 행했음을 말하고 있다. 27장에 특별히 잘 나타나고 있다. 아멘을 강요하고 있다. 저주를 받으리라는 말씀에까지 아멘 하도록 하여 하나님의 말씀에 절대 복종하도록 하고 있으며, 이것이 하나님의 말씀을 대하는 인간의 응답의 자세이다. 선택의 여지없이 순종하는 삶이다. 여기에 축복이 있음을 오늘의 설교자들도 주저함 없이 선포해야 한다.

② '오늘이라는'의 문제를 강조했다.

신명기 설교에서는 오늘이라는 말이 무려 50회 이상 나타난다. 과거와 미래 사이를 다리 놓은 오늘로 이해하여 과거의 불순종을 책망하고 거울삼아 오늘 결단하고 순종하며 그 순종이 미래에 들어가 땅에 까지 연결되는 현재로 부터 미래의 시간의 연속성을 강조한다.

③ 가르치라는 말이 강조되었다.

"가르친다"는 동사 "לָמַד"(lamad)라는 말은 신명기에서 자주 사용하는 동사이다.

예를 들면 신11:9-10, 6:2, 7, 20-25, 11:19). 법 규례에도 있는데 신13:12, 신19:20등이다. 그리고 가르친다는 말과 같은 뜻의 히브리 말로 '징계' '책망'이라는 말이 신명기에도 자주 나오는 것도 교육 이념에 가까운 표이다.

이러한 현상은 지혜문학과 대단히 비슷하고 고대 중동의 지혜문학에도 교육적인 경향을 지극히 많이 끼쳤다.

(4) 신명기의 설교문체

모세가 이스라엘 신앙의 고유성과 독특성을 강조하고 설교할 때 어떤 문장을 사용하여 하나님의 메시지를 전달했는가?

신명기 설교의 문장을 보면

① 어떤 사건을 설명하는 서술적 문장

② 그런 사건을 말하는 사람과 듣는 사람이 함께 관심하도록 하는 의문형 형식의 문장

③ 그런 사건과 듣는 청중의 삶을 직결시켜 그 사건에 동참하도록 권고하는 명령형 등 세 가지가 있다.[30]

우리는 여기서 신명기 설교의 문학적 특색을 몇 가지 살펴보자.

㉠ 청중으로 하여금 자기 자신이 어떤 사람인가를 부단히 깨우치게 하는 말로서 "이스라엘아"라고 부르는 말로서 설교를 시작한다.[31]

"이스라엘"하는 이 한 마디 부름은 청중의 관심을 설교자에게 모으게 한다. 동시에 설교를 듣는 그 백성들은 "가나안 사람"이나 "애굽사람"이 아니고 모세와 동일한 신앙 공동체 백성임을 상기 시킨다. 동시에 "이스라엘"이라는 히브리어가 내포하고 있는 말의 역사적 유래와 신앙과 민족적 긍지를 각성시키고 있다.[32]

---

30) Ibid, p. 251.
31) 신4:1, 5:1, 6:3,4, 9:1, 10:12, 20:3. 독일 교회 설교자들은 반드시 그 설교 시작할 때 "Liebe Gemeind"(사랑하는 여러분)이라고 사용하는 버릇도 신명기 설교에서 유래되는 것이 영향을 받았다고 한다.
32) 창 32:21-28.

사도 바울이 로마교회에 보내는 편지에서 "형제들아"를 연달아 쓰고 있음도 그러하다.[33] 이러한 말은 설교자와 청중의 깊은 신앙적 유대관계와 동시에 청중들의 자의식을 깨우치고 각성시킨다.

사도 바울은 "고린도 인들이여"[34] "사랑하는 자들이여"[35] 등으로 신명기적 설교문학 형태를 따르고 있다.

ⓛ 신명기 설교자는 청중들에게 질문을 던진다.

이러한 설교의 주제는 "야훼 하나님 같으신 분이 어디 있느냐"[36]인데 네 개의 질문을 연발하고 있다.

"...이런 큰 일이 있었느냐?...감히 살 수 있었느냐?...들은 적이 있느냐?...야훼 하나님과 같이 한 민족을 다른 민족의 손에서 인도하여 낸 일이 있느냐?" 이런 질문의 대답은 "없다"이다. 부정법을 사용하여 강한 긍정을 던지는 문장형식이다. 예언자 예레미야가 그의 백성들에게 하나님의 말씀을 확신하게 설복을 시킬 때도 이런 질문 형태의 문장을 많이 사용하고 있다.

"내가 어찌 이 일들을 인하여 벌하지 아니하겠느냐. 네 마음이 이런 나라에 대하여 복수하지 않겠느냐?"[37]

ⓒ 신명기서의 또 다른 독특한 문장은 명령형의 연발이다.

"지키라" "명심하라" "가르치라" "배우게 하라" "섬기라" "삼가라" "경외하라" "기억하라" "즐거워하라" "완전 하라" 등이다. 신명기 설교가 하나님이 직접 모세를 통하여 그 백성에게 지시하는 바를 선포한 내용이기 때문에 이 명령앞에 인간이 순종할 수도 있고 거부할 수도 있는 선택의 자유가 전혀 용납되지 않는다. 무조건 복종뿐이다.

---

33) 롬7:1, 8:12, 10:1, 12:1, 15:30, 16:17.
34) 고후 6:11.
35) 고후 7:1.
36) 신 4:43.
37) 렘 5:9.

"네가 네 하나님 여호와의 말씀을 삼가 듣고 오늘날 네게 명한바 그 모든 명령을 지켜 행하면 여호와께서..축복할지니라."[38] 그러나 "네가 만일 네 하나님 말씀을 순종치 아니하며 내가 오늘날 네게 명하는 그 모든 명령과 규례를 지켜 행하지 아니하면 이 모든 저주가 네게 임하고 네게 미칠 것이니..."[39]

그러므로 이 설교의 말씀대로 행하고 그 명령대로 순종하는 길만이 이스라엘이 살고 평안과 축복을 받을 길이었다.

여기에 참 설교자의 원형적 권위가 있다. 설교자는 자기 지식을 선전하거나 인위적 강요로 권위를 내세우는 것이 아니다. 오직 하나님이 명하신 "하라"는 말씀(허락)과 "하지말라"(금지)라는 말씀으로 하나님의 명령을 전달할 때 권위를 가진다. 무릇 설교란 하나님의 역사, 그 구원사의 반복이다. 신명기 설교는 출애굽 사건과 광야경험과 시내산 계약을 통하여 나타난 하나님의 구원 행동을 기억하고 믿도록 알려준다. 따라서 구원사의 반복이 신명기의 설교인 동시에 예수 그리스도를 통하여 하나님이 구원하시는 오늘 교회의 설교이기도 하다.

2) 신약 성경에 나타난 예수님의 설교의 원형

(1) 예수님의 설교

예수님의 설교는 성육신하신 하나님을 증거하는 설교였다. 그리고 예수 그리스도는 친히 천래의 복음을 가지고 오셨고 그것을 스스로 성취하셨다.

---

38) 신 28:1.
39) 신 28:15.

① 예수님의 설교의 4가지 독특성

㉠ 예수님의 설교에는 권위가 있었다.

그것은 신적인 권위였다. 율법 학자들이나 서기관들처럼 유전이나 선배 학자들의 해설이나 학설의 소개가 아니고 구약 성경의 말씀을 취하여 단도직입적으로 그 진의를 말하고 자신의 구원을 선언하신 것이었다. 성경은 예수님의 권위에 대하여 다른 사람들과 비교하여 말하기를 선지자는 저들의 권면을 "주는 말씀 하신다"라는 말로써 시작했고, 서기관들은 "율법에는 이렇게 기록되어 있다"고 말했다. 사도들은 "주 예수 그리스도의 이름으로"라고 말했다. 그러나 예수님은 항상 "네가 너희에게 말하노니", "내가 진실로 진실로 너희에게 말하노니"라고 말씀 하셨다. 여기에서 "진실로"는 헬라어로 '아멘'이다. 우리는 간구의 끝에 '아멘'을 말하지만 예수님께서는 말씀의 서두에 '아멘'을 사용하셨다. 이것은 그가 신적 권위를 가지고 있기 때문이다. 성경은 "예수님의 설교를 들은 무리들이 그 가르침에 놀라니 이는 그가 가르치시는 것이 권세 있는 자와 같고 저의 서기관들과 같지 아니함 이러라"(마7:28-29)고 기록하고 있다. 예수께서 고향에 돌아가서 회당에서 가르치셨을 때 "저희가 놀라 가로되 이 사람의 지혜와 이런 능력이 어디서 났느뇨?" (마13:54)라고 하였고, 대제사장들과 바리새인들이 예수를 체포하라고 하속들을 보냈지만 하속들은 그냥 돌아오고 말았다. 이 때 저희가 "어찌하여 잡아 오지 않았느냐"고 물으니까 하속들이 대답하되, "그 사람의 말하는 것처럼 말한 사람은 여태 없나이다."(요7:45-46)라고 대답했다. 이렇듯 예수님께서는 어떤 다른 사람과도 비견할 수 없는 절대적인 권위를 가지고 설교하셨다.

㉡ 예수님의 설교는 역설적(paradox)이었다.

예수님께서는 중요한 결단을 요구하는 경우에는 역설적인 설교를 하셨다. 몇 가지 예를 들면 "나와 및 복음을 위하여 집이나 형제, 자매, 어미, 아비, 자식, 전토를 버린자는 금세에 있어서 집과 형제와 자매와 모친과 자식과 전토를 백배나 받고"(막10:29-30) "또 너희 중에 누구든지 크고자 하는 자는 너희를 섬기는 자가 되고 너희 중에 누구든지 으뜸이 되고자 하는 자는 모든 사람의 종이 되어야 하리라"(막10:43-44). 또는 "자기 목숨을 얻는 자는 잃을 것이요, 나를 위하여 자기 목숨을 잃는 자는 얻으리라."(마10:39)등과 같은 역설적인 말씀을 많이 하셨다.

ⓒ 예수님은 그의 설교에서 쉬운 이야기 형태, 즉 비유로 많이 말씀 하셨다.

예수님께서는 그를 가르친 많은 무리들에게 쉬운 말과 많은 비유를 사용하여 말씀 하셨다. 복음서를 통해 찾아볼 수 있는 약 52개 이상의 비유가 그 사실을 입증 해주고 있다. 제자들이 예수께 나와서"왜 비유로 말씀 하시나이까"하고 질문하니까 "천국의 비밀을 어려운 말로 말하면 저희가 보아도 보지 못하며 들어도 듣지 못하며 깨닫지 못하게 되므로 비유로 말한다"(마13:10-13)고 하셨다. 모든 사람이 듣고 누구나 알 수 있게 하기 위하여 쉬운 말과 비유를 사용하셨다. 예수님은 당시에 헬라어를 해독했다고 볼 수 있는데 그것은 갈릴리 지방에서 헬라어가 잘 알려져 있기 때문이며 (요12:20) 로마 총독의 질문에 대하여 "당신이 말했고"라고 대답 하신 것을 보아 알 수 있다.[40] 그리고 당시 랍비들은 히브리어를 아는 것으로 자격과 권위를 가졌다고 인정했다. 예수께서는 바리새인과 랍비들에게 말씀 하실 때 히브리어를 사용하셨지만[41] 그렇지만 일반 대중에게 복음을 전할 때는 당시 일반 백성이 널리 사용하던 아람어로 말씀을 전하셨다. 이처럼 예수님께서는 말씀을 전하시는 대상에 따라 비유와 히브리어, 아람어, 헬라어를 사용하시어 상대방이 알아듣기 쉬운 말로 복음의 말씀을 전하셨다.

---

40) 전경연「예수의 교훈과 윤리」서울: 향린 출판사, 1973, p. 66.
41) Ibid., p. 67.

ⓔ 예수님의 설교는 독창적이며 신선하다.

예수님의 설교가 서기관들의 교훈과 같지 않았던 이유는 그의 말씀이 독창적이었기 때문이다. 예수님의 설교는 재료가 풍부했고 전하고 가르치는 방법도 독창적이며 천부적이었다. 예를 들면, 언덕에 피어난 한송이 백합화나 공중에 나는 새 한 마리도 예수님에게는 훌륭한 설교 재료가 되었고, 실물 교수의 신선함을 풍기고 있으며 예와의 용법도 자연스러웠다. 또한 짧은 말속에 진리를 함축 시켰으며 대화를 많이 사용하였고(요4:7-26) "사랑하라", "주라", "섬기는 자가 되라", "자기의 십자가를 지고 나를 따르라", 등등 소극적이 아닌 적극적인 설교를 하셨다. 이러한 특징들을 가지고 있었으므로 많은 사람이 그의 교훈에 항상 매혹되어 있었다.

(2) 예수님의 설교의 초점

예수님의 설교는 자신에 오심으로 도래한 하나님의 나라에 대한 선포와 율법에 완성, 그리고 죄에서의 구원과 영생의 약속을 초점으로 말씀하셨다.

첫째로, 하나님 나라(천국)에 대한 설교였다. 예수님은 임박한 하나님 나라의 도래를 선포함으로 설교를 시작했다. 그리고 죄를 심판하는 설교였다. 예리한 통찰력과 솔직한 말로써 죄를 책망하셨다. 서기관이건, 장로이건, 바리새인이건, 왕이건 회개함이 없이는 구원 받을 길이 없다는 것을 선포하였다. [42] 또 한편 예수님은 미래에 다가올 말세의 심판과 인자의 내림과 천국에 대한 선지자적인 말씀을 하셨다. [43]

둘째, 율법에 대한 새로운 해석의 설교였다. 예수께서는 율법이나 예언자를 폐하려 온 것이 아니고 완성하려 왔다고 하신다(마5:17). 이 율법

---

42) 마21:12-13, 23:1-32.
43) 마13장, 24장.

의 말씀에서 유태인의 율법적 사고를 배격하고 믿음에 의한 율법의 완성을 지향하였다. 산상 설교에 있는 여섯가지 반명제(마5:21-48), 복음 선교의 준칙(마10:16-42), 가장 큰 계명(눅10:25-29, 마19:16-20) 구제, 기도, 금식에 관한 것(마6:2-18), 정결법(막7:15), 이혼에 대한 교훈(마19:3-12, 막10:1-12), 교회규약(마12:5-6, 막7:9-13, 10:6-9, 마16:18-19, 18:15-22, 막8:31, 9:31, 10:33-34)**44)** 등에서 이와 같이 율법에 대한 새로운 해석을 시도하셨다.

셋째, 죄에서의 구원과 영생을 목표로 한 설교 예수님의 모든 설교는 속죄와 십자가에 관련되어 있다. 그의 비유나 도덕까지도 십자가의 구원과 분리하여 생각할 수 없다. 모든 것은 십자가를 열쇠로 하여 해석하고 배워야 할 것이다.

예수님은 자신이 여러 차례 십자가에서 죽고 삼일만에 부활할 것을 예언하셨는데(마16:21, 20:17-19), 인류를 구원하기 위하여 드디어 그 예언을 성취하였다. "인자가 온 것은 섬김을 받으려 함이 아니라 도리어 섬기려 하고 자기 목숨을 많은 사람의 대속물로 주려 함이니라" (마20:28)

(3) 예수님 설교의 내용

① 기독교 윤리에 대한 설교

예수님은 갈릴리를 중심하여 선교 활동을 하는 기간 중에 산상보훈(마 5:-7, 눅6:17-49)을 설교 하셨는데 이 산상보훈은 기독교 윤리에 관한설교였다.

그 내용을 살펴보면:
　　㉠ 팔복에 관한 교훈(5:1-12)
　　㉡ 기독교인의 사명에 관한 교훈(13-16)
　　㉢ 율법에 관한 교훈(17-20)

---

44) 전경연, Ibid, p. 79.

ⓔ 형제 화목에 관한 교훈(21-26)

ⓜ 윤리에 관한 교훈(27-48)

ⓗ 위선하지 말라는 교훈(6:1-18)

ⓢ 보물을 하늘에 쌓아두고 염려하지 말며 먼저
그의 나라와 그의 의를 구하라 교훈(6:19-34)

ⓞ 비판하지 말라는 교훈(7:7-12)

ⓩ 기도와 황금률에 대한 교훈(7:7-12)

ⓧ 아름다운 열매를 맺고 말씀을 실천하는 지혜있는 자가 되라는
교훈(13-29)[45] 등으로서 예수님은 여기서 제자들에게 그리스도
인으로서 살아가는데 반드시 지켜야 할 윤리와 도덕에 관한 설교를
하셨다.

② 천국 복음에 대한 설교

예수님의 설교 중에는 천국 복음에 대한 설교가 나온다.

마태복음 13:1-52절에 나오는 일곱가지 비유가 있는데 이 비유들은
다 천국의 진리를 가르치는 설교였다.

그 내용은:

ⓐ 씨 뿌리는 비유   ⓑ 가라지 비유

ⓒ 겨자씨 비유   ⓓ 누룩 비유

ⓔ 감추어진 보화의 비유   ⓕ 진주 비유

ⓖ 그물과 물고기 비유인데, 천국 복음 진리를 보다 알기 쉽게 전하기
위해서 사용하신 이야기들이다.

그리고 천구에의 초대에 관한 비유적 설교도 하셨고(마22:1-14, 눅
14:16-24), 또 어떻게 함으로 천국에 얻을 수 있고 영생을 얻을 수 있는지
에 대해서 설교하셨다.(요3:16, 5:24, 3:36, 11:25, 14:1-6) 그리고 모든
것을 버리고 주를 따르고, 모든 것보다 주를 더 사랑하고, 주를 위해 생명

---

45) 마 5:1-7:29.

까지 버릴 때, 약하고 고통당하는 자를 잘 돌볼 때, 생명을 얻고 천국을 얻을 것을 가르치셨다(마1):37-39, 16:24-25, 막10:29-30, 눅18:15-17, 29-30, 마25:31-46).

③ 종말론적 설교

예수님은 마지막 때에 관한 설교를 하셨다. 마24장, 막13:3-37의 말씀은 마지막 때의 세계적 현상과 예수님 재림시의 징조와 심판에 대한 설교임을 알 수 있다. 그 밖에도 마8:38, 9:1과 눅9:26-27의 말씀도 예수님의 재림에 관한 설교이다. 마지막 때에 성도들이 어떻게 경성해야 할 것을 아울러 설교하였다.(눅12:35-48).

④ 외식과 위선과 부패를 책망하는 설교

예수님은 불의와 부패와 외식과 위선을 보시고 의분을 일으키며 정의를 외치는 설교를 하셨다. 첫 번째 성전에 올라가 보실때에 성전 안에서 장사하는 것을 보시고 "내 아버지 집을 장사하는 집으로 만들지 마라"하시며(요2:16) 장사하는 무리를 내쫓으셨다(요2:13-17).

마지막으로 예루살렘에 상경 했을 때도 성전을 청결케 하시면서 "내 집은 기도하는 집이라 일컬음을 받으리라 하였거늘 너희는 강도의 소굴을 만드는 도다" 하시고(마21:31) 다시 장사하는 무리들을 추방하셨다(마21:12-17). 그리고 기도에 관한 외식과 위선에 대하여(마5:8) 구제에 관한 외식과 위선에 대하여(마6:16-8:), 유전으로 하나님의 말씀을 폐하는 외식과 위선에 대하여(마15:1-2)말만하고 행치 않는 외식하는 서기관과 바리새인들을 향하여(마23:1-36, 막12:38-44, 눅20:45-47) 맹렬하게 책망하셨다.

⑤ 메시야 사명에 관한 설교

예수님은 하나님의 보내심을 받고 아버지의 이름으로 이 땅에 오셨다.

그는 말씀하시기를 "살아계신 아버지께서 나를 보내시매 나도 아버지로 인하여 사노니 나를 먹는 사람도 이같이 나를 인하여 살리라"(요6:57) 또 말씀하시기를 "나를 보내신 이가 나와 같이 계시니 아버지께서 나를 혼자 두지 아니하시는 것은 내가 항상 기뻐하시는 일을 행함이라"(요8:29)고 하셨다. 예수님은 하나님께로부터 보내심을 받아 세상에 오신 목적과 다음과 같은 자신의 메시야 사명에 대하여 분명하게 말씀하셨다.

㉠ 전도의 사명

"우리가 다른 가까운 마을들로 가서 거기서도 두루 전파하리니 내가 이를 위하여 왔노라"(막1:38, 눅4:18-19)

㉡ 의를 완전케 하려는 사명

"내가 율법이나 선지자나 폐하려 온 줄로 알지 말라 완전케 하려 왔노라"(마5:17)

㉢ 죄인을 부르려고 오신 사명

예수님께서 어느 때에 세리와 죄인들로 머물어 한 자리에 앉아 음식을 드시니 바리새인들이 그것을 보고 힐난했다. 그 때 예수께서 들으시고 "건강한 자에게 의원이 쓸데없고 병든 자에게는 쓸데 있으니라 너희는 가서 내가 긍휼을 원하고 제사를 원치 아니하노라 하신 뜻이 무엇인지 배우라 내가 의인을 부르러 온 것이 아니요, 죄인을 부르러 왔노라" (마9:12-13)로 말씀하셨다.

㉣ 섬기려는 사명

"인자가 온 것은 섬김을 받으려 함이 아니요, 섬기려 하고 많은 사람을 위하여 목숨을 버려 속죄하여 주려 함이라"(마20:28)

ⓜ 마지막으로 예수님께서는 자신이 십자가를 지고 죽으시고 부활 하셔 서 이와 같은 메시야 사명을 완수 하실 것에 대해(마16:21-20:18)설교 하 셨다.

이상과 같은 예수님의 설교의 특징과 내용을 살펴보면, 예수님의 설교 는 대부분 독자적 설교로서 천래(天來)의 음성을 들려주는 설교였다. 바꾸 어 말하면 그는 하나님의 아들만이 할 수 있는 설교를 하셨다.

예를 들여 "내 말을 듣고 또 나를 보내신 이를 믿는 자는 영생을 얻었고 심판에 이르지 아니하나니 사망에서 생명으로 옮겼느니라"(요5:24), "나는 부활이요 생명이니 나를 믿는 자는 죽어도 살겠고 무릇 살아서 나를 믿는 자는 영원히 죽지 아니 하리니"(요11:25) 또는 "내가 곧 길이요, 진리요, 생명이니 나로 말미암아 않고는 아버지께로 올 자가 없느니라"(요14:6)와 같은 말씀들은 인간으로서는 아무도 할 수 없는 말씀들이다.

그러나 예수님의 설교 가운데는 구약의 율법을 풀어 재해석하여 설교 한 주해 설교의 유형에 속하는 것들과 발견할 수 있다. 즉, 마5:17-47절 의 말씀은 율법과 계명에 관해 주해 설교이며, 눅4:16-30절의 말씀은 이 사야61:1-2절의 말씀과 엘리야와 엘리사 시대의 역사적 사건을 토대로 하 여 설교한 주해 설교이다

또한 마22:37-40절에 "네 마음을 다하고 목숨을 다하고 뜻을 다하여 주 너희 하나님을 사랑하라. 하셨으니 이것이 크고 첫째 되는 계명이요 둘 째는 그와 같으니 네 이웃을 네 몸과 같이 사랑하라 하셨으니 이 두 계명이 온 율법과 선지자의 강령이라"한 말씀은 구약 신명기 6장 5절 말씀을 재설 명하는 주해 설교이다. 예수님은 독자적 설교와 아울러 구약을 재해석하는 주해 설교를 하셨다.

『강단에서 건강한 양식의 설교를 하자』

사람의 인체가 정상적으로 기능을 하려면 반드시 성장과 유지에 필요한 연료인 에너지를 필요로 한다. 이 인체의 에너지인 영양은 균형 잡인 식생활 즉 음식물이다.

1. 사람에게는 인체가 필요로 하는 필수 에너지가 있다.

몸은 다양한 기관(장기)과 조직과 10억조의 세포들로 이루어 져 있다. 이 몸이 성장과 유지를 하려면 신진대사를 위한 에너지를 필요로 한다. 이 에너지는 식품에 들어 있는 음식물을 통해서 ①탄수화물, ②단백질, ③지방,④비타민, ⑤무기질, ⑥물, 같은 필수 영양소가 있어야 건강한 육체를 만들어 낸다. 그래서 건강한 신체는 건강한 식생활을 통해서 얻어 진다.

2. 사람의 신체는 0.001밀리미터의 약 10억조 개나 되는 세포들로 구성이 되어 있다. 세포는 몸 안에 다양한 DNA와 세포분열과 조직과 장기를 이루는 인체의 기본적인 기능 단위이다. 약 10억조 개에 달하는 인체의 모든 세포는 음식을 통해 얻은 영양소를 만들고 저장하고 유지가 된다.

3. 설교자의 설교는 정성과 노력으로 건강한 식생활 식단과 같은 설교를 해야 한다.

동양의학에서는 "명(命)은 재식(在食)이라 하고, 식(食)은 후천(後天)의 기(氣)를 양(養)한다."하여 음식이 생명의 유지와 인간 활동의 근원임을 말하고 있다. 뿐만 아니라, 약(藥) · 식(食)이 동원(同源)이라는 말이 있어, 음식을 잘 먹어야 질병에서 우리 몸이 건강 할 수 있다는 것이다.

당신은 오늘도 베드로나 바울처럼(벧전2:2,고전4:37)의 순전하고 신령한 양식의 설교자의 설교를 하고 있는가?

- 著者의 辯 -

제9장

설교자의 자격과 자질 그리고 준비

1) 설교자의 자격

목회자는 복음전파자로서의 일을 하라는 하나님의 명령 아래 있다. 목회에 대한 소명은 신앙인이라면 누구나 다 가지고 있는 소명이지만 목회자에게는 특별한 그 이상의 하나님의 명령에 의한 소명이 있는 것이다. 하나님의 말씀이 하나님 자신에 의하여 말씀되어져 하나님이 사람이 되셨던 것처럼(成肉身), 그 본을 받아 설교자가 하나님의 말씀을 선포하게 되는 것이다(빌립보서 2:6-7). 그래서 설교자는 다음과 같이 중요한 임무를 가지고 있다.

(1) 하나님께 택함 받은 자

설교는 예수 그리스도께서 승천하시며 "내 양을 먹이라"(요21:15)하신 명령에 그 근거를 두고 있기 때문에 예수님은 그 양을 먹일 자, 곧 설교자를 선택하신다. 하나님은 "나는 너를 뽑아 세웠다. 네가 세상에 떨어지기 전에 나는 너를 만방에 내 말을 전할 나의 예언자로 삼았다"고 하였다.(렘1:5)

말씀 선포자가 된다는 것은 세상의 제도나 보증에 의한 것이 아니라 하나님이 먼저 택하시고 예수 그리스도가 보증하셨다는 것에 그 중요성이 있다. 복음이 이 땅위에 선포되려면 그 선포자가 필요하다.

에베소서 4:11에서 바울은 승천하신 그리스도께서 교회에 베푸신 은 사로서 사도로, 예언자로, 목사로 저들을 기름 부으시고 사역자로서 위치를 세워 놓았다. 전파하는 자가 없이 복음을 들을 수가 없기 때문이다(롬 10:14)이 세상의 모든 악과 죽음을 이기고 승천한 예수는 그 이기심과 그 힘과 능력을 이 땅에서 길이 행하게 하셨으며 그 일을 감당할 자를 주님 자신이 부르시고 보증하여 주셨으니, 그 이들이 곧 세워 주신 설교자들이다.

이 명령은 절대적이며 직접적인 선택으로 임했다. 갈릴리 호숫가에서 그리스도는 베드로를 부를 때에 복음의 주요 말씀을 전해야 되니까 시간을 좀 낼 수 있겠느냐고 의논한 것이 아니다. "나를 따라 오너라"고만 하셨다.

선택된 말씀 선포자는 성직의 수행자로서 계속적 보호와 선택된 자의 품위에 합당한 장치가 부여된다. 제사장으로 택함을 받은 아론은 아름다운 옷과 보석으로 치장했다 (출28: 2-20).

(2) 하나님의 대리자

하나님으로부터 직접 선택함을 받은 설교자는 무엇을 하라고 지명 되었는가. 그것은 하나님의 말씀을 대신 선포하는 대리자의 역할을 하도록 선택 받은 것이다. 설교자는 은혜스러운 하나님의 은사를 두 손에 들고서 분배하면서 하나님의 경륜을 이루는 자이며 세상에 구원을 성취하는 하나님의 대리자이다. 동시에 하나님과 더불어 동역하는 동역자이다. 하나님의 뜻에 따라서 이 세상을 복음화시켜 구원코자 하는 임무를 띠고 이 세상으로 보내짐을 받은 유일무이한 직책을 부여 받은 자가 설교자이다. 그에 의하면 말씀은 선포되고 그에 의하여 세상은 하나님께로 돌아서게 된다.

그러므로 예수는 설교자의 완전한 모습이다. 인간의 모습을 입은 예수는 하나님 말씀 자체이시며 하나님 나라 선포자이시다. 설교자는 이 예수의 임무를 그의 명령에 따라서 그의 보증에 의해서 수행하는 하나님의 대사인 것이다. 설교자는 그의 무한한 힘과 지혜를 그의 자유하심 가운데서 전수 받을 수 있고 성경의 말씀으로 인해서 그에게 인치시고 동기 유발된 하나님의 메시지를 아무런 제약 없이, 손상되거나 다듬음 없이 이 세상 교회에 선포한다. 그러므로 설교자는 이 세상에 있는 또 하나의 예수 그리스도이다.[1]

칼빈은 설교할 때 스스로 하나님의 대사로 여겼다. 모든 황제의 법과 칙령들 이상으로 하나님의 말씀을 우위에 놓고 복음이 하나님의 이름으로 선포 될 때 그것은 하나님이 직접 말씀하시는 것과 같은 것이다.

예수 그리스도는 설교자를 통해서 말씀하신다. 회중 앞에 서서 말씀을 전하는 설교자는 가장 독특하며 가장 신비한 하나님의 예언자이다.

그는 또한 두 세계 속에 살고 있는 피조물이다. 하나는 경험적인 세계이고 다른 하나는 궁극적인 세계이다. 하나의 인간으로서의 설교자는 경험적 상황 속에서 하나님의 본성과 의미를 접촉하는 자이다. 발은 세상에 있지만 몸(영)은 하나님께 닿아 있는 것이다. 그는 하나님의 중재자이다. 이 세상에서 "계약"을 잊어버린 자들에게 보내심을 받아 회복시키고 치료하여 다시 하나님께 향하게 한다.

계약의 파괴로 인해서 산골짜기에 누워있는 마른 **뼈**와 같은 이들에게 숨을 주어 다시 산 사람이 되게 한다. 파괴된 모든 흔적들이 다시 고쳐지고 황폐한 세상이 다시 건설되는 것이다(겔37:1-14). 설교자는 저들을 깨우치고 회복시키며 세상을 재건하기 위해서 보내지는 하나님의 사자이며 대변자이다.

(3) 하나님의 계시자.

설교자는 하나님의 대리자일 뿐만 아니라 하나님을 나타내는 계시자이다. 그 자신이 하나님을 나타내는 모범을 보임은 예수 그리스도께서 자신을 통해서 하나님을 보여 주신 것과 같다. 하나님께서는 설교자를 택하

---

1) A. 슈브리에, 「참다운 제자」 서울: 카톨릭출판사, 1990, P. 18.

시어 자신을 나타나게 하셨다. 설교자는 이 땅에서 하나님을 계시할 유일의 택함을 받은 자임이 분명하다. "아버지께서는 모든 것을 저에게 맡겨 주셨습니다. 아들이 누구인지는 아버지만이 아시고 또 아버지가 누구신지는 아들과 또 그가 아버지를 계시하려고 택한 사람만이 알 수 있습니다" 하였다.(눅10:22)

설교자는 이를 위해서 자신을 떠나고 자신을 버려서 하나님 말씀으로 채워 그의 계시의 빛이 자신을 통해서 말씀으로 나타내게 해야 한다. 예수의 목회의 핵심은 장차 올 하나님의 시대를 선언하는 것이었고 이 사건은 설교자를 통해서 강단에서 계속 나타나고 있다.(겔3:17, 33:7)

(4) 하나님의 파수꾼

의사가 환자에게 고통스러운 수술을 함으로서 병을 예방하고 치료하는 것과 마찬가지로 설교자는 사람들이 죄의 병에 걸리지 않도록 경고하며 죄에서 벗어나도록 책망한다. 하나님께서는 에스겔을 택하여 이스라엘 족속의 파수꾼으로 세우고 자신의 경고하는 말을 받거든 그대로 일러 주라고 하였다. 그렇지 아니하면 그 피 값을 네 손에서 찾으리라고 하셨다(겔 3:17-21)

이 세상에 사람들이 죄악에 빠지지 않도록 하나님 말씀으로 경고 할 책임이 설교자에게 있는 것이다. 만일 설교자가 저들을 깨우쳐 주지 않아서 그들이 죄 가운데서 죽게 된다면 그 책임을 설교자에게 묻겠다고 하였다. 구약의 예언자들은 사람을 기쁘게 하지 않았다. 나단은 다윗왕의 부도덕하고 간악한 죄를 책망하여 돌아오게 하였다(삼하 12:1-15)

생명과 안전에 위험이 오던지 아니 오던지 간에 하나님의 심판과 경고의 말씀을 그 시대 사람들에게 선포하였다. 한 시대의 죄에 대한 책임을 지고 하나님의 정의를 실현하는 사명을 감당키 위하여 하나님께서는 설교자를 직접 택하시고 하나님 자신의 대리자로 삼으셨다.

그들은 사회 썩음을 방지하는 소금이 되야 하고 하나님 말씀의 빛을 비추어 회중이 바른 길을 찾을 수 있도록 보살펴야 한다. 설교자는 적군이 쳐들어오는 것을 보고 비상 나팔을 부는 파수꾼이며 모든 죄악에서 저들을 보호 할 보호자이다. 바울은 에베소 원로들에게 "성령께서 여러분을 감독으로 세우셔서 하나님께서 당신 아드님의 피로 값을 치르고 얻으신 교회를 보살피게 하셨습니다."(행20:28)라고 하였다. 설교자는 목양자로서, 친구로서, 안내자로서 회중을 돌보고, 도와주고, 인도하고, 함께 인생을 살아가는 사람이다. 설교자로서의 예수는 이스라엘의 죄를 심판하고 경고함으로 하나님 나라의 진리를 선포하였다.

한 교회의 설교자로서 그리고 하나님의 말씀의 선포에 대한 책임으로 부름 받은 한 시대의 설교자로서의 중요성은 아무리 강조를 하여도 지나침이 없을 것이다. 하나님께서 말씀으로, 성경으로, 자연으로, 그리고 역사를 통해서, 자신을 나타내시지만 그 모든 것보다도 하나님의 대리자로서 설교자를 스스로 택하시고 당신 자신의 말씀으로 말씀하여 선포하시게 하는 것보다 더 중요한 일이 이 세상에는 없다.

설교자의 말씀은 곧 하나님의 말씀이다. 그 권위는 하나님에게서 나온 것이며 그리스도께서 명령하심에 근거하고 있다. 성령께서는 늘 이를 증거하시고 보호하신다.

오늘날 설교자에 대한 비판이 많이 일고 있다. 설교는 하되 강단은 비어 있고 설교자는 있되 하나님은 없다고 말한다. 설교자의 권위가 상실됐다는 것이다. 하나님과의 접촉점에서 자신이 계시의 말씀으로 드러나는 말씀 선포에 하나님의 일만이 드러나야 하고 하나님의 나타나심만이 있어야하는데, 자만심과 욕심과 태만으로 인해서 설교자가 자신의 권위를 상실 당하고 있기 때문이다.

이 세상에서 하나님에 의하여 기름 부음을 받고 그분의 일을 말씀으로 나타내는 설교자의 권위만큼 큰 권위는 없다. 진주보다 더 값진 것이요. 이보다 더 값진 보석이란 이 땅 위에 찾아 볼 수 없는 것이다. 그러므로 설교자는 맡겨진 말씀선포의 임무에 충실한 삶을 살아야 하는 것이다.

2) 설교자의 자질

지금가지 설교자가 이 세상에서 얼마나 중요한가에 대해서 말하였다. 이제 설교자가 지녀야 할 자질이 무엇인지에 대해서 말할 차례이다. 설교자가 중요한 위치에서 중요한 역할을 해야 하는 만큼 그에게 있어서 갖추어져야 할 자질이 필수적으로 구비되어 있어야 한다.

(1) 영적자질

설교자는 바쁘게 움직이는 전형적 세상 생활인이어서는 안된다. 회개하고 성령으로 거듭남을 체험을 한사람으로(요3:3-8) 영의 세계를 추구하는 깊이와 여유가 있어야 한다. 우리가 입는 옷이 아름답고 멋지고 고상해 보여도 그것이 건강을 주지는 못한다. 의사는 외모를 보지 아니하고 환자의 맥을 짚어 본다. 설교자는 외적인 생활보다는 내적인 생활에 충실함으로 세상을 바로 진찰하고 올바른 처방을 할 수 있어야 한다.

설교자에게 있어야 할 것은 마리아가 선택한 "영적인 것"(눅10:38-42)이다. 설교자는 그리스도의 발아래에 앉아서 조용한 시간을 가짐이 필요하다. 많은 일로 부산하게 생활하는 것은 오히려 듣는 사람들이 원하는 여러 일들이지만 결코 바람직하지 못하다. 부산한 설교자의 앞에 앉아 있는 회중은 부산한 것만 받아 갖게 된다. 조용한 시간을 가지는 가운데 그는 깊이 있는 경험도하고 거듭나는 경험도, 그리고 신비적인 경험도 하게 된다. 목회자가 능력을 지속적으로 유지하는 궁극적 비결은 하나님과 함께하는 일상생활에서이다. 마틴 루터는 "교회 일로 인한 책임이 무거워 지면 최소한 하루에 네 시간씩 기도하지 않고는 그 일을 해 낼 수 없다"고 하였다.

영적인 사람은 절대 필요한 것만으로 만족하고 어느 누구에게도 그 어떤 것도 요구하지 않으며 오직 하나님만을 위해 일하는 사람이다. 자기의 속옷이나 겉옷 때문에 다투지 않으며 빼앗긴 자기 겉옷을 돌려 달라고 하지 않으며 하나님의 수중에 자기를 내 맡기는 사람이다.

(2) 인격적 자질

필립 부룩스는 예일대학에서의 한 강좌에서 설교에는 두가지 요소가 있는데 그 하나는 "진리"이며 또 한 가지 요소는 "인격"이라 하였다.

"진리"는 하나님 편의 요소라 한다면 "인격"은 인간편의 요소인 것이다. 인격의 완성을 목표로 하지 아니하는 설교자는 설교자로서의 자격을 갖추었다고 할 수 없다. 인간이 죄를 멀리하고 덕을 닦았다고 해서 성인이 되는 것이 아니다. 다만 사람이 하나의 인간이 되는 길에 있어서만 가능하다. 한 인간이 설교자가 되기 위해서는 먼저 사람이 되어야 한다.

중세교회 감독의 자격에는 14가지의 조건이 제시 되어 있다(딤전 3:1-7).

①탓 할 데가 없는 사람 ②한 여자만 삼는 사람 ③자제력이 있는 사람 ④신중한 사람 ⑤품위가 있는 사람 ⑥남을 후히 대접할 줄 아는 사람 ⑦남을 가르치는 능력이 있는 사람 ⑧술을 즐기지 않는 사람 ⑨난폭하지 않는 사람 ⑩온순한 사람 ⑪남과 다투지 않는 사람 ⑫돈에 욕심이 없는 사람 ⑬자기 가정을 잘 다스릴 줄 아는 사람 ⑭큰 위엄을 가지고 자기 자녀들을 복종시킬 줄 아는 사람 등이다. 이 자격 조건들은 모두 한 인간의 품위 있는 인격에서 비롯되는 것이다.

그는 순결하며, 자비로우며, 청빈하고, 온유하고, 신중하며, 품위가 있는 사람이어야 하며 남의 본이 되어 사람을 감화시키고 지도할 수 있는 사람이어야 한다.

설교는 신앙적이요, 경험적인 삶을 살아 온 한 성실한 인격을 통해 해석된 복음이 언어 기능을 통해서 다른 사람에게 전달되는 통화 기능이다. 신앙 공동체라는 전통적 범주 속에서 수용되는 신앙에 대한 증언으로서의 설교는 한 설교자의 인격적 진술인 것이다. 고백과 증언의 특성을 띤 설교는 그 말 자체에 참 의미의 근거가 있는 것이 아니고 그 설교를 행한 그 설교자의 마음에 자리를 잡고 있는 것이다. 하나님의 말씀은 설교자의 인격을 통해서 다시 새롭게 변화되어 청중에게 전해진다.

(3) 사명과 열정적 자질

"하나님께서 나를 택하시고 부르시고 이 일을 맡기셨다"는 분명한 의식은 메시지 전파에 대한 자부심과 즐거움과 감사함으로 그 일에 임할 수 있게 한다. 목회 후보자는 무엇보다 내적 소명에 대해 하나님께서 응답한다는 자의식에서 출발해야 한다. 그러므로 현대 설교학에 있어서는 듣는 회중보다는 외치는 설교자에 대한 자질과 기본적인 소명을 가장 중요하게 취급하고 있다. 예수의 나사렛 회당에서의 첫 설교는 자신이 하나님께서 보내심을 받았다는 자의식에서 출발한 것이다. 이사야는 직접 주님의 음성을 듣고 예언자가 되었다(사6:8)

또한 정열이 없이 기독교적인 것에 관계한다면 그것은 참으로 어려운 일이 될 것이다. 설교는 더욱 그렇다. 정열이 없는 설교는 설교가 아니다. 설교자는 인간의 영원한 운명에 대해 언급하면서 마치 여름휴가를 보내며 환담하는 것 같이 할 수는 없는 것이다. 전하고자 하는 메시지 자체에 설교자가 감동하는 정열이 없이 그 메시지는 지식은 될지 모르지만 하나님의 말씀이 될 수는 없다. 설교자는 하나님의 말씀을 선포하기 위해서 강단에 있는 것이지 세상의 이야기를 가르치기 위해 것이 아니다. 하나님의 말씀은 육신을 입어 인간으로 오신 예수님처럼 인간은 말씀으로 변화되고 말씀은 삶을 만들고 기적을 낳기도 한다. 그래서 하늘의 기쁨을 누리기도 한다.

"내가 이 말을 한 것은 내 기쁨을 같이 나누어 너희 마음에 기쁨이 넘치게 하려는 것이다" 기쁨이 없는 말씀, 비록 심판의 날카로운 비판이 우리의 머리위에 내리쳐 온다 하더라도 정열의 외침은 우리에게 기쁨을 선사하게 된다. 그리스도의 설교는 많은 이들의 가슴을 쪼개는 비수가 되었다. 그러나 그것을 듣는 사람들에게 기쁨과 감격을 안겨 주었다. 기쁨이 없는 설교자는 아직 조금도 듣지 못하고 있는 것이다.

기쁨이란 듣는 일에 성공하는 것이다. 오늘날 강단에서 권태감이 만연

되어 가는 것은 정열이 사라진 설교자 때문인 것이다. "누구도 위대한 감격이 없이는 훌륭한 설교자가 될 수 없다". 열정은 모든 것의 극치이다. 베토벤은 "고통을 기쁨으로"라는 평생의 정열 때문에 위대한 음악을 창조하였다. 설교자의 심장은 뻗쳐오르는 감격과 정열이 회중에게 하나님을 보여주는 일이 될 것이다.

(4) 청빈한 생활

설교자의 가장 중요한 자질은 청빈이다. 가난 가운데서 풍부함을 발견하고 가난의 생활에서 하나님을 발견하는 여유가 있어야 한다. 사도 베드로와 요한은 구걸하던 앉은뱅이에게 아무것도 줄 것이 없었다. 다만 그들에게는 예수 그리스도의 이름이 있을 뿐이었다. "나는 돈이 없습니다. 그러나 내가 줄 수 있는 것은 이것입니다. 나사렛 예수 그리스도의 이름으로 일어나 걸어가시오"(행3:6)라고 베드로는 말했다. 그가 배부른 생활을 하는 사람이었다면 이러한 힘 있는 언어가 그에게서 나올 수 없었다. "나에게는 있는 것이라고는 예수 그리스도의 부탁의 말씀뿐이다"라는 고백이 그에게 있어야 한다. 산상설교에서 제자가 갖추어야 할 첫째가는 자질은 "마음의 가난"이라고 하였다(마5:3) 그래서 제자들은 맨발로 다녀야 했고 저장해 둔 물건 없이 거지처럼 고향도 없이 다니면서 가난한 사람들에게 복음을 선포해야 했다(마6:25-33)

그들은 오직 하나님만을 신뢰하였으며 그러므로 그들은 자신에 대해서 아무것도 염려하지 않았다. 그들은 오직 하나님의 오심을 기다리는 희망 속에서 살았다. 가족의 보호도 받지 못하며 장래에 대한 아무 준비도 없이 살아갔다. 마음으로 가난하고 벌거벗은 사람이 아니면 그의 의지는 무의식적으로 하나님의 뜻을 사랑하기 때문이 아니라 덕을 스스로 찬탄하게 하고 싶어 하기 때문이다.

가난에 처할 줄 아는 자는 근심이 없다. 가진 것이 작은 만큼 걱정이 적다. 인간은 많이 거두고 곳간을 늘리려하나 그것이 얼마나 헛된 일이라는 사실을 모른다(눅12:16-21). 오히려 있는 것을 팔아 가난한 이에게 주고 헤어지지 아니하는 돈지갑을 만드는 것(눅12:33-34)이 더 현명하다. 가진 것이 많은 만큼 생각은 분주하고 걱정과 염려가 그에게서 떠나지 아니한다. 가난한 이들의 염려는 그것이 염려가 아니라 거룩한 삶이다. 그러나 부한 이들의 걱정과 근심은 죽음에 이르는 병의 원인이며 죄와 악의 씨앗이 된다. 돈을 사랑하는 것은 모든 악의 뿌리다(딤전6:10).

그리스도는 학벌 좋고 학식이 풍부한 설교자를 찾지 않는다. 수완 좋은 설교자도 찾지 않는다. 청빈한 설교자, 단순한 설교자, 절대 신뢰의 설교자를 찾으신다. 그는 "여우도 굴이 있고 하늘의 새도 보금자리가 있지만 사람의 아들은 머리 둘 곳조차 없다"고 하였다. 이 세상을 떠나기 위해 예루살렘으로 가는 도중에 사랑하는 제자들에게 하신 말씀이었다. 그의 제자로서 사명의 길을 걷고 있는 자들의 길이 얼마나 고독하며 가난한 길이어야 함을 말해 주고 있다.

(5) 순결한 생활

순결한 설교자는 도덕적 생활에 있어서 깨끗해야 하며 한 아내의 아비가 되어야 한다(딤전3:2). 눈을 한데로 돌리지 아니하고 푯대를 향하여 나간다. 사람을 대할 때에 남녀 구별이 없고 사람을 외모로 취하지 아니한다.

설교자는 단순한 마음을 소유하여야 한다. 하나님은 사람을 단순하게 만드셨는데 사람은 공연히 문제를 복잡하게 만든다. 설교자의 마음이 단순하지 못하면 하나님을 볼 수가 없다. 하나님을 선포하며 하나님의 말씀에 따라서 설교해야 하는 설교자가 하나님을 만나지 못한다면 설교자의 자질이 있다고 할 수 없다. 마음이 깨끗한 사람만이 하나님을 볼 수 있다(마5:8) 마음이 깨끗하다 함은 일편단심 한 가지로 마음을 먹는 사람이다. 어린 아이는 마음이 복잡하지 않다. 어린아이와 같이 되지 않으면 결코 하늘나라에 들어 갈 수 없다(마18:3). 귀하게 쓰일 그릇은 육신의 모든 욕정을 버리고 자신을 깨끗이 하는 사람이다. 설교자는 순결한 자질의 사람이어야 한다. 설교자가 갖추어야 할 중요한 자질은 그가 일관성이 있어야 한다는 것이다. 초지일관하여 한 곳으로 나아가야 하나님의 뜻을 이룰 수 있다. 하나님의 말씀은 어제나 오늘이나 다름이 없이 진리이기 때문이다.

3) 설교자의 자세

설교자가 갖추어야 할 자질은 본질적 요소에 대한 것이고 설교자의 자세란 설교자의 행동 지표라 할 수 있는 삶의 자세이다. 설교자로서의 자질을 바로 살리고 좋은 설교자가 되기 위해서 자신을 점검하고 노력해야 할 과제가 많이 있다.

(1) 진실을 말하는 자

설교자는 진실만을 말해야 한다. 보통 사람들이 빠지기 쉬운 거짓을 설교자 자신도 모르는 사이에 말하는 경우가 허다하다. 설교자는 강단에서 결코 진리와 진실을 말해야 한다. 양심에 입각한 믿을 수 있는 말을 해야 한다. 아무리 아름다운 말을 시로서 말하여 하나님을 기쁘시게 하더라도 그것이 자신의 양심 고백에서 나오는 진실한 것에 의한 것이 아닐진대 하나님의 말씀을 증거 하는 설교는 되지 못한다. 설교자는 신앙에 근거한 자신의 "증언"에 대하여 인격적으로 책임을 져야 하는 사람이다.

설교자는 진리의 편에 서야 한다. 누가 옳은 가가 아니라 무엇이 옳은가에 따라서 말해야 한다. 흔히 설교자는 영향력 있는 권세자나 교회의 장로들의 마음에 맞는 말을 하기 쉽다. 무엇이 옳은가의 진실을 말 할 용기가 있어야 한다. 이 시대의 젊은 층에게 있어서 위선보다 더 혐오스러운 것은 없으며, 진실보다 더 매력적인 것은 없다. 설교자도 인간이기에 약점이 없을 수 없고 실수함이 없을 수 없다. 인간적인 약점을 가진 인간으로서 자신의 잘못된 실수를 솔직히 시인할 수 있는 진실성이 요구된다. 진실함에 대한 중요한 증거 가운데 하나는 우리가 믿는 바를 위해 기꺼이 고난을 받는다는 점이다.

설교자에 의해서 말하여진 설교는 자신에 의해서 생활 속에서 실천되어야 한다. 사람은 보이지 아니하는 것을 믿는 믿음에 의해서 살지만 또한 보이는 증거에 의해서 확증하려 한다.

말과 행동이 일치하는 때처럼 강력한 설득력이 있는 때는 없다. 설교자는 강단에서는 자신이 말할 바를 진지하게 말해야 하며 강단 밖에서는 자신이 설교한 것을 실행해야 한다. 리차드 박스트(Richard Baxte)는 진지하게 말하는 사람은 틀림없이, 자신이 말한 대로 행동할 것이라고 말했다.[2] 진실은 하나님께 향하는 유일한 통로이며 세상을 향한 유일한 무기이다.

(2) 섬기는 자

설교자가 올라가는 강단은 그리스도의 흘리신 피 위에 세워진 것이지 그의 면류관 위에 세워진 것이 아님을 기억해야 한다. 따라서 선포자의 권위는 섬기는 자일 때에 비로소 허락되는 아이러니한 권위인 것이다.

설교자는 하나님과 사람들을 만나게 하는 촉매자일 뿐이다. 일을 만들어 사람들을 하나님 앞으로 인도하고 자신은 그 자리에서 빠져나가야 한다. 영광을 받을 분은 하나님 한분이시기 때문이다. 예수 그리스도는 종의 형체를 취하여 사람과 같이 되었고 자기를 낮추어 죽기까지 복종하셨다.(빌 2:5-8)

그리스도는 제자들의 발을 씻기시고 수건으로 닦아 주시며 우리에게 친근감을 주었다.(요13:3-5). 사도 바울은 달려갈 길을 다 가는 수고를 하였음에도 자신을 배설물이요. 인생의 쓰레기로 여겼다. 자신을 낮추는 겸손의 설교자가 되지 아니하고는 강단의 빛은 사라지고 목사의 음성은 공허한

---

2) John Killinger 「Fundamentals of Preaching」 Philadelphia: Fortress Press, 1985, p. 211.

산울림으로 되돌아오게 된다.

인간의 참된 가치는 하나님의 영광만을 진실한 마음으로 찾고 자기를 비천하게 여기며, 다른 사람에게 찬사를 듣는 일 보다는 도리어 변변찮게 여김을 받고 천대받기를 더 좋아하는 일에 있는 것이다. 설교자가 스스로의 신앙에 진실하며 그의 교인들을 만날 때에는 자기를 낮추어 사랑을 베풀 수 있는 설교자만이 살아있는 신앙을 불러일으키는 설교를 할 수 있을 것이다.

겸손한 설교자는 자신에 의존하기 보다는 성령의 도움에 의존하여 설교를 한다. 스펄전은 성령의 도움 없이 70년을 설교하는 것보다 성령의 능력으로 여섯 마디를 말하는 것이 훨씬 낫다고 하였다.[3]

하나님의 능력은 인간의 약함속에서, 약함을 통해서 드러난다(고후 12:7-10). 복음은 인간의 유창한 웅변 속에서 나타나지 아니한다. 인간의 학식이나 지체에서 나타나는 것도 아닌 것이다. 하나님께서 역사하시는 성령의 능력에 힘을 입어 사람을 변화시켜 하나님께로 돌아오게 할 수 있다. 설교자는 겸손히 사람을 섬기고 하나님을 영광스럽게 하기 위하여 성령으로 하여금 말씀하시게 비켜서서 설교해야 한다.

(3) 광야의 생활자

설교자의 생활은 반드시 광야의 생활이 있어야 한다. 예수는 광야 서 보내는 기간을 통해서 그의 평생의 구원사업의 기초를 닦았으며 그의 설교 준비의 양식을 삼았다. 예수의 설교는 조용한 생활을 통해서 이루어졌다(요6:15, 마14: 22-23). 오늘날의 바쁜 생활, 특히 복잡한 도시 생활 가운데 광야의 생활을 운운하는 것은 불합리하다 할지 모르나 가장 번화한 도시의 한 가운데서도 한적한 생활을 가능하다.

바쁘고 분주한 현대사회에서 하루에 적어도 한 시간, 일주일에 한 나절, 한 달에 하루, 일 년에 한 주간 이렇게 최소한도로 정해놓고 조용히 연구 할

---

3) John Killinger. p. 259.

수 있는 시간을 가져야 한다는 것이다. 현대 목사들의 직무는 기본적으로 행정가들의 그것과 같게 되었다. 그들의 사역의 상징은 연구보다는 업무요 성경말씀보다는 전화인 것이다. 아무리 바쁜 목사라도 조용히 생각할 수 있는 광야의 시간을 가져야 한다. 실제로 한적한 곳을 찾아 산으로 혹은 바닷가로 가는 것도 중요한 설교자의 생활 요소가 됨은 물론이다.

간단히 말해서 설교자가 해야 할 일은 그 어느 것보다 먼저 하나님의 뜻이 무엇인지를 찾아서 이를 그대로 행하는 것이며 또한 이 세상에 그것을 전하여 주는 일이다. 그 해답은 인류의 오랜 진리로 내려 온 말 속에 담겨져 있다. "인간이 들을 때 하나님은 말씀을 하신다"라는 사실이다.

설교자가 내면적으로 은밀히 감추어진 하나님에 대한 지식이 없다면, 그의 모든 사도적 활동은 공허하고 무가치한 것이 되고 만다. 우리 안에 현존하는 하나님의 침묵에 우리의 마음의 귀를 열면 우리는 고독한 잊혀진 존재가 아니며, 인류로부터 격리된 외톨이가 아님을 자각하게 되는 것이다.

설교자는 하나님의 말씀을 즐거워하며 주야로 묵상해야 한다(시 1:2). 설교자는 하나님의 율법을 주야로 묵상하는 행복자이다. 이로 인해서 그의 영혼을 풍요로워 지고 내적인 미(美, 가치)가 창조되며, 혹시 그에게 있어서 결여되어 있는 것과 조화가 되는 계기가 되기도 하는 것이다.

부름받은 자에게 필요한 것은 항상 연구하는 습관이다. 설교자는 현대인의 생활 속에서 문제를 안고 살아가는 사람들을 대신해서 바른 파악을 하여 성경적 고찰과 신학적 작업을 통해서 해답을 주어야 한다.

설교자는 조용한 시간을 통하여 그의 생활 속에 광야의 공간을 제공함으로 하나님과 접촉 할 수가 있으며 세상의 지혜를 통찰할 수 있다.

(4) 버리는 자

설교자는 모든 것을 버려야 한다. 바울이 모든 것을 버리고 가진 모든 것을 배설물(쓰레기)로 여긴 것과 같다(빌3:8). 강단에 설 수 있는 설교자는 자기를 버린 자라야 가능하다. 자기를 나타내려는 마음을 갖고 강단에 설 수 없으며, 예수님보다 자기 가족을 더 사랑하는 마음으로 설교할 수 없다. 가진 재물을 지키기 위해서 설교할 수 없는 것이다. 그에게 필요한 유일한 것은 "네가 나를 사랑하느냐"(요21:15)라는 한 가지 명제 뿐이다. 그이외는 다 쓰레기요, 배설물로 여기고 버려야 한다.

첫째로 버려야 할 것은 자기 자랑이다. 설교자는 하나님의 피로 사신 강단에서 하나님을 증거하는 미명 아래 자기 자랑을 은연중에 삽입하는 우를 범해서는 안 된다. 요한은 예수는 흥하여야 하겠고 자신은 망해야 한다고 증거를 했다(요3:30). 증거하는 자리에는 오직 예수님만 남아 있어야 한다. 자신이 보여서는 안 된다. 사실 설교자는 하나님이 부리시는 품꾼이다. 하나님께 대해서는 감히 아버지라 부를 수 없는 죄인이요(눅15:19), 밭에서 일을 마치고 돌아온 하인이다. 설교하고 상담하고 교회 치리를 하더라도 또 주인의 밥상을 차려 놓고 주인이 다 식사할 때 까지 기다려야 할 부족한 종인 것이다(눅17:7-10). 그에게 남아 있는 것이 있을 수 없는 것이다. 주인의 것 밖에는 아무것도 없다.

둘째로 버려야 할 것은 육정에 속한 것이다. 재물을 사랑하는 마음, 욕심, 권력 탐하는 마음, 육욕에 벗어나 이를 초개같이 버리는 데 있는 것이다.(딤전2:12). 세상의 것은 필요하게 쓰는데 그치고 오직 영원한 것만을 갈망해야 하는 것이다. 우리가 참으로 버려야 할 것은 끊임없이 우리를 괴롭히고 있는 내적 욕망이다.

셋째로 설교자가 버려야 할 것은 자아의 아집이다. 자신을 자랑하고 싶은 유혹을 단호히 거절하고 세상에 속한 모든 것을 버리고도 또 하나 남은 것은 자기 자신이라고 하는 최후의 적을 버리는 것이다. 시편의 시인은 노래하기를, 좋은 목자는 잔잔한 물가로 양들을 인도한다고 하였다. 설교자는 회중으로 하여금 잔잔한 물가로 가게 하기 위해서 자신의 아집에서 벗어나야 한다. 잔잔한 물가는 "다른데" 있는 것이 아니라 설교자 자신의 "부드러움과 온유함"에 있는 것이다. 바울은 주의 종은 모든 사람을 온유하게 대하고 반대자들을 부드러운 마음으로 바로잡아 주어야 한다고(약

3:17) 가르쳤다.

온유한 자에게 참된 평화가 있고 그가 뿌리를 내릴 땅을 차지하게 될 것이다.

(5) 용기있는 자

예레미야 선지자는 유다 왕들, 그 족장들, 제사장, 그리고 모든 백성들과 대항하여 홀로 의로운 싸움을 싸웠으나 그는 오히려 승리하였다. 하나님의 말씀을 전하여야 하는 소명을 그는 어떠한 어려움을 당하면서도 용감하게 완수하였다. 설교자는 고난과 죽음을 두려워하지 않는다.

하나님의 일을 하는 것은 금이니 은이니, 권력이나 물질을 갖고 하는 것이 아니다. 하나님의 일은 고통을 견딜 줄 아는 하나님 정신의 투철함이나 백절불굴의 용기를 갖고 하는 것이다. 설교자는 불의를 책망하고 정의와 진리를 외칠 수 있어야 한다(행 4:31, 암 5:24).

그러나 오늘날 세계 도처의 강단에서는 성령이 충만하여 담대히 하나님의 말씀을 전했던 초대 교회의 사도들의 용기있는 설교가 행해 지지 못하고 있다. 설교자에게는 그들의 가려움을 긁어주거나 그들의 사욕을 채워주는 중개 역할을 할 자유가 없다. 오히려 설교자는 바로 이러한 유혹에 저항하며, 선포되어야 할 것, 즉 그들을 위하여 유익한 것은 무엇이든지, 실로 하나님의 모든 뜻을 거리 낌 없이 전하였다고 두 번씩이나 주장한 에베소의 바울을 닮아야 한다(행20:20).

용기란 모든 진실한 목사들의 필수품이다. "만일 당신들이 사람을 두려워하여 그들의 여론에 굴종한다면 이제라도 그만두고 가서 다른 일을 하도록 하라. 가서 그들의 신을 신이나 만들어라"라고 필립스 브룩스(Phillips Brooks)는 1877년 예일(Yale)대학에서 강의 하였다. 사람을 두려워하면 올무에 걸리게 된다(잠29:25).

하나님의 율법을 전하는 것이 흥미가 없다고 하여 회중으로부터의 비난이 있다 하더라도 하나님께서 하시고 싶으신 말씀이면 결코 겁을 내어 피해서는 안 된다. 담대히 우리는 하라고 맡겨주신 사명에 충실해야 하며 담대히 설교하고 두려워해서는 안 된다. 나단은 왕의 간통과 살인죄를 용감하게 비난했고 세례 요한은 왕의 간음을 고발하여 목 베임을 당했다. 광야의 외치는 자의 소리는 결코 멈춰지거나 왜곡 되어서는 안 된다. 설교자는 용감하여야 한다. 그는 그가 선포하는 설교의 말씀 속에서 영원히 살아 있을 것이다.

설교자는 절대로 진실한 사람이어야 한다. 죽음을 내놓고라도 그는 정직해야 한다. 하나님은 진실의 편에 계시기 때문이다. 설교자는 두려움 없이 용감하게 말씀 선포해야 하며 남의 말에 귀를 기울이며 복종하여 낮은 자리에 처하여야 한다. 많이 가지려 하지 말고 오히려 적게 가지며 모든 일에서 하나님의 정의가 이루어지기를 구하여야 한다. 설교자가 마음의 문을 열어놓고 조용히 기다릴 때 하나님께서는 친히 그가 외칠 말씀을 주시기 때문이다.

4) 설교자의 설교준비

본장에서는 설교준비에 관한 이해를 바탕으로 예수 그리스도의 광야 40일 생활이 그의 설교에 어떠한 영향을 미쳤는가에 대해서 고찰하도록 하겠다. 그것의 근거는 한적한 곳을 찾아 기도하는 영적인 생활에 있었다. 설교자는 설교 준비가 기계적이 아닌 유기적인 신령한 방법에 의해서 이뤄지도록 해야 하기 때문이다.

(1) 설교 준비의 일반적 이해

예수 그리스도는 사마리아 여자와의 대화(요4:5-42)에서 현실적 인물이라는 물질을 가지고 그녀의 삶의 궁극적 문제를 깨닫게 하였다. 설교는 예수의 이 모범대로, 하나님의 거룩한 메시지가 이 세상의 언어와 사물이라는 요소를 통해서 전해지도록 해야 한다. 설교 준비를 한다고 하는 것은 이 하늘의 메시지가 어떻게 효과적으로 사람들에게 잘 전해질까 는 것을 연구하는 행위이다.

하나님의 말씀은 영적인 것에 의하여 세상에 전해진다. 그러므로 설교자는 하나님과 부단한 영적 교재의 인도함을 받아서 설교준비를 해야 한다.[4] 교회는 조직보다 영혼 구원을 위한 설교준비에 최우선 순위를 두고 설교자는 오직 성령께 전적으로 의뢰한다.

설교준비에는 직접준비와 간접준비 등 두 단계가 있다.

간접적인 준비에 속하는 것은 설교자의 소명의식, 모범의식, 언어의식 등 설교자의 목회 사역의 본질적인 요소들을 말하는 것이며 설교자가 가져야 할 자의식에 속한 자질적인 것으로, 이미 언급이 되었다. 설교 준비에 있어서 직접적인 준비를 설교 의식에 속한 것이다. 설교자는 설교 작성을 위해서 기도하고 명상하며 설교의 주제를 포착하며 구상하는 등의 작업을 한다. 여기서는 설교자의 영성 생활에 속한 직접적인 방법에 대해서 고찰한다. 설교자는 늘 그의 일상생활이 설교 준비 과정에 있음을 의식하게 된다. 생활 가운데 준비하는 설교 준비, 다음 주 낮 설교를 위해서 책상 앞에 필기도구를 갖고 앉는 설교 준비 형태가 아니다. 설교자 생활 자체가 영적인 생활 가운데 있음을 뜻한다.

설교자의 하루의 생활은 기도로부터 시작될 것이다. 자신의 약함과 부족함을 하나님께 아뢰고 죄의 용서를 빌고 교회와 세상을 위하여 간구하게 된다. 그에게는 기도 중에 자신에게 필요한 것이 무엇이며 교회에 주시는 하나님의 말씀이 무엇인지, 그리고 이 현실에 말씀하시고 싶으신 하나님의 말씀이 무엇인지를 깨닫게 된다. 이를 바탕으로 해서는 그는 성경을 읽는다. 위안과 확신을 얻으며 계획적으로 성경을 읽어 내려간다. 그러는 가운데 그의 마음속에서는 어떤 성구가 구체적으로 지정이 되고 그로 인한 주

---

4) Dwignt E. Stevenso, 「In the Biblical Preachers Work Shop」. New York avingdon press, 1967, P. 67.

제와 말하고 싶은 강한 의욕이 생기게 되며 계속 조용히 명상하는 가운데 한 설교의 내용이 구성된다. 설교자의 영성 생활은 기도하고 성경 보고 명상하며 독서하는 생활 가운데 이루어진다. 그 다음에는 사람도 만나고 상담도 하고 신문 잡지 등도 접한다.

설교자가 끊임없이 기도하고 성경을 연구하게 되며 마침내 그의 마음속에는 메시지가 닿게 되는데 이것은 절대로 빗나가지 않는 규칙이 되는 것이다. 장비를 잘 갖춘 어부라고 고기를 많이 낚아 올릴 수 있는 것이 아니다.

어린아이가 아무렇게나 던진 낚시에서 큰 금붕어를 낚아 올릴 수도 있는 것이다. 사람을 낚는 어부가 되기 위해서는 기술을 익히느라 바쁘기보다는 오히려 영이신 하나님의 영적 생활 방법으로서 사람의 영혼을 구해야 한다. 설교는 예수 그리스도에 대한 우리의 사랑과 그리스도께서 위하여 죽으신 사람들은 우리가 얼마큼 사랑하느냐에 의존한다는 것을 설교자는 기억해야 한다. 예수 자신도 설교하거나 가르치시기 전에 한적한 광야로 피해 가셨다.

(2) 산상설교에 나타난 예수님의 설교의 삶

산상설교는 그리스도의 모든 사역의 대요이며 예언으로 생각하고 있으며 그의 가르침의 전반적인 대의를 요약한 것이다. 산상설교가 제자들에게만 한 것인지 믿는 자들, 혹은 믿지 아니하는 자 모두를 포함한 무리에게 한 것인지에 대한 논란은 많이 다루어져 왔으나 산상설교가 무리에게 말씀한 것이 아니라 예수께서 12사도를 임명하고 그 임명 시에 행한 설교라는 지적이 학자들 간에 의견이 일치한다.[5]

이 마태복음 5장, 6장, 7장은 하나님의 사도인 예수의 제자들에게 예수 자신이 그들이 실천해야 할 특수한 도리를 선포한 것이다. 제자들에게 권위를 줄뿐만 아니라 "세상의 빛"으로 내보내기 위해서 그들을 자신의 주위

---

5) Merrill R. Abbey, 「Communication in Pulpit and Parish」, Philadelphia: The Westminster Press, 1876. PP.34-35.

가까이로 불러 모아 가르치셨다. 이것은 예수께서 우연히 가르치신 일반적 교훈이 아니다. 길을 가시면서 아무렇게나 하신 말씀이 아니라 그의 제자들에게 그가 선포하고자 하는 말씀을 공식적으로 가르치신 것이다. 그들은 모든 것을 버리고 예수를 따르기로 한 사람들이다.

물론 산상설교는 제자들에게 만 행한 것이 아닐 수도 있다. 그러나 예수 그리스도는 영원한 세계에 대한 천국을 이 땅 위에 실현시키기 위해서 제자들에게 튼튼한 기반 위에서 서도록 훈계하셨으며 또 그의 말씀을 세상에 선포케 하신 것이다. 제자들이 사회에 끼치는 영향은 "소금"과 "빛"(마5:13-15)으로서의 역할이며 그것은 곧 말씀의 선포 명령인 것이다. 그의 제자가 되며 그 말씀의 선포자가 되기 위해서는 그들은 새로운 차원의 가치관을 가져야 하며 특수한 자질을 갖추어야 할 필요성이 있었다.[6]

산상설교를 설교자의 입장에서 정리하면 다음과 같다.

① 늘 회개하는 삶

마음이 가난한 자는 복이 있나니 라고 한 것은 마태복음 4장 17절의 전파의 계속이었으며 여기서 예수는 "회개하라 천국이 가까왔다"(마5:3)고 하였다. 하나님의 심판이 임박했으니 회개하고 절대적인 표 중의 하나님의 말씀에 복종할 것을 촉구하였다. 긴박한 종말에 대한 의식이 전제되지 아니하고서 산상 설교의 의미 이해는 불가능하다. 종말 이전에 회개케 하는 하나님의 '마지막 초청이기 때문이다. 산상설교에 나타난 설교자의 행동 지침은 항상 종말을 의식한 철저한 회개에서 시작되어야 할 것이다.

② 심령이 가난해 지는 생활

기독교 초기의 설교에는 두가지 형태가 있었다. 즉 선포(Kerygma)와 가르침(didache)이다. 산위에서의 설교는 선포라 기보다는 가르침이라 할

---

6) Merrill R. Abbey, p. 43.

수 있다.

　케리그마는 예수 자신이기 때문이다. 그리스도는 자신과 합하여 실천의 가르침을 주면서 듣는 이들의 마음을 복되게 하였다. 그것은 곧 하나님의 축복이 되었고 구원에 이르는 길이 되었다.

　심령이 가난한 사람은 슬퍼하는 사람이며 온유한 사람이며, 의에 주리고 목마른 사람이며 자비를 베푸는 사람이며 마음이 깨끗하며 평화를 위해서 일하며 옳은 일을 하다가 박해를 받는 사람이다. 심령이 가난한 사람이 되려면 성을 내지 말아야 한다. 욕망에 유혹 될 마음이 없어야 한다. 교만하지 아니하고 맹세하지 않는다. 남에게 보복하지 아니하고 오히려 도와줄 일을 찾아서 해 준다. 남의 눈을 의식하며 살지 않으며 남도 판단하지 않는다. 세상일에 염려하지 아니하고 먹고 사는 일도 하나님께 맡긴다. 재물과 권력을 추구하지 아니하고 오히려 고난의 길을 택한다. 이들의 마음 깊은 곳에는 하나님과 접촉하는 접촉점이 있다. 그들은 사람 중에 높임을 받는 것이 하나님께 미움 받는 것임을 깨닫고(눅16:15)스스로 자신은 아무 것도 아니요 아무 가치도 없는 자임을 자각하며 사는 사람이다.

③ 하나님께 위탁하는 생활

　예수의 결정적인 강조점은 구원이 인간의 노력에 있다는 것이 아니라, 하나님의 무한한 선하심에 있다는 것이다. 이러한 하나님에 대한 메시지가 산상 설교 전반에 흐르고 있다. 이것이 설교자의 가치관의 완전한 전이를 요구한다. 그래야만 하나님의 새 시대에 적합한 자가되며 구원의 왕국을 전할 수 있다. 인간을 대적으로 삼는 사탄의 세력은 이제 사라지고 예수 그리스도만 남게 된다.

　예수는 그의 가르침에서 제자들에게 율법적 멍에를 지우려 한 것도 아니고, 구원을 받고 제자 직임을 받기 위해서 이 모든 것을 해야만 한다는(완전주의자적 개념 요구도 아니요, 인간이 이를 마땅히 해야 하는데 하지 못한다는 무능함을 책하는 것도 아니었다. 그는 산 믿음을 가르쳤다. 그는 사랑하는 제자들에게 이제 너희들은 모든 것을 사유함 받았다. 그러므로 너희는 너희의 것이 아니라 빛이 어두움을 비추는 하나님의 도성에 속한 자임을 확신시켜 주는 말씀이다.

④ 생활의 실천을 강조

산상설교의 주제가 명확히 진술된 것은 마5:20이다. '너희 의가 서기관이나 바리새인보다 더 낮지 못하면 결단코 천국에 들어가지 못한다.'

삶을 진지하게 실천하지 아니하고 형식적이고 명분만 내세우는 위선자와 같아서는 안되며 남에게 보이려는 허세에 빠져서도 안되는 것이다. 예수께서 요구하시는 것은 다름 아니라 마음을 다하고, 목숨을 다하고, 뜻을 다하여 하나님의 거룩한 율법을 완전히 준행하는데 있는 것이다(마22:37). 그리스도는 그를 대신하여 말씀을 선포할 자들에게 마지막이 가까왔으니 회개하고 자신을 따르라고 하였다. 그들의 행동 지침으로는 심령이 가난한 사람이 될 것과 하나님을 믿고 위지할 것이며 참으로 하나님의 뜻을 실천함으로 하늘나라를 이룩 할 수 있다는 것이다.

5) 예수님의 설교준비

(1) 간접적 설교준비

하나님께서 사람을 훈련하려는 계획에 대해서 사람들이 준비하는 과정을 그리스도로 똑같이 밟았다. 그리스도는 세례 받음으로서 자신에 대해서 깨닫는 계기가 되었다. 자신의 사명감을 깨닫고 자신을 봉헌하려는 결심을 하였다. 당시의 설교자는 예언자였다. 예수가 세례 받고 성령이 임한 사실은 예언자로서의 직능과 사역을 맡을 표시가 되었다. 모든 예언자들이 그러하듯이 예수 그리스도 사역의 일을 책임짐에 있어 「부름」과 「위임」, 그리고 성령의 부여가 있어야 했다.

그리스도는 30년 동안 집에서 조용히 지냈다. 아버지와 함께 일하면서 하나님께서 그에게 하시는 말씀을 들으면서 살았다. 다만 12세 때에는 예루살렘을 방문한 일이 있을 뿐이었다(눅2:39-52). 그의 마음속에 인식 되어진 예언자로서의 의식은 그가 집을 떠나 세례 요한을 찾아 가서 세례를 받음으로서 비로소 확인되었다. 사람이 큰일을 하려면 가장 중요한 것은 자기가 하려는 일이 어떤 것이며 그 일을 어떻게 해야 한다는 자신의 미래를 준비한다는 사실을 안다는 것이 중요한 것이다.

(2) 직접적 설교준비

그리스도가 실시한 많은 설교를 그가 어떻게 준비하여 선포하였는가에 대해서 아무 기록도 우리는 발견할 수 없다. 그러나 마태복음 1-4장을 그리스도의 복음 선포의 생애의 준비과정으로 보는 것에 대해서는 이론이 없을 것이다. 특히 그가 광야에서 보낸 40일 간은 그가 일생 동안 해야 할 일을 발표하는 말씀 준비의 좋은 기회가 되었다. 외부적인 방해나 장애가 없이 식사도 거절한 그리스도는 조용히 하나님께 기도하며 명상함으로서(막 1:35) 자신의 사역을 말씀으로 선포할 설교의 준비를 하였다. 하나님의 뜻이 그리스도에게 전달되는 좋은 통로가 되었던 것이다.

6) 예수님의 기도와 설교

(1) 예수님의 기도

기도는 그리스도의 생활습관이었다. 그리스도에게는 군중과 멀리 떨어져 홀로 있으면서 침묵 가운데 하나님과 대면하는 시간들이 필요하였다. 누가는 예수의 공생애가 기도로 시작해서 기도로 끝낸 것으로 기록하였다. 예수 그리스도의 사역의 원동력이 기도에 근거한다고 인용한 성경 구절에서 그리스도의 설교와 기도가 얼마나 큰 비중으로 관계 되어 있나를 보여 준다.

① 예수께서도 세례를 받으시고 기도하셨다(눅3:21)
예수께서는 전도하기 시작하셨다(눅3:23, 여기서 전도를
시작 하였다 함을 말씀 선포로 이해됨)

② 외딴 곳으로 가시어 기도하고 계셨다(막1:35)
거기에서도 전도해야 한다(막1:38)

③ 밤을 새우시며 하나님께 기도하셨다(눅6:12)
그 때에 예수께서 제자들을 바라보시며 말씀하셨다 (눅 6:20)
제자를 택하신 다음에 평지에서 설교하셨다

④ 예수께서 성령을 받아 기쁨을 넘쳐서 말씀(기도)하셨다(눅 10:21)
예수께서 돌아서서 제자들에게 따로 말씀하셨다 (눅10:23)

⑤ 예수께서는 베드로와 요한과 야고보를 데리시고
기도하려 산으로 올라 가셨다(눅 9:28)
사람들에게 이렇게 말씀하셨다(눅9:23, 9:44)

⑥ 시몬아, 나는 네가 믿음을 잃지 않도록 기도하였다 (눅 22:32)
사도들에게 말씀하셨다(눅22:35-38)

이상의 실례에서 기도가 예수 그리스도의 설교 준비에 있어서 얼마나
중요한 비중을 차지하고 있는가에 대해서 알 수 있다. 예수는 말씀하시기
전에 기도하셨고 전도하시기 전에 기도로 준비하셨다. 특히 그가 광야에
서 40일간 금식 기도하시는 동안에 그가 평생 전해야 할 말씀의 메시지를
준비하였다. 어느 누구의 방해도 받지 아니하고 식사를 준비하고 먹는 번

거로움도 없이 오직 하나님과만 교통하면서 설교 준비에 임하였다. 그것은 곧 영적인 시련으로 이어졌다. 갈등을 이기고 마귀의 시험을 이기신 예수 그리스도에게서 설교자는 하나님의 말씀을 선포하는 설교 준비의 모델을 배워야 한다. 설교자는 세상 구제의 일이나 교회 치리의 일보다도 기도하는 사람이 됨으로 사람들에게 하나님의 아들이요 그리스도의 제자임이 입증되야 한다.

(2) 예수님의 설교와 성경연구

그리스도의 설교는 성경의 인용에 그 근간이 있다.

① 그리스도는 성경(구약성경)을 그의 인도자로 삼았다.

② 성경을 구속사로 이해하였다.
그리스도의 설교는 옛 사람들의 가르침과 같지 않다는 사실을 대조하면서 새롭게 선포되었다.

③ 성경은 우리가 놀랄 만큼 독창성과 통찰력을 가지고 재해석해서 인용하였다.
마태는 복음서의 다른 저자보다도 구약을 가장 많이 인용했는데(130회)[7] 성경에서 구약성경 인용의 주를 달아 인용해 놓은 것은 63회로 집계된다. 그 중에 "간음하지 말라"고 하신 말씀을 너희가 들었다(마5:27)와 같이 직접 그리스도가 인용한 식으로 된 직접 인용횟수만도 28회가 된다. 이것은 그리스도가 설교할 때에 성경의 바른 이해가 얼마나 중요하다는 사실을 입증해 주는 증거이다. 그리스도는 일반적인 가르침에 있어서도 성경을 인용한 것이 사실이며, 그리스도의 설교 준비는 하나님의 뜻에 따른 성경

---

7) 「공동번역성서」, "마태복음", 대한성서공회, 1977. p.176.

의 바른 이해에서 시작됐다는 사실을 알 수 있다.

(3) 예수님의 설교준비를 위한 묵상

오늘날 설교자들의 생활 바탕은 바뀌어야 한다. 그가 거리에 있던, 시장 가운데 있던 간에 그는 한적한 생활을 할 줄 알아야 한다. 문명의 이기를 벗어나서 가난하고 순명의 생활에 처하여야 한다. 이 가운데서 설교자는 생활로서 하나님과 접촉하는 생활을 할 수 있다. 이것이 곧 묵상의 생활이다. 설교자의 강한 메시지는 묵상 생활 가운데서 오며 이것이 자신을 갱신 시키고 청중들에게 불붙는 힘을 준다. 그러면 묵상이란 무엇인가? 그것은 하나님의 법을 즐거워하며 묵상하는 것이다(시1:2). 깊이 되새기는 것, 하나님의 말씀을 깊이 사유하고 즐거움 가운데 처하여 있는 것이다.

묵상한다는 것은 정말 깊고 신중하게 사유라는 것이다. 묵상한다고 하는 것은 마음속으로 반추하는 것, 혹은 중심 속에 머무는 것이다. 여기서 묵상이라고 하는 것은 하나님의 말씀인 성경 깊이 사유하여 살아 있게 하는 것이다. 그러므로 설교자는 강단을 올라갈 때 먼저 광야를 통과치 않으면 안 된다. 묵상의 과정을 통해서만이 하나님의 기록된 말씀이 설교자를 포함한 인간의 영을 풍부하게 할 수 있기 때문이다. 설교는 하나님의 묵상을 통해 말씀 안에 오시는 것을 의미한다. 목회자의 생활은 독서, 묵상, 기도와의 투쟁에 의해서 완성되어 간다. 묵상으로 설교 준비하는 설교자는 이제 절박한 필요성에 못 이겨서 설교하는 것이 아니고 생활에 넘치는 풍성함으로 설교하게 된다.

① 기도로써 준비

설교 준비는 기도로서 시작하고 기도로서 끝내야 한다. 기도는 설교자가 설교를 만들어 내는데 있어서 기본적인 필수 요건이 된다. 인간은 아무 것도 할 수 없다는 겸허한 태도와 기도 없이는 설교가 불가능하다는 것을 알아야 한다. 그렇지 않다면 그것은 공허한 외침에 불과하고 설교자는 하나님을 팔아먹고 사는 직업인에 불과하다. 하나님 자신이 설교자의 언어에 대하여 그것이 하나님의 말씀이라고 자기 선언하는 것은 기도에 의해서이다. 인간의 언어가 하나님의 말씀이 되는 것은 우리의 능력 안에 있는 일이 아니다. 설교는 곧 하나님에 대한 추구와 간구이다. 그러므로 설교는 하나님이 기도하는 자를 돌보시는 은혜에 달려 있는 것이다.

설교자는 자기 자신의 사고를 발전시켜 설교할 수 없다. 설교자의 강단은 하나님의 말씀을 있는 그대로 선포하는 장소이기 때문에 성령께서 말씀하실 것을 간구해야 한다. 목사가 기도에 긴 시간을 소비하는 것은 결코 시간의 낭비가 아니다. 이것은 모든 시련과 난관을 극복하는 비장의 무기가 아닐 수 없다. "너는 내게 부르짖어라. 내가 대답하리라. 나는 네가 모르는 큰 비밀을 가르쳐 주리라"(렘33:1)목사에게 다른 어떤 방법으로도 얻을 수 없는 내면적 영력을 주는 것은 바로 그의 무릎을 꿇는 기도이다. 목사가 하나님과 교제할 때 그의 전인격은 드높아지고 거룩한 생명이 그의 영혼을 적신다. 기도와 묵상은 목사의 원동력이다.

사도직에 있어 기도는 행위의 한계를 넘어서는 힘을 갖는다. 기도는 최상의 무기이며 하나님을 움직일 수 있는 유일의 길이다. 설교자는 기도를 통하여 말씀을 전할 수 있는 소명을 받은 것이다.

중국 선교사 호스트 박사는 매일 4시간씩 기도하는 것을 선교에 대해 자신이 가져야 할 가장 우선되는 책임으로 여겼다.[8] 설교자는 긴 시간의 기도를 통하여 하나님께서 원하시는 말씀을 택할 수 있고 적합한 설교를 준비할 수가 있다. 인간이 다른 사람에게 가는 직접적인 통로는 아무것도 없다. 인간이 하나님의 말씀을 직접 전할 길도 아무것도 없는 것이다. 다만 기도를 통한 설교준비 과정만이 하나님께서 자기 선언을 주심으로써 가능한 것이다.

---

8) Homer K. Buerlean, 「How to Preach More Powerful Sermon」, Philadelphia: The Westminster Press, 1986. p. 123.

② 성경을 읽음으로 준비

그리스도 예수를 믿음으로써 구원을 얻는다는 지혜를 줄 수 있는 책은 성경이다(딤후3:15). 성경은 인간의 구원에 필요한 생활 원칙과 훈련 방법도 제시하고 있다. 또한 성경은 그 자체가 하나님의 계시로 이루어진 책으로서 진리를 가르치고 잘못을 책망하고 허물을 고쳐주며 올바로 사는 훈련을 시키는데 유익한 책이다. 또한 성경은 하나님의 일꾼으로 하여금 모든 선한 일을 할 수 있는 자격과 준비를 갖추게 해 준다.

불트만은 성경 이해에서 두 차원을 지적하였다.

첫째는 성경 본문 그 자체에 대한 예비적인 의미 해명인데 그것은 연구함으로써, 습득할 수 있는 지식의 문제인 것이다. 여기에서는 주로 성경의 이해를 통한 설교 준비의 관계를 말하고 있다.

다음으로 불트만은 성경을 좀 더 깊은 차원인 인격적 참여와 관계부여 속에서 자라나는 살아 있는 통찰에 대해서 말했다.

이것이 성경 명상인데 여기서 비로소 성경은 포착된다고 볼 수 있다. 이 문제는 다음의 설교명상에서 다루기도 한다.

설교는 성경에 뿌리를 두고 있다. 성경은 설교의 기능과 중요성을 이해하는데 중요한 기초를 제공하고 있다. 쓰여진 말씀의 토대 위에 선포된 말씀 속에서 우리는 계시된 말씀인 예수 그리스도를 만나야 된다. 성경은 계시를 증언하고 교회의 기반이 되며 설교를 통하여 교회가 소명이 일어나도록 돕는다. 바르트의 설교의 정의는 설교란 다름 아니라 기록된 하나님의 말씀으로서의 성경을 풀이하는 것이라 하였다. 바르트의 이 결론은 당시에 커다란 혁명이었다. 근대 신학의 영향을 받은 당시의 목회자들은 성경에 관해서는 거의 무관심하였고 이상 사회 건설이나 문화 형성대에 더 관심을 두고 심리학적 설교난 기독교 인생관, 기독교 세계관등을 설교하였다. 그리스도의 신앙과는 상관 없는 일상적 정의와 세속적 인도주의가 제창되었다. 바르트가 한 세대(슐라이엘 막허)를 풍미하던 그릇된 설교관을 개혁했던 것과 같이 오늘날 우리 시대의 설교자는 활동 위주의 세속주의 목회 형태에서 벗어나 성경을 연구하고 묵상하는 설교 묵상의 목회자가 되어야 한다.

목사가 설교해야 할 선포는 목사의 주장이나 아름다운 문학이 아니다. 심판을 통한 부활을 증거를 해야 하고 주 안에서 죄인을 구원하기로 약속하시는 하나님 자신의 말씀을 전달해야 하는 것이다. 하나님의 말씀은 전하는 자의 말을 통하여 인간의 삶 속으로 들어온다.

그의 의식과 그의 인격은 선택과 결단을 통하여 변화를 받게 된다. 지상의 삶을 통하여 천상의 삶을 이루게 된다. 이는 성경을 통한 인간 이해 가운데서만 가능하게 된다. 인간 속에 있는 무엇을 통해서 이루어지지 않는다. 파스칼(Pascal)은 성경을 바탕으로 인간을 이해하렬 노력했기 때문에 실로 인간의 심오한 깊이를 발견해낼 수 있었다.[9]

하나님의 의는 인간의 의와 대립되며 하나님의 말씀과 방법은 인간의 그것과 같지 아니하다. 우리는 성경 속에서만 진정한 하나님의 세계를 발견할 수 있다. 성경을 통해서 진정한 인간의 이해가 가능하며 하나님의 세계의 이해가 가능한 것이다. 그리하여 진정한 설교는 성경에 근거해야 한다. 강단에 오르려 하는 자는 성경 안에서 그의 새 세계를 발견해야 한다. 성경을 통하여 설교자는 하나님이 살아계시고 말씀하시며 행동하시는 모습을 보게 된다. 성경을 진지하게 읽지 아니하는 설교자는 교회 행사를 주관하고 장례식을 치르는 것 외에 아무것도 할 수 없다. 설교자는 성경 중심의 설교를 하고 설교 중심의 삶을 사는 자가 되어야 한다.

설교자는 성경의 대가가 되어야 한다. 성경을 포괄적으로 이해하고 성경의 저자의 입장으로 돌아가야 한다. 열린 마음을 갖고 하나님과 세계와 말씀과 문학와의 다리의 역할을 해야 한다.

"이 두루마리를 먹어라"(겔3:1)고 한 것은 주어진 전승을 완전히 소화하여 주의 말씀이 "내 발등의 등불"(시119:105)이 되어야 한다는 것이다. 성경의 생명력과 관계성을 상실한 설교는 쉽사리 자아 중심적인 변덕과, 기만과, 감상주의에 빠지게 된다.[10]

---

9) Ibid, p.178.
10) Ibid, p. 205.

성경을 많이 읽음으로 성경의 의미하는 뜻을 바로 이해 할 수가 있다. 죤 스토트 목사는 새벽 5시에 일어나 9시까지 기계적으로 성경을 읽었다. 본문을 깊이 읽어가는 도중에 성령께서는 성경 전체를 조명할 흐름을 깨닫게 하신다. 성경을 수 없이 읽으면 그 말씀에 대한 확연한 깨달음은 물론 예수 그리스도를 만날 수 있다. 그리스도가 누구이며 어떻게 찾아 볼 수 있는가에 대한 유일한 길잡이는 성경이다.

예수는 성경을 읽고, 그 말씀이 이 현실에서 이루어졌다고 말씀하였다.(눅4:17-19) 성경을 자신과의 실존적 관계로 이해함과 동시에 상황으로 생생하게 전이시켰다. 성경을 하나님의 말씀으로 이해함으로서 형식적인 해석에 불과했던 성경 학자들의 잘못을 치유하여 주었다. 그리스도는 성경의 새로운 해석법을 모범으로 보였다.(마5:21)

성경과 우리에게 열려져 있게 하기 위해서는 성경을 묵상하는 것이 필요하다. 본 훼퍼는 하루를 30분내지 한 시간의 성경 묵상으로 시작하는 좋은 습관을 가졌다. 설교자는 하루의 처음의 시간을 평일의 잡다한 일로 보내서는 안된다. 성경을 통하여 하나님의 뜻을 깨닫는 가운데 말씀 선포의 준비가 있어야 한다. 설교자는 성경에 의해 점령당하고 다음으로는 자신의 언어와 사색으로 말해야 한다. 설교자는 성경의 말씀이 살아 있는 하나님의 말씀으로 사람들에게 전하여지도록 말씀을 많이 반복하여 읽음과 동시에 깊이 묵상하는 과정이 있어야 한다.

③ 묵상으로 준비

"마르다야, 너는 많은 일에 다 마음을 쓰며 걱정하지만 실상 필요한 것은 한 가지뿐이다(눅10:41)"라고 예수님은 말씀했다.

설교자에게 특히 필요한 것은 이 한 가지뿐이다. 즉 하나님의 말씀을 듣는 일이다. 조용한 가운데 들려오는 하나님의 음성에 귀를 기울이며 쉼을 취하는 일이다. 설교자는 하나님을 만나는 기회를 만드는 일이 무엇보다 중요하다. 많은 일이 벌어지지만 그러나 종국에 가서 필요한 것은 하나님을 만나는 시간과 장소를 만드는 일이다.

회중은 하나님의 말씀을 갈구하며 이를 듣기 위해서 봉사와 수고를 아끼지 아니한다. 그들은 거리나 회의장에서, 다방이나 음식점에서 사람 만나기에 분주한 설교자를 위해서 수고하고 희생하는 것이 아니다. 말씀을 갈구하는 자들에게 생생한 하나님의 말씀을 전해 줄 수 있기 위해서 하나님을 만나려고 마음과 정성을 다 기울이는 설교자를 기대하고 있는 것이다. 그는 들어야 한다. 많이 들어야 하고 계속 들어야 한다. 그가 해야 할 일은 듣는 상태에 있는 기도이다.

그의 소원을 말하거나 세상사나 잡다한 문제꺼리들을 아뢰는 것이 아니다. 장차 알게 될지도 모를 일에 대해서 귀를 기울이는 것이다. 많은 설교자들이 성경을 명상함으로 설교 준비를 하였다. 종교 개혁자들은 기도하는 마음으로 성경을 가까이 하였다.

성경을 읽고 묵상할 때 성령이 그에게 같이하여 하나님이 계시하시는 말씀을 들을 수 있었다. 반면에 "들음"이 아닌 기도는 기도의 궁극적인 목적이 되는 세상을 향한 하나님의 비전을 깊이 나누어 가질 수가 없다. 그리스도는 세례를 받고 복음 사역의 직무를 수임받은 후 성령에 이끌려 광야로 가시고 시험을 받으시었다(마4:1–11). 스스로 가신 것이 아니다. 이끌리심에 의존해 가셨다. 설교자는 하나님의 영의 이끌리심을 받아서 조용한 데 처해 있어야 한다.

첫째로 그는 하나님 말씀에 갈급해 있어야 한다.

하나님의 말씀에 접하지 아니하고 하루를 사는 그의 삶은 공허할 수밖에 없다. 모든 세상의 잡다한 일들이 그를 세상의 거리로 자꾸 내몰고 있기 때문이다. 그의 생활은 하나님의 말씀에 의해서 채워지도록 인도함을 받는 데로 순종하고 몰입하여야 한다.

둘째로 그는 들음의 생활로 인도되어야 한다. 하나님의 원하시는 뜻은 들으려는 마음으로 이끌림을 받는 설교자에게 부족함이 없이 채워지게 된다. 하나님께 기도함으로 말미암아 그의 모든 삶과 말씀 선포는 갈급한 이들을 채워 줄 수 있을 뿐만 아니라 자신의 행동의 당위성을 갖게 된다. 그

가운데 참 휴식과 자유함과 확신이 있다.

(4) 독서로서 준비

스펄전(C. Spurgeon)의 설교는 그의 전 생애의 수고의 산맥에서 치솟은 최고의 상상봉이었다.[11] 그에게는 많은 수고의 대상이 있었지만 설교준비의 수고는 어떤 다른 일에 대한 수고보다 더 크고 힘든 일이었다. 일정한 시간을 정해서 설교자는 방대한 인류의 문화의 유산인 도서들을 독파해나가야 한다. 성경 연구에는 두 지평선이다. 설교자는 독서를 통한 방대한 지식을 통해서 하나님의 쓰여진 말씀이 인간에게 접근하는 많은 통로를 제공하여 준다. 이것이 해석자의 지평선인 것이다. 설교자가 끊임없는 독서를 하며 연구에 몰두하는 것은 성령을 근심시키지 않게 하기 위함이다(엡 4:30). 몽테뉴는 그의 직책을 포기하고 그의 성탑(城塔)3층에 있는 서재에들어 앉아 독서와 명상에 잠김으로서 수상록을 만들어내었다.[12]

설교자는 깊은 독서와 명상을 생활화 해나감으로서 하늘의 음성을 인간의 세상에 옮겨놓을 수 있다.

설교자가 읽어야 할 도서는 인류의 고전에서 비롯하여 현대의 베스트셀러에 이르기까지 방대한 영역은 물론 선배 목사들의 자서전, 설교집 등이 포함돼야 한다. 문학의 종류로는 소설, 희곡, 시, 교양서적, 철학서, 그리고 신문, 잡지 등이다. 이것이 성경 독경의 독서자의 지평이다. 설교자가 독서를 통하여 설교준비를 하면 지식이나 철학적 이념에 빠질 위험성도 없는 것이 아니다. 그러나 성경의 말씀을 명상하는 가운데 독서를 해나가면 성령의 감동하심으로 쓰여진 성경은 성령에 의하여 하나님의 말씀이 사람에게로 접근해오는 길을 발견할 수 있게 된다. 설교자는 밥으로 먹이기보다는 젖으로 먹이는 것이 모든 사람들을 하나님께로 이끌 수 있는 지혜인 것이다.

---

11) Alfred.P.Gibbs, 「The Preacher and His Preaching」,Kansas City: Walterick Publish-
　　ers, 1939, p. 47.
12) Ibid. p. 4.

(5) 열정으로 준비

이 소식을 전하지 아니하고서는 견딜 수 없는 마음의 외침(고전3:2)을 가지고 설교 준비에 임하는 설교자라야 세상에서 가장 엄청난 이 복음의 소식을 사람들에게 전할 수 있을 것이다. 엄청난 뉴스거리를 냉담하거나 얼음같이 차갑게 말한다면 그것은 무언가 잘못된 것이다. "이 독사의 자식들아 닥쳐 올 그 징벌을 피하라고 누가 일러주더냐?"(마3:7)하는 세례 요한의 오침은 실제로 바리새인과 사두개인들에게 회개하고 하나님께 돌아오는 효과를 거두었다. 정의에 불타고 복음에 불타는 설교자의 열정이 하나님이 메시지를 생생하게 전할 수 있다.

하나님의 말씀이 선포되는 설교는 사람의 영혼과 마음을 쪼개고 부수어 성령이 뜨겁게 다가올 수 있어야 한다. 천지가 개벽하는 새 생명의 말씀은 피폐하여 죽어가는 나약한 심령을 살리기 위해서 열정적으로 전해져야 한다. 만일 설교자의 전하는 말씀에서 열정적인 간절함이 상실된다면 아마도 돌들이 떨며 소리를 발할 것이다(눅19:40)

예수님이 눈물을 보이신 일이나 사도 바울이 눈물로 호소한 사실 등은 인간의 나약함을 드러낸 것이라기보다는 인간 영혼에 대한 간절한 연민에서 기인된 것이라 할 수 있다. 설교자는 인간 영혼에 대한 구원에 대해 강한 열정을 지니고 있어야 한다. 요한 웨슬레는 "당신의 설교에 불을 붙이라. 그렇지 않으면 당신의 설교를 불 속에 던지라"했다. 하나님 말씀은 자기 것으로 그리고 혼신의 열정을 다해서 전하도록 준비 되어져야 한다. 꿈이나 꾸는 예언자처럼 꿈 이야기나 해서는 안 된다. 내말을 남의 입에서 훔쳐다가 떠벌이는 자들을 나는 그냥두지 않으리라고 했다(렘23:25). 설교자 자신이 성령의 역사하심으로 말미암아 감화되어, 말씀의 주인이 되어서 간절한 마음으로 열정을 다하여 설교를 준비하지 아니하면 청중들에게서 아무런 변화도 기대할 수 없다.

남의 소리하는 곳이 강단이 아니다. 설교자는 하나님의 대사가 된 제사장의 1인칭적인 소리로서 선포하여야 한다.

가난한 이에게 복이 있다(마5:3)고 외치시는 예수 그리스도의 말씀은 천지가 개벽되는 말씀으로 산하에 메아리쳐 갔을 것이다. 설교는 전능한 하나님과의 대변이다. 타오르는 열정으로 선포되어야 한다. 종교는 머리로서 전해지는 것이 아니다. 가슴을 지니지 않으면 안 된다. 가슴에 호소하는 종교는 자신의 말이 되지 않아서는 안 된다. 설교 준비는 설교자의 깊은 사색과 명상과 기도를 통해서 이루어져야 한다.

하나님의 말씀인 성경을 반추하고 되새기는 가운데 하나님께서 원하시는 뜻이 무엇인지를 계시 받을 수 있다. 설교자는 하나님의 쓰여진 말씀이 살아 있는 말씀으로 회중에 전해지기 위해서 많은 시간을 조용히 들으며 사는 생활이 있어야 하며 그 중에 많은 독서를 통하여 하드웨어를 소프트웨어로 만들어 우리 인간의 마음속에 맞출 수 있는 양식으로 만들어내는 소화 작용을 해야 한다.

설교자의 삶 전체가 이에 대한 열정으로 가득 차 있어야 한다. 그때야 비로소 설교자는 언제나 자신의 소리로 말할 수 있고 하나님의 계시의 모습을 사람들에게 진실로 보여주게 된다.

오늘날 교회에서 봉사하는 모든 사람들은 하나님의 말씀에 깊이 잠겨 있는 생각하는 설교자를 위하여 봉사하는 것이지 거리에서 바쁘게 방황하는 생활인을 위해서 하는 것이 아니다.

『설교자는 오직 예수님에 대해서만 설교를 해야 한다』

오래 전 미국 로스앤젤레스의 어느 한인 안경점에서 텔레비전 광고를 했다. 그 광고의 멘트는 안경점 주인이 나와서 어눌한 말투로 "내가 아는 것은 안경밖에 없습니다"라고 하는 말 한 마디였습니다. 이 광고가 당시에 큰 히트를 쳤다. 그리고 그 해에는 최고의 광고로 광고 대 상을 받기도 했다. 안경점에서 안경밖에 모른다는 것은 최고의 자랑이다. 이런 사람만이 최고의 자리를 차지할 수 있는 것이다.

스콜라 철학을 집대성한 토마스 아퀴나스는 가톨릭 신학의 거장이다. 아퀴나스는 훌륭한 학자이며 동시에 경건한 수도사였다. 그의 별명은 '천사와 같은 박사'이다. 한번은 그가 수도원에서 기도하던 중에 예수님께서 환상 가운데 나타나셔서 "아퀴나스냐 ! 네가 무엇을 원하느냐?"고 물으셨다. 아퀴나스는 "예! 저는 주님만 원합니다. 그리고 아무것도 없습니다"라고 대답을 했다고 한다.

내가 원하는 것, 내가 아는 것은 예수님밖에 없습니다. 이것이 우리의 최고의 자랑이다. 이렇게 우리는 강단에서 오직 예수님에 대해서만 설교를 해야 한다.

- 著者의 辯 -

▌제10장

1인칭에 대한 개념과 사용 방법

1) 1인칭에 대한 개념

설교에서 1인칭이란 '자기 이야기'를 말한다. 그러나 설교는 자기 이야기를 말하는 시간이 아니다. 설교의 목적인 하나님의 말씀이 선포되는 시간이다. 그러나 대부분 설교자들의 메시지 가운데는 자기 이야기가 포함되어 있음을 발견한다. 심지어 John Calvin의 설교에서도 70여 차례나 자기의 경험과 이야기가 나타나고 있다.[1]

그러나 Webb B. Garrison은 "예화에 있어서 1인칭 대명사를 사용을 해서는 안된다."고 말하며, A. W. Blackwood는 자신에 대한 언급은 피하라고 강조하면서 Robertson이나 Brooks가 자신의 경험에서 자료를 끄집어내지만 그들 중 아무도 자신에 대한 언급을 하지 않았음을 강조했다.

반면 루터란 신학교의 설교학 교수인 Richard L. Thulin은 그의 저서에서 "예화를 사용할 때 1인칭 단수로 사용되는 것, 즉 자신의 이야기가 예화에 사용될 때 그것이 더욱 효과적이고 듣는 이들로 하여금 많은 확신을 준다."[2] 고 하였다.

---

1) Richard Stauffer, 「Calvin et Sermon」 박건택 역(칼빈의 설교학 " 서울: 성서연구사, 1990, p. 23. 등에서 Calvin은 자신에 대해서나, 활동에 대해 50여회 언급하고 있으며 자신의 영적 체험에 대해 20여회를 진술을 했다.
2) Richard L. Thulin , The "I" of the Sermon Autobiography in the Pulpit 전요셉 역, "설교에서 1인칭 사용의 기법" 서울: 솔로몬, 1997. p.30.

(1) 자기 이야기와 권위

설교의 목적은 비 그리스도인들로 하여금 그리스도계로 인도하는 기능과 신자들로 더 깊은 믿음 가운데 나가도록 변화를 촉구하는 기능을 가지고 있다. 실재에 있어 성경 말씀 자체가 이 역할을 담당하고 있다. 그러나 단순히 설교자의 입을 통해 전달되는 성경 구절만이 아닌 설교자 자신의 삶 속에 경험된 자기이야기의 진술을 청중들로 하여금 더 많은 감동과 깊은 생각들을 갖게 하며, 설교자와 동일한 시대상황 속에 있는 청중들에게 말씀의 권위를 더욱 드높일 수 있다. 그러기에 W. E. Sangster는 "인생처럼 인생을 해석할 말한 것은 아무것도 없다." [3]

또한 설교에서 본문에 대한 성경적이며, 신학적인 해석에 더불어 목사 자신의 삶의 이야기를 진술하게 설명하려고 할 때 청중들은 매우 권위 있는 말씀으로 받아들이게 된다. 그 이유는 설교자 자신의 삶 속에 체험되어진 살아있는 간증이기 때문인 것이다.

Thulin은 자신의 경험을 바탕으로 "설교자 자신의 개인적인 이야기는 청중들에게 성경의 본문을 더욱 효과적으로 전할 수 있다는 강한 확신을 얻게 되었다."고 말하고 있으며, William Blanck도 어떤 경우에는 자기 자신의 경험이 가장 능력 있는 예화가 될 수 있다고 했다.

결국 설교에서 자기 이야기는 청중들로 자신의 문제, 소망, 두려움, 성공, 실패, 낙심, 믿음, 고민 등과 성경의 말씀을 서로 연결시켜 그들이 이 시대의 말씀으로 성경을 이해하게끔 다리를 놓아주는 역할을 하며, 본문을 더욱 권위 있게 하는 도구가 되고 있다.

(2) 자기 이야기와 설교자

설교자는 신앙과 경험된 인간의 삶 사이에서 상호 관계를 발견하고, 경

---

3) W. E. Sangster, 「The Craft of Sermon Illustration」 Philadelphia Westminster, 1950,
　　p. 36.

험들을 재해석 해주고, 믿음을 세우게 하는 자이다. 여기에 신학적 사고가 반드시 내재되어 있어야 하는데 이것은 단순히 교리를 설명하는 이상인 것이다. 신학적인 배경을 가지고 자기 이야기와 교회 전통, 교리, 신학 등을 잘 설명할 수 있어야 하는 것이다. 그러므로 설교자는 신학자에 버금가는 노력이 요구되며, 전달 방법에 있어서도 기술적이어야 하는 것이다.

설교자는 메시지의 권위를 높이며, 실제적인 삶의 정황 속으로의 연결을 위해, 자신의 매일의 삶 속에서 하나님의 세미한 음성을 듣고자 노력해야 하며, 하나님의 인도하시는 손길과 사랑에 민감해야 한다. 이러한 연구와 노력 속에서 얻어진 자기 이야기를 청중들과 나눌 때, 설교의 결과에 대한 극대화를 추구할 수 있게 되어지는 것이다.

(3) 예화로서 1인칭 사용의 정의

설교에서 1인칭의 사용은 '나' 또는 '우리'를 주어로 사용하는 표현을 일컫는다. '나'는 1인칭 대명사로서 단수(singular)이며, '우리'는 1인칭 대명사의 복수(plural)이므로 1인칭을 지칭할 때는 이 두 가지의 개념을 다 포함하는 것이 될 것이다.

그러나 1인칭 단수의 사용에 대해서는 적지 않게 반대의 성향을 드러내는 학자들이 있고 일각에서는 금기시하고 있다는 것을 염두에 둔다면 1인칭이라는 표현은 좀 더 구체적으로 진술되어야 할 것이다.

하지만 설교에서 1인칭 복수에 대한 사용과 표현은 대개의 설교학자들이 권장하는 경향이며 부정적 견해가 없는 편이다. 특히 강해 설교학에 대한 연구의 대표적인 학자로 알려진 Haddon W. Robinson의 주장에 따르면 1인칭 복수인 '우리(our)'라는 표현은 청중들로 하여금 설교자와 동일시하도록 느끼는 방법이며 청중과 설교자간의 관계를 삶의 정황으로부터 분리시키지 않고 심리적 거리감을 좁힐 수 있는 표현으로 이해되므로 이것을 사용하는 것은 좋은 설교라고 권장한 바 있다.

본서에서는 설교에서의 '자기 이야기', 곧 "We..." "Our..."가 아닌 "I..."

로 즉 나로 시작되는 문장만을 연구의 주제로 한하고 있다. 그리고 Thulin 은 그의 저서 「설교에서의 1인칭 사용의 기법」에서 자기 이야기의 형태 를 예화, 회상, 고백 그리고 자기소개로 구분하고 있다.

2) 자기 이야기의 형태

(1) 예화로서의 자기 이야기

Thulin은 예화로서의 자기 이야기는 설교자 자신의 입장에서 볼 때, 일 반적인 사실에 초점이 맞추어져 있으며, 설교자가 설명하고자 하는 것을 명 확하게 하거나 묘사하는 기능을 취한다고 보았다.[4]

Thulin이 명명한 '예화로서의 자기 이야기'를 '경험으로서의 자기 이야 기'로 바꾸는 것이 적합하리라는 견해를 피력하면서 "이 개념은 매우 광범 위한 것으로서 가정에서 발생한 일, 목회에서 발생한 일, 여행에서 발생한 일, 다른 사람을 만나면서 발생된 일 등의 경험들을 잘 다듬어서 예화로 설 명할 때 좋은 예화가 될 수 있다. 자신의 경험을 설명함에 있어서 길어야 되 는 것은 아니므로 짧은 자기 경험도 여기에 포함된다."고 하였다.

결국, 예화는 설교자가 하고자 하는 내용을 더욱 돋보이고, 충분히 설 명하기 위해서 존재하는 것이다. 예화의 생명은 설교를 돕고 메시지를 섬 겨야만 하는 것이며, 이것이 결코 주인이 되어서는 안 된다. 예화로서의 자 기 이야기도 이와 같은 맥락에서 이해되어야 한다.[5]

메시지의 핵심인 하나님과 예수 그리스도의 구원사역과 청중을 향한 하 나님의 목적이 명확히 드러나며, 더욱 설득력을 가지고, 이해하기 쉽게 전 달되기 위해 자기 이야기가 사용되어져야 한다.

---

4) Richard L. Thulin ,op. cit., p. 29.
5) Ibid.,p. 30.

이러한 목적을 충분히 이해하고 본문의 1인칭 단수로 사용되어지는 자기 이야기와 체험이 설명된다면 설교에서 상당한 효과가 발생될 것이다. 그러나 반드시 본문과 연관해서 사건 중심의 이야기가 설명되어져야만 한다. 이러한 기능에 충실하여 본문의 내용이 자기 이야기로 충분히 설명되어진다면 그것은 예화로서 상당히 좋은 역할을 다한 것이 될 것이다.

(2) 회상으로서의 자기 이야기

예화로서의 자기 이야기와 회상으로서의 자기 이야기는 분명하게 구별하기가 용이하지 않은 점들이 있다. 그것은 경험을 회상하여 진술하였을 때 양자가 중첩되기 때문이다. 그러나 Thulin은 예화로서의 자기 이야기와 회상으로서의 자기 이야기에 대하여 두 가지의 차이점을 들어 구별한다.[6] 첫째, 두 가지 모두 개인적인 내용이며, 과거에 되어졌던 일의 기억된 이야기라는 점에서는 유사하지만 예화가 최근 사건에 초점을 맞추는 것이라면 회상을 더 먼 과거의 일이라는 점이며, 둘째는 예화로서의 경험적 자기 이야기는 사실을 전달하는 기능을 가지고 있으나, 회상으로서의 자기 이야기는 단순히 한 가지 사실을 회중에게 전하는 이상의 구체적이고 감정적인 것으로, 슬픔과 기쁨의 감정을 실어서 전달하는 차이가 있음을 구별하였다. 하지만 오래된 사건이라는 표현의 시점은 모호성을 드러냈다. 얼마만큼 오래되어야 회상인가 하는 데는 명확한 구분을 짓지 못한 것이다.

(3) 고백으로서의 자기 이야기

Thulin은 고백으로서의 자기 이야기를 정의하면서 개인적 신념 또는 신앙을 고백하는 내용, 그리고 반성적 진술도 여기에 포함되나 확신 없는 진술이나 죄에 대한 고백들은 여기에 포함되지 않으며, 영적 체험의 개인

---

6) Ibid., p. 33.

적 고백으로서의 자기 이야기 또는 신앙적인 차원에서 자서전적인 역사의 진술, 영적 갈등 상황의 묘사가 자신의 영적 세계에서 선과 악간의 전투적 상황, 그리고 구원의 확신과 고백 또는 개인적인 삶에 있어서 하나님께서 역사하신 그 증거들을 고백하는 것이라고 보았다. 곧 설교자의 의미 있는 체험을 설명하는 데서부터 시작되는 것이다.

고백으로서의 자기 이야기가 회상과의 분명한 차이는 "고백은 설교자 자신에 의해서 설교자 자신의 인격을 수립하는 것이다." 즉 하나님과 맺고 있는 설교자 자신의 본성과 특성과 진실 등의 표현을 통해 하나님과 청중들 앞에서 자신의 위치를 알리는 것이며, 설교자 자신의 진실된 고백 속에서 회중뿐만 아니라 설교자 자신에게 더 깊은 성찰의 기회를 제공해 주기도 한다. 그러나 설교단이 고해 장소가 되거나, 자기 고백이 동정이나 용서를 구하는 행위가 되어서는 위험하다.

회상으로서의 자기 이야기가 자기 자신을 중심으로 해서 가족과 친지, 친구 등과 연결된 이야기라면, 고백으로서의 자기 이야기는 설교자 자신을 중심으로 하나님과 관계된 내용인 것이다.

(4) 자서전적 자기 이야기

자서전적인 자기 이야기는 설교자 자신의 이야기를 1인칭 단수를 사용하여 설교에서 예화로 사용하는 방법으로 전기적인 성격이 강하다. 이러한 자서전적인 자기 이야기는 설교 메시지를 좀 더 구체적으로 청중들의 삶 속에 적용시키고 결단하기 위한 방법으로 매우 효과적이다. 인생처럼 인생을 해석할 만한 것은 아무것도 없기 때문이다.

경험으로서의 자기 이야기와 자서전적인 자기 이야기 간에는 구별이 모호하다. Thulin도 이것은 다루는 바가 넓기 때문에 회상과 고백 그리고 자기 이야기들을 포함한다고도 볼 수 있을 만큼 매우 광범위한 것이라고 보았다. 자서전적인 자기 이야기의 묘사는 대체로 자기 자신의 신분에 대한 소개의 형태로 띤다.

이것이 다른 유형과 구별되는 것은 "설교자 자신의 사고, 느낌, 의지, 의도, 해석을 중심으로 한 자기 이야기에 초점이 맞추어져 있다"고 생각했으며 "느낌을 말한다는 점에서는 고백과도 유사하지만 다른 사람 또는 다른 문화와 맺고 있는 자기 이야기"라고 구분했다. 또한 이것은 네 가지 형태의 자기 이야기 중에서 가장 구체적인 묘사를 하는 것이며, 설교자의 경험 가운데 언제, 어디서, 누가, 무엇을, 어떻게, 왜 등의 육하원칙이 구체적으로 진술되었을 때 여기에 해당된다는 것이다.

이상 Thulin의 예화로서의 자기 이야기, 회상으로서의 자기 이야기, 고백으로서의 자기 이야기, 자서전적인 자기 이야기를 분류하여 고찰하면서 설교자에게 필요한 것은 자신에게 발생된 일들에 대한 더욱 세심하고 관심있게 관찰할 수 있는 주의력과 통찰력이 요구됨을 발견하게 된다.

3) 1인칭의 요소

(1) 깨달음

설교자의 자기 이야기가 단순한 개인의 경험담 이상으로 청중들에게 진정한 의미를 느끼도록 하기 위해서는 일종의 깨달음을 제시해 주어야 한다. 깨달음이 없는 예화의 사용은 설교의 의미를 모호하게 하며, 어지럽히는 결과를 가져오게 된다. 그렇다면 진리를 가리는 자기 이야기를 설교 안에 끌어올 필요가 없는 것이다. 설교에 있어서 일반적인 예화가 아닌 자기 이야기를 가져온다는 것은 그만큼 설득력 있는 메시지를 전달하기 위한 수단인 것이다. 그렇기에 단순한 흥미나 재미를 주는 것이 아닌 분명한 깨달음이 있는 메시지가 포함되어야 한다.

(2) 정직성

설교자 자신이 창작한 예화는 바로 자신의 사고의 일부이기 때문에 가장 효과적이다. 곧 일반적인 예화에서는 창작이 가능하다. 그러나 자기 이야기에서는 가정으로 예를 드는 경우 외에는 창작을 할 수 없다. 그러므로 1인칭 사용에 있어서는 정직성이 반드시 요구된다.

다른 사람의 소중한 경험을 자신의 경험인양 말하는 것은 청중으로부터 존경을 도둑질하는 것이나 다름없다. 그리고 그것은 오랜 감동도 줄 수가 없는 것이다. 왜냐하면 목사는 말씀에 대해 설교할 때 강요하다기 보다는 교육하고 교화하며, 진실을 보여주어야 하기 때문이다.

설교자가 먼저 인간다운 인간이 되어야 한다는 것은 무엇을 의미하는가? 무엇보다도 설교자가 정직한 인간이 되어야 하는 것이다. 모든 것을 하나님의 이름으로 위장하거나 해명하려고 해서도 안 된다. 설교자가 정직성을 외면한다면 설교자를 통해 선포되어지는 메시지의 권위도 상실하게 되는 중대한 문제를 야기하게 된다.

(3) 전인적 인격

자기 이야기에서 중요한 세 번째 요소는 생각하고, 느끼고, 원하는 자신의 모습을 보여주는 것이다. 자기 이야기는 내적인 역사를 발표하는 무대와도 같은 것으로 "내면의 역사에서 관심이 모아지는 것은 그 주체이다. 여기에 나타나는 것은 언제나 행위(~ing), 즉 아는 것, 하려고 하는 것, 믿는 것, 느끼는 것 등이다."

모든 설교자는 청중들에게 설교를 통해서 전인적 인격을 나타내보이게 되어 있다. 그것을 의도적으로 드러내건, 그렇지 않건 간에 개인의 인격은 설교를 통해서 직접적으로, 때로는 암시적으로 드러나게 되어 있다.

설교자를 통해서 나타내 보여 진 전인적 인격 속에서의 깨달음, 오감을 통한 느낌, 실제적인 영적 경험들은 청중들에게 더욱 실제적인 간접 체

험을 가져다 줄 수 있으며, 당시의 느낌, 감동, 깨달음 등을 그대로 전하고
자 애쓸 때, 청중들에게 흉내 내기, 따라오기의 효과들을 기대하게 된다.

(4) 단순성

설교 메시지의 의미를 흐려놓을 만큼 예화를 눈에 띄게 해서는 안 된
다. 예화는 응접실의 등과 같이 그것 자체에 이목을 집중시키는 것이 아니
라 가로등같이 잘 눈에 띄지는 않으나 밝은 빛을 길 위에 비추는 것과 같
은 것이다.[7]

왜냐하면 주요 목적은 단지 메시지를 분명하게 하는 데 있기 때문이다.
따라서 일반적으로 볼 때 예화는 길어서는 안 된다. 사실상 몇 마디 그림을
그리는 듯이 한 문장이 수백 마디의 자세한 표현보다 훨씬 더 효과적이다.
그러나 만일 설교의 한 부분에서 긴 예화를 들 필요가 있다면 다른 부분에
서는 최소한도로 다른 예화들을 줄이는 것이 현명하다. 그리고 예화는 하
나의 요점을 갖는 간결, 명료성을 지녀야 한다.

메시지를 빛나게 하기 위한 보조 수단인 자기 이야기가 본문보다 더 복
잡하고, 난해하다면 산을 보지 못하고 수풀 속에서 헤매다가 나오는 등산
객이 될 것이다. 몇 차례 산을 헤매다 돌아온다면 그 청중들은 등산을 포
기하게 될 것이다.

(5) 적응성

예화의 사용에 있어서 중요하게 고려되어야 하는 것이 문화적 상황에
어울리는 적응성이 있느냐? 현실적인 적응성이 있느냐는 부분이다. 여기
에서 가장 부합하는 예화는 자기 이야기이다.

---

7) J. H .Jowett, 「The Preacher His Life and Work」. Grand Rapids: 1968,p. 141.

자신의 이야기는 자신이 살아가는 삶이기 때문이다. 사회를 이루어 살아가는 인간에게 있어서 삶은 문화의 한 단면일 수밖에 없다. 곧 쉬운 이야기는 자신이 소속된 문화권의 이야기라는 말이 되는 것이다.[8]

아무리 과거에 감동적인 이야기였다 할지라도 지금 현실에 있어서 인정되지 않고 적응되지 않을 것이라면 그것은 이야기로서의 가치를 상실한 것이다. 그러나 자기 이야기는 회상으로서의 자기 이야기라 할지라도 현재의 세대를 살아가는 이들에게 동일한 세대의 증언이므로 문화와 현실에 괴리감을 극복할 수 있게 된다.

(6) 상호관계

자기 이야기에서 가장 중요한 사항 중 하나로서 설교자의 이야기는 단순히 간직되어 있는 한 때의 경험을 들려주는 것 이상이 되어야 한다. 자기 이야기는 먼저 설교자와 설교 내용 간에 밀접한 상호 관계가 있도록 해야 하는 것이다. 이것은 설교자가 자신이 경험한 사건을 어느 정도까지는 상세하게 묘사해야 한다는 것을 의미한다. 어떠한 경우든지 사건의 안과 밖에서 일어나는 일들은 상호 일치가 되어야 하며 청중들이 이야기를 들으면서 장면을 연상할 뿐 아니라 자신이 이야기의 주인공이 된 것처럼 느낄 만큼 이야기에 몰두하게 해야 한다. 이러한 효과를 누리기 위해서는 설교자가 청중들에게 자신의 깨달음을 아주 의미심장한 것이라고 청중들에게 발표함으로 얻을 수 있는 효과이다.

두 번째로 설교자와 설교 내용 그리고 청중들 간에 밀접한 상호 관계를 가져야 한다는 것은 설교자의 경험이 청중들의 생활에 직접 연결되어야 하며, 역동적인 하나님의 임재와도 연결되어야 한다는 것을 말한다. 이러한 연결성이 없는 이야기는 자신을 속이는 것일 뿐 아니라 설교의 의도를 바로 전달하는 역할도 할 수가 없게 된다.

---

8) Ibid., p. 65.

말씀과 연결되지 못하는 설교자 자신의 이야기는 청중들 스스로의 삶과 어떤 연관이 있는지 이해를 모호하게 하며, 혼란을 일으키는 결과를 가져오게 한다. 설교자는 청중 모두가 공감할 만한 실재적인 느낌, 희망, 실망, 갈망, 기쁨, 슬픔, 욕망을 자아낼 만한 수준으로 자기 이야기를 함으로써 청중 자신들의 삶의 정황과 연결시켜야만 하는 것이다.

마지막으로는 지나간 이야기가 어떻게 오늘날 역사하시는 하나님의 이야기와 연결되는지를 청중들이 이해하고 있을 때 그 이야기는 비로소 선포되었다고 할 수 있는 것이다. 삶으로 걸러진 예화는 사람들이 성경적 진리를 실생활의 상황들에 적용하는 것을 보여줌으로써 그러한 진리를 가장 적절하고 현실적이며 접근 가능한 방식으로 깨닫게 해준다.

4) 1인칭 사용과 본문 관계

많은 사람들이 강단에서 행해지는 자기 이야기의 남용에 대해서 걱정하는데 이런 우려가 전혀 타당성이 없지 않다. 때때로 자기 이야기는 시간을 채우는 도구가 되기도 하고, 즉흥적인 증거가 되기도 하며, 설교자 자신의 이야기로 끝나버리기도 한다. 그러나 설교자의 자기 이야기는 단순한 경험을 말하는 것이 아니라, 그 이야기가 나타내야 하는 것은 복음이다.

그러기 위해서는 설교자는 자신의 경험을 통한 지혜나 깨달음 자체에 강조점을 두는 것이 아니라, 전통적인 기존 교리들과 신학에 연관해서 설교해야 한다. 설교에서 설교자의 경험은 그 사건 자체에 강조점과 의미가 있는 것이 아니다. 말씀의 입장에서 사건을 성경본문과 연결시켜 복음의 광선을 펼쳐 주는 프리즘 역할을 해야 하는 것이다.

회중에게 개인적 경험을 이야기하려는 설교자들에게 매우 적절한 조언은, '설교자의 보호막'으로서의 두 가지 사항이다. "첫째로 설교자 자신의 체험적인 이야기를 통해서 분명히 예수 그리스도가 나타나야 한다는 목표를 가져야 한다. 둘째로 알맞은 성경 구절을 선정하여 설교 내용을 일관된

주제로 이끌어야 한다는 것이다." 9)

자기 이야기를 메시지의 효과를 위해서 사용할 때, 두 기둥은 분명한 목표와 본문이다.

(1) 1인칭 사용의 목적

Baumann은 성경적인 복음적 설교가 가져야 할 몇 가지 조건을 꼽았는데, 첫째, 유신론적 설교일 것. 둘째, 그리스도 중심적인 설교일 것. 셋째, 신구약 성경에 모두 근거하는 설교일 것. 넷째, 전체 복음이 들어날 것을 말했다.

기독교 설교의 중심은 그리스도다. Hoekstra는 "그리스도 없는 설교는 설교가 아니다."라고 하였다. 10)

그리스도 중심적인 설교는 그리스도께서 주제가 되는 설교인데 그리스도와 교리의 요약으로서의 그의 사역뿐 아니라 하나님의 공적 수임자로서 그리스도가 주제가 되는 설교이다.

설교의 목표가 분명한데, 집의 창문의 역할, 길의 가로등의 역할을 하는 예화로서의 자기 이야기가 목표를 거스를 수 없는 것이다. 설교자의 자기 이야기는 철저히 예수 그리스도의 복음, 사랑, 은혜 등에 맞춰져야 하는 것이며, 청중들도 그리스도를 뒷전에 두고, 설교자의 자기 이야기에만 몰두하는 우를 범하여서는 안 된다. 이렇게 되면 말씀을 듣는 청중들에게 있어서 말씀의 생명력이 사라지고 만다. 결국 설교의 목적은 보화인 그리스도가 증거 되어야 하는 것이다.

(2) 본문에서의 1인칭

설교에 있어서 설교자 자신이 성경의 본문인 말씀을 향해서 하는 분명

---

9) Ibid., p. 76.
10) 정성구, 「실천신학개론」 서울: 총신대출판부, 1980, p. 126.

한 이유에 대해서 "모든 성경 구절에는 창조의 능력이 깃든 하나님의 음성이 나타나 있기 때문이며, 설교자가 전하는 말씀은 그 시대의 말씀을 이 시대의 말씀으로 해석함으로써, 만물을 창조하신 능력의 근원이며, 장래의 새 땅을 이루는 근원이 되는 하나님의 말씀과 동일한 능력을 가지고 있기 때문이다." 그럼에도 불구하고 실제적으로 많은 설교 가운데서 본문과의 관계 속에 문제점이 드러난다.

첫째는 자기 이야기를 하는 설교자가 범하기 쉬운 방법으로 성경본문을 사소한 것으로 취급하려는 것이다. 상황에 따라서 어떤 설교자는 본문을 사용하지 않거나 완전히 무시해 버림으로써 설교에서 성경 본문이 나타나지 않는 경우도 있는데, 이와 같은 설교에서의 자기 이야기는 의미가 없는 것이다. 성경본문을 가볍게 처리하고 지나가는 설교자는 자기 이야기의 방법이 무엇인지도 모르고 있음이 분명하다.

'예증'은 진리를 밝혀주는데 목적이 있다. 그러므로 예증 자체를 진리로 만들어서는 안된다. 철저히 메시지의 본문을 드러내는데 충실해야 하는 것이다.

둘째는 비 결합성으로 본문과 자기 이야기가 서로 전개되면서 상호간에 의미 전달이 안 되고, 서로 결합되지 않는 경우이다. 이러한 경우는 상당한 문제점을 야기한다. 설교에서 자기 이야기는 짧은 이야기건 긴 이야기건 간에 성경의 본문을 이해하고, '예수 그리스도의 복음'을 깨닫도록 도움을 줄 수 있고, 청중들에게 본문과 복음적 소식에 대해 경험하고 흥미를 갖도록 해주어야 한다.

이와 같이 자기 이야기와 본문, 목표 간에는 신학과 경험과의 관계를 연결해주는 요소와 시간적인 문제인 시대적인 상황의 차이로 오는 성경말씀의 효험성을 확인시켜 주는 기능을 한다. 설교에서 자기 이야기가 이러한 두 가지 기능에 충실할 때 비로소 설교자의 자기 이야기는 제자리를 찾게 되는 것이다.

(3) 1인칭 사용의 필요성

자기 이야기의 전개에 있어서 먼저 인정할 것은 장, 단점을 함께 가지고 있다는 것이다. 그렇다면 위험성이 있기에 많은 장점을 가진 자기 이야기의 활용을 포기할 것인가? 아니면 효과적인 자기 이야기의 사용을 위해 주의 할 점들을 보안할 것인가? 하는 질문에 직면하게 된다.

예화를 설교자의 '외부로부터의 유추(extrinsic analogy)'와 '내부로부터의 유추 (intrinsic analogy)'로 분류를 한다.

설교자의 외부 또는 내부로부터 유추된 이야기는 대단히 중요한 것이며 그 중에서도 설교자의 내부로부터 유추된 예화는 더욱 중요하다. 그 이유는 이미 성경본문과 관련하여 설교자에게 적용되어진 것들이 경험을 통해 선포됨으로 청중들에게 설득력 있게 전달되기 때문이다.

신앙간증의 긍정적인 면에 대하여 "초대교회의 전도활동에서 보면 사도들의 포교활등은 어떤 의미에서는 신앙간증의 차원에서 이해할 수 있다는 사실이다. 교회 내에서 신앙간증의 행위는 전도의 열의를 일으키게 하고 자기 체험에 근거한 신앙의 확증을 가지게 하는 점이 있다. 단적으로 말하면 생동적이요 능동적인 신앙인이 되게 하는 그런 요소가 들어 있는 점을 외면하지 말아야 한다." 다음은 자기 이야기의 필요적 측면에서 본 논증들이다.

① 신뢰감

설교자의 자기 이야기는 청중들로 하여금 설교자를 신뢰시키는 강력한 무기의 역할을 하는 것이 사실이다. 목회자가 새로운 임지로 부임했다거나, 낯선 모임에 설교자로 초빙됐다거나, 부흥회 강사로 설교단에 섰을 때, 청중들은 경계의 심리로 설교자를 주시하게 된다. 이러한 상황에서 설교자의 자기소개나 자기 이야기는 청중들의 마음을 움직이고 열게 하는 대단히 중요한 역할을 한다.

때때로 설교자들은 간단히 자신을 소개하는 정도 이상으로 자기를 증명해야 할 때가 있다. 이것은 단순히 강단에 서게 된 이유 이상으로 설교자로서의 자격을 진술해야 하는 경우이다.

평생동안 설교를 하고 영혼을 돌보면서 배우고, 익혀 온 경험에서 우러나온 목회적 결론의 입장에서 간증을 말하면서 목회를 앞 둔 젊은 신학생들에게 이야기하는 자리에서 '당당한 자세로 자기를 소개하라'고 말을 해본다. 그러한 자세로 설교를 해온 결과 설교의 권위도 더해졌음을 밝히고 있다.

설교자가 청중들에게 존중받고 신뢰 받는다는 것은 설교자의 자기 이야기에도 무시할 수 없는 힘을 발휘하게 되며, 결국은 설교자를 통하여 전달되는 메시지의 목적이 효과적으로 성취되는 것이다. 그러나 지나친 자기 이야기가 자신의 자랑으로 나타나서는 안 된다.

② 감동

예화로서의 자기 이야기에 대하여 "나는 이런 예화를 가장 좋아한다. 사람들이 자기에게 일어난 다양한 경험을 말하고, 설교자는 그것을 공유한다. 이 경험들에는 훈훈함과 호소력이 있다. 그것들은 다른 데서는 볼 수 없는 복음을 향한 정직한 고백이다. 그것들은 복음을 실제적인 것이요, 만질 수 있고 실제로 성육화시킨다는 것이다." 목사는 다른 사람들이 겪은 이야기보다도 설교자 자신의 이야기를 전한다면 청중에게 더 큰 감동을 주게 될 것이다.

설교에서 개인의 체험 즉 간증은 다른 예화보다 훨씬 생생하고 현실감이 있다. 청중에게 자신의 삶을 열어 보임으로 청중과의 일체감을 가져다 줄 수 있는 것이다. 여기에 존중받는 설교자의 경험은 청중들로 큰 감동을 체험케 하는 효과적인 힘을 동반한다. 그러나 더 큰 감동을 줘야한다는 앞선 마음에서 사실적이지 않은 만들어낸 이야기나 남의 이야기를 나의 경험처럼 진술하는 것은 철저히 배제되어야 한다. 이것은 설교자의 양심의 문제이다.

③ 연결고리

현대의 청중들은 오늘날 설교자들이 사용하는 용어의 개념에 대하여 자신과의 무의미(meaningless)하다고 생각한다. 예를 들면 '구원' '심판' '구속' '복음' 등인데 그 이유는 설교자들이 가장 실제적인 설명을 부가하지 않고 이러한 용어를 사용한다는 사실에서 염려된다. 이러한 것들은 커뮤니케이션에 있어서 효과적인 상징(effective symbols)이 되지 못한다. 이러한 청중을 상대로 설교자는 성경본문의 메시지가 나에게 실제적으로 요구되는 복음이라는 사실을 자신의 경험을 통해서 전달할 때, 매우 효과적으로 증거 할 수 있다. 남의 이야기를 빌어다 적용하는 것과 실제 눈앞에 서있는 설교자의 진솔한 증거는 그만한 설득력을 동반하는 것이다. 설교자의 자기 이야기는 복음과 현대인간과의 사이를 잇는 연결고리 역할을 하게 될 뿐만 아니라 시공간의 차이를 연결하는 역할도 담당한다.

많은 현대인들은 성경이 가져다주는 현재성을 부인하고 있다. 지금은 21세기이며, 성경시대는 단순한 사고와 방식을 요구하는 시대였으나 지금의 다변화시대에서 성경의 가르침과 요구는 합리적이지 못하다는 것이다. 이러한 사고를 지닌 현대인들에게 제삼자의 이야기는 설득력을 갖지 못하는 경우가 허다하다. 그러나 설교자 본인의 경험은 다른 부분에서 설득력을 지닌다. 이는 성경이 말하는 메시지는 시대를 불문하고 여전히 진리이며, 오늘을 사는 모든 이들에게 여전히 구원의 복음이 된다는 연결고리가 되고 있는 것이다.

④ 증인

오늘날 교회는 구성하고 있는 사람들의 특성에 따라 두 부류로 구분된다. 한 부류는 이미 제도화된 교회를 구성하는 무리로서, 이미 그리스도를 구주로 받아들인 기존 구성원의 특색이 강한 교회로 변화가 없거나 새로 등록한 숫자가 미미한 교회이다. 이러한 교회에서 설교자의 메시지는 성장과 헌신을 목적으로 하는 교훈적인 설교가 주를 이루게 된다. 그러나 두 번째 부류는 지속적으로 재생산을 일궈가는 교회로, 기존 구성원보다 새로운 구성원들이 계속 늘어나는 교회이다. 이러한 특성을 가진 교회의 설교자는 회심과 구원을 목적으로 하는 선교적인 설교로 선포하게 되는 것이 특징이다.

그러나 문제는 전자의 상황이다. '마음의 습관(habits of the heart)'이라는 책에서는 "도시 중산층 중에서 자신들이 하나님의 형상을 이어받는 자녀들이며, 그분의 명령을 따르고, 그분의 사랑 속에서 살고 있다고 말하는 사람들은 상대적으로 드물다." 그리고 "오늘날의 사람들은 어떤 형태의 대중 연설이나 누군가가 지시한 사항들을 전달해도 믿지 않고, 심지어 교회가 말하는 것도 듣지 않는다고 한다."

또한 "거세게 밀려오는 이 세속사회에서 세속적인 문제에 깊이 빠져 살아가고 있는 현대인들에게 오늘 우리가 선포하고 있는 설교의 의미는 무엇인가?" 오늘날의 회중들이 교회와 설교에 대해서 적대적이라고까지는 할 수 없으나 어느 정도는 회의적으로 반응하고, 무관심한 것이 사실이다. 이와 같은 현실을 감안할 때 설교에 있어서 증거의 제시는 무엇보다도 중요한 역할을 하게 된다.

"설교자들이 증인의 입장에서 이야기할 때에 비로소 청중들은 그 설교를 믿을 만하고 들을 가치가 있는 것으로 여긴다. 설교자들은 각 시대에 따라 설교 본문에 여러 가지 색깔의 옷을 입혀 설득력 있게 선포를 한다." 그러나 이 시대가 원하는 색깔의 옷은 화려함이 아닌, 소박할지라도 실제적이며, 나에게도 연관될 수 있는 사실적, 실현 가능한 것들을 원하고 있는 것이다. 여기에는 설교자의 경험, 간증, 실제적인 자기 이야기가 효과적인 것이다.

설교에서 증거를 제시하는 가장 효과적인 방법 중의 하나가 바로 자기 이야기 즉 간증이라고 생각하였다. 자기 고백을 통한 설교자 자신의 이야기는 복음을 더욱 효과적으로 증거하게 되기 때문이며, 설교자의 자기 이야기는 청중들이 설교를 판단하기 보다는 '자기화' 하게 만들므로 청중들은 설교에 대해 충분히 납득하고 이해하게 된다고 보고 있다.

이상에서 고찰한 바와 같이 설교자의 자기 이야기 즉 간증은 설교자와 메시지에 대한 신뢰감을 증폭시키며, 청중 스스로가 자신이 경험한 것과 같은 감동을 경험하게 하며, 사상과 시대를 연결하는 고리의 역할과 증인으로서의 확신과 헌신을 촉구하는 기능 등을 가지고 있다. 그러나 설교자가 자기 이야기를 사용함에 있어서 여러 가지 위험성을 내포하고 있음을 기억해야 한다.

(4) 1인칭 사용의 위험성

목회자의 경험과 개인적 소견들은 풍부한 예화적 자료의 원천들로서 중요한 것들이지만 이것들을 사용함에 있어서 유의점들을 내포하고 있기에 설교 속에 계속해서 사용되어서는 안 된다. 자기 이야기의 사용 시 예상되는 주의하여야 할 점은 다음과 같다.

① 자기 자랑

Fred Craddock는 설교자의 자기 이야기 사용에 있어서, 1인칭 단수가 꼭 자기 본위의 표현은 아니라고 하였다.[11] 그는 성경에서도 하나님으로부터 소명 받은 예레미야, 아모스, 이사야 그리고 바울 등에 의해서 1인칭 단수가 사용되었는데, 이것은 어떤 강력한 배경 단체가 없던 시대에 목회를 할 수 있는 자격을 인정받기 위한 것이었으며, 적어도 호세아와 바울, 두 사람은 자기들 자신의 경험을 하나님의 은혜와 능력을 선포하기 위해서 사용하였다고 진술하였다.

그러나 설교자를 통하여 자기 이야기가 선포될 때, 설교자의 의도와는 관계없이 자기의 자랑이나 개인적인 체험의 능력, 지나친 감정의 노출 등이 나타날 수 있는 것이 사실이다. 이에 대해 사실은 목회현장에는 "강단에서 의식적으로 자기를 자랑하는 목사들은 많지 않다. 자신의 이야기를 통해서 스스로를 영웅으로 묘사하는 사람들도 많지 않다. 그러나 개인적인 사건들을 회상하는 몇 가지 방법이 교묘한 자기 자랑의 형태가 될 수 있다. 그리고 그것이 청중에 끼치는 영향력은 사라지지 않는다."고 하여 위험성을 경계하고 있다.

---

11) John Knox, 「The Integrity of Preaching」. New York: Abingdon Press, 1957, p. 249.

바울의 경우, 자신이 받은 놀라운 환상과 계시를 부득불 보고를 하면서도 자신의 나타남을 너무나 조심했던 경우를 본다. 남달리 신비한 순간의 경험을 하였으면서도 '나를 위하여서는 약한 것들 외에 자랑치 아니하리라'고 고백하고 두 번 다시 자신의 경험을 반복하여 말하지 않았던 그의 자세이다. 더 나아가 그는 자신의 신비한 경험을 '내게 들은 바에 지나치게 생각할까 두려워하여 그만 두노라'고 고백하고 있다.

설교자의 자기 이야기 사용에 대하여 반대하고, 우려하는 학자들의 대부분은 설교자 자신의 자기 자랑의 여지가 크다는데 동감하고 있으며, 설교의 목적에 위배된다는 것에 초점을 맞추고 있다. 설교자는 절대적으로 예수 그리스도만을 설교해야 한다고 주장하기 때문이다.

보수주의자들의 설교자 자신의 이야기 자체를 사용해서는 안 된다고 완강한 거부의 입장을 드러내고들 있다. 설교의 본질 및 설교자의 역할과 관련하여 이것에 대한 부정적 시각을 갖고 있는데 설교자란 하나님의 말씀의 대언자이므로 자기 이야기를 해야 할 권위도 없고, 권리도 없다는 것을 피력하는 것이다. 본문에서 어긋난 자기 이야기를 하면 할수록 그 설교는 권위로부터 이탈된 설교라고 보았다.[12)]

실제적으로 조사에 의하면 한국교회 목회자들이 자기 이야기를 설교 예화로 사용하기를 꺼려하는 이유는 첫째가 '자기가 나타날 우려가 있다.'는 것이었다. 다음으로는 설교의 메시지가 가려진다는 이유 순이었다.

② 빈도

'강해설교 작성법'에서 풍부한 체험을 가진 설교자라 하더라도 자신의 체험만 계속 얘기한다면 청중은 식상하고 말 것이다. 아무리 좋은 것도 지나치지 않도록 주의할 필요가 있다고 자기 이야기의 빈번한 등장을 경계하였다.

---

12) Jay E. Adams, 「Preaching with Purpose」.Grand Rapids: Zondervan,1982. p. 19.

"종종 우리들은 우리들 자신의 개인적 경험으로부터 예화를 들 때가 있는데 그러나 너무 자주 이런 예화를 사용하지 말아야 한다."

사도행전에 나타난 사도바울의 설교에는 바울의 다메섹의 경험이 계속 고백되고 있다. 이 사건은 바울에게 있어서 가장 강력한 사건이며, 복음증거의 당위성을 갖게 한 사건이기에 계속하여 증거되고 있음을 확인하게 된다. 그러나 바울의 동일한 고백을 듣게 되는 대상은 계속 바뀌었음을 기억해야 한다.

설교자가 예화의 수집에 노력을 기울이지 않을 때 나타나는 현상으로 자신의 이야기와 가족의 이야기를 많이 하게 된다. 설교자는 설교 본문에 맞는 적절한 예화를 발굴하고, 수집하는데 시간을 투자하고 노력해야 한다. 그러므로 마땅한 예화를 찾지 못해 자기의 경험으로 빈자리를 메우는 것이 되어서는 안 된다. 설교자의 반복되는 자기 이야기는 청중으로 메시지 자체를 식상하게 하는 요인이 될 수도 있음을 기억해야 한다.

③ 편견

설교에서 자기 이야기를 사용하는 설교자들 가운데 철저히 금기시해야 하는 것 중의 하나가 편견이다.

인종적 편견이나 종교적 편견이나 정치적, 경제적 편견에서 나온 이야기와 성경 본문과 관계없는 내용을 예화로 사용해서는 안 된다.

오늘날 한국이라는 특수한 상황처럼 지역감정이 팽배한 곳에서 설교자가 자신의 개인적인 편견을 설교 단상에서 진술하는 것은 옳지 않다. 이것은 그리스도의 교회를 헤치는 일이며, 의견이 다른 이들로 신앙적인 갈등에 빠뜨리는 설교자로서 할 수 없는 행위인 것이다.

한국교회는 신앙배경도 다양하다. Calvin중심의 신앙과 Wesley중심의 신앙 위에서 말씀중심과 영적체험, 또 샤머니즘의 잔재, 이러한 신앙의 풍토위에서 교회마다, 개인마다의 신앙의 탑을 쌓고 있는 것이 현실이다. 설교자는 성경 중심으로 위배된 것들은 과감히 배제하되 자신의 배경이나 경험과 상관없이 성경적인 교훈과 경험, 방법들에 대해서는 편협적인 사고의 틀을 벗고 포용하는 자세를 가져야 할 것이다.

④ 간접 경험

설교자들은 신앙상담과 목회활동 가운데서 고백이나 많은 이야기들을 듣고, 나누게 된다. 이러한 다양한 통로를 통해 얻어진 경험들도 설교예화로서의 진술에는 많은 주의를 요한다. 만약 목회자와 나눈 대화가 그 다음 주일 설교를 하는데 쓰일 가능성이 있다면 아무도 목회자와 은밀한 대화를 하지 않을 것이다. 사실상 설교자가 그 전 교회에서 들었던 비밀 이야기를 털어 놓는다면, 교인들은 자기들 이야기도 그 다음 교회에서 설교 시간에 등장할 것을 알기 때문에 조심하게 될 것이다. 그러나 교회에서든 지역 사회에서든 사적이거나, 비밀스러운 내용이 아니 사건들, 사실상 모든 사람이 아는 사건들도 있다. 만약 아무도 고통스럽게 하거나 당황시킬 염려가 없다면 이런 이야기는 함께 나눌 수 있을 것이다.

⑤ 다른 이야기

다른 이야기라 함은 성경 본문을 벗어난 메시지의 중심과 관계없는 이야기를 말 한다. "설교는 본문이 말하고자 하는 내용만을 말해야 한다. 예화를 사용한다고 할지라도 설교자가 다양한 형태의 말들을 사용할 수 있지만 근본적으로 그것은 본문이 이미 말하고 있는 내용을 설명하는 것이어야 한다."[13]고 강조함으로 본문에서 어긋난 자기 이야기를 제한했다.

설교자가 적절하게 전달할 말을 가지고 있으며, 그의 사상적 구조가 명확한 보편성이라는 씨줄과 특수성이라는 날줄로 잘 짜여 있다면 그의 설교는 그것을 흥미롭게 만들기 위한 인위적인 장식을 더 이상 필요로 하지 않을 것이라고 하였다. 사도바울도 설교가 '지혜의 권하는 말'이나 '아첨의 말', 혹은 '이 세상의 지혜'가 섞여서는 안 될 것을 강조하고 있다. 설교자는 흥미나, 다른 목적을 가지고 메시지의 본문을 이탈한 자기 이야기를

---

13) John Knox, p.61.

경계해야 한다.

지금까지 1인칭 사용에서 주의 점과 위험성에 대하여 고찰하면서 일반적인 예화사용의 주의 할 점과는 크게 다른 부분들이 있음을 보았다. 설교자는 자기 이야기를 자제할 필요성이 있음을 느낀다. 이유는 자신의 영웅주의와 외식을 피하고자 함이다. 고린도후서 11, 12장에서 바울 자신이 예수 그리스도를 위해 핍박을 받은 일들을 많이 이야기하고 있지만 그것은 자기 자신을 높이기 위해서가 아니고 자신의 약함과 그를 지키시는 하나님의 은혜를 강조하기 위해 예화로 사용하고 있다.

바울의 간증은 일생동안 두 가지 사실을 간직하였는데, 그 첫째는 하나님의 은총에 대한 고백이며, 둘째는 사명에 대한 간증으로 자신의 사생관(死生觀)을 밝히고 있다.

이처럼 설교자는 사적이 아닌 본 메시지를 밝히 나타내야 한다. 그러므로 자기의 경험을 예화 즉 간증으로 사용 시에는 자신의 약한 점과 실패에 대한 이야기도 병행할 때, 자기 자랑의 늪에 빠지지 않고, 영웅주의로 미화되는 폐단을 막으며, 설교자로서의 사명에 충실하게 될 것이다.

『교황청은 설교로 면죄부를 팔기도 하였다』

성 베드로 성당은 1506년 건축을 시작했으나 공사비가 없어 공사가 지지부진하자 제 217대 교황 레오 10세는 성당을 신속하게 완공하기를 원했다 할베르슈타트와 마그테부르그의 감독겸직을 알버트(Albert)가 하고 있을 당시 가장 큰 교구인 마인츠(Mainz)의 감독직이 공석이 되자 알버트는 교황에게 마인츠감독직을 요청을 했다. 교황 레오10세는 마인츠감독직위를 주는 대신 그 댓가로 12,000두캇(ducats)을 요구를 했고 이에 대해 알버트는 7,000두캇을 내겠다고 했으나 결국은 10,000두캇을 내기로 합의를 했고 후거가(Fuggers)의 은행에서 빌려온 은행빚을 갚기 위해 8년 동안 면죄부를 팔수 있는 권한을 알버트에게 부여 했다. 그리고 면죄부 판매 대금의 절반은 빚을 갚고 나머지는 성 베드로 성당완공을 위해 교황에게 바치기로 했다.

독일내의 가장 큰 교구인 마인츠의 감독이 된 알버트는 면죄부를 팔기위하여 도미니칸교단의 웅변가이자 당대 대 설교자였던 텟젤(John Tetzel)을 면죄부 판매 책임자로 선정을 하여 국민들에게 면죄부를 살 것을 설교로 선동케 하였다. 그는 국민들을 향하여 외치기를 "지금은 묶을 수도 있고 풀 수도 있는 권세를 받은 교회가 천국과 지옥문을 열어 놓았습니다. 라고, 이 면죄부를 사는 사람은 그 돈이 헌금 궤 속에서 은화가 쩔렁, 떨어지는 소리와 함께 그는 곧 천국으로 올라 갈 것입니다." 훗날 면죄부가 공회를 통하여 도그마(Dogma 교리)즉 교리로 발전하여 수도원장 고위성직자 귀족들은 20플로린, 임금 왕후 대감독은 25플로린, 하위 성직자들과 귀족들은 6플로린, 평민들은 1플로린씩 면죄부를 배당을 시켜 판매를 했다. 결국은 영혼구원의 설교자가 아닌 돈벌이 면죄부판매자로 설교자가 한때는 악하게 이용되기도 했다. 그만큼 설교자는 회중을 이끌고 회중은 설교자가 설교를 하는대로 설교자의 말을 따르기 때문이다.

- 著者의 辯 -

제11장

설교의 유형

오늘날은 설교의 홍수시대이다. 다양한 형태의 설교와 다양한 방법이 설교사역에 활용되고 있다. 특별히 요즈음 한국교회의 설교자들은 강해설교에 관심을 집중하고 있다. 그래서 강해설교의 강좌들이 여러 곳에서 개설되어 활기를 띄고 있다. 이러한 강해설교의 붐과 함께 한국교회의 설교자들 가운데 지금까지 활용해 온 설교형태나 방법이 강해설교에 비해 열등하거나 비 성경적이다 는 부정적인 관점을 가지고 강해설교가 성경적인 설교라고 주장하는 이들이 많이 생겨났다.[1] 그렇다면 이들이 주장 하는 대로 과연 강해설교가 더 성경적인 설교인가?

여기서 대답하고자 하는 말은 그렇지 않다는 것이다. 제목 설교건 강해설교건 설교의 외형적인 형태일 뿐이다. 어느 쪽이건 완전히 성경적일 수도 있고 전혀 성경적이지 않을 수도 있다. 아무리 성경의 본문을 그대로 설명하면서 설교해도 비성경적으로 할 수 있다. 따라서 어느 형태의 설교이건 복음을 전하기 좋으면 된다. 형태는 내용을 전달하기 위한 수단이다. 그러므로 설교의 여러 형태의 상황에 따라서 필요하다. 그러나 그 내용은 언제나 예수 그리스도와 그의 복음이다.

---

1) 김기홍, "설교의 형태" 「월간목회」 1994년 12월호, p. 196.

여기서는 가장 보편적인 설교형태로 분류하는 제목설교(주제설교), 본문설교, 강해설교를 말하려고 한다. 그리고 이 세 설교유형을 하나씩 정의해 보고, 기본원리와 장단점을 살펴보고자 한다.

1) 제목설교

(1) 제목설교의 정의

제목설교는 하나의 주제(theme)나 제목(subject)이 설교의 전체적인 전개를 지배하는데서 그 명칭이 유래되었다. 깁스(A. P. Gibbs)는 제목설교에 대해 다음과 같이 말한다. "제목설교는 설교 본문에서 제목을 정하고 성경 여러 곳에서 제목과 부합되고 제목을 논증할 수 있는 대지들을 찾아내어서 설교를 구성하고 거기에 살을 붙여 만드는 설교이다."[2]

제목설교는 보다 더 구체적이고 명료하게 설교내용을 설명한다. 그래서 제목설교는 설교의 내용이 제목에 의해서 대표되는 것이다. 즉 그 제목에 해당 설교의 요점이 실리는 것이다. 대부분의 사람들은 설교 후에 제목을 기억한다. 그리고 그 제목을 따라서 내용을 생각해 본다 그러므로 제목은 논지로 자연스럽게 이끌어진다. 그리고 나머지 내용들은 다 여기에 연결되어 있다.[3]

설교의 역사를 보면 다른 형태에 비해서 제목설교의 숫자는 가히 압도적이다. 유명한 설교의 대부분은 이 형태를 취하고 있다. 요즈음에 와서야 본문설교의 중요성을 강조하는 설교자들이 나타나고 있다. 그 만큼 제목설교는 효과 면에서 보다 빈도에서 보다 대단히 보편적이라 할 수 있다.

---

2) Alfred. P.Gibbs, 「The Preacher and His Preaching」,Kansas City: Walterick Publish-ers, 1939, p. 268.
3) 김기홍, p. 197.

(2) 제목설교의 기본원리

제목설교의 기본원리를 다음과 같다. "제목설교는 성경의 어떤 특정한 본문과 분석적인 관련이 없는 주제나 개념에서 출발한다. 먼저 제목이나 논지가 떠오른 다음 거기 해당되는 본문을 찾는 경우가 많다. 그렇게 되면 설교가 본문에 의해서 지배를 받기 보다는 설교자가 생각하는 메시지대로 만들어진다. 설교도 통일성을 유지하기가 쉽다." 이러한 기본원리를 가진 제목설교가 어떤 경우에 적당하지를 다음과 같이 적절한 예를 들어 설명을 할 수가 있다.

제목설교는 설교전개의 초점이 제목에 맞춰지기 때문에 텍스트의 모양이 아름답고 또 조화되어 있어 이것을 나누면 그 좋은 맛을 손상할 경우 또는 단일한 진리를 가지고 있어 분석이나 해부를 허락하지 않는 성구의 경우에 적당하다.

예를 들면, "하나님은 사랑이시다"(요일4:16) 혹은 "네 원수를 사랑하라"(마5:44) "여호와는 나의 목자시라"(시23:1) "나는 선한 목자라"(요10:11) 등과 같은 성구로서 어느 것이나 간단하며 분명하여 분해나 분석이 허락되지 않는 것이 있다. 어떤 경우에는 비록 긴 텍스트라 할지라도 그 기사가 간단하며 뜻이 분명하고 분석의 필요가 없는 것은 이 제목설교의 방법을 취하는 것이 좋고 또 성경 인물에 관한 설교의 경우 등에도 이 방법이 적당하다. 예를 들어 "아브라함의 생애"라는 제목이라면 ①그의 성격 ②그의 신앙 ③그의 활동이라는 구분으로 나눌 수 있다.

제목설교에 있어서 제목과 대지가 상호 어떻게 관련되어야 하는지를 잘 말해 주고 있다. "제목설교에 있어서 대지는 성경의 어떠한 것과 대조되거나 비교되는 것에 의해 제목이 다루어져야 하며, 대지는 제목의 분석이어야 한다. 그리고 대지는 어떤 단어나 성경에 있는 단어의 다양한 의미를 보여주는 단어의 연구로서 구성되어져야 한다." [4]

---

4) Charles W. Koller, 「Expository Preaching without Notes」 Grand Rapids: Baker book House, 1967, 15.

그러므로 "제목설교에 있어서 대지는 논리적이어야 하며 순차적인 질서에 입각해야 한다. 또한 대지는 제목에 대한 다양한 증명을 제시해야 하고, 성경 구절의 개요나 하나의 동일한 단어를 보조해 주는 것이어야 한다."

(3) 제목설교의 장점

제목설교의 장점을 "광범위한 것을 다룰 수 있다"는 것이고 "설교자의 분석능력과 창작능력을 개발시키며 문학적 창작능력을 발휘하게 해야 한다". 그리고 제목설교의 유익을 다음과 같이 폭넓게 지적해 준다. "제목설교는 우선 절기에 맞추기가 좋다. 조직신학적이거나 교리적 또는 윤리적 교육적인 주제를 잡는데 유리하다. 또한 상황에 맞추어서 필요한대로 주제를 정할 수도 있다. 때마다 마음에 영감이 떠오르는대로 제목을 잡을 수 있다. 그리고 자유스럽다. 원하는 대로 제목과 주제를 잡으면 되기 때문이다."

또한 필자의 견해로는 제목설교는 설교의 구성조직이 쉽고, 통일성을 갖고 한 가지 목적하는 주제를 강하게 논증할 수 있으며, 논리적으로 증거를 할 수 있기 때문에 청중들의 마음에 더 확신을 줄 수 있다고 사료된다.

(4) 제목설교의 단점

제목설교의 단점은 다음과 같다. "제목설교는 설교자가 제목 외에 다른 것에 제약을 받지 않기 때문에 성경에서 빗나가 자신의 이야기를 할 수가 있다." 성경 본문에서 가르치는 교훈을 떠나 어떤 제목에만 매달리게 되어 성경의 깊은 뜻을 깊이 있게 파고들어 갈 수가 없다. 또한 인간적인 말이 주가 되고 성경이 그것을 뒷받침하기 위하여 인용되기 쉽기 때문에 비양심적일 수가 있다. 설교 자료가 속히 떨어지기 쉽다. 성경이 맛을 골고루 맛 볼 수 없다. 하나님의 말씀을 등한히 여기기가 쉽다. 영적운동이 부족하기 쉽다. 설교자가 반대자들의 오해와 감정을 살 우려가 있다. 설교자가 말씀에 대한 묵상과 기도를 소홀히 하기 쉽다.

제목설교가 지니고 있는 이러한 문제점에 대해 "만일 설교자가 성경에 친숙하지 않고, 더욱이 개신교 신앙원리를 잘 모르고 있을 경우 설교는 자기 멋대로 말하는 것이 되고, 자기가 좋다고 생각을 하는 대로 주먹구구식의 설교가 행해질 위험이 있다."

일반적으로 잘못된 제목설교가 가져다가 주는 폐단에 대해 "신선한 말씀의 풀을 원하는 하나님의 배고픈 양들이 시사적 문제에 관해 설교자의 일방적인 주장으로 먹여진다는 사실은 통탄할 일이다"라고 말을 한다. 비성경적인 설교학자들의 글을 인용하면서 "빗나간 제목설교는 배고픈 양무리들이 시대나 상황에 대한 목사의 진단이나 듣다가 말씀의 양식을 공급받지 못한다고 지적한다." 이러한 지적들은 실제로 많은 설교가 그렇게 작성되고 있고, 선포되고 있는 사실에 비추어 볼 때 올바른 지적이라고 하겠다.

2) 본문설교

(1) 본문설교의 정의

제목이나 주제를 가지고 시작하는 제목설교와는 정반대로 본문을 가지고 시작하는 본문설교는 여러 사람이 다음과 같이 정의한다. 브라가(J. Braga)는 "본문설교는 그 대지들이 적은 분량의 성경으로 구성된 본문으로부터 이끌려 나오는 설교이다. 각 대지들은 메시지에서 다룰 내용을 암시해 주는 것이어야 하며 설교의 주제는 본문 안에서 나와야 한다" [5]고 한다.

깁스(A. P. Gibbs)는 본문설교의 방법에 좀더 관심을 두면서 본문설교를 다음과 같이 이해한다. "본문설교는 본문을 택하고 그 본문의 문맥을 잘 살펴서 그 본문에서 제목을 발견하여 정하고, 그 본문을 분해해서 대지를 발췌하여 제목과 연결시키고, 전진성 있게 배열하여 설명해 나가는 것

---

5) Charles W. Koller, p. 35

이다." 6)

본문설교가 무엇인지를 명쾌하게 설명하면서 본문설교가 조심해야할 사항을 이렇게 말한다.

"본문설교는 강해설교의 한 방법으로서 비교적 짧은 구절을 뽑아서 다른 구절들과 비교하고 소지들을 나누면서 의미를 설명하여 주고, 각자의 삶에 적용시켜 주는 설교이다. 여기서 가장 조심할 것은 성경의 의미가 실제 생활에 적용되게 설명하는 것과 이것저것 이야기하다 보면 통일성이 없어지지 않도록 조심해야 한다."

이상의 것을 살펴 볼 때, 본문설교의 정의에 대한 견해는 거의 동일함을 말해준다.

(2) 본문설교의 기본원리

브라가(J. Braga)에 따르면, 본문설교의 기본원리는 다음과 같다.

"본문설교의 개요는 본문의 한 주제를 중심으로 작성해야 하며, 대지는 그 주제를 확대하고 발전시킬 수 있도록 본문에서 인출되어야 한다." 7)

따라서 본문 설교에 있어서 설교자의 첫 번째 임무는 본문 가운데서 중심사상을 발견하고, 각 대지들이 이 중심사상을 확대 발전시키도록 본문에서 대지를 이끌어 내는 일이다.

대지는 본문에 드러난 진리나 원리로 구성되어야 하고, 논리적인 순서나 시간적인 순서에 따라 꾸며져야 한다. 또한 대지가 한 주제를 중심한 것이라면 본문의 단어들이 바로 대지를 구성할 수도 있다. 그리고 어떤 본문들은 유사점과 차이점을 드러내는데 적격인 비교와 대조의 수사법을 포함하고 있으므로 본문 앞뒤의 문맥을 주의 깊게 살피고 본문과의 관계를 잘 파악하도록 해야 한다.

---

6) A. P. Gibbs, p. 261.
7) Charles W. Koller, p. 42.

(3) 본문설교의 장점

본문설교는 실제로 제목설교가 가지는 이점과 함께 성경의 사상에 충실할 수 있는 이점을 가진다. 이 설교형태는 사상의 다양성을 제공함과 동시에 여러 가지 면에서 참신하게 취급할 수 있는 유형이다. 그러므로 초보적인 설교자들은 본문설교의 입문으로서 이 본문설교의 형태를 택하면 매우 유익하다.

본문설교의 유익을 열거하면 다음과 같다.

첫째, 설교자에게 하나님의 대변자로서의 큰 능력과 권위를 가진다. 왜냐하면 "예수께서 가라사대"라고 하나님의 말씀을 그대로 선포하기 때문이다.

둘째, 구조의 자연성을 가진다. 성령에 의하여 이미 대지까지 준비되어 있다.

셋째, 같은 본문을 가지고 다양하게 여러 가지 설교를 할 수 있다.

넷째, 성경의 바른 진리를 전달 할 수 있다.

다섯째, 하나님의 말씀을 보다 상세하게 정확하게 해석하게 한다.

여섯째, 인간의 말을 가지고 횡설수설 할 수 없으며 어떤 사람에게도 오해와 감정을 살 필요가 없다.

(4) 본문설교의 단점

첫째, 본문에 대한 피상적인 관찰을 하기 쉽다.

둘째, 설교의 통일성이 분명치 않을 수 있다.

셋째, 대지와 소지를 단순히 기계적으로 나누기 쉽다.

넷째, 설교의 박진감이 결여될 수 있다.

다섯째, 선택된 본문과 전체 성경의 뜻이 청중들에게 맞지않게 인식될 수도 있다.

여섯째, 제한된 본문만을 해석하게 되어, 설교자는 본문이나 다른 구절을 해석하는데 시간이 걸리므로 토막적인 이야기를 하기 쉽다.

3) 강해설교

(1) 강해설교의 정의

강해설교가 무엇인가?에 대한 몇 가지 견해를 소개하면 다음과 같다.

"성경의 강해란 성경의 특정한 구절의 뜻을 그 회중의 필요와 환경에 따라 설명함으로 회중들이 하나님께서 그들에게 말씀하시는 바를 깨닫게 하는 과정"이다.

강해설교를 성경적인 개념의 전달로 이해하면서 다음과 같이 설명한다.

강해설교란 성경적 개념의 전달인데, 이 개념은 본문을 그 문맥을 맞게 역사적, 문법적, 문학적으로 연구해서 나오는 것으로, 성령은 이것을 먼저 설교자의 인격과 경험에 적용시키고 그 후에 그를 통해 청중들에게 적용시킨다. 그리고 강해설교는 다소 긴 본문을 하나의 주제와 연관시켜 해석하는 것이다. 설교 자료의 대부분은 직접 본문에서 이끌어내며, 아웃라인은 하나의 주제를 중심으로 한 일련의 점진적인 사고로 구성되어 있다.[8]

메이어(F. B. Meyer)의 견해에 의하면, "강해설교란 설교자가 그의 생각(Head), 마음(Heart), 지력(Brain) 및 노력(Brawn)을 집중하고 있는 성경의 어떤 책에 주어진 부분에 대하여 그 속에 감추인 비밀을 찾아내고, 또 그에 대한 영감이 자기 마음속으로 스쳐갈 때까지 생각하고, 울며, 기도한 것에 대한 연속적인 취급이다.

강해설교에 대한 상기한 여러 견해들을 다음과 같이 잘 정리 해 주고 있다.

---

8) 장두만, 「강해설교 작성법」 서울: 요단출판사, 1987, p. 20.

"강해설교는 본문을 의지하고 본문에서 설교의 내용을 뽑아낸다. 그러므로 내용이 언제나 본문과 일치해야 하고, 그 성경구절의 배경을 먼저 알아야 한다. 또한 각각 단어의 분명한 의미를 살펴보아야 한다. 그 다음에는 문맥연구를 철저히 한다. 그리고 거기서 주는 교훈을 오늘의 삶에 적용시켜서 설교한다."

(2) 강해설교의 기본원리

가. 본문의 의미를 이해하고 중심사상을 포착하기 위해서는 설교할 본문을 세심하게 연구해야 한다.

강해설교의 첫 번째 작업은 본문에서 중심사상을 찾아내는 일이다. 중심사상을 포착하기 위해 열심히 그 본문을 연구해야 하고 그 다음에는 포착된 중심사상을 전개할 때 단순화시켜야 한다. 이 때 설교자는 신선함과 아울러 고무적 통찰력을 얻게 된다.

나. 본문의 중요한 단어나 구절을 발견하고 대지를 형성해야 한다. 본문의 여러 구절 중에서 사상전체를 간단명료하게 요약한 한 구절이나 단어를 발견하여 그 구절을 중심으로 설교함으로서 청중들이 쉽게 그 구절을 파악하여 오래 기억하게 하는 것이다.

다. 설교학적인 원칙에 입각하여 그 방식에 변화성을 부여해야 한다. 그러므로 강해설교는 단순히 주해만 하게 되면 그 설교는 매우 단조로워지고 만다. 다음과 같이 진행해 나가는 것이 바람직하다.
① 처음에 주해를 끝내고 다음에 이를 응용하라.
② 각 대지를 설명한 후 다시 응용하라.
③ 마지막으로 주해와 응용을 결합시켜 조화시키라.

라. 구절의 역사적 배경을 검토하라.

본문의 이해를 위해서는 면밀히 그 구절의 역사적 배경, 또는 사회적, 역사적 연관성과 상. 하 문맥상의 관계를 연구하여 이것이 성령을 통하여 생명력 있게 전달되도록 해야 한다.

마. 항상 성경적으로 전개하라.

강해설교에 있어서 그 시작도, 내용도 결론도 모두가 성경이고 예화나 인간적 경험, 역사, 전기, 철학, 예술, 과학 등은 성경의 진리 증명에 이용되는 예증일 뿐이다. 설교자의 목적은 강해설교로 성경진리를 분명하게 가르치는데 있다고 한다.

바. 본문과는 다른 순서로 주해단위에서 이끌어 낼 수도 있다. 논리적 순서나 연대적인 순서 때문에 대지나 소지를 성경본문과는 다른 순서로 배열해야 할 경우가 종종 있다.

사. 성경의 이곳저곳에서 두 서너 단락을 한데 모아 강해설교의 본문으로 삼을 수도 있다.

단락이 서로 명백하게 연관되어 있기만 한다면 그것이 짧든 길든 간에 한 본문인양 취급해도 좋을 것이다. 예를 들면, 화목제에 관한 레3:1-17절과 레7:11-15절, 그리고 레 7:28-32절을 들 수 있다.

아. 다양한 접근 방법을 가지고 한 성경본문을 다양한 방법으로 다룰 수 있고, 그 결과 동일한 본문에서 서로 완전히 다른 두 세 개의 설교 개요를 작성 할 수도 있다. 이것은 접근방법, 목적, 적용에 따라 다르기 때문이다.

자. 본문의 지엽적인 부분도 주의해야 한다. 그러나 지엽적인 문제를 너무 세밀하게 다루어서는 안 된다.

이것은 본문의 지엽적인 부분에 본문의 의미를 확대 전개시켜 나가는 방법으로 주의해야 한다는 것을 의미한다. 그러나 지나치게 지엽적인 문제에만 골똘한 나머지 주석 자료도 가득 차게 해서는 안 된다. 주석이란 설교의 궁극적인 목적은 결코 아니다. 주석이란 단지 본문 안에 담겨있는 진리를 발견해내는 수단에 불과하다.

차. 본문에 담겨있는 진리는 현재의 적용되어야 한다.[9]

설교자는 성경을 해석할 때에 본문에 담긴 영원한 진리를 회중들에게 어떻게 실제 적용시킬 수 있을지에 대해 깊이 연구해야 한다.

(3) 강해설교의 장점

강해설교의 유익에 관해서는 많은 이들이 관심을 갖고 다양한 각도에서 지적하고 있으나 대체로 비슷한 결론에 도달하고 있다. 그래서 강해설교의 유익은 다음과 같다. "강해설교는 성경 구절에 자기의 상황을 관련시키는 것이므로 잘만 하면 하나님의 말씀을 직접 듣는 효과를 줄 수 있다. 그리고 설교자가 옆길로 빠지는 것을 방지하는 데도 도움을 준다. 설교자의 개인 사상만 듣는 위험도 줄여 줄 수 있다.

후등광삼은 "설교의 근본 관념은 하나님의 말씀의 내용을 보이고 그 뜻을 천명하고 이해시키는 것이 목적인데, 강해설교는 무엇보다 이 목적에 적합한 방법이다. 성경의 강해를 계속하는 것에 의해서 신앙상의 많은 문제가 하나님의 말씀에 의해서 해결을 얻는 것이다."라고 말한다.[10]

엉거(M. Unger)는 "강해설교는 설교자에게 권위와 능력을 주며, 훌륭하게 교육된 성숙한 그리스도인들을 배출한다"고 하면서 이 사실을 이렇게 설명한다.

설교자는 자신의 의견이 아니라 하나님의 말씀을 대언한다. 말씀을 선

---

9) Ibid., p. 83.
10) 後藤光三, 「설교학」 서울 : 혜문사, 1979. p. 264.

포할 때 설교자는 벌써 개인의 자격이 아니다. 다만 하나님의 사자로서 오직 하나님의 말씀을 외치는 것이다. 강해설교는 우리의 교회들을 진정으로 거듭나게 하고, 성령으로 거듭나고 성령으로 충만한 사람, 하나님의 일에 의욕적이고 그리스도인의 교제에 있어서 기쁨이 넘치는 사람들로 가득히 채워준다. 적극적으로 복음적이며 전도의 전망과 시행에 있어서 전 세계적인 강력한 영적 교회들을 창출해낸다. 그것은 사람들로 하여금 현대인의 삶에 있어서 유혹과 긴장에 저항할 수 있게끔 그들을 하나님의 진리와 하나님의 능력으로 무장시킨다.

강해설교가 주는 여러 장점들을 이와 같이 열거하여 보면 강해설교는 하나님의 말씀자체의 연구에 매진하고, 연속적으로 주어진 본문을 설교하기 때문에 무엇보다 풍부하고도 광범위한 설교 자료를 제공한다. 그리고 설교자로 하여금 성경전체를 설교하게 하므로 영적인 편식을 방지해주고, 등한히 하기 쉬운 성경의 많은 구절들을 설교할 수 있게 해주며, 인간이 필요로 하는 심령의 욕구들을 충족시킨다. 또한 강해설교는 교인들에게 불필요한 오해를 주지 않고서도 다루기 힘든 문제들을 원만하게 다룰 수 있게 해준다. 나아가 설교자와 교인 모두를 하나님의 말씀에 깊이 잠기게 해준다. 그래서 교회의 성장의 원동력이 된다.

강해설교를 함으로서 얻는 유익이 있다면 "강해설교는 새로운 진리가 발굴되어 선포되기 때문에 청중들의 흥미를 증가시키며 다른 부분까지 관심을 가지게 하는 것"이라고 말했다.

(4) 강해설교의 단점

강해설교에도 단점은 있다. 강해설교의 놓치기 쉬운 부분은 다음과 같다. "많은 경우에 강해설교도 전혀 성경적이지 않은 것을 본다. 그저 본문을 붙잡고 설교를 진행할 뿐이지 전혀 복음과 관계가 없는 자기 이야기를 할 수 있고, 전체 성경의 가르침과는 아무 상관이 없는 윤리적 교훈으로 그칠 수 있다. 또한 너무 단어 연구에 치중한 나머지 그리스도의 복음을 도외시 할 수도 있다.

강해설교는 설교준비에 많은 시간을 필요로 하기 때문에, 바쁜 목사에게 어려움을 준다. 그리고 책 한권 전체를 시리즈로 설교할 경우 청중들에게 권태감을 주기 쉽다." [11)

이외에 들 수 있는 단점은 다음과 같다. 재료가 풍부하므로 통일된 사상을 발굴하려는 마음이 적어지고 설교준비를 위한 노력을 적게 사용하기 쉽다. 그리고 긴 구절을 선택하므로 설교의 통일성이 분명치 않을 수 있으며 청중들이 조직적 사상을 찾아낼 수 없다. 또한 자칫하면 설교가 성경주석에 지나지 않게 되기 쉽다.

이상과 같이 가장 일반적인 설교의 세 가지 유형들을 살펴보았을 때, 다음과 같은 결론을 얻게 된다. 설교는 어떤 한 가지 방법이 최선의 방법일 수 없으며, 모든 설교의 방법에는 그 나름의 장단점이 있으므로 설교자는 이것을 잘 고려하여 각자의 취향과 여러 가지 여건에 따라 적절한 방법을 선택해야 한다. 또한 설교자는 어느 한 가지 방법을 고집할 것이 아니라 다양한 설교의 방법을 사용하여 효과적으로 말씀을 선포해야 한다. 그러나 중요한 것은 설교의 형태가 아니라 형태에 실린 내용이라는 사실이다.

이 점에 대해 "요즘 설교는 예수 그리스도만 빼놓고 모든 게 다 있다"는 한 교수의 말을 인용하면서, "예수가 빠진 설교는 신부가 빠진 결혼식과 같다. 윤리, 도덕, 사회, 정치 문제, 가정문제 등 다양하게 말해도 예수가 없다면 무슨 소용이 있는가? 그것이 사람의 근본을 변화시키겠는가?"라고 하여 설교의 내용과 그 중심이 예수 그리스도이어야 함을 분명히 밝혀준다. 또한 전체적인 구원의 이해가 없이 본문만 가지고 설교하게 되면, 유대인 랍비와 다를 게 없다고 비판하면서 "어느 구절이건 전체 메시지인 예수 그리스도와 그의 구원, 그리고 그로부터 오는 풍성한 삶의 가지들로 설교가 구성되어야 한다. 그래서 전체 성경의 빛 아래서 부분적인 구절들을 살펴

---

11) 장두만, p. 40.

보아야 하는 것이다. 성경 전체는 예수 그리스도를 증거하고 있다. 따라서 그 예수와 관계가 끊어져서 해석되는 본문은 다른 책과 아무 차이가 없을 것이다."라고 말해준다.[12]

이러한 그의 지적은 오늘날 인위적인 기교에는 매우 윤택하지만 성경에는 빈약한 성경실조(Bible Depression)상태에 처해 있는 우리에게 많은 시사점을 던져주고 있다고 하겠다. 그러므로 필자는 강해설교의 방법이 성경의 중심인 예수 그리스도를 잘 보여 줄 수 있고, 본문에 충실할 수 있으며, 청중들의 삶을 보다 잘 도울 수 있다고 생각한다.

(5) 강해설교자들의 준비와 삶

① 강해설교자로서 칼빈

1536년 기독교강요(Christianae Religionis Institution)를 저술한 존 칼빈(John Calvin)은 조직신학자로 널리 알려져 있다. 그러나 칼빈은 강해설교를 통하여 종교개혁의 뜻을 펼쳤다.

칼빈의 설교는 종교개혁시대의 주변의 모든 국가들의 설교자들에게 널리 알려졌고 영어와 독일어로 번역이 되어 많은 목사들에게 읽혀졌다. 설교학자들은 칼빈을 가르켜서 "말씀의 종으로서의 칼빈(Calvin als Bedinaar Des Woords)"이라고 불렀다.

칼빈의 설교는 지금 까지 2000여편이 남아 있고, 칼빈은 1년의 280여회의 설교를 했고 180여회의 신학강의를 해냈다. 칼빈은 수사학을 공부 한 사람으로서 수사학적인 기교가 전혀 없었던 것은 아니지만 칼빈의 설교는 대부분은 각 구절을 강해하는 방법이었는데, 그 속에는 사상의 흐름이 있었고 논리적이며 연속성이 있었다. 신속한 지각 확실한 감각 능력있는 표현들이었고 간단 명료하고 단순하고 실제적 이였다. 칼빈의 명석함과 논리적

---

12) 김기홍, pp. 198-199.

집중력이 사람의 마음을 파고 드는 강점이 였다. 조용한 말투임에도 불구하고 능력이 더 해져 갔다. 그의 강의나 설교는 언제나 청중을 사로 잡았다.

칼빈은 1523년 8월에 파리로 유학을 하여 마르셰(LaMarche)대학에서 라틴어의 대가인 마두린 코디어(Mathurin Cordier)를 만나 라틴어를 배워 인문주의 사상에 접할 수 있었다. 칼빈은 아버지의 강력한 권고로 인하여 몽테큐(De Montaigue)대학에 전학을 하여 금욕주의 적인 삶과 장시간 공부를 하는 습관을 익혔다. 몽테큐대학에서 칼빈은 스코트랜드출신의 존 메이저(John Major)를 만난다. 메이저는 대 영국사(Histore of Great Britain, 1521) 복음서주석(Commentary on the Gospel, 1529)과 같은 책을 써서 위클리프, 후스. 루터의 개혁운동을 비판을 하였는데, 이때 즈음하여 어린 칼빈은 존 메이저 밑에서 저술력과 비판력을 키우는 계기가 되었다.

1528년 몽테귀대학을 졸업을 한 칼빈은 아버지의 권유를 받아들여 오르레앙(Orleans)대학으로 전학을 하여 당시 프랑스의 최고의 법학자인 피터 타이잔(Peter Taisan)문하에서 법학을 공부하며 당대의 보수주의자인 피에르 드 레스트왈르(Pierre de L,Estoile)교수에게 강의를 들으며 정신적 영향을 받아 고전문학의 인문주의에 깊이 빠지기도 한다. 또한 칼빈은 같은 대학의 멜쉬오르 볼마르(Melchior Wolmar)에게 헬라어를 배우면서 그의 학문에 영향을 받아 당시 이태리의 르네상스에 사상적 영향을 끼친 법학자들이 모여 있는 부르쥬 대학 (Universites de Brurges)으로 전근을 갔을 때도 부르슈대학으로 따라가 부르슈대학에서 언어학, 문학, 고대문학, 헬라어, 고전은 물론 신약성경을 원문으로 읽게끔 학문을 익힌다. 더 나아가 칼빈은 쟈크르 페브르 교수의 강의를 들으면서 영향을 받기도 하면서 1531년 5월 그의 부친이 세상을 떠나자 아버지의 품을 떠나 자신의 자유로운 길을 걷게 되어 파리 왕립대학(Royal College)으로 옮긴다. 왕립대학의 삐에르 당느(Piere Danes)교수로부터 고급헬라어를, 프랑소와 빠따블(Francois Vatable)교수로부터 히브리어를 배우면서 청년 칼빈은 종교개혁의 기초가 되는 박학다식한 학문에 기초를 쌓으며 다지게 된다.

② 강해설교를 위한 박학다식한 기초학문의 준비

칼빈은 주석가이면서 강해설교가 였다 칼빈의 강해설교에는 청년시절을 보내면서 대학에서 법학, 고대문학, 언어학, 고전의 인문주의, 헬라어, 히브리어 라틴어를 각각 고급수준으로 수학을 하여 강해설교자로서 갖추어야 할 충분한 성경에 해석해 낼 수 있는 박학다식한 공부를 하였다.

동시에 그는 인문주의도 열심히 공부하여 유창한 라틴어 실력으로 자신의 첫 저작인 『세네카의 관용론 주석』을 출판하였다. 그리고 후일에 신구약성경을 주석을 하며 프랑스정국의 의해 신앙의 형제들이 고난과 박해를 받고 있는 실상을 당시 왕에게 밝히는 변증서인 「기독교강요」[Christianae Religionis Institutio]를 청년나이 26세, 1535년 8월 23일에 탈고를 하여 1536년 3월에 출판을 하여, 후일에 기독교강요가 기독교의 핵심교리로 온 세상에 널리 알려지게 되었다.

칼빈은 1536년 8월말부터 성피에르(St. Pierre) 교회에서 바울서신의 강해로 제네바복음 사역 시작을 한다.

특별히 종교개혁자들의 책을 많이 읽었고 아우구스티누스 전문가로서의 그의 신학의 저술은 더욱 많이 읽었다. 초대교부들의 작품, 스콜라철학자들의 저서들, 심지어는 학문적 입장이 다른 장르의 주해서들 까지도 깊히 탐독을 했다. 그의 탁월한 성경원어실력과 라틴어지식 그리고 히브리어 헬라어의 높은 원문수준은 더욱 훌륭한 강해설교의 진리의 진수를 흘러내게 했다.

4) 부흥 설교

부흥설교란 부흥회시에 성도들의 잠자는 심령을 깨우치기 위하여, 시들은 심령을 소성시키기 위하여, 심령 부흥을 목적으로 회중의 감정에 호소하며 새로운 자극으로 각성을 촉구하며 감흥을 일으키며 신선미를 갖게 하며 심령에 뜨거운 불을 붙여놓는 설교를 말한다.

이 부흥 설교의 특성은 제목은 하나이지만 여러 편의 설교 내용을 종합하여 풍부한 내용을 만들어서 하게 되며 기독교의 기초적인 교리 몇 개만을 가지고 강조하되 죄에 대한 회개의 긴급성과 주의 재림과 심판에 대한 공포심에 자극을 주며 믿음과 성령의 은혜와 구원과 지옥과 천국에 대한 교리를 고조하는 한편 성도의 실질적 생활과 결부시키며 자기 은혜의 체험을 간증하며 변화성 있고 흥미 있게 논증을 전개해 나가되 알기 쉬운 말로 단순하고 간결한 말로 설교를 해야 하는 특성을 가진다.[13]

부흥 설교는 풍성한 내용과 다양한 변화성과 새로운 흥미를 돋우며 자극을 주는데서 새로운 신자들을 결심시키며 기성 신자들에게 각성을 촉구하며 심령에 새로운 불을 붙혀주는데 큰 유익을 주는 장점이 있다. 그러나한편 부흥 설교는 성경의 진리를 깊이 전하지 못하는 것과 유사한 설교들이 나올 가능성이 많고 자칫 잘못하면 이야기 잔치를 만들어 놓을 가능성도 많고 일시적 흥분을 시킴으로 성도들의 신앙생활에 좋지 못한 습성(본 교회를 지키지 않고 부흥회만 따라 다니는 습성)을 붙여주기 쉬운 약점이 있다.

그리고 과거에는 부흥사들이 성경 본문에서 한 제목을 택해 가지고는 자기 마음대로 하고 싶은 말을 다하는 제목 설교 형식이었다. 그러나 지금에 와서는 그러한 제목 중심의 부흥 설교는 맥이 없어졌다. 부흥 설교도 성경을 풀어가며 주해 설교의 위주로 선포할 때 설교자도 힘이 있고 듣는 청중도 새로운 진리를 깨우침 받는데서 큰 은혜를 받고 또한 체험한다. 성도들의 성경 지식수준이 높아갈수록 부흥 설교도 진지한 강해설교 유형이 효과를 거둘 수 있다.

5) 교회력에 따르는 절기 설교

우리 교회는 1년간 교회 행사 계획표를 짤 때 교회력에 준하여 다음과

---

13) 곽안련, 「설교학」 서울: 대한기독교서회, 1954, p. 229.

같이 특정 주일을 정한다.

신년주일, 사순절, 고난주일, 성례주일, 3.1절 기념주일, 부활주일, 어린이 주일, 어버이 주일, 교회창립 주일, 성령강림 주일, 청년주일, 6.25기념주일, 8.15광복 주일, 종교 개혁 주일, 추수 감사 주일, 성서 주일, 대강절 주일 성탄 주일 세모 주일 등등.

이러한 절기 주일 및 기념 주일이 돌아올 때 그 주일의 근본적인 정신을 살리고 회상시키며 그 주일의 뜻을 깨우치는 내용의 설교를 복음에 합당하게 설교하는 것이 절기 설교이다. 교회력이나 그 교회나 또는 그 나라의 역사적 기념 주일은 하나님의 행위와 부르심에 대한 예배적 회상이다. 이러한 종류의 기억을 가리키는 신약의 용어는 anamnesis이다.

이 용어는 과거와의 재동일화, 과거에의 참여, 과거와의 관계 재수립이다. 그러므로 교회력에 따르는 설교는 매우 의의 있는 설교라 할 수 있다.

절기 설교는 그 절기에 합당한 본문을 찾고 그 본문에서 절기의 뜻을 잘 나타낼 수 있는 제목만 택하면 그 제목이 바로 설교의 중심이며 결론이 되기 때문에 설교 작성이 쉽게 전개 된다. 그러나 장기 목회를 하는 목회자들에게는 해마다 같은 절기가 돌아오기 때문에 해마다 다른 본문을 찾아내고 다른 제목을 택하는데 고충이 많다.

그런데 이 절기 설교를 과거에는 많은 설교자들이 제목 설교로 했다고 본다. 그러나 이 절기 설교도 적합한 본문을 찾는데 수고는 같으니 만큼 그 본문에서 제목 설교를 하기 보다는 좀 더 성경을 연구하여 주해 형식으로 설교를 할 때 더욱 새롭고 깊은 뜻을 나타내며 수 십 회를 거듭하여 같은 절기를 맞이한다 하더라도 항상 새로운 설교를 할 수 있다고 본다.

6) 예식 설교

이 설교는 교회 안에서와 성도들 가정에서 일어나는 예식과 축제일 또는 기념일에 행하는 설교이며 이미 예식이란 형식이 표명을 하는 대로 설교 형식도 예식의 뜻에 합당하게 짜여 진다.

(1) 임직식 설교

이 설교는 교회 안에서 목사위임, 장로 집사 장립, 권사 취임할 때 설교하는 설교로서 임직에 합당한 성경 본문과 제목을 택하여 그 직분의 의미와 성격과 소중함을 밝히면서 충성을 권고하는 설교이다.

이 설교는 어떤 유형보다는 강해 설교 유형으로 함이 더 효과적이다. 왜냐하면 성경에 나타난 직분의 역사적인 배경을 설명하며, 직분에 대한 용어를 어원학적으로 주해하며, 그 사명에 대한 성경의 교훈을 가지고 권고하며, 직분의 소중성에 대하여 성경적 해석에 의한 올바른 의미를 부여하며 설교할 때 그 설교가 소명을 일깨우는 설교가 되기 때문이다. 시간은 15분 정도가 적합한줄 안다.(이때는 다른 맡은 순서가 있기 때문이다)

(2) 봉헌식 설교

이 설교는 예배당을 건축하고 또는 교육관이나 수양관을 건축하고 하나님 앞에 드리는 예식을 거행할 때 하는 설교이다.

이 설교에서는 그 건물이 세워진 목적에 합당하게 세워지고 하나님의 영광을 나타내는데 활용될 것과 또 성도들의 충성심을 격려하며 생명의 구원과 성도의 양육과 결부시켜 설교를 하게 된다.

봉헌식 설교도 강해설교로서 신구약의 많은 역사적 사실들을 예를 들어 성경의 본문을 해석하며 본문에 나오는 중요한 말들을 어원학적으로 풀이하며 실제에 적용시키며 설교할 때 은혜로운 설교 또는 훌륭한 교육적인 설교가 될 수 있다. 이 때도 다른 많은 순서가 있기 때문에 시간은 15분 정도가 적합할 것이다.

(3) 결혼예식 설교

이 설교는 성도의 가정에서 일어나는 자녀들의 결혼식에서 주례자로서 행하는 설교이며 성경을 기초로 하여 결혼의 의미를 밝히 설명해 주며 부부의 도리를 가르쳐 주며 행복한 가정의 원리를 말하며 육적인 결합과 아울러 영적인 결합을 하여 하나님의 축복 받는 가정으로 살기를 권고하는 설교이다.

어떤 분은 결혼식 설교에서 신랑, 신부의 새 가정과는 관계없는 말씀을 하는 분들이 있고 시간을 오래 끄는 분들이 있는데 합당치 않다고 본다. 다만 부부의 도리를 중심하여 행복한 가정의 원리를 설명해 줌으로서 족하다고 본다. 그리고 결혼식 때는 불신자들도 많이 오기 때문에 기독교 가정이 받는 복음 신앙의 축복의 원리를 설명해 주는 설교로서 몇 사람의 영혼이라도 구원할 수 있는 기회를 가질 수도 있다.

이 설교도 마19:4-6의 예수님의 말씀이나 엡5:22-23의 부부의 도리, 고전 13:4-7의 사랑의 성격, 요15:5-7의 성공의 비결, 시127:1-2의 하나님의 축복, 어느 성경이든지 성경 말씀을 풀이해 주는 설교로서 권고해 줄 때 신랑 신부는 그 말씀을 가장 권위 있게 받아 간직할 수 있으며, 아울러 불신 하객들에게도 감동을 줄 수 있다. 시간은 7분내외이면 족한 줄 안다.

(4) 졸업식 설교

이 설교는 대체적으로 신학교와 일반적인 기독교 학교와 교회안의 주일학교에서 졸업식을 거행할 때 하는 설교로서 졸업의 의미를 말해주며 학생들의 노고를 칭찬해 주며 앞으로 더욱 전진할 수 있도록 꿈을 심어 주며 불굴의 의지를 가지고 학습의 인생길을 끝까지 달리도록 권고해 주는 설교이다. 그러면서도 설교는 언제나 사람을 그리스도에게도 인도하는 요점이 빠지면 안 되기 때문에 복음이 진리 안에서 올바른 인간이 되어 하나님께 쓰임 받는 인물들이 되도록 권고해야 한다.

졸업식 때는 학생들이 흥분한 감정과 미래에 대한 심각한 생각을 가지기 때문에 평생에 잊을 수 없는 짤막한 복음의 위대한 진리를 성경 본문에서 요령있게 주해하여 설교해 준다면 학생들을 주님의 품에 영원히 머무르게 할 수 있는 효과를 얻을 것이다. 시간은 15분 정도가 적합하다.

(5) 개업식 설교

이 설교는 성도의 가정에서 어떤 사업을 가지고 시작하려고 할 때 그 첫 예배에서의 설교를 말한다. 이 설교에서는 그 업이 성도로서 합당한 업이라고 생각할 때 적합한 본문을 찾아서 그 업이 잘되는 축복의 원리를 설명해 주며 그 업을 통하여 하나님께 더욱 영광 돌릴 것과 복음 선교에 뒷받침 될 것을 권고하며 신앙으로 하나님께 경영권을 맡기고 성실하게 일할 것을 권면한다. 이 설교는 주해 설교의 유형으로 더욱 강한 권면이 될 수 있다. 예를 들어, 시127편, 128편, 112편, 37편, 잠16:3, 요15:5-7등의 말씀을 강해하면서 권면하면 크게 감동을 받게 된다. 시간은 10분 정도이면 족한 줄 안다.

(6) 회갑식 설교

이 설교는 인생이 세상에 와서 만 60세가 될 때, 60회 생신(회갑)을 맞았을 때 드리는 예배의 설교이며, 이 설교에서는 아직도 젊음을 찬양하며 성경을 통하여 참된 인생의 원리를 말해주며 지난 세월도 잠깐 회상하며 반성하는 말도 좋지만 더욱 앞으로 남은 생을 가장 보람되게 살기 위해 소망을 주고 할 일을 제시하며 영원한 하나님의 나라에서의 축복과 상급과 존귀를 위해 생의 끝날까지 열심히 활동할 것을 권고하면 좋은 설교가 된다.

이 설교에서는 당사자에게 조금도 외로운 생각이 들지 않도록 해야 되며 인생은 이제부터라는 의식을 갖게 하는 것이 좋다.

이 설교에서도 잠3:1-6, 사58:11, 고후4:16-18, 딤후4:7-8등 기타 합당한 성구를 찾아서 성경을 풀어 인생의 사는 의미를 주해 설교로서 권면해 주며 위로해 줄 때 당사자는 큰 은혜를 받을 수 있다. 시간은 약10분이면 족하다.

(7) 장례식 설교

이 설교는 성도들의 가정에 상을 당하고 교회의 예식대로 장례식을 거행 할 때 하는 설교이다.

이때에는 고인의 영전 앞에 유족들과 성도들과 불신 조객들이 다 경건하고 엄숙한 분위기 속에 있기 때문에 집례 목사의 전하는 설교를 귀담아 듣게 된다.

그러므로 이때는 전도할 수 있는 좋은 기회도 되니만큼 간단한 시간 안에 짜임새 있는 설교를 해야 한다. 즉 먼저는 고인이 생존시에 가졌던 믿음과 선행에 대하여 모범적이 였던 것을 회중에게 알게 하며, 고인을 존경하며 그 분은 죽은 것이 아니라 잠을 자며, 영혼은 천국에서 영생하고 계신다는 성경의 진리를 설명해 주며, 우리 인생의 나그네와 같은 존재이기 대문에 언젠가는 가는데 이 세상에 사는 동안 천국의 영생을 목적으로 하고 길이요 진리요 생명이신 예수 안에 사는 삶이 가장 의의 있는 인생을 사는 것이라고 전도 설교를 할 것이다. 이런 설교에 불신자들도 결신하게 되고 신자는 더 한층 각성하게 된다. 이 설교는 전도 설교의 유익이 있다.

다만 몇 가지 주의할 점이 있다면 10여분이내에 짧게 할 것이며 고인에 대한 지나친 찬사는 삼가야 되고 고인의 가족은 신자이지만 고인이 불신자였을 때는 고인이 구원받았다는 설교는 할 수 없다 유족들의 신앙을 격려할 뿐이다.

이 설교에 있어서도 다른 말은 필요 없다. 장례식에 합당한 성경 본문인 요14:1-6, 벧전1:3-4, 히11:13-16, 고후5:1-2 , 계7:9-17, 14:13 , 야4:12-15, 시90:1-12 등등을 찾아서 성경을 풀어 주해 설교로서 기독교의 사생관을 설명해 주면 그 이상의 감화를 주는 설교가 없다고 본다.

(8) 추도식 설교

이 설교는 성도의 가정에서 이미 고인이 된 분의 기일을 맞이하여 추모 예배를 드리며 하는 설교인데 이 설교에서는 고인의 생존시에 모범적인 생활과 신앙을 회고하며 기억을 재생시키며 그의 유언을 되새기며 고인의 좋은 점들을 지적하여 흠모케 하며 성경이 가르키는 대로 육은 흙으로 만들었기 때문에 흙으로 돌아가는 과정에 있지만 영은 천국에 계시며 이제 주님의 재림시에 부활의 영광된 아침이 온다고 소망을 줌과 아울러 위로를 주며 유족들에게 어느 때인가는 천국에서 만날 것을 시사하는 설교이다.

이 설교는 강해설교의 형식으로 본문의 뜻을 파헤쳐 가며 설교하는 것이 효과적이라고 본다.

대개 추도 예배시의 설교 본문은 고전13장, 부활장의 말씀이나 살전 4:13-18, 계.7:9-17, 계21-22, 기타 내세 소망과 부활의 말씀이 들어 있는 말씀이 본문을 택하여 그 성경을 풀어 주어야 하기 때문에 주해 설교가 적절하다.

이상에서 언급한 특별 설교의 유형분류와 그 분석은 본인이 한 여생의 목회생활에서 얻어진 경험을 통하여 논술한 것임을 밝혀둔다.

『수불석권 (手不釋卷)』

지도자는 항상 손에 책을 들고 글을 읽으며 부지런히 공부하기를 쉬지 말라는 말이다.

중국의 후한(後漢)이 멸망한 뒤 위(魏)·오(吳)·촉한(蜀漢) 세 나라가 정립한 삼국시대에 오나라의 초대 황제인 손권(孫權)의 장수 여몽(呂蒙)은 전쟁에서 세운 공로로 장군이 되었다. 싸움은 잘하나 무식하기가 이를 때 없어 손권은 학식이 부족한 여몽에게 공부를 하라고 권하였다.

정무에 바빠 독서할 겨를이 없다는 여몽에게 손권은 자신이 젊었을 때 글을 읽었던 경험과 역사와 병법에 관한 책을 계속 읽고 있다고 하면서 "후한의 황제 광무제(光武帝)는 변방일로 바쁜 가운데서도 손에서 책을 놓지 않았으며[手不釋卷], 위나라의 조조(曹操)는 늙어서도 배우기를 좋아하였다"라는 이야기를 들려주었다. 그래서 여몽은 싸움터에서도 학문을 정진하여 훗날 강한 정신력을 지닌 전략가이며 놀라운 수불석권의 장수가 되었다.

설교자들은 수많은 책들 속에서 지식, 지혜를 얻으며 그리고 책 중에 책은 성경책이며 성경은 설교의 가장 훌륭한 자료이기 때문이다.

가장 훌륭한 설교의 자료인 성경으로 더욱 더 훌륭한 설교를 만들어 내는 것이 설교자의 책임이자 몫이다.

- 著者의 辯 -

제12장

효과적인 설교
작성방법과 주변도구들

복음적 설교의 내용을 실제 생활에 적용하기 위해서는 바른 설교의 작성과 전달 방법 및 기술이 필요하다. 그러므로 필자는 본 장에서 복음적 설교의 작성과 복음적 설교의 기술적인 전달 방법 및 표현, 적용 등에 대하여 고찰하고자 한다.

1) 성경적 설교 작성 방법

"어떠한 설교문 작성이라도 정묘한 과학이라기보다는 예술에 더 가까운 것으로 수학보다도 더 가르치기 어렵고, 어떤 예술보다도 배우기가 더 어렵다"고 한다.

물론 설교문 작성에 있어서 과학성을 무시해도 좋다는 뜻은 아니며 설교문 작성은 그렇게 쉽게 터득할 수 있는 것이 아니며 훌륭한 설교의 대가들로 궁극적으로 실천과 경험을 통해서 자기에게 알맞은 설교방식과 설교문 작성법을 취득하게 된다는 설교문 작성의 중요성을 강조하는 말이라고 본다.

그래서 "잘 준비된 설교는 한 핵심적인 사상의 구현이요 발전이며 완전한 진술이다"라고 본다. 효과적이고 훌륭한 복음적 설교는 준비성 있는 논리적이고 체계적인 설교문 작성에서부터 비롯된다.

그런데 설교문 작성에 있어서 그 형태를 불문하고 반드시 지켜야 할 법칙이 있다. 모든 설교는 한 가지 내용만을 말해야 한다. 그리고 그 한 가지 내용은 한 문장으로 표시 될 수 있어야 한다. 어떤 형태의 설교문이든지 이 법칙을 지키지 않으면 지키지 못한 만큼 실패한 것이라 볼 수 있다. 설교자가 여러 가지 내용을 설명하려다보면 중요한 강조점이 흐려질 수 있기 때문이다. 여러 개의 내용을 가진 설교는 아무런 강조점도 나타낼 수 없다. 그러나 이 말은 설교가 깊이가 없어도 괜찮다는 말이 아니다. 위대한 진리들도 단순하게 표현될 수 있다는 말이다.

복음적인 설교 작성은 통일성과 일관성을 이루고 있어야 한다. 이를 위해 먼저 설교 작성을 위한 몇 가지 사항들을 준비해야 한다.

(1) 설교할 성경 본문을 선택해야 한다.

설교문 작성 그 자체는 먼저 설교자가 설교하기 위하여 연구한 내용에 기초하여 이루어진다. 설교자는 따라서 먼저 성경 본문을 선택해야 된다. 성경 본문 선택이 필요한 이유는 성경 그 자체는 우리에게 본문을 제시하고 있지 않기 때문이다. 다만 성경 구절들만이 있을 뿐이기 때문이다. 그러나 이 성경구절들도 원래부터 성경에 있었던 것은 아니다. 그래서 설교자는 본문 선택이 끝나면 석의적(Exegetical), 해석학적(Hermeneutical)및 신학적 도구를 총 동원하여 그 본문을 연구해야 한다.

무엇보다도 설교자는 내가 무엇에 대해서 설교할 것인가? 성경 어느 본문에서 나의 설교를 끌어낼 것인가? 선택한 본문이 무엇이라고 말씀하고 있는가? 를 들을 줄 알아야 한다. 그래서 설교자는 성경 본문을 택하고, 선택한 본문을 과학적으로 공부하고, 그 본문이 말씀하고 있는 바를 듣는 일이 모두 설교 작성 전에 해야 할 것들이다.

설교자는 선택한 본문의 뜻이 무엇인가 분명히 이해하고, 그 내용을 한 문장 길이 정도로 명제(命題)화 할 수 있어야만 비로소 설교문 작성을 시작할 수 있다. 그렇지 않고서는 설교자는 본문의 진리를 설교의 형태로 재작성하는 작업을 시작할 수 없다. 먼저 선택된 본문의 메시지를 들은 후에야 비로소 설교자는 심혈을 기울여 설교문을 준비할 수 있다. 이 때 그는 비로소 설교의 목적에 따라서 자유롭게 순응하기도 하고, 자신을 굴복시키기도 하고 인간이 의사 전달을 하는데 필요한 모든 논리적 원칙과 문법적 법칙들을 다 지키며 설교문을 작성한다. 이렇게 되면 가장 단순하고 가장 기초적인 설교문을 작성 할 준비가 다 된 것이다.

필자는 앞에서 언급한 바와 같이 기초 설교문은 모든 올바른 선택한 본문 그 속에 담긴 진리를 한 문장 정도의 길이로 명제화를 할 수 있음을 전제로 하고 있다.

(2) 본문을 구체적으로 연구하여야 한다.

설교자는 택한 본문을 이해하기 위해 성경을 여러 번 읽을 뿐만 아니라 어떤 때는 여러 가지 번역을 해야 한다. 설교자는 이렇게 여러 역본들과 다른 여러 번역들을 사용할 때 문맥에 대한 폭넓은 이해를 할 수 있게 된다. 본문을 책의 넓은 통일성 안에서 생각해야 할 것은 물론, 직접적인 문맥과 관련하여서도 생각하여야 한다. 의미의 더 중요한 단서는 본문의 세세한 분석에서 오기보다는 주위 문맥의 연구에서 나온다.

단락이나 소지를 이해하기 위해서는 그 본문이 그 전 문맥으로부터 어떻게 발전한 것이고, 그 다음 문맥과 어떻게 관련하는가를 설명해야 한다. 이 특별한 본문이 이 문맥에 없다면 어떤 차이점이 생길까? 이 특별한 본문이 성경에서 담당하는 목적이 무엇인가? 등을 구체적으로 연구해야 한다.

설교 작성자는 이렇게 본문을 세세히 조사 연구한 후 그 구조, 어휘, 문법 등까지도 자세히 연구해야 한다. 그리고 택한 본문을 세세히 연구 분석하는 데 다른 보조수단인 사전이나, 성경어휘집이나, 문법책, 성경 주석 류 등을 사용할 수 있다.

(3) 주요소와 보충요소에 대한 논술을 해야 한다.

설교자는 본문에 대한 언어 및 문법적 분석이 목적 자체로 삼아서는 안되고 본문을 전체적으로 더 분명하게 이해하는데 도움이 되게 해야 한다. 그 과정은 처음에는 설교 작성자가 성경 기자의 의미를 알기 위해서 성경의 본문과 그 문맥을 잃고, 그런 후 성경 본문을 분석하는데 세세한 것들을 조사하여 처음 받은 인상을 검토한 후 이런 연구에 입각하여 주요소와 보충요소에 대한 최종적인 논술을 해야 한다.

그러므로 설교자는 분석과 종합하는 동안에 정확하게 성경기자가 무엇에 대해서 말하고 있는가를 물어야 한다. 그리고 어떤 가상의 주요소를 얻었을 때 다시 본문으로 돌아가 그 주요소를 세부적인 것들과 연관시켜서 그 주요소가 모든 부분에 적합한가? 너무 넓지는 않은가 "혹은 너무 좁지는 않은가? 그 주요소가 본문이 말하고자 하는 것에 대한 정확한 요소인가"를 검토해야 한다.

① 주요소(主要素)

처음 어떤 주제논술은 너무 넓을 경우가 있다. 그것을 좁히기 위해서 그 주요소를 정해야 한다. 가정된 주요소(제목)가 저자가 말하고자 하는 것을 정확하게 묘사했을 때 그것이 본문의 세세한 말씀들을 조명해 줄 수 있다. 반대로 주요소는 세부적인 말씀에 의해서 조명될 수 있다.

② 보충요소

보충요소는 주요소를 끌어낸 후 주요소를 완전케 하는 소위 논지를 말한다. 이 보충요소를 위해서는 본문의 구조를 알아야 하고 그 주된 주장과 보조하는 주장들 사이를 구별해야 한다.

이와 같이 설교 작성자는 반드시 설교 작성을 위해서 성경 본문을 먼저 선택하고, 다음은 그 본문을 보아 구체적으로 여러 보조수단을 통해서 연구하고 그 다음은 주요소(제목)와 보충요소(논지)를 구별해야 선명한 설교문 작성이 될 수 있다.

(4) 논지(論旨)와 대지(大旨)

설교자는 앞에서 논한 것처럼 설교문 작성을 위한 준비가 완료되었으면 이제 설교하려고 한 글의 요점을 한 문장으로 정리 할 수 있어야 하다. 어떤 글이든 요점을 분명히 전달하기 위해서는 글 전체를 통해서 쓰려는 내용을 명백하고 간단하게 한 문장으로 쓰는 소위 글의 필수 요소 가운데 하나인 논지(Thesis Statement)가 반드시 있어야 한다.[1]

글 전체에서 가장 중요한 문장이 바로 논지이다. 논지란 자신의 글의 요점을 한 문장으로 줄이는 것으로 이것은 자신의 주장이요, 단일하고 제하된 내용의 명확한 문장이다. 따라서 논지는 독자들에게 자신의 글을 분명한 증거들로 가득 채워서 논지를 논리적으로 증명하겠다는 약속이다. 그러므로 논지에는 글 쓰는 이의 주장이 반드시 있어야 하며, 범위가 제한되고 내용이 단일하며 명확해야 한다. 그런고로 명확하고 논리적인 설교문 작성을 위해서는 논지가 필수적인 요소임이 틀림없다.

"설교의 논지는 말할 만한 가치가 있어야 하며, 복음적이고 선동적이어야 한다. 뿐만 아니라 설교의 논지는 진실하고 분명해야 하며 그 자체가 힘이 있어서 여러 가지 내용을 만들 수 있어야 한다. 그리고 사람의 마음에 실제 적용을 줄 수 있는 것이어야 한다."

설교의 논지는 대단히 중요한 비중을 가지므로 만일 논지가 없는 설교가 있다면 그것은 허공을 치는 설교가 될 수밖에 없을 것이다. 논지가 없는데 무엇을 주장하며, 무엇을 증명할 것인가? 이렇게 볼 때 논지는 모든 글이 생명일 뿐만 아니라 설교의 생명이라 할 수 있을 것이다. 다음은 설교문에서 뼈대와 같은 대지들로 설교문이 구성되어야 한다. 설교문에서 서론,

---

[1] 김기홍, 「논문작성 이렇게 하라」 서울: 광성문화사, 1984, p. 12.

적용, 결론, 예화 등 부수적인 부분들을 뺀 것을 설교의 **뼈대** 곧 대지라 할 수 있다. 설교의 뼈대는 본문의 각 대지들로 구성되는데, 이 대지들이 한 문장으로 함축된 것이 곧 명제(命題)이다.

이렇게 볼 때 설교의 뼈대가 명제의 근원이 된다. 설교의 대지들은 본문으로부터 나온 것이기 때문에 이들을 기초로 하여 설교의 명제를 형성할 수 있다. 이 대지들은 설교 가운데 명제의 내용들을 설명하고 나타내는데 사용되어 진다. 그런데 설교의 대지는 명제의 당위성이나 진실성을 입증하기 위한 것이라기보다는 단지 명제의 내용을 설명하고, 나타내고, 구체화시키기 위한 것이다. 따라서 이 뼈대의 각 대지들은 본문으로부터 유출되어야 하지 성경 이외의 다른 어떤 곳에서 와서는 안 된다. 이 뼈대는 바로 설교문의 명제를 강해하는 형식을 띄게 된다. 따라서 설교문의 대지 전체는 본문을 근거로 하여 결정된다.

이와 같이 논리적이고 명확한 설교를 위해서는 보다 확실한 논지와 대지가 있는 설교문 작성이 이루어져야 한다. 그렇다고 우리가 작성한 논지와 대지로 한 본문의 내용을 모조리 담을 수 없을 것이다. 다만 대지를 논리적으로 전개하여 한 설교문을 선명하게 작성하는데 부단한 노력을 경주해야 할 것이다. 하나님의 말씀은 비논리적이지 않기 때문이다.

(5) 설교의 계획과 작성

무엇보다도 먼저 설교자는 메시지를 전달하기 이전에 설교에 대한 확실한 계획과 준비가 있어야 한다. 설교자에게 있어서 설교 계획의 첫 단계를 나온 P. T. Forsyth 는 다음과 같이 설명하고 있는데 그것을 간추린 다음과 같다.

① 설교의 착상
② 본문의 선택
③ 설교 내용의 확정

④ 설교의 윤곽

⑤ 설교의 준비

⑥ 설교의 작성

이라 하였다.[2] 그는 더 나아가 이런 순서를 좀 더 구체적으로 표현해서 설교 준비를 12단계로 구분해서 정리하였다.

① 설교를 위한 본문과 주제의 선택

② 이를 위해 깊이 생각함(묵상)

③ 이 설교를 위한 자료 수집

④ 자료를 골라서 정리함

⑤ 주제와 이 설교의 목표를 고정시킴

⑥ 설교의 윤곽 정리

⑦ 구체적인 윤곽의 작성

⑧ 설교 윤곽에 착상과 예화를 추가함

⑨ 설교 초고 작성

⑩ 초고 내용의 재고와 수정

　설교 원고의 소화와 암기

　설교할 준비를 갖춤 [3]

또한 박근원 교수는 설교 준비과정을 12단계로 구분해서 정리하였는데 상황설교의 준비과정을 살펴보면 다음과 같다.[4]

① 상황의 선택

---

2) P. T. Forsyth, 「positive Preaching and the Modern Mind」 Grand Rapids: Baker Book House, 1980. p. 10.

3) Ibid, pp. 183-199.

4) 박근원, 「오늘의 설교론」 서울: 기독교출판사, 1980. p. 60.

② 성경 본문의 선택

③ 상황과 본문의 연결

④ 설교의 목표설정

⑤ 설교의 골자

⑥ 설교의 윤곽

⑦ 설교윤곽 및 내용의 재고

⑧ 설교내용의 초안

⑨ 설교의 서론과 제목

⑩ 설교의 결론작성

　설교의 본론작성

　마지막 설교원고

이러한 설교 준비 과정에 있어서 설교자는 창의력과 상상력을 활용하여 설교를 준비해야 한다. 그런데 이와같은 과정을 통하여 설교를 준비함에 있어서 설교자는 다음과 같은 설교에 대한 개괄적인 이해가 있어야 한다.

첫째는, "누가"(who) 설교를 시도하는가의 문제

둘째는, "무엇"(what)을 전달할 것인가 하는 전달 내용의 문제

셋째는, "누구에게"(to whom) 전달하려는가의 대상 혹은 회중의 문제

넷째는, "어떻게"(how) 하면 메시지를 효과있게 전달할 수 있을까 하는 구사 방법의 문제

다섯째, "왜(why)" 설교 하려고 하는가 하는 설교 행위의 목적의 문제로서 어떤 효과를 기대하며 설교하려는가 하는 설교 목적에 대한 물음이다.

이와 같이 설교자가 설교를 준비함에 있어서 설교의 윤곽을 잡고 질서 정연하게 설교를 조직하고 계획 할 때 자신의 설교를 목표하고 있는 지점에 접근 시킬 수가 있는 것이다. 또한 바른 설교의 윤곽은 듣는 사람으로 하여금 설교에 대한 바른 이해를 하도록 해주며, 오해를 방지하고 지식, 감정, 태도의 변화를 일으켜 행동의 변화에 이르기까지 이끌 수가 있는 것이다.

그러므로 설교자는 이와 같은 설교 계획을 통하여 설교를 듣는 사람들

로 하여금 그들의 삶 전체, 가정생활, 직장 생활, 사회생활에 이르기까지 복음적 영향을 줄 수 있도록 준비해야 하는 것이다.

(6) 설교의 전달과정

설교는 전달될 때만이 존재한다. 그 이전 단계는 단지 잉태하는 것에 불과하다. 선포될 때까지는 복음 전달의 기능은 달성될 수 없다.[5]

그러나 일단 설교자를 통하여 전달되어진 설교는 사람들로 하여금 결단케 하며 행동의 변화를 일으키도록 설득한다. 다시 말해서 설교는 객관적 지식이나 이해의 전달만이 아니라 듣는 사람들로 하여금 구체적인 행동의 변화에 까지 이르게 한다는 것이다.

설교에는 제목설교, 강해설교, 본문설교 등의 방법으로 또는 다른 형태의 각 요소들을 연합한 복합 전달 방법[6] 등이 있다. 그런데 이와 같은 설교들은 모두 7단계의 통화과정을 통하여 전달되어진다.

① 전달(Transmission)
설교자가 메시지를 전달, 행할 때 일어난다.
② 접촉(Contact)
전달된 설교는 회중에게 가서 접촉하게 된다.
③ 피드백(food back)
듣는 사람이 설교자에게 반응을 나타내는 단계이다(박수를 친다. 고개를 끄덕인다. 감격스러운 표정을 한다. 불쾌한 표정을 짓는다).
④ 이해(Comprehension).
이것은 설교자의 메시지를 회중의 이해하는 과정이다. 회중이 설교자의 메시지를 바로 이해할 때 지식의 변화 뿐 아니라 태도 및 행동의 변화

---

5) P. T. Forsyth, p. 279.
6) p. T. Forsyth. p. 280.

로 연결된다.

⑤ 받아들임(Acceptance). 일단 메시지를 완전히 이해하였다면 그것을 받아들이거나, 무시하거나, 거부해버리는 세 가지 입장이 있을 수 있다. 이 과정에서 설교자와 회중 간에 상호 인격적 만남이 있게 될 때 좋은 결실을 기대할 수 있다.

⑥ 내면화(Internalization). 지식의 수용만으로는 한 인간의 내적인 변화가 일어나지 않는다. 그 메시지의 내용이 듣는 사람의 인간 속에 심화내지 의식화되어야만 행동의 변화가 가능한 것이다.

⑦ 행위(Action). 이 과정은 설교자와 듣는 사람이 공통된 이해를 가지고 이 이해를 바탕으로 하여 행동을 하는 데까지 이르는 단계이다.

설교는 이와 같은 전달 과정을 통하여 현실 화 되어 진다. 그러므로 설교가 기독교인의 삶을 변화시켜 나가기 위해서는 단순한 전달이나 접촉의 단계를 넘어서 더 깊은 커뮤니케이션의 단계로 발전되어져야만 하는 것이다.

그런데 설교가 가정뿐 아니라 인간의 삶 전반에 걸쳐 커뮤니케이션의 완전한 효과를 나타내고 행동화의 과정에까지 이르기 위해서는 설교자와 듣는 사람 간에 상호 공감적 이해(empathy)가 있어야 한다. 이런 공감대의 형성을 위해서는 상호 신뢰의 인간관계가 조성되어야 하고, 열정적으로 말하고 열정적으로 들어주는 열정이 동반되어야 한다.

(7) 설교와 표현

설교란 "하나님의 말씀이 설교되는 것"[7] 이라는 개혁자들이 남긴 신앙고백은 바로 설교에 있어서 복음적인 표현이 되어야 한다는 뜻으로 이해 될 수 있다.

---

7) 「The Second Helvetic Confession」 (1566) Chapter I "of the Holy Scripture Being the True Word of God" in John H. Leith(ed) 「Creed's of the churches」 Atlanta:–John Knox Press, 1982. p. 133.

설교사역론 책에서 성경을 벗어난 비 복음적인 설교사역이 심각한 문제가 되고 있음을 지적하고 있다.

"무엇 때문에 오늘의 설교 현장에서는 복음적인 하나님의 말씀이 사라지고 인간의 언어만이 목이 메이도록 외쳐지고 있는가?" 과거 한국의 강단에서 외치던 초기의 설교가들은 설교를 단순한 인간의 사역으로 생각지 않고 하나님께로 부터 위탁받은 막중한 사명으로 안식하였다. 사실 설교란 제임스 스튜어스(James S. Stewart)의 말대로 어느 인간의 의견, 견해 또는 사상을 위함이 아니고 하나님의 전능하신 역사(The Mighty Acts)를 선포하기 위하여 존재하는 것이다.[8]

그렇기 때문에 강단에서 설교자 자신이나 인간 주변에 관한 언어들이 속출할 때 설교란 그 실상을 잃어버리게 된다.

이러한 복음적 설교의 표현에 대한 본래적 이해는 100년 전 우리 한국 교회에 퓨리턴들의 후예들에 의하여 손상없이 운반되었고 오랫동안 신앙의 선배들에 의하여 지속되어 있다. 그들은 강단에서 설교가 비 복음적인 표현이 되는 것에는 민감한 반응을 보이면서 한국의 교회는 복음적인 하나님의 말씀만이 외쳐지는 고귀한 사명을 다하는 신성한 현장이 되기를 소원했음을 다음의 표현에서 알 수 있다.

그런즉, 하나님의 말씀만이 왕성하여야 할 그리스도의 몸이 되신 거룩한 교회 강단에서 흘러나오는 소리는 대체로 세속적이요, 진정한 복음적 설교의 의의는 몰락되고 있으니, 이것이 무슨 변고일까요. 이는 곧 하나님의 신성을 모독하는 큰 죄를 범하는 것뿐이요, 하등의 신앙에 대한 영적 유익을 끼쳐 주지 못하는 것이다. 그런고로 설교자는 죄인을 구원하기 위하여 언제든지 순복음적 설교만을 준비할 것이요, 결단코 자기의 학식이나 지혜의 탈 설교를 준비치 말 것이며, 또한 자기의 유창한 언변도 자랑하여서는 아니 될 것이다.

---

8) James Stewart, 「Heralds of God」, New York: Charles Scribner's Sons, 1946, p. 5.

이상과 같은 초대교회 설교의 주역들의 관점을 오늘의 시각에서 볼 때, 말씀의 현장화 즉 복음적 표현을 도외시했었다는 부정적 측면을 들 수 있다.

이와 같이 대략 살펴본 대로 설교가 복음적인 표현이 되지 못하는 이유는 성경적이고, 복음적인 설교에 대한 몰이해 때문이라고 생각되며, 바른 복음적 표현을 위해서는 역시 복음적 설교에 대한 확실한 이해가 먼저 있어야 할 것이다.

교회의 강단이 평범한 강의실의 교탁과 구별되는 이유는 간단하다. 강의는 단순한 인간의 지식이 전달되고 표현되는 순간이지만, 설교는 하나님의 말씀이 선포되고 엄숙한 순간이다. 그러기에 만일, 설교가 성경를 떠나서 종교 수필이나 종교 강연의 성격을 갖게 된다면 회중은 당연히 날카로운 비판과 거부를 펼 것이다. 그러기에 바레트(Barett)는 "설교자는 자신을 나타내거나 자기주장을 교인들에게 펴기 위해서 강단에 서는 것이 아니라, 가능한 한 인간적인 설명은 적게 옮기고 성경에 담겨 있는 하나님의 진리를 드러내고 복음을 바로 표현하기 위하여 강단에 서는 것이다"[9] 라고 말한 바 있다.

그러나 설교자는 하나님의 말씀을 회중들에게 언어로 표현하고 조명해 주어야 하는 과정에서 너무나 자주 부차적 논설에 휘말리는 경향을 가져오고, 자칫 비성경적 설교로 쉽게 흘러가 버리는 어려움을 겪게 된다.[10]

여기서 설교자들에게는 무엇을 어떻게 하는 것이 복음저긴 표현인가 하는 질문이 나오게 된다. 적어도 복음적 설교로서 복음적 표현을 위해서는 다음의 몇 가지 성격을 내포하여 표현하여야 한다고 본다.

① 설교의 내용 전체가 성경적 관념에 근접해 있는 가운데서 그 특징과

---

9) C. K. Barrett, 「Biblical Problems and Preaching」 Philadelphia : Fortress Press, 1965, p. 30.

10) Karl Barth, 「The Word of God and the Word of man」, trans. Douglas Horton, New York : Harper & Brothers Publishers, 1957", p. 111.

본질을 나타내야 한다.[11]

② 설교 가운데서 그리스도의 현존(Presence)이 보여 지게 해야 한다. 다시 말하면 "그 설교 가운데서 그리스도가 어디 있느냐?"는 질문에 대한 선명한 대답이 나오게 표현해야 한다.

③ 설교자는 언제나 구약과 신약을 하나의 성경으로 보는 관점을 가지고 표현해야 한다.

④ 설교자는 설교를 하나님의 말씀으로써 확신을 갖도록 표현해야 한다. "하나님의 말씀인 줄 믿습니까? 믿으면 아멘하시오"하는 방식의 강요적 질문으로 하는 것이 아니라 듣는 회중들의 가슴 속 깊이 찾아오는 하나님의 말씀으로서의 순수성과 권위가 보여지도록 해야 한다.

⑤ 복음적 설교는 명령과 책망과 훈계 중심보다는 하나님의 능력과 사랑과 용서가 보여지도록 해야 한다. 하나님이 설교자에게 부여한 말씀의 권위는 회중들보다 우위적 존재로서 그들을 명령하고 훈계하는데 있는 것이 아니다. 그들에게 하나님의 사랑과 은총과 용서를 전달하는 복음(Good News)의 전달자로서 사명을 주심이 그 일차적 목적이다. 거기서 설교는 구원의 복음으로서 나타날 것이며 은혜의 방편으로써의 설교로 하나님의 선하신 뜻을 펼쳐나가게 될 것이다.

그렇다면 실제로 예를 들어 비 복음적인 표현은 어떤 것이며, 복음적 표현은 어떤 것인가? 비 복음적이고 율법적인 표현은 인간이 행위로 참여하고 의무적으로 하도록 강조하는 것으로 "기도 많이 하시기 바랍니다." "축원합니다", "기원합니다", "믿습니다.", "원합니다", "바랍니다", "생각합니다"등이다 설교의 말끝마다 이어지는 종결어는 하나님, 또는 주

---

11) John Knox, 「The Integrity of Preaching」. New York : Abingdon Press, 1957, p. 19.

님이 아닌 바로 설교자 자신이다. 이것들은 결코 복음적인 표현이 될 수 없다. 그러나 복음적인 표현을 예를 들면 "하나님께서 말씀하셨습니다", "예수께서 말씀하셨습니다", "성경은 말씀합니다", "네가...존재라면 이런 것을 할 수 있습니다"등 "To Do"가 아니고 "To Be"로 표현해야 한다.[12]

그러므로 복음적인 표현은 하나님께서 행하신 일, 예수께서 이루신 일, 성경에서 말씀하시는 사건들, 즉 복음성을 설명해 주고 그것을 믿음으로 말미암아 능력이 나타나고 하나님의 뜻이 이루어지게 하는 것이다. 다시 말하면 설교에 있어서 복음적인 표현은 하나님께서 이미 이루어 놓으신 일을 선포하고 설명해 주며, 주님이 나를 위해 해 놓으신 일이 무엇인지를 찾아내어 그것을 청중에게 알려주는 방식의 표현이 되어야 한다. 그렇게 복음적인 표현이 될 때 놀라운 하나님의 능력이 나타나고 구원의 역사가 이루어지게 될 것이다.

2) 설교를 일구기 위한 주변도구들

① 문맥

무엇보다 목회자는 어떤 성경 분문이든 그 본문이 속해 있는 성경과 연관하여 생각해야 한다. 이것 때문에 항상 성경을 여러 번 읽는 것이다. 목사는 다른 여러 번역들을 읽음으로 원 히브리어나 헬라어의 미묘한 점과 생 동력에 대한 인상을 얻을 수 있다. 예를 들면 성경을 연구할 때 새 표준 영어성경을 사용할 수도 있는데, 이것은 원문에 가깝지만 회화체로 읽을 때는 어색하고 딱딱한 감이 든다. 원문의 역동적인 성격을 드러내고 공허한 낱말보다는 아이디어 전달에 집중한 번역 하나를 든다면 필립스의 번역 성경을 들 수 있다. 히브리어나 헬라어 분문에 충실하면서도 스타일이 갖는 미묘한 감정을 동시에 추구한 중간 입장의 본문이 새 국제번역 성경이

---

12) 김기홍, p. 12

다. 이런 역본들과 다른 여러 번역들을 사용할 때 강해지는 문맥에 대한 폭넓은 이해를 할 수 있다.

그런 넓은 면에서 본문의 틀을 잡을 때만 성경은 그 기자가 주는 똑같은 착상을 준다. 본문을 책의 넓은 통일성 안에서 생각해야 할 것은 물론 직접적인 문맥과 관련해서 생각해야 한다. 의미의 더 중요한 단서는 본문의 세세한 분석에서 오기보다는 주위 문맥의 연구에서 나온다.

또 다른 번역의 본문을 읽어가면서도 손에 펜을 가지고 기록하는 습관이 중요하다. 명시된 것은 논술할 수 있도록 해야 한다. 강해자는 유익하게 사용할 수 있도록 언어에 전문인이 될 필요까지는 없으나 거의 누구에게나 언어 도구들은 유익이 될 수 있다. 그것은 완전히 그대로 말할 수는 없지만, 가능한 모든 기술을 개발하여 성령께서 전달할 의도가 없는 것을 하나님의 이름으로 선포하는 것을 막게 해 준다.

② 사전

목사로 하여금 그가 택한 본문을 세세히 분석하는 데 유익할 수 있는 적어도 네 가지 다른 보조 수단들이 있어야 한다. 첫째로 사전을 사용하여 말의 정의를 찾을 수 있다. 이런 말의 정의와 곁들여서 의미의 근원, 약간의 문법 형식들의 확정, 그 낱말이 쓰여 지는 본문의 목록, 각 문맥에서 그 낱말의 사용도, 분류, 그 낱말의 특징을 아는 데 돕는 약간의 예들 등에 사전의 중요 기능들이 있다. 구약의 경우 게제니우스가 지었고 브라운, 드라이버, 브릭스가 증보한 〈구약히브리어-영어사전〉이 있는데, 어원 연구와 다른 문맥 속에서의 어감에 대한 연구에 있어서 이 책을 능가할 책이 없다. 신약의 경우 바우어와 안트, 깅그리히, 댕커의 〈헬라어사전〉을 능가할 책이 없다. 어떤 낱말이 고대시대에서 기원후 600년까지 넓게 펼쳐진 헬라문학을 통해 어떻게 사용되었는가를 이해하기 위해서는 리델과 스코트의 〈헬라어 사전〉을 보아야 한다. 신약에 나타난 언어나 개념들을 넓게 다루고자 할 경우, 10권으로 된 키텔과 프리드리히의 〈신약신학사전〉이 다양한 신학적 관점에서 논술하고 있다.

③ 성경어휘집

실제 사용을 통하여 낱말의 의미를 결정하기 위해서 성경어휘집은 기본적이다. 구약의 경우 만델케른의 〈히브리어 어휘집〉이 참으로 유익한 책이다. 그러나 히브리어로 쓰여 졌기 때문에 언어 능력이 없는 사람들이 사용하기에는 어려움이 있다. 히브리어를 읽을 수 없는 사람들에게는 영어를 쓰는 사람을 위한 와이그람의 〈히브리어 아람어 어휘집〉이 유익할 수 있다. 신약의 경우 모울튼과 게덴의 〈헬라어어휘집〉에 필적할 책은 없고 특별히 시제에 도움이 된다. 그러나 헬라어로 쓰여져 있기 때문에 영어독자들은 와이그람의 〈신약 어휘집〉이 더 쉽게 사용될 수 있다. 신약에서 사용된 구약 언어들의 신학적 의미를 연구하기 위한 기준 자료는 햇치와 레드페이트의 〈헬라어 구약성경 어휘집〉이다.

④ 문법책

그러나 의미는 단어들만으로 나타나지 않는다. 단어들이 구, 절, 문장, 단락들에서 사용될 때 이해됨에는 틀림없다. 문장 연구는 단어들이 결합하여 어떻게 의미를 일으키는가를 조사하는 것이고 문법이 그 연구를 돕는다. 문법은 일반적으로 어떻게 단어들이 문장으로 형성되고 짜 맞추어 지는지를 묘사하는 데 도움을 줄 뿐만 아니라 성경의 색인을 가진 문법책들은 종종 연구되고 있는 각 본문들을 통찰케 한다. 구약문법의 표준은 카우치가 편집한 게제니우스의 〈히브리어 문법〉을 코울리가 번역한 것이다. 램딘이 그의 〈성경 히브리어 입문서〉에서 초보자로 하여금 히브리어를 취급하는 데 많은 도움을 주고 있다. 신약의 경우는 많다. 표준 문법책에는 블라스, 디브루너, 펑크에 의해서 쓰여 진 〈신약 헬라어 문법〉이 있다. 그리고 좀 더 대중적인 문법책으로서 다나와 맨차이가 쓴〈신약 헬라어 문법 입문서〉를 든다.

⑤ 어휘 연구집

어휘 연구 집은 강해자에게 단어들과 문법에 통찰을 준다. 예를 들면 로

버트슨은 우리들에게 〈신약 속에 나타난 어휘 도형〉이라는 책을 통해 유익을 준다. 또한 트렌취는 〈동의어 사전〉에서 좋은 자료를 제공하고 있다. 바인 역시 〈신약 어휘 강해 사전〉에서 많은 신약 어휘들을 그 문맥상에서 규명하고 있다.

⑥ 성경사전류

특별한 주제들을 포함한 배경과 전기에 대한 많은 의문들은 성경사전과 백과사전을 통해서 해결할 수 있다. 더글라스는 139명의 복음주의 학자들의 글을 모아 〈새성경사전〉을 편집하였다. 올브라이트는 이 책을 "영어로 된 가장 좋은 단권 사전" 이라고 칭찬하였다. 그것은 유익한 참고문헌들을 제공하고 있고, 고대 근동역사와 고고학에 있어서 특별한 장점을 나타내 주고 있다. 버트릭과 크림이 편집한 4권의 〈주해용 성경사전〉은 신학적으로 자유주의 신학입장에서 같은 많은 주제들에 대한 광범위한 정보를 제공하고 있다. 초판은 1015년에 출판되었고 오르에 의해서 편집된 〈국제 표준성경 백과사전〉은 브로밀라이의 편집 아래 재 출판되고 있다.

⑦ 주석류

성경교사는 선생들이 필요하다. 주석 전질을 사는 것은 좀 무익한 투자이다. 좀더 경제적 경비 지출은 각 성경책에 따라서 여러 가지 다른 주석전질에서 선택하여 사는 것이다. 확실히 한 본문에 대해 여러 가지로 고루 갖춘 주석들을 조사하고 성경 기자의 의미를 결정하는데 서로 쟁론이 되는 부분을 재보는 것이 현명하다. 강해자의 도서관 선택에 대해서 안내하는 몇 가지 참고 문헌들이 있다. 치일즈는 〈목사와 교사를 위한 구약성경책들〉이라는 책에서 구약에 대한 개인 도서관을 갖는 일에 관한 충고를 하고 있다.

댄케는 〈성경연구를 위한 다목적 도구들〉이란 책에서 전체 성경에 대한 전질 주석이나 개별 주석들을 평가하는 데 한 장을 할애하고 있다. 솔러는 〈신약 주석을 위한 기본 참고 문헌 안내〉라는 책15장에서 신약에 관한 주석들을 열거해 주고 있다. 도서실을 꾸미고 체계화하는 일에 대해서 폭넓게 다룬 책은 바버의 〈목사의 도서실〉이란 책이다.

⑧ 다른 도구들

언어 실력이 빈약한 사람들이나 주석을 사용하지 않은 관계로 효능이 녹슬어 버린 사람들의 경우 새로 출발시키는 데 다음의 책들은 약간의 도움이 될 것이다. 댄커의 〈성경 연구를 위한 다목적 도구들〉이란 책에서 목사에게 유익할 만한 해석사의 도구들에 대해서 알기 쉽고 도움이 되는 말을 하고 있고, 또한 그들을 어떻게 사용할 것인가에 대한 실제적 교훈을 주고 있다.

3) 본문외의 주변에서 찾아야 할 요소들

언어 및 문법적 분석이 목적 자체가 되어서는 안 되고 본문을 전체적으로 더 분명하게 이해하는 데 도움이 되어야 한다. 그 과정은 마치 물시계와 같이 종합에서 분석에 이르렀다가 다시 종합에 이르는 것이다.

① 주요소

우리들이 살아가는 데는 육하원칙이 있다 그것은 어떻게(how), 무엇을 (what), 왜(why), 언제(when), 어디에서(where), 누가(who)등의 원칙 들이다. 이런 여섯 가지 물음을 그 지정된 주요소에 적용하면 더욱더 정확성을 기할 수 있을 것이다. 야고보서1:5-8에서 나타난 것과 같이 이런 단락에 대한 처음 반응으로 야고보는 지혜에 대해서 말하고 있다고 할는지 모른다. 지혜가 본문의 주요소로 등장하고 있다고 할지라도, 야고보는 지혜에 대해서 무슨 말을 하지 않고 있기 때문에 주요소로서는 너무 광범위하다. 본문을 더 엄밀히 조사해 보면, 지혜를 어떻게 얻는가에 대해서 말하고 있음을 발견할 수 있다.

② 보충요소

주요소를 끌어낸 후 이제 주요소를 완전케 하고 그것을 아이디어로 만드는 보충요소, 혹은 보충요소들을 결정해야 한다. 야고보서 1:5-8에서 시련 가운데서 지혜를 어떻게 얻는가라는 주요소에 대한 보충요소는 믿음으로 하나님께 구하는 것이다. 아이디어에 대한 완전한 진술은 주요소와 보충요소가 결합한, 시련 가운데 지혜는 믿음으로 하나님께 구함으로 얻어진다는 것이다. 이 단락에서 기타, 다른 것은 그 아이디어를 보조하거나 정교하게 만든다.

③ 기타 형식들

신약의 서신들은 기독교 신학의 기초를 이루는 반면에 그들은 성경에서 발견되는 많은 문학 형식들 중 하나를 이룬다. 사실 대다수의 사람들은 성경 속에 비유들, 시, 잠언, 기도, 웅변, 풍유, 역사, 법, 계약, 전기, 드라마, 묵시, 이야기 등 다양한 문학형태들이 있다는 것을 알지도 못하고 있다. 그 중 어느 것이라도 이해하기 위해서는 우리가 알고 있는 문학의 종류와 그것의 독특한 형식을 알아야 한다.

이야기체를 이야기하고자 할 때 여러 가지 물음들이 생김에 틀림없다. 이런 물음의 예를 들면, 이야기의 등장인물들은 누구누구이고, 왜 저자가 그들을 등장시켰을까? 인물들을 서로 대조시키지는 않았나? 이런 인물들을 통해 이야기를 어떻게 전개시키는가? 스토리의 배경은 어떠한가? 스토리를 함께 이어가고 통일성을 제공하는 구조는 무엇인가? 개인적인 에피소드는 전체 구조에 얼마나 적절한가? 전개되는 갈등은 무엇이고 그것들이 어떻게 해결되는가? 저자가 이야기를 하면서 왜 고민하는가? 그 이야기의 배후에 있는 아이디어가 무엇이며, 암시만 하고 왜 밝히지 않았는가? 마지막으로 이런 아이디어들이 주요소와 보충요소로 진술될 수 있을까? 등이다.

시를 해석하는 일은 시 자체에 관한 일련의 물음들을 일으킨다. 말의 이미지와 표상위에 의미하는 것이 무엇이냐? 시인이 그런 언어를 사용하여 표현하는 정서들은 무엇이냐? 시인이 그의 사상을 수양하기 위해서 사용하고 있는 형식과 구조의 요소들은 무엇이냐? 같은 진리가 산문에서 표현된다면 잃은 것은 무엇일 것 같으냐? 당신이 기자의 아이디어를 결정하였을 때 그 사상을 본문에서 어떻게 전개시키고 있는가를 밝히고자 할 것이다.

결과를 얻으면 그 연구결과로서 두 가지 일을 할 수 있어야 한다. 첫째로는 본문의 아이디어를 주요소와 보충요소를 결합한 단 하나의 문장으로 진술하는 일이고, 둘째로 그 아이디어의 전개를 본문에서 요약하는 일이다.

그래서 하나의 설교가 위대하다고 생각된다. 대성당을 짓는 것과 같은 작업이 설교이기 때문이다. 이 설교는 어쩌면 언어구사 능력이라고 생각된다. 말을 잘하는 것을 말함이 아니라 성경이 말하는, 성경이 의미하는 바를 설교자는 언어화하여 선포하는 것이다. 또한 선포 자는 스스로의 말이 아니라, 본문 스스로가 말할 수 있게 해야 한다는 것이다. 중요한 것은 언어화한다는 것이다.

그러므로 선포 자는 하나의 자료만을 갖고 설교준비를 하는 것이 아니라 위에서 말한바 다양한 자료 즉 사전류, 문법책, 어휘집 등등, 또한 메모장이나 주석, 묵상을 통해 얻은 개념, 기타갖고 있는 모든 자료를 통해 하나님이 원하시는 신령한 말씀을 체계적으로 전달해야 함을 말하고 있다. 그래서 하나의 설교는 대업(大業)과 같은 것이라고 말 할 수 있다.

『유능제강(柔能制剛)』

　　'부드러운 것이 능히 단단한 것을 이기고 약한 것이 능히 강한 것을 이긴다(柔能制强 弱能勝强)' 는 황석공소서의 병법의 이야기처럼… 부드러운 것이 강한 것을 이긴다는 뜻이다. 굳이 부드러운 것을 말한다면 세상에 부드럽고 약하기로는 물보다 더한 것이 없다. 물은 높은 곳에서 낮은 곳은 찾아 흐른다. 물은 수많은 물방울들이 모이면 도랑물이 되어 시냇가를 이루고 강으로 흘러 산 하수들을 만들어 대양을 이룬다. 사람들은 두 세 명만 모여도 당파와 파벌 그리고 분쟁이 생긴다. 물은 어떠한 형태나 모형에 물을 부르면 똑 같은 형태나 모형에 만들어 내며 서로 적응을 한다. 물은 어떠한 더러운 오물과 쓰레기든지 깨끗이 씻어버린다 물은 촉촉한 단비를 내려서 동물과 식물에게 생명을 공급 해 준다.

　　물은 식물과 동물 그리고 사람의 신체구조의 60~70% 를 수분의 구성이 되어 있어 생명을 공급을 해주는 구성체를 형성 해 주고 있다. 물은 사물과 사람들에게 발전소, 수소 등을 통하여 에너지를 공급해주고 있다. 그래서 어린아이들이 제일 좋아하는 것이 물놀이, 모래놀이다. 그러나 이러한 물이라 하여도 물은 적당하면 단비이고 과하면 홍수를 만들어 낸다. 물이 이러한 기능을 가지고 있듯, 설교자는 물처럼 항상 부드러워야 한다. 설교자는 동물 중 가장 강하면서 연약한 양떼들인 사람의 영혼을 돌보기 때문이다. 물은 한없이 약해보이지만 역시 가장 무섭고 강하다. 설교자는 언제든지 물처럼 강하여야 한다. 또한 물처럼 더욱 더 부드러워야 한다.

- 著者의 辯 -

제13장

설교 예화 사용방법

1) 예화의 정의

예화란 무엇인가? 영어로 '예화'(illustration) 혹은 '예를 든다'(illus-trate)란 말은 '빛을 던진다' 혹은 '어두운 부분을 밝힌다' 란 의미를 가지고 있다. 그러므로 예화란 어떤 개념에 빛을 비추기 위해 사용하는 이야기라고 정의할 수 있다. 예화를 엄밀히 말하면 설교의 보조자료(supporting material)의 의미로 사용하기도 한다.

'예화'(illustration)란 정의상 어떤 주제의 뜻을 밝혀 주는 것이다. 죠웰(jowett)이 말한 것처럼, "가장 좋은 예화는 마치 거의 눈에 띄지 않게 길 위를 밝혀주는 가로등과 같은 것이어야 한다."고 하였다.[1]

예화는 보기를 들어서 설교의 메시지를 이해하는 데 도움을 주는 수단이다. 예화는 청중들이 설교자가 전하는 진리를 이해하기 쉽도록 하기 위해 설교의 내용을 분명하게 할 목적으로 사용하는 한 개인이나 사건의 설명 혹은 장면 묘사를 의미한다.

오조라 데이비스(Ozora Davis)는 "예화란 꼭 닮은 진리를 명백하게 하

---

1) 고재수, 「구속사적 설교의실재」 서울:기독교문서선교회, 1987, p. 349.

기 위해서 쓰여지는 어떤 사실, 어떤 사건 또는 비유적 표현이다. 다시 말하면 찬란한 광명을 끌어들이는 창이다"라고 하였다. 그러므로 모든 예화는 사상을 더 완전하게 파악할 수 있도록 우리를 도와줌으로써 그 설교의 중요한 가치를 밝히 드러내는 것이어야 한다. 예화는 설교를 해석하고 설명하는 데 도움이 되는 것이어야 한다.

2) 예화의 목적과 필요성

(1) 예화의 목적

예화의 목적은 엄격히 말해서 실용주의적인 것이라고 할 수 있다. 그것은 진행되고 있는 내용의 의미를 분명하게 해 주는 것, 즉 구체화시키고, 사례와 관련시킴으로써 회중들이 그 의미를 완전히 자기 것으로 받아들여, 한마디로 "네, 그것은 저의 생활이며, 저의 이야기입니다."(Yes, that is my life and story)라고 말할 수 있도록 만드는 것이다.

하나님께서 주신 메시지를 가지고 있고 그 메시지를 회중에게 분명하게 전달하려는 강한 욕구를 가진 설교자는 그의 설교에서 예화의 목적을 분명히 하여 재미있고 감화력있게 만들어야 한다. 다음은 예화의 목적을 세분하여 본 것이다.

① 진리를 분명하게 만든다.
추상적인 진리가 아무리 분명하게 언급된다고 할지라도 그것이 구체적인 형식이 되지 못한다면 많은 사람들이 그것을 깨닫지 못하고 말 것이다. 어렵게 설명된 심오한 진리를 명백하게 이야기하는 데 있어서 예화를 능숙하게 사용하는 방법 이외에 더 좋은 방법은 아무 것도 없을 것이다. 따라서 예화는 진리를 분명하게 만들어야 한다.

좋은 예화는 심오한 것을 평범하게 하고 지루하고 추상적인 사실들을 살아 있는 진리로 만듦으로써 회중의 마음속에 강렬한 인상을 심어준다. 따라서 회중은 달리 완전히 이해할 수 없는 것을 그림을 그리는 듯한 문장을 통해서 볼 수 있게 되는 것이다.

② 진리를 인상 깊게 한다.

회중에게 설교하는 사람에게 있어서 필요한 것은 진리를 분명하게 만들뿐만 아니라 듣는 청중에게 진리를 인상 깊게 해주는 일이다. 어떤 진리가 분명하게 이해될 수 있도록 설명이 되어 있다고 할지라도 예화를 통하여 동질성의 마음을 쉽게 깨어 일으킨다. 아마도 청중들의 마음에 진리를 인상 깊게 새겨두는데 있어서 예화를 현명하게 잘 사용하는 방법 이외에 더 좋은 방법은 없을 것이다.

예화들은 사람의 마음속에 달라붙는 힘을 가지고 있어서 잊혀지지를 않는다. 예를 들면 "나는 포도나무요, 너희는 가지니"하는 것과 같은 것이다. 이는 예화가 진리를 밝혀줄 뿐만 아니라 그 진리를 마음속 인상 깊게 하는 역할을 한다.

③ 예화는 진리를 강조한다.

설교자가 어떤 진리의 중요성을 회중에게 보여 줄 필요가 있다고 생각할 때가 많이 있다. 그 진리의 의미를 단순히 언급함으로써 어떤 진리를 강조할 수도 있으며 강한 용어를 사용함으로써 또는 이런 저런 방법으로 반복함으로써 한 진리의 중요성을 보여 줄 수도 있다. 그러나 좋은 예화의 사용도 어떤 진리를 강조하는 중요한 수단이 된다. 특정한 보기를 듦으로써 예화는 설교자가 가르치려고 하는 교훈의 핵심을 회중에게 전할 수 있다. 사실상 그림을 그리는 듯한 예화를 적절하게 잘 들면 들수록 더욱 강조점은 강하게 나타나는 것이다.

우리가 그 동안 많은 설교를 들어왔다. 그러나 기억 속에 남아있는 것은 오직 예화뿐이다. 우리는 결코 예화를 잊어버릴 수 없으며, 또한 예화를 통하여 설명하는데 사용되었던 진리를 기억할 수 있다. 설교자가 예화를 통하여 진리를 강조하고 청중들은 이를 통하여 생명의 길로 갈 수 있는 것이다.

④ 예화는 설교를 재미있게 만든다.

많은 설교의 실패는 내용이 너무 교리적이라는 데 있는 것이 아니라, 진리를 너무나 지루하고 딱딱하게 전달하는 방식에 있다. 메시지가 흥미가 없고 딱딱하면 회중들이 흥미를 잃기 십상이다. 설교자들은 평범한 사람들은 단지 짧은 시간 동안에만 주의를 집중시킬 수 있을 뿐이요, 재미있고 도전적인 내용으로 설교를 시작하지 않으면 조만간 흥미를 잃고 말게 될 것이라는 사실을 항상 유념해야 한다. 적절한 예화는 마음을 편하게 하고 흥미를 유발시키며, 메시지를 살아 있게 만들고 회중들로 하여금 계속되는 설교의 내용에 귀를 기울이도록 준비하게 만든다.

따라서 설교자는 회중들의 무관심을 일찌감치 몰아낼 수 있는 적절하고 재미있는 예화를 사용해야만 한다.

우리가 청중들에게 이야기 할 때 그들의 주의심을 불러일으킬 수 없다면 아무런 소용이 없다. 이러한 목적을 성취하는데 있어서 적절한 예화 사용은 가장 효과적이 된다.

⑤ 마음을 편하게 쉬게 한다.

만일 우리가 예화를 사용하지 않고 20여분을 계속적으로 설교한다면 청중들은 피곤해지기 시작할 것이다. 대부분의 사람들은 20분을 계속적으로 생각하지 않는 법이다. 따라서 우리가 마음을 쉬게 하고 생기 있게 하는 예화를 말하지 않고, 그들로 하여금 계속적으로 생각하기를 요구한다면 그들은 매우 피곤하게 될 것이다. 그러나 이곳저곳에서 좋은 예화들을 사용한다면, 그것은 마음을 쉬게 하는데 도움을 줄 것이다. 예화 없이 10분 설교하는 것보다, 예화를 잘 사용하여 2시간을 설교하는 편이 오히려 덜 피로를 줄 것이다.

실제로 예수께서도 이러한 방법을 사용하셨다. 비판에 관한 말씀을 하시면서 눈 속에 있는 티와 들보에 대하여 말씀하셨는데(마 7:1-5) 이것은 눈 속에 있는 들보가 있음으로 우스운 모습을 상상하게 하는 것이다. 또한 서기관과 바리새인의 의식을 지적하면서 하루살이는 걸러 내고 낙타를 삼키는 것과 같다고 하셨는데(마 23:23-24), 이것은 낙타가 목구멍으로 넘어가는 것을 상상만 해도 웃음이 절로 나오는 것이다. 이러한 면에서 예화는 청중들의 마음을 쉬게 하고 여유를 갖게 하는 것이다.

⑥ 어려운 문제나 사정을 건너가는 다리의 역할을 한다.

이따금 꼭 말해야 할 일이지만 직접적으로 말하기 곤란할 때가 있다. 그러한 때에 예화는 설교자를 도와준다. 사무엘하 12장 1절에서 나단이 어떠한 이유로써 다윗 왕에게 설교했는가를 참고하여 보면 알 수 있는 것이다. "네가 곧 그 사람이라."

⑦ 예화는 여러 계층의 청중에게 쉽게 성경을 들려줄 수 있는 방법이기도 하다.

예화는 그림과 같은 것이어서 각계각층의 청중들의 요구에 응하도록 도와주는 것이다. 특별히 어린아이에게 "무엇을 보니? 너는 읽을 수도 없을 터인데?"하고 누가 물으면 "그래도 그림은 볼 줄 알아요"하고 대답할 것이다.

회화적인 표현을 가능케 하는 것이 예화이다. 진리에 대해 이해하기 힘든 청중에게 그들의 수준에 맞게 진리를 설명하여 주는 것이다.

예화의 목적은 진리를 분명하게 밝혀 주고, 진리를 강조하며, 진리를 기억할 수 있도록 돕기도 하고, 설교를 재미있게 하기도 한다. 또한 청중들의 마음에 여유롭게 함으로 어려운 부분에서는 자연스럽게 넘어가도록 하는 다리 역할을 해야 한다. 그리고 예화는 여러 각계의 청중들에게 들려지도록 해야 하는 것이다.

(2) 예화의 필요성

우리 대부분의 설교자들은 주제 중심의 선언적인 설교(proclamational sermons)를 하게 마련이다. 설교 내용이 대개 단정이나 관념, 논의 등으로 이루어져 있는 것이다. 따라서 우리는 설교를 보다 분명하고 구체적으로 만들기 위해서는 그런 관념적인 내용에 영상적인 내용을 조화시킬 필요가 있다. 우리는 계속 영상적인 표현으로만 이야기할 수도 없기 때문에 설교에 예화가 필요한 것이다.

어떤 면에서는 청중들이 그 설교의 본문이나 제목 또는 전체적인 흐름을 잊어버릴 수가 있어도 가장 적절한 예화 한 가지는 잘 잊지 않는 것이다.[2] 이것은 그 예화가 바로 들어보면서 또한 보게 해주기 때문이다.[3]

예수님께서는 "너희들은 재물을 많이 가지고서 만족하지 말라"고만 하시지 않으시고 악한 농부의 이야기를 하시면서 이 메시지를 충분히 감동적으로 전달하신 것이다. 나단 선지자가 만일 다윗 왕에게 단도직입적으로 그의 악한 행실을 지적했더라면 과연 그 결과는 어떠했을까? 그러나 나단 선지자는 하나님의 지혜로 작은 새끼양의 이야기로써 다윗의 양심을 날카롭게 지적했던 것이다. 이러한 점에서 예화가 없는 메시지는 문이 없는 집과 같은 것이라는 점이 잘 맞아 떨어지는 것이다.

예화는 청중들이 날마다 접하는 일상생활의 이야기로서 조금만 묘사해 주더라도 즉시 그것을 보게 할 수 있으며 그 기억력과 양심을 자극시켜 그 그림 속의 인물로 만들어 행동하게 하는 것이다.

루터의 말대로 사도 바울의 단어들은 "죽은 것이 아니라 손과 발을 가진 살아 있는 것"이라고 말한 바와 같이 바울은 그의 서신에서 건축자, 농부, 운동선수, 군인들을 등장시킴으로써 전하고자 하는 메시지를 살아 있

---

2) William Evans, 「How to prepare Sermon」,Chicago: Moody Press,1964,p. 109.
3) John Killinger 「Fundamentals of Preaching」 Philadelphia: Fortress Press,
   1985, p. 105.

는 것으로 만들고 있는 것이다. 이런 점에서 볼 때 설교에서의 예화의 사용은 너무나 중요한 것이다.

3) 예화의 종류와 수집

(1) 예화의 종류

어떤 것들이 예화로 사용될 수 있는가? 성경의 사건들과 이야기, 시문, 실제 경험담, 최근 일어난 이야기, 적절한 질문, 소설의 인용문 등이 예화로 쓰일 수 있는데 그것들을 구분하면 다음과 같다.[4]

① 성경적인 예화

예화란 무엇인가? 예화는 전하는 내용에 새로운 빛을 가져와야하고 마음에 진리를 뚜렷하게 하고 청중으로 하여금 이해하기 어려운 것을 쉽게 이해력을 도울수 있도록 해야 한다. 예화는 메시지가 아니다. 그것은 메시지를 예증하는 것이다.

이런 면에서 예화는 다양하지만 성경적인 내용들을 효과적으로 밝혀 주는데 사용되기 위해서 성경에서 발굴한 예화는 단순하고 잘 알려진 내용이라서 추가로 설명이 필요 없는 것이어야 한다. 다음으로 성경에서 사용된 예화의 종류를 몇 가지로 나누어 볼 수 있다. (※ 설교예화 사용방법은 제13장에서 더욱 자세히 다룬다.)

(a) 비사(Figures of Speech)
비사는 문자적이고 자연적인 의미가 아닌 다른 어떤 뜻을 전달하는 단

---

4) L. Paul Lehman 「Effective Illustrations」.Grand Rapids: Kregel Publications, 1975, p. 9.

어나 구를 말한다. 비사에는 은유와 직유, 그리고 환유와 제유가 있다.

㉠ 은유(Metaphor)

수사법의 하나로서 사물의 본뜻을 숨기고 다만 겉으로 비유하는 화법인데 은유는 서로 성격이 다른 두 개의 사물을 비교하는 것이다. 이것은 분명하게 뜻을 밝히지 않고 암시만 해주는 것이다. 은유는 "A는 B이다"로써 A는 B와 같다는 뜻을 나타낸다. 예를 들면 "나는 벌레다"(시 22:6), "하나님은 우리의 반석이시다"(시 18:2)와 같은 것들이다.

모든 은유는 비교되는 두 가지 사이에서 기본적인 것은 같지 않으면서 어떤 기쁨이 어떻게 띠가 될 수 있는가? 그러나 띠가 하는 일이 옷을 붙들어 매어서 사람으로 활동할 수 있게 해 주는 것이라면 그 띠 안에서 힘과 안전함이 있는 셈이다. 이런 은유가 사용된 구절들은 다음과 같다(수 1:8, 왕하 7:2, 욥 13:25, 41:14, 시 109:29, 사 1:31, 마 26:26, 눅 11:39, 고후 5:1-4, 엡 1:18).

㉡ 직유(Simile)

수사법의 하나로서 직접 두 가지 사물을 비유하는 방법으로 직유에는 흔히 자연의 사물이 비교로 사용된다. 때로는 두 개의 동일한 사물이 각각 좋게도 사용되고 나쁘게도 사용된다. 호세아 6:4의 "너희의 인애가 쉬 없어지는 이슬 같도다"라고 이 말은 이슬의 짧은 수명을 인애에 비교한 것이다. 그러니까 불신실한 사랑을 이야기하고 있다. 이와는 반대로 호세아 14:5에서 하나님께서 "내가 이스라엘에게 이슬과 같으리니"라고 하셨다. 이것의 의미는 하나님께서 여기서 이슬을 식물에게 생명과 성장을 주는 좋은 것으로 여겨 말하고 있음을 알 수 있다. 이와 같이 직유 역시 그 정확한 의미는 문맥에 따라서 해석해야 한다.

㉢ 환유(Metonym)

수사법 가운데 비유법의 일종으로 이 환유는 어떤 개념을 그와 관련된 것에서 끌어낸 이름으로 표현하는 비사를 말한다. 이 때 낱말은 "원인과 결과"로 연결될 수 있으니 욥 34:6에서 "내 화살이 낫지 못하게 되었다"고 한 "화살"은 화살로 인하여 상한 상처를 가리키는 것이다. 또는 "무엇인가를 가르키고 있는 표시"일 수도 있으니, 계시록 3:7의 "다윗의 열쇠"에서 열쇠는 권위를 대신하고 있다. 이것에 관련된 다른 표현들은 다음과 같다(창 49:10, 슥 10:21, 잠 10:21, 렘 21:7,10, 호 1:2, 행 6:7, 11:23, 고전 10:21).

ㄹ 제유(Synecdoche)

제유는 일부를 전체로, 특수한 것을 일반적인 것으로 나타내는 방법이다. 예레미야 25:29절에 "내가 칼을 불러 세상의 모든 거민을 칠 것임이니라."고 하였다. 여기서 칼이라는 단수가 복수로 된 많은 칼들을 대표하고 있다. 한 개로 전체를 나타내고 있는 것이다. 이 제유는 문맥과 그 상황을 잘 짐작하여 해석해야 한다.

(b) 비유(Parable)

비유는 수사법의 하나로서 말뜻을 쉽고 빠르게 이해하고 그와 비슷한 다른 성질을 갖은것에 빗대어 뜻을 쉽고 명확하게 나타내는 것인데 이는 성경속의 영적 진리를 소중히 간직하고 있는 성경과 인간에 대한 하나님의 관계를 들어내어 주는 이야기라고 할 수 있다.

비유는 세 가지 요소를 지니고 있다. 즉 배경, 이야기, 적용이다. 그러나 예수님의 비유 중에는 배경이나 적용이 빠져 있거나 직접적으로 주어지지 않는 경우가 있다. 예를 들자면 선한 사마리아인의 비유는 율법사의 질문에 답한 것으로써 마지막에 메시지를 적용하셨다(눅 10:25-37). 마태 21:33-41의 포도원 주인의 비유는 권위에 대한 논쟁이 배경이며 심판의 경고가 적용이다. 마태 13-19과 누가 13:18-19의 씨뿌리는 자의 비유를 보면 처음의 것은 배경이 빠져 있고 두 번째 것은 배경과 적용이 다 생략되어 있다. 배경이나 적용이 이야기 문맥의 일부로 되어 있으면 그 비유의 해석은 쉬워진다. 그런데 양쪽 모두 또는 어느 한 쪽이 빠져 있을 때는 해석하기가 상당히 어려워진다.

예수님께 있어서 비유는 곧 삶의 언어였다. 청중들에게 새로운 진리를 가르치기 위하여 평범한 것들을 사용하셨다. 그리하여 예수님의 비유는 청중들의 가슴에 즉각적으로 날카롭게 와 닿았다.

ⓒ 풍유(Allegory)

신구약 성경에서 풍유는 자주 나오고 있다. 예수께서 비유를 자주 사용하신 반면에 풍유는 단지 몇 차례 사용하신 것과 같이 비유보다는 그 횟수가 적다. 비유는 직유를 확장시킨 반면에 이 풍유는 은유를 확장시킨 것이다. 말하자면 은유의 간단한 형식은 "A는 B이다"인데 풍유의 한 이야기나 묘사의 부분으로 연결되어 있는 A나 C나 E에 대하여 설명하면서 A는 B이고 C는 D이고 E는 F라고 말한다는 것이다.

그 밖에 이스라엘과 초기 그리스도 교회가 겪은 경험, 수천 명의 증언, 즉 탄식과 찬송과, 감사의 기도, 교리, 금언, 예배 등 이 모든 것들은 하나님과의 관계 속에 있는 인간 생활을 반영해 준다. 그러므로 그것들은 또한 하나님과의 관계 속에서의 우리의 삶을 보여주기 위해 이용될 수 있다. 따라서 성경적인 예화는 설교의 내용과 목적에 직접적인 효과를 거둘 수 있다는 이점이 있다.

그러나 성경은 권위가 있는 것이기 때문에 먼저 자기가 하고 싶은 주장을 하고, 성경을 예화와 자기 뒷받침 거리로 오용해서는 안 된다.)

② 자신이 경험한 사건들

개인적인 경험에서 예화를 구하기도 한다. 그러나 이것은 자주 사용해서는 안 되며, 사용하더라도 상당한 절제가 요구된다. 우리 자신이나 우리 가족들을 설교 메시지의 중심에 놓지 않기 위해서는 그런 유혹을 자기 수양으로써 극복해야만 한다.

자신이 직접 경험한 사건들을 예화로 말할 때에 힘이 있지만 다른 사람들에게서 취한 것들을 예화로 말할 때는 힘이 없는 법이다. 이러한 부류의 예화를 자신을 두드러지게 만들 수 있다는 것이다. 그러므로 자신을 끊임없이 경계할 필요가 있다. 그것에 대해 세심한 주의를 기울이지 않는다면 자신도 모르는 사이에 자기 자신을 과시하게 되고, 자신의 탁월함과 지혜와 성공을 자랑하게 될 것이다.

자기를 지칭할 때에는 자기를 내세우지 않는 듯이 보이는 "우리"라는 말보다는 직접 "저"라는 말이 좋다. 일인칭 단수가 꼭 자기 본위의 표현도 아니고, 1인칭 복수가 반드시 겸손한 것도 아니다. 중요한 것은 시적인 상상에 빠져들지 않도록 하는 것이다. 즉 사실 그 자체보다 그 사건에 대한 자기의 감정에 더 치우치지 말아야 하는 것이다.

자기의 경험에서 나온 예화는 힘이 있을 뿐만 아니라 적극적으로 예화를 찾도록 하는 동기를 마련하게 된다. 성경이나 자연에서의 느낌, 그리고 주변의 이야기들이 모두 개인적으로 예화를 얻을 수 있는 출처가 되는 것이다.

③ 역사

역사에 대하여 잘 알고 있는 사람은 드물다. 만일 우리가 역사 가운데서 사건들을 잘 취해 낼 수만 있다면 진리나 예화들을 매우 흥미 있고 교훈적이며 효과적이 될 것이다.

더구나 이것은 설교자에 대한 사람들의 신뢰를 일으키도록 하는데 기여를 하는 것이다. 확실성이 있는 역사에 대한 논증은 의심의 여지가 없는 논증 중의 하나이다.

예화의 자료로써 무시할 수 없는 것은 풍부한 교회의 역사이다. 우리에게는 인간이 하나님의 말씀과 씨름을 하고, 믿고, 느낀 2000년이라는 긴 역사가 있다. 성직자들, 순교자들, 평신도들의 삶, 특정한 교리에 대한 한 시대의 믿음, 선교 사업에 남겨진 이야기들, 찬송가, 설교, 교리 등 이 모든 자료들은 하나님께서 인간의 생활에 작용하신 모습들로 충만 되어 있으며, 무수한 비유와 창조적인 묘사의 원천이 된다.

④ 과학에서 나온 예화들

자연과학은 아름답고 암시적인 많은 예화들을 제공해 준다. 성경 진리에 대한 충격적이고도 인상적인 예화들은 천문학이나 식물학, 화학, 지리학, 물리, 그 밖의 자연과학들에게 찾아 볼 수 있다.

과학적인 자료를 사용함에 있어서 설교자는 그가 정확한가를 확인해야만 한다. 만일 설교자 자신이 수년 전에 과학을 공부한 것이라면 문제가 될 것이다. 그의 과학적인 지식은 제한되어 있을 뿐만 아니라 시대에 뒤떨어진 것이 될는 지도 모른다. 만일 그가 과학에 대한 오류에 빠져있다면 그는 아주 어리석은 사람이 될 것이며 예화의 효력은 상실되고 말 것이다.

과거에는 과학과 진리가 상충되는 형식으로 이해되고 평가되었던 것들을 이제 과학이 진리를 밝혀주고 진리가 과학을 증명해주는 예화들이 많아 설득이 있기 때문이다.

⑤ 전기와 자서전

전기와 자서전이 다른 하나의 좋은 설교 예화의 출처이다. 「성 어거스틴의 참회록」 을 위시한 유명 신앙인의 전기를 읽으면서 예화가 될 만한 토막 이야기를 메모해둘 필요가 있다. 일반사람의 전기도 물론 공감을 일으켰지만 역대 신앙인의 전기나 자서전 같은 것도 중요한 예화 자료가 될 것이다. 요즈음 소설화했거나 전기화한 예수전, 바울전 같은 것도 이 범주에서 새로운 통찰력을 제공해 줄 것이다.

⑥ 시(時)로부터 인용한 예화

시로부터의 적절한 인용은 종종 진리를 설명하고 확고히 하는데 도움을 준다. 시를 분류하여 인용한 좋은 서적들이 있으므로, 이러한 것들은 손쉽게 구할 수 있다.

그러나 한 설교에 두 세줄 이상의 시 구절을 포함시키는 일을 자주해서는 안 된다. 그것이 훌륭한 시대로, 회중들은 아마도 그 이상의 의미를 이해할 수가 없을 것이다. 왜냐하면, 회중들은 오직 한번만 들을 수 있을 뿐이기 때문이다. 훌륭하지 못한 시라면 비교적 이해하기 쉬울 것이지만, 그 대신 복음은 그 가치가 떨어진다. 장문보다는 간결한 내용이 언제나 예화를 이용하는 최선의 기준이 된다.

그 밖에 우리는 어느 구석에서나 일화, 목격담, 충격적인 이야기를 수집할 수가 있다. 사방팔방 어디에서나 복음 말씀에 구체성을 부여하고, 인간의 삶의 본질을 조명하며, 하나님의 말씀과 인간을 병행시켜 주는 비유들이 튀어나온다. 일간 신문, 잡지, 방송, 광고 등은 우리 신자들이 처한 사회적인 상황을 살펴보는데 얼마나 좋은 자료가 되겠는가?

의학, 지질학, 물리학, 자서전, 역사, 여행, 체육, 예술, 심리학, 인류학 등이 탐구해 낸 지식은 바로 그 자연 세계를 반영시켜 놓은 것들이다. 인간의 노력이 깃든 곳이면 어디에서나 인간의 노동에 대한 예화나 하나님의 창조의 일(works)에 대한 비유를 찾아낼 수 있는 법이다.

(2) 예화의 수집

예화를 어디서 어떻게 수집할 수 있는가? 손쉽게 구할 수 있는 예화집에 의존하는 것보다는 설교자 자신이 자기의 예화집을 만들어가야 한다. 그 예화의 출처도 무궁무진하다. 성경연구, 목회접촉, 독서계획 등이 모두 예화의 출처가 될 수 있다. 성경에서는 성경의 사건, 인물, 인간들의 만남, 그들의 대화, 이야기 줄거리가 모두 설교 예화로서 사용될 수 있는 것이다. 설교자마다 성경을 읽어가면서 자기 나름대로의 성경 예화 목록을 만들어야 산 예화가 될 수 있다. 다른 사람이 정리해 놓은 것이라도 몸소 다시 음미하고, 예화로써 적절한지 확인한 후에 정리하거나 사용해야 한다.

우리 자신이 예화를 수집하는 가장 좋은 방법은 하나님의 말씀과 인간 생활이 교류하는 가운데, 그 말씀과의 지속적인 대화를 하는 동안, 우리는 그 만남을 표현하는 데 도움이 되기 때문이다. 그 만남을 통해 얻어진 이미지, 비유, 속담, 인용문, 시, 일화, 유추 등을 메모하고 저장해 두어야 한다. 그런 자료를 수집하는데 기억에만 의지할 수는 없다. 말씀은 즉흥적인 형식으로 이야기하고 있다. 만일, 그것을 어떤 한 형식으로 기록해 두지 않는다면, 후에 그 내용을 파악하기는 극히 어려울 것이다. 성경의 모든 말씀은 결국 다음 세대를 위해 보존되기 위해서 기록해 두어야 한다.[5]

설교에 탁월하기를 추구하는 이는 결코 예화를 모으는 일에 소홀하거나 게을러서는 안 된다. 어떤 예화는 수년이 지난 후에야 겨우 사용되고 혹 아예 사용되지 못하는 수도 있지만, 개미처럼 다가올 '겨울'을 위해 부지런히 찾아 차곡차곡 저장해 두는 것이 현명한 길이다. 그와 같은 노력은 반드시 값을 지불한다.

가장 중요한 것은 예화 수집을 위해서 각자 개인적인 예화 수집 화일(File)을 갖는 것이다. 두 박스의 예화 화일을 가지고 하나는 가나다라... 순으로, 하나는 ABCD...순으로 분류할 수 있다. 예화 화일은 가정, 기적, 기도 등과 같이 가나다순으로 항목을 택하여 분류한다. 예화 수집은 예화집에서 뽑아낸 것보다는 신문, 잡지, 책 등을 읽다가 모은 것들도 가능하고 시사성이 있기 때문에 호소력이 더 강하다. 다른 사람의 설교를 듣다가도 아주 좋은 예화가 있으면 그것을 메모해 두었다 예화 화일에 모으도록 한다. 자신의 예화 화일을 가지고 있어야 한다. 요즈음 같은 시대에는 개인용 컴퓨터에 예화 전체를 주제별로 분류해 입력시켜 놓으면 필요할 때 아주 효과적으로 쉽게 뽑아 쓸 수가 있을 것이다.

4) 예화의 사용방법

(1) 설교에서 예화의 위치

예화와 설교의 관계는 창문과 건물과의 관계와도 같다고 흔히 말한다. 창문이 건물 안으로 빛을 끌어들이듯이 좋은 예화는 메시지를 더욱 선명

---

5) E. Achtemeier, 「Creative Preaching」. Nashville: Abingdon Press, 1981, pp.172-3

하게 해준다.

설교 안에 예화를 적절한 위치에 배치하기만 하면, 공간에 다양성을 부여할 수가 있을 것이다. 서술 형식으로 어떤 주제에 대해 설교해 가고 있다고 가정해 볼 때, 어느 순간 예화를 넣게 될 것이다. 즉, 그 주제를 영상이나 다른 표현을 빌려서 반복하게 된다. 그럼으로써 서술적 내용에는 구체성이 부여되고, 회중들은 그에 따라 그리스도 안에서 더 충실하게 살 수 있는 믿음을 얻게 된다. 그리고 회중들은 설교 내용을 더 전진시키기 전에 잠시 쉬면서 자신의 과거, 현재를 회상해 볼 수 있는 시간을 얻게 될 것이다.

예화는 빛, 무대의 각광, 문, 심지어는 낚시 바늘과도 비교되어 왔다. 예화의 다재다능함은 놀랍다. 예화가 청중들의 의식을 깨우고 관심을 집중시킬 수 있기 때문에 설교를 시작할 때나 요점을 말할 때 쓸모가 있다. 우리가 몇 시간에 걸쳐 준비한 요점들을 듣는 이들이 몇 분 안에 반드시 이해해야 한다. 전하고자 하는 내용을 명확하게 해 주고 부연 설명해 주는 예화를 들어 우리는 핵심개념을 지루하지 않게 해 주고 반복할 수가 있고 추상적인 신학 용어를 구체적이고 이해할 수 있는 진리로 바꿀 수가 있다. 믿지 않는 것을 호소할 때 아무도 거기에 반응을 보이지 않을 것이기 때문에 예화는 우리가 전하고자 하는 요점의 진실성과 관련성을 보이는 데 도움을 준다.[6]

예화는 감정과 지성과 의지의 장벽들을 꿰뚫을 수 있는 능력을 지녔기 때문에 듣는 이들의 마음에 배우고 적용하도록 만들 수가 있다. 그러나 어떤 예화가 무슨 기능을 발휘하든 말든 맡은 바 임무를 수행할 때, 제시하고 있는 진리를 왜곡하거나 대체하는 일이 없어야 한다.

설교에서 차지하는 예화의 가치를 "청중에게 흥미를 주고 또 능력(효과)있는 설교자가 될 수 있는 데는 예화의 힘보다 더 유력한 것이 없다."고까지 표현한다.

예화의 위치는 서론, 본론, 결론, 어디에서나 자리할 수가 있다. 그러나

---

6) 편집부, "어디서 예화를 찾을 수 있는가", 「그 말씀」 p. 143.

어느 자리에 가든지 주인공으로 자리를 잡아서는 안 된다. 주인공인 진리를 드러내기 위하여 반드시 위치해야만 한다. 예화는 이름 그대로 실례(實例)를 들어주는 역할만 해야 한다는 것이다. 그러므로 설교에 있어서 예화의 위치는 주종의 관계에서 반드시 종(從)의 관계에 위치해야만 한다. 설교의 중심에 좌정할 것을 성경 말씀인데 그 중심에 예화가 뚜렷이 앉아 있다면 그런 예화의 사용법은 결코 용납될 수 없는 것이다. 그리고 예화는 본론의 중간에 하나 끝부분에 하나씩 넣는 것이 가장 이상적일 것이다.

특별히 설교의 서론과 결론을 예화로써 시작하거나 끝낼 수도 있는데, 그런 경우에 사용할 예화는 좀 더 드라마틱한 내용의 것으로 사용하여야 한다. 예화는 설교의 내용을 보다 더 일반인들이 알아듣기 쉽게 만드는 방법의 하나로써 사용해야 하기 때문에 그것을 지나치게 사용하거나 적게 사용하지 말아야 한다.

세계적인 설교자인 스펄전도 "예화 없는 설교는 창 없는 집과 같은 것이다."라고 했고, 또 "예화는 마음의 방에 빛을 던져주는 것과 같은 것이다."라고 했다. 이와 같이 예화는 빛이며 빛이 드나드는 창이다.

(2) 설교에서 예화의 사용방법

① 적절한 예화를 사용하자.

예화(illustration)의 어원을 따른다면 예화는 핵심을 더욱 분명하게 해주는 것이어야 한다. 만일 예화가 논의하고 있는 요점을 더욱 잘 이해하는데 도움이 되지 못한다면, 또는 예화 자체가 분명치 못하다면 예화를 하지 않는 것이 좋다. 그렇지 않다면 예화는 회중의 관심을 설교의 사상에서 다른 곳으로 쏠리게만 할뿐이다. 그러나 적절한 때에 알맞게 한 예화는 본문의 진리를 분명하게 하며 회중의 관심을 유발시키는 효과적인 수단의 하나가 된다.

또한 막 설교를 듣고서 그 설교자에 대해 "만일 설교자의 설교가 내 게나 다른 사람에게 전혀 의심이 생기지 않았던 진리를 보조하기 위해 수많은 예화를 강요하지 않았더라면 그 설교는 아주 좋을 것을"이라고 말했다.

적절한 예화는 진리를 분명하게 밝혀 준다. 본문의 진리가 분명하게 소개되었다면 예화 사용을 자제하는 것이 좋다. 그러나 본문의 내용이 분명하지 않을 때의 예화 사용은 회중의 관심을 집중시킬 뿐만 아니라 진리를 분명하게 하는 효과가 있는 것이다.

② 신뢰 할 만한 예화만 사용하자.

지나친 예화는 목회자의 신용을 떨어뜨리고 설교자가 과장하기 좋아하며 쉽게 아무것이나 잘 믿는 단순한 인간이라는 인상을 회중에게 심어준다. 비록 어떤 사건이나 이야기가 진리라 하더라도 이런 저런 이유로 사실처럼 들리지 않는다면 설교자는 설교 시에 사용하지 않도록 특별히 유념해야 한다. 설교에 사용할 수 있는 예화는 현실에 맞는 것이어야 한다. 예화는 어디를 보나 사실이어야 한며 실재성이 있어야 한다.

때로는 믿기 어려운 사실들이 예화로 적합할 때도 있다. 특히 그 예화가 과학의 영역이나 자연의 역사에서부터 나온 것일 때와 자신의 말의 정확성을 입증할 수 있는 적합한 증거를 제시할 수 있을 때에 그렇다.[7]

이 말은 곧 예화를 이용하는 경우에 진실을 잊어서는 안 된다는 뜻이다. 설교자들을 때때로 이야기가 설교에 잘 맞도록 의도적으로 꾸미고 싶은 유혹을 느끼기도 한다. 또한 이따금 우리는 다른 사람들이 겪은 사건을 마치 자신이 겪은 것처럼 이야기하기도 한다. 그런 식으로 사실을 각색하는 일은 결코 진실을 전할 수가 없다. 그것은 우리 자신의 믿음을 성숙시키는데 장애가 되며, 따라서 결국에는 복음에 대한 우리의 증거를 약화시키고 만다.

③ 간단하고 명료한 예화를 사용하자.

설교 메시지의 의미를 흐려놓을 만큼 예화를 눈에 띄게 해서는 안 된다. 왜냐하면 주요 목적은 단지 메시지를 분명하게 하는데 있기 때문이다. 따

---

7) Ibid., 235.

라서 일반적으로 볼 때 예화는 길어서는 안 된다. 사실상 몇 마디 그림을 그리는 듯한 문장이 수백 마디의 자세한 표현보다 훨씬 더 효과적이다. 그러나 만일 설교의 한 부분에서 긴 예화를 들 필요가 있다면 다른 부분에서는 최소 한 다른 예화들을 줄이는 것이 현명하다.[8]

예화의 성격뿐 아니라 설교 한 편에 사용되는 예화의 수도 신중하게 생각해야 한다. 예화를 너무 많이 사용하는 목회자는 "이야기꾼"이란 별명을 듣게 될 것이다. 설교에서 차지하는 예화의 비율에 대해서는 보통 한 대지에 한 예화 정도면 충분하지 않겠느냐는 것이 중론(衆論)이다. 때로는 한 대지 아래 하나 이상의 예화를 드는 것이 바람직할 때도 있다. 그러나 서너 대지로 나누어진 설교에서 모든 예화를, 예를 들어 첫째 대지 아래서 다룬다면 이것은 예화 사용의 불균형임이 분명하다.[9]

예화가 한 줄이나 두 줄 이상이 될 때는 그러한 예를 두 개 연결해서 사용하지 말라. 두 번째 일화는 아껴 두었다가 다른 설교 때 활용하라. 하나님은 가능한 모든 자료를 바랄 것이라는 사실을 잘 알고 계신다. 그러므로 그 자료들은 모두 한 번에 실어 보낼 필요는 없다는 것이다. 한 예화의 뒤에 곧바로 이어지는 예화는 설교의 진행을 방해하는 것이다. 그것은 또한 회중들의 마음속에 상충되는 이미지를 갖게 해 줄 위험도 있다. 그런 마음의 갈등은 두 예화의 효과를 헛되게 만들어 버릴 수가 있다.

④ 예화 선택에 신중을 기울여야 한다.

만일 지나치게 가공적이면 그 부자연성이 청중의 관심을 설교보다도 예화 자체에 끌리게 하며 설교의 사상을 도와주지 못하고 오히려 방해가 되고 만다. 설교할 때 무분별하게 예화를 사용해서는 안 된다. 기괴한 예화, 조잡한 예화, 괴상한 예화는 결코 사용해서는 안 된다. 설교자가 이런 예화를 사용하면 경솔하다든지, 통속적이라든지, 얄팍하다는 비평을 받기 쉬운데, 이런 결점은 복음을 섬기는 사역자들에게는 결코 있어서는 안 되

---

8) Ibid. p.236.
9) Ibid. p.237.

는 것들이다.

예화는 청중들이 듣고 바로 이해할 수 있고 파악할 수 있는 것이라야 한다. 만일 예화가 어려우면 청중의 관심은 그 예화로 설명하려는 설교의 요점보다도 예화 자체에 끌리고 말 것이다. 예화들은 설교의 주요한 부분을 더욱 명백하게 볼 수 있게 하는 것이 되어야 하지, 예화 자체를 분명하게 나타내 보이는 것이 되어서는 안 된다.

우리에게 한 가지 취미가 있다고 해도 그것을 언제나 예화의 소재로 삼는 일은 좋지 않다. 회중들 중에는 상당수가 우리의 취미에 대해 전혀 흥미가 없을 수가 있다. 우리는 사도 바울의 말씀을 인용한다면, 예화를 이용할 때 다음과 같은 목적이 있어야 한다. "약한 자들에게는 네게 약한 자와 같이 된 것은 약한 자들을 얻고자 함이요, 여러 사람에게는 내가 여러 모양이 된 것은 아무쪼록 몇몇 사람들을 구원코자 함이니"(고전 9:22)그러나 너무 많은 예화를 사용하지 않아야 한다. 잘못하면 청중을 설교하고 있는 본 문제에서 먼 곳으로 끌어가고 말게 한다.

⑤ 대화체를 사용하라.

그러나 사투리는 절제해서 사용하라. 사투리를 자연스럽고 신중하게 사용할 수 있는 사람은 거의 없다. 흉내 내는 것은 오히려 웃음을 자아내고 다른 사람이나 집단에 폐를 끼치게 되고 결국 좋지 않은 인상을 주게 된다. 대부분의 겨우 정상적인 언어와 태도로 말하는 것이 훨씬 효과적이다.

때때로 예화를 말함으로써 설교를 시작할 수 있는데 이런 방법으로써 우리는 맨 처음에 청중들의 관심과 흥미를 이끌 수가 있고, 설교를 끝마칠 때에 예화를 말함으로써 진리를 굳게 새겨두는데 도움을 줄 수 있을 뿐만 아니라 마음을 감동시키는데도 기여를 할 수 있다.

효과적인 예화 사용에 관해 다음과 같이 간단하고 세심하게 지적해 볼

---

10) 최요셉,"좋은 자료를 위해 매주 20시간씩 읽고 발굴한다",「월간목회」 1994. 6월호, pp.126-7.

수가 있다.[10] ① 사실에 근거하고 출처가 확실한 예화. ② 역사의 인물과 사건들 – 청중이 그 이름을 아는 인물이 더 좋다. ③ 음악, 문학, 스포츠 등의 일화들. ④ 시사성 있는 이야기 – 최근 소식에서 재미있거나 교훈이 되는 것. ⑤ 살아있는 증인의 이야기. ⑥ 긴 이야기를 다하면 역효과, 그날의 설교방향에 관련되는 부분만 짧게 끊어서 인용. ⑦ 설교자 자신의 이야기는 극히 조심스럽게, 절대 과장하지 말라. ⑧ 설교자의 식물, 동물, 자연, 인간관계 등에 대한 직접적 관찰에서 인용하면 효과적이다. ⑨ 흥미를 유발하는 유우모이야기는 설교의 주제 및 흐름에서 벗어나지 않게 짧을수록 좋다. ⑩ 신학자 목사의 말이나 글을 인용하는 경우가 많으나 현대인들은 오히려 심리학자, 의사, 예술가, 정치가, 기업인, 운동선수 코치 등의 말을 인용할 때 주의력이 커진다.

또한 예화 사용을 잘하기 위해서는 ① 예화를 잘 사용하도록 항상 생각하라. ② 예화를 주의해서 항상 찾아보라. ③ 예화를 적을 수 있는 메모지나 수첩을 항상 휴대하라. ④ 예화를 잘 사용하는 유명한 설교자에 대해서 연구하라. ⑤ 예화를 발굴하여 우선 어린아이들에게 이야기하여 주는 습관을 길러야 한다. ⑥ 성경의 예화만 좋다고 생각하는 고정 관념을 버려야 한다. ⑦ 예화는 가능하면 생활주변에서 찾으라. ⑧ 설교의 내용이 개념을 설명하는 것이면 예화를 다양하게 쓰고, 복음 전도의 목적이면 효과적으로 한두 개를 사용함이 좋은 것이다.[11]

그러므로 회중의 관심을 유발시킬 수 있고 믿을 만한 예화를 사용함으로 극도의 효과를 얻을 수 있어야 한다. 예화 선택에 신중을 기하고 예화 사용에 있어서는 간단하면서 다양한 예화를 사용하는 것이 바람직하다.

5) 설교에서 예화사용의 주의점

---

11) 박주원, "효과적인 예화사용" 「월간목회」, 1991.2월호, p. 144.

어떤 설교자는 예화를 단순히 장식물로써 이용하기도 한다. 그러한 예화는 설교 내용의 이해를 도와주는데 아무런 도움이 못된다. 오히려 설교자가 그런 이야기를 하는 동안에 회중들에게 부담만 지우게 되면, 설교의 흐름이 어색하게 끊겨 버리는 결과를 초래하게 된다.

설교자 중에는 안타깝게도 자신의 박학다식이나, 지위를 과시하기 위해 예화를 이용하는 사람들도 있다. 목사들에게 있어서 흔히 장애가 되는 한 요소는 그들 자신의 자만심이다. 또한 예화는 강제적인 어조로 청중들에게 강권되거나 강요되어서는 안 된다. 사실상, 예화 자료의 이점 중의 하나는 그것이 말하는 사람과 그리고 그 결과를 듣는 사람들까지도 편안하게 해 준다는 것이다. 의심할 여지없이, 설교의 다른 부분이 다 잊혀진 이후에는 예화는 기억에 남는 비유는 그것들이 이야기하듯이 전달되었기 때문에, 청중들이 마음의 벽을 허물고 정말로 주목했던 탓이다. 설교에서 예화를 잘 사용하기 위해서는 다음과 같은 주의 점들이 있다.

(1) 예화가 진정으로 필요할 때에만 사용해야 한다.

예화는 설교를 채우는 물건이 아니며 단순히 설교 본문을 아름답게 만들기 위해서 사용하는 것이 되어서는 안 된다. 만일 예화가 이 두 목적 중 어느 한 목적을 위해서 사용된다면 그 예화는 장애물이다. 예화를 사용할 때는 명확한 이유가 없어서는 안 되면 만일 그렇지 못한다면 사용해서는 안 된다.

한 번에 하나의 예화만 사용함으로 본문을 더욱 값지게 하고 예화의 낭비를 막게 된다. 더욱이 두 개 이상의 예화가 반복될 때 본문이 예화에 치우치기 때문이다.

청중이 예화를 오랫동안 기억하기 때문에 설교자가 주의해야 될 것 같은 예화를 반복해서 사용하길 피해야겠다는 것이다. 아주 좋은 예화라면 한 번쯤 더 사용해도 청중이 양해를 할지 모르겠지만, 같은 예화를 계속 반복해서 사용하는 습관을 갖게 되면 청중은, "피! 또 저 얘기야! 한번 들으면

백 번째 듣는데!"라는 식으로 과민 반응을 보이게 될 것이고, 설교자는 청중으로부터 신뢰감을 얻지 못하게 될 것이다. 청중에게 같은 예화를 재탕, 삼탕해서 들려주지 않으려면 설교자는 새로운 예화의 발굴에 상당한 주의와 관심을 가져야 한다.

진정 필요할 때에 사용하는 예화는 효과가 있다. 그러나 같은 내용을 가진 예화를 반복하여 사용하게 되면 본문의 내용을 부정적으로 만드는 요인이 될 수 있기 때문에 주의해야 한다.

(2) 예화는 본문과 자연스럽게 조화가 이루어지는 것이 좋다.

설교자는 아주 중요하게 엄숙한 과업을 가지고 있다. 중요한 과업을 중지하고 인간을 구원하는데 도움이 되지 않는 이야기를 말 할 시간은 없다. 설교의 제목을 밝히 전개시키지 않거나 목적달성에 필요 없는 것은 절대로 설교에 넣어서는 안 된다.

아무리 좋은 예화라 하여도 피해야 한다. 설교의 내용을 떠나게 되면 주객(主客)이 뒤바뀌게 된다. 이것은 장식을 위하여 집을 세우는 일이 되기 때문이다.

(3) 예화는 사실에 적용이 되어야 한다.

예화를 이용하는데 있어서 제기되는 의문으로는 그 예화로써 회중들이 성경 말씀에 일체감을 느끼도록 도움이 되고 있는가 하는 문제이다. 훌륭한 예화는 회중들에게 그 성경 내용이 그들의 삶에 관한 것이라는 사실을 밝혀 줌으로써 설교 시작에서부터 회중들을 사로잡을 수도 있다. 그런 후에 예화를 더 이용하면 말씀의 핵심을 아주 명백히 밝혀 주고, 그 구체적인 의미를 회중들의 마음속에 영상화시킴으로써 그 설교 시간 내내 회중들의 관심을 붙잡을 수가 있다.

그러므로 일반적으로 예화는 단순히 낭독되어서는 안 된다. 설교와 마찬가지로 강단에서 그냥 낭독되는 예화는 그 의미를 상실하기 마련이다. 따라서 예화를 인용할 때는 설교자는 회중에게 정확하게 전달할 수 있을 만큼 자세한 것들까지도 아는지를 확인해 보아야 한다. 만일 설교자가 중요한 부분을 한두 군데 잊어버리거나 빠뜨린다면 예화는 결국 망치게 되는 것이다. 예화를 충실하게 전달하기 위해서는 정확성이 요구된다.

(4) 예화는 간단해야 한다.

예화는 잔소리가 아니고 설교 내용의 한 부분이기 때문이다. 주님께서 사용하신 예화는 단순하고 쉽게 이해할 수 있는 것들이었다. 어린 아이들조차도 이해할 수 있는 것이었다. 스테인드 글라스로 장식된 창문과 같이 박식한 지식을 총동원한 예화는 빛을 끌어들일 수가 없다. 그러나 예수께서는 모든 예화를 통하여 빛이 가득 넘치게 하셨다.

예화는 그 자체로 곧 바로 뜻이 분명하게 드러나야만 한다. 그렇지 못한 예화는 인용해서는 안 된다. 또한 영화와 책, 또는 그와 비슷한 자료에서 어떤 일례를 들 경우 만일 그 전후 맥락에 대해 자세히 설명해야만 한다면, 그런 일례를 이용해서는 안 된다. 예화는 그 자체로써 뜻이 자명하게 밝혀져야 하기 때문이다.

일단 말하고 났으면, 예화는 그대로 두어야 한다. 만약 그 예화가 목적에 부합했다면 좋다. 그러나 만약 그렇지 못했다고 하더라도 치유되거나 보상될 수는 없다. 그것은 다른 내용을 설명해 주는 것이기 때문에 그 자체에 대한 설명은 필요 없다. 그것은 요점이 아니고 요점을 도와주는 내용이기 때문에 그것을 적용할 필요도 없다.

그러므로 설교자는 간단한 예화를 사용하고 내용 자체가 분명히 드러나는 예화를 사용하여야 한다.

(5) 긍정적인 진리에 부정적인 예화를 사용하지 말라.

예수님께서는 나다나엘을 보셨을 때 "보라 이는 참 이스라엘 사람이다."라고 긍정적으로 좋은 접촉점을 얻으셨다. 제자를 선택할 때 좋은 예화가 된다.

또한 사도 바울은 당시 종교와 철학에 대한 강한 자긍심을 가진 아덴에서 바울은 적절하게 그들의 철학적 관심을 유도하여 하나님과 예수에 대해 소개할 수 있는 근거를 마련하기도 했다.

(6) 자료의 사용에 대하여

자료의 사용에 대해서 어떻게 다루어야 할 것인가? 첫째로, 인용을 최소한으로 줄여야 한다. 이는 회중이 설교자 자신의 말을 들을 때만큼 다른 사람의 글을 읽어 주는 것에 대하여 감정적으로나 지적으로 깊이 빠져들지 않는다. 둘째로, 만약 차용되는 자료의 무게가 그 저자의 명성이나 권위에 실제로 의존하는 경우에는, 그 자료와 함께 그 사람의 이름, 그리고 그 자료의 완전한 출처를 소개해야 한다. 셋째로, 자료의 힘이 그 내용에 있을 때에는 단지 누군가 다른 사람의 것이라고만 말을 해도 충분하다.

예화가 설교에서 사용될 수 없는 것은 인종이나 종교상의 비방을 담은 이야기나, 어떤 특정 민족의 방언으로 전하는 이야기는 그리스도의 하나의 몸 안에 자리를 함께 할 수 없는 것들이다. 센세이셔널하거나, 소문의 기미가 있는 실례나 외설적이거나 흥미 위주의 예화는 하나님의 사랑의 복음을 전해 주는 도구가 될 자격이 없는 것들이다. 설교가 자신의 정치, 경제적인 편견에서 나온 성경과 관계없는 이야기도 역시 마찬가지다.

그밖에도 예화 자체가 설교의 기본 골격을 이룰 정도로 하나님의 말씀을 분명하게 밝혀 주는 그런 사건이나 시, 인용문을 찾을 때도 있다. 이런 예화는 위험한 것이다. 그 예화가 성경 내용을 분명하게 드러내 주고, 우리가 말씀을 받아들일 수 있도록 해줌으로, 결국 설교는 그 예화로부터가 아니라, 성경 내용으로부터 나오는 것이라면, 그런 예화를 사용하는 것이 부당할 수는 없다. 그러나 위험한 것은 그 예화를 살리기 위해서 성경 내용을 왜곡할 수도 있다는 사실을 늘 염두에 두고 조심해야 한다.

이렇듯 한 예화는 그 사용에 있어서 주의해야 할 점이 있다. 훌륭한 예화는 성경의 메시지에 인성을 불어넣어 줌으로써, 주저하는 마음을 지닌 사람들에게 그 핵심적인 의미를 깊이 인식시킬 수가 있고, 말씀에 대한 회중들의 반응의 분위기를 파악하여, 그 설교가 제기한 믿음을 외치며, 사람들의 입에서, "아멘, 그렇습니다!"라고 하는 말이 터져 나올 수 있게 할 수도 있다.

또한 설교자 자신이 회중들과 함께 성경 말씀을 대하는 만남을 통해서 얻은 선명한 신앙적 경험과 감동적인 표현만이 설교에 도움을 준다. 그런 직접적인 만남을 대처해 줄 수 있는 것은 스스로 찾고 생각해 낸 것이어야 한다.

『설교자와 설교를 듣는 회중의
프레임(frame)은 오직 믿음입니다』

서양 동화에 나오는 '핑크대왕 퍼시' 왕은 핑크색을 광적으로 좋아했다. 그래서 그는 자신이 입고 있는 옷부터 궁전의 모든 것을 핑크색으로 칠하게 했다. 하지만 여전히 만족스럽지는 못했다. 왜냐하면 궁전 밖으로 나가면 핑크색 아닌 것이 너무 많았기 때문이다. 그는 왕의 권력을 이용해서 백성들에게 보이는 것마다 핑크색으로 바꾸라고 명령했다.

도로와 집과 동물들도 핑크색으로 바꿨다. 주위의 모든 것이 핑크색으로 바꿔지니까 왕은 기분이 좋았다. 그런데 절대 핑크색으로 바꿀 수 없는 것이 있었다. 그것은 푸른 하늘이었다. 그는 푸른 하늘을 볼 때마다 화가 났다. 불평하면서 어떻게 하늘까지도 핑크색으로 칠할지 조언을 얻으려고 스승을 찾아갔다. 그랬더니 스승이 해결책 하나를 주었는데 그것은 핑크색 안경이었다. 스승의 말대로 핑크 대왕이 핑크색 안경을 끼고 세상을 보니까 하늘도 핑크색이 되었고, 모든 것이 다 신기하게 핑크색으로 바뀌었다.

이러한 구조를 바꾸는 행위를 우리는 영어로 프레임(frame)이라고 한다. 즉 "창틀 혹은 틀 또는 구조" 라고 한다. 성경은 이러한 프레임을 "믿음"이라고 했다. 성경은 믿음으로 읽고 믿음으로 순종을 해야 한다. "살전2:13에 하나님의 말씀을 받을 때에는 사람의 말로 아니하고 하나님의 말씀으로 받음이니 이 말씀이 또한 너희 믿는 자 속에서 역사를 하느니라" 라고 말씀을 하고 있기 때문이다. 그래서 설교자와 설교를 듣는 회중의 프레임(frame)은 믿음이다. 설교자는 믿음으로 설교하고 회중은 믿음으로 설교를 들어야 하기 때문이다.

- 著者의 辯 -

▌제14장

설교와 강단

설교는 (1) 설교자가, (2) 강단에서, (3) 하나님의 말씀을, (4) 청중에게, (5) 체계적으로 전하여 생명의 양식이 되게 하는 것이라고 밝힌바 있다. 이 다섯 가지 요소 가운데 하나라도 도외시하면 안 된다. 따라서 강단의 중요성을 역설하지 않을 수 없다. 설교자나 청중이 없으면 설교가 성립될 수 없음과 같이, 강단을 배제하고서는 설교(설교학)를 이야기 할 수가 없다.

1) 설교와 관련된 강단의 성경적 이해

강단은 설교의 자리 매김에 매우 중요한 위치를 차지한다. 여기서 말하는 강단은 교회당 건물의 핵심인 예배실 (sanctuary)가운데 특히, 거룩한 장소로 구별되게 전면에 노여 있는 강대상을 지칭하지마는 않는다. 강단의 개념에 말씀을 전하는 설교단(pulpit) 그 이상의 의미가 내포되어 있기 때문이다.[1]

이 강단은 보이는 것만이 아니라 오히려 보이지 않는 영적인 요소로서 살아 계신 하나님의 말씀과 더불어 모든 예배의 중심으로 이해되어야 한

---

1) 고재수, 「구속사적 설교의실재」 서울:기독교문서선교회, 1987, p. 349.

다. 특히 강단은 말씀 선포를 위한 성별된 장소이기에 설교와 불가분의 관계를 맺고 있음을 알아야 한다. 은혜의 수단인 말씀과 더불어 성례전이 베풀어지는 곳임도 몰라서는 안 된다. 말씀과 성례는 특별은혜의 기구이며 수단이다.

(1) 구약시대의 성전과 제단

구약시대는 회막 혹은 성막 그리고 성전이 중심이 되어 하나님을 섬겼다. 이곳은 성소와 지성소가 구별되고 성소 안에 제단(altar)이 있다. 이 제단은 하나님께 갖가지 제물을 드리는 제사가 핵심을 이룬다. 이 제사는 하나님과 수직적인 관계를 맺는 유일한 방편이다.

이 제사를 하나님이 흠향하시고 친히 임재하시어 말씀도 하신다. 말씀을 받은 사람들은 그 말씀을 백성들에게 전한다.

출 25:22 "거기서 내가 너와 만나고 속죄소 위 곧 증거 궤 위에 있는 두 그룹 사이에서 내가 이스라엘 자손 을 위하여 네게 명할 모든 일을 네게 이르리라"

출 33:9 "모세가 회막에 들어갈 때에 구름 기둥이 내려 회막 문에 서며 여호와께서 모세와 말씀하시니" 11"사람이 그 친구와 이야기함 같이 여호와께서는 모세와 대면하여 말씀 하시며..."

왕상 9:3 "저에게 이르시되 네가 내 앞에서 기도하며 간구함을 내가 들었은즉 네가 건축한 이 전을 거룩하게 구별하여 나의 이름을 영원히 그곳에 두며 나의 눈과 나의 마음이 항상 거기 있으리라"

(2) 회당의 출현과 설교

회당은 성전과 그 개념이 근본적으로 다르다. 성전은 제사장이 하나님께 제사 드리는 제단(altar)이 중심을 이룬다. 그러나 회당에는 랍비가 있어서 말씀을 가르친다.

> 마 4:23 "예수께서 온 갈릴리에 두루 다니사 저희 회당에서 가르치시며 천국 복음을 전파 하시며 백성 중에 모든 병과 모든 약한 것을 고치시니"
> 마 13:54 "고향으로 돌아가서 저희 회당에서 가르치시니 저희가 놀라 가로되 이 사람의 이 지혜와 이런 능력이 어디서 났느뇨"
> 눅 4:44 "갈릴리 여러 회장에서 전도 하시더라"
> 행 9:22 "즉시로 회당에서 예수의 하나님의 아들이심을 전파하니"
> 행 13:5 "살라미에 이르러 하나님의 말씀을 유대인의 여러 회당에서 전할 새 요한을 수종자로 두었더라"
> 행 19:8 "바울이 회당에 들어가 석 달 동안을 담대히 하나님 나라에 대하여 강론하며 권면하되"

(3) 신약시대의 교회와 강단

예수님 스스로 자신의 몸을 성전이라고(요2:21)하셨다. 마 16:18에 내가 반석위에 내 교회를 세우리니, 예수님은 하나님이 택하신 성별된 무리를 위하여 교회(에클레시아)를 세우셨다. 교회는 성전 건물을 가르키는 동시에 그리스도의 몸과 성도의 몸을 성전으로 상징했다.(고전 3:16)

성전(율법) 시대를 마감하고 교회(복음/은혜) 시대를 새롭게 여는 과정에서 회당은 예배생활의 근본적인 변화에 따른 충격과 율법주의자들의 도전을 완화시켜주는 완충 역할을 감당하였다.

성전에서는 제사장이 중심이 된다. 엄격한 제사제도에 의해 하나님께 제사를 드린다. 이 제사에는 아무나 참여하지 못한다. 성전출입 자체가 제한되기 때문이다. 이와는 달리 회당은 랍비가 주된 임무를 감당한다. 또한, 여성들과 이방인들까지도 출입이 자유롭다. 랍비는 때(특히 안식일)를 따라 율법 책을 읽고 그 뜻을 설파하고 그 내용을 자세히 풀어 가르친다.

요 1:17 "율법은 모세로 말미암아 주신 것이요 은혜와 진리는 예수 그리스도로 말미암아 온 것이라"

행 11:25 "바나바가 사울을 찾으러 다소에 가서"

행 11: 26 "만나매 안디옥에 데리고 와서 둘이 교회에 일년간 모여 있어 큰 무리를 가르쳤고 제자들이 안디옥에서 비로소 그리스도인이라 일컬음을 받게 되었더라"

행 9:31 "그리하여 온 유대와 갈릴리와 사마리아 교회가 평안하여 든든히 서고 주를 경외함과 성령의 위로로 진행하여 수가 더 많아지니라"

고전 4:17 "이를 인하여 내가 주 안에서 내 사랑하고 신실한 아들 디모데를 너희에게 보내었느니 저가 너희로 하여금 그리스도 예수 안에서 나의 행사 곧 내가 각처 각 교회에서 가르치는 것을 생각나게 하리라"

계 2:7 "귀 있는 자는 성령이 교회들에게 하시는 말씀을 들을 지니라"

딤전 3:15 "이 집은 살아 계신 하나님의 교회요 진리의 기둥과 터 이니라"

2) 강단과 설교자의 영적 권위

설교자에게는 영적권위가 부여되어 있다. 이 권위는 실로 대단한 것이다. 말씀을 가르치는 성령의 은사적인 직임과 더불어 하나님이 주신 것이다. 구약 시대의 예언자에 버금가는 권위가 주어졌다.

벧전 1:21 "예언은 언제든지 사람의 뜻으로 낸 것이 아니요 오직 성령의 감동하심을 입은 사람들이 하나님께 받아 말한 것이니라"

이 말씀과 같이 예언자들은 하나님께로부터 직접 받아 말씀을 전했다. 그렇지만, 오늘날 설교자는 기록되어진 하나님의 말씀을 전하는 사람이다. 비록 기록된 말씀을 전하더라도 매우 고귀한 직임이다. 말씀을 전하는 직책은 가장 소중한 성령의 은사를 받아야만 비로소 감당할 수 있기 때문이다.

(1) 말씀의 권위와 강단의 권위

강단의 권위는 말씀의 권위에서 비롯된다. 이러므로, 강단의 권위와 말씀의 권위가 동일시된다. 하나님의 말씀이 절대적인 까닭에 강단 또한 절대성을 지닌다. 강단은 하나님의 말씀을 전하는 곳이기에 다른 곳과 구별된다. 강단에 서면 두렵고 떨리는 마음으로 말씀을 대언해야만 한다. 이곳은 거룩한 곳이기에 아무나 함부로 설 수가 없다. 만일, 누가 강단에서 하나님의 말씀을 올바로 전달하지 못한다면 강단의 권위를 격하시키는 결과를 초래한다.

(2) 강단의 권위와 설교자의 권위

강단은 예배와 더불어 설교를 표현하는 대명사이기도 하다. 강단의 권위가 말씀의 권위에서 비롯되듯 설교자의 권위 역시 강단의 권위에 기인하며 이는 곧 말씀의 권위와 직결된다. 이 말씀을 대언하는 일은 아무나 하는 것이 아니다. 이러므로 강단 권은 말씀을 전하는 설교자의 생명과도 같다.

목사의 은사적 직임이 성직인 이유는 은혜의 방편인 말씀을 선포하고 또한 성례를 집례할 특권을 부여받았기 때문이다. 따라서 여기에 권위가 부여된다.

3) 말씀이 증거 되는 강단

구약시대의 성전은 제단이 구심점을 이룬다. 따라서 제사를 위주로 하는 제단의 기능이 강화되었다. 제단과 제사를 동일시하기에, 제단은 곧 제사의 개념을 떠올린다. 그런데 신약시대는 이 성전이 교회로 바뀌었다. 따라서 제단이 강단으로 그리고 율법에 의한 제사가 복음으로 교체되었다.

(1) 강단의 핵심

이러므로 복음이 위주가 된 은혜시대는 구약적인 제단(altar)이 아닌, 말씀이 증거 되는 강단(pulpit)이 예배에 핵심을 이룬다. 따라서 강단은 말씀 전달의 대명사로 집약된다. 오늘날 교회에서 흔히 사용하는 말 가운데 제단이란 용어가 있다. 이것은 다분히 구약적인 제사의 개념이 내포되어 있다. 물론 구약의 성전도 만민이 기도하는 집으로 묘사되고 있다 (사 56:7).

(2) 강단과 말씀

감옥에 갇혀 있던 사도들을 밤중에 이끌어낸 주의 사자가 와서 이끌어내며 "가서 성전에 서서 이 생명의 말씀을 다 백성에게 말하라"(행 5:20)고 분부하였다. 사도들은 곧 새벽에 성전으로 달려가 말씀을 전했다.

율법에 의한 제사보다 복음에 따른 은혜의 말씀이 강조되는 강단의 개념이 새롭게 인식되어야 한다. 즉, 강단과 말씀을 동일시하는 가운데, 말씀이 더욱 강조되며 이 말씀이 신앙생활의 기초가 되도록 해야만 한다. 동시에 말씀이 올바로 전해지도록 강단(설교)을 강화해야 한다.

(3) 강단과 성찬

은혜의 수단으로서의 말씀은 성찬을 통해 복음의 깊이를 더한다. 이러므로 강단을 논할 때 말씀과 더불어 성찬을 결부시켜 생각하지 않을 수가 없다. 그렇다면 강단의 권위 역시 말씀과 성찬에서 비롯된다.

예수님은 말씀이 육신이 되셨다(요 1:14). 이리하여 예수님의 몸은 말씀을 내포한 영생을 위한 참된 양식이다. 아울러 예수님이 십자가에 못 박혀 흘리신 피는 참된 음료이다. 이에 대한 예수님의 말씀을 들어보자.

"예수께서 이르시되 내가 진실로 너희에게 이르노니 인자의 살을 먹지 아니하고 인자의 피를 마시지 아니하면 너희 속에 생명이 없느니라 내

살을 먹고 내 피를 마시는 자는 영생을 가졌고 마지막 날에 내가 그를 다시 살리리니 내 살을 참된 양식이요 내 피는 참된 음료로다 내 살을 먹고 내 피를 마시는 자는 내 안에 거하고 나도 그 안에 거하나니"(요 6:53-56)

4) 예배의 종류와 특성에 따른 강단

본문이 설교의 기본이 되는 것과 같이 예배는 설교의 모체로서의 연관성이 있다.

설교가 곧 예배는 아니다. 하지만 예배에 있어서 설교가 차지하는 비중은 매우 크다. 설교가 예배에 미치는 영향 때문이다.

(1) 예배와 설교

예배 없이 설교만 있어서는 안 되듯이, 설교 없이는 하나님께 드려지는 예배의 의미가 축소될 수밖에 없다. 설교는 곧 하나님의 말씀을 전하는 것이며 청중의 입장에서는 생명의 양식으로 말씀을 받는 일이다.

설교를 정말 잘하면 청중은 자연이 은혜를 받는다. 말씀으로 은혜를 끼치면 예배가 살아나고 동시에 예배의 의미도 상승된다. 이와는 반대로, 설교가 도무지 신통하지 못하여 지루하기만 하면 예배가 시시하게 느껴진다.

예배와 설교는 밀접한 관계가 있다. 일반적으로 예배하면 설교를 설교하면 예배를 머리에 떠올린다. "예배는 더 나은 설교에, 설교는 더 나은 예배에 공헌할 것이 기대되고 있다." 개드먼(W. H. Cadman)은 다음과 같은 말을 하였다. "그리스도교의 예배는 곧 하나님의 말씀과 그것에 대한 복종의 응답이다." 이것은 곧 예배를 계시에 대한 응답 곧 하나님의 말씀에 대한 인간의 응답으로 보는 기본적인 신학의 요약일 뿐 아니라, 또한 예배에

---

2) William D. 「Thompsom,Preaching Biblically, Exegesis and Interpretation」. Nashville: Abingdon,1981,p.10

있어서의 말씀의 중심성을 강조하는 것이다.[2]

예배의 원천인 하나님의 말씀은 예배 행위의 외적 형식이 아니라, 그 말씀이 바로 예배의 본질이다. 이것이 예배 의식에 대한 종교 개혁의 기본적 원리이다.

(2) 예배의 종류에 따른 메시지

예배와 밀접한 관계가 있는 설교는 예배의 특성이나 종류 그리고 그 예배를 주관하는 예배의 주체 혹은 설교의 대상인 청중이 누구냐에 따라서 메시지의 내용과 강종하려는 초점이 다양해질 수 있다.

예배의 종류는 예배의 특수한 목적이나 교회력에 의해 따른 분류된다. 예배의 종류는 불가불 예배의 주제와 연관성을 맺게 된다. 따라서 예배의 특성과 목적을 주제와 관련시켜야 할 필요성이 있다. 아울러 설교의 내용 역시 그 예배의 주제나 목적이 맞춰야만 한다.

예를 들면 교회에 일꾼을 세우는 임직 예배라든지 선교사를 파송하는 예배를 드릴 경우에 당연히 그 예배의 주제에 맞춰서 메시지를 전해야한다. 만일 그렇지 않고 예배의 주제와 전혀 무관한 엉뚱한 내용의 메시지를 전한다면 그 설교자 때문에 자칫 예배의 목적과 의의를 그릇 칠 수도 있다. 예배의 성격과 메시지 선택은 일치 시켜야한다.

(3) 특별한 절기와 예배의 메시지

교회력에 의해 교회는 특별한 절기 (Special seasons and occasions)를 맞아 예배를 드린다. 이때는 큰 잔치 (the great festivals of christian celebration)와 더불어 성대하게 주일 예배에 꽃을 피운다. 예를 들면 대강절 크리스마스 종려주일 부활절 오순절 감사절 그리고 개교회가 정한 기념주일 등이다.

설교자는 이에 걸맞게 말씀을 전하기 위해 노력한다. 성도들 역시 특별한 메시지를 기대한다. 그런가 하면 전체 교인들과 더불어, 주일학교 학생회 청년회 여전도회 등 여러 부서에서 특별한 순서를 마련하고 다 함께 예배와 잔치를 빛낸다. 이런 가운데 사람들이 위주가 되지 않고 성령이 역사하여 하나님을 기쁘시게 하도록 유의해야한다.

5) 신앙생활의 구심점인 강단

예배의 중심은 강단이다. 따라서 이 예배는 교회의 구심점이다. 교회는 그리스도의 몸이다. 그리고 이 교회는 하나님 나라의 모형이며 지체된 성도들의 모임이다.

이러므로 강단은 성도들의 공동체인 하나님 나라의 구심점도 된다.

강단은 목회자의 권위와 사명이 결부되어 있는 곳 일뿐만 아니라. 모든 성도들의 신앙과 생활의 구심점이기도 한다. 강단에서 흘러나오는 생수를 마셔야 하고 그 강에서 선포되는 말씀에 의해 살기 때문이다. 이러므로 강단이 기름지면 성도들의 신앙도 활력을 얻고 삶에 생동감이 넘친다. 그러나 강단에 메마르면 성도들의 영성도 쇠약해진다.

이러므로 목회자는 강단이 살아나게 해야 한다. 은혜의 생수가 펑펑 솟아나게 해야 한다. 영의 양식인 기름진 만나로 가득 채워야 한다. 성도들은 강단을 쳐다보고 살아간다. 예배와 더불어 강단에 기대를 걸고 교회로 찾아온다. 즉 예배를 드리기 위해서이기도 하거니와 말씀을 사모하기에 교회로 달려온다는 말이다.

강단에서는 신앙생활의 지침을 위한 하나님의 말씀이 전해져야 한다. 신앙생활의 구심점으로서의 강단에 문제가 없어야 한다. 참으로 강단은 중요하다. 목회의 생명이 달려있기 때문이다.

『말 주변(籌辨) 능력이
늘 부족했던 사도 바울이지만은』

　　"고린도후서 10:10그의 편지에는 무게가 있고 힘이 있으나 그가 몸으로 대할 때 에는 약하고 그 말도 시원하지 않다 하니" 고린도후서 11:6에 이에 사도 바울 스스로가 "내가 비록 말에는 졸(拙)하나 지식에는 그렇지 아니하니"라.고 했다. 한문에 졸(拙)이란 단어는 헬라 원어에 이디오스(ιδιωσ) 즉 문외한(門外漢) 사람이란 단어에서 파생된 단어로서 이디오데스(ιδιωτησ)는 "재주가 없다 서투르다 언어를 구사하는 기술이 없다"라 는 뜻이다. 사도바울은 외모로는 외소하고 약해보이며 언어구사 능력도 시원치 않았을 뿐만 아니라 형편없었다. 이렇게 사도 바울의 언어 구사 능력에 대하여 신체적 선행조건이 잘 갖추어진 사람은 아니었다.

　　그러나 사도바울은 루스드라(Lystra)에서의 (행14:15-17)설교 도중 앉은뱅이를 일으키는 기적을 행하는 등, 루스드라(Lystra)에서의 설교에 바나바는 제우스라 하고 바울을 헤르메스 (Ερμής)라고 했다 "헤르메스(Hermes)"란 당대 헬라 최고의 신인 제우스(Zeus)와 마이어(Myer)사이에 태어난 막내아들 웅변과 지식에 신을 지칭하는 말로서 사도바울을 "웅변과 지식의 신으로" 루스드라 사람들은 불렀다 그만큼 바울은 설교에는 말에 대한 주변능력이 신체적으로 부족하고 어눌한 사람이 였지만 성령의 능력으로 신적인 존재로 불리도록 감동과 변화를 일으키는 바울의 설교의 능력을 볼 수가 있다.

　　결국은 설교는 사람이 하지만 설교의 완성은 성령이 이루신다는 것이다. 설교를 하는 설교자는 나 자신 이지만 설교를 완성케 하여 회중들에게 변화와 감동을 주는 이는 성령 즉 보혜사이시기 때문이다.

　　　　　　　　　　　　　　　　　　　　　　　　　　- 著者의 辯 -

제15장

설교와 멀티미디어

1) 교회와 예배

(1) 교회의 본질

Hans Küng은 교회의 본질은 세 가지로 말하고 있다. 즉 교회는 하나님의 백성이며, 성령의 피조물이고, 그리스도의 몸이라는 것이다. John Calvin은 그의 교회론에서 신자의 어머니와 같은 교회, 그리스도의 몸으로서의 교회, 가시적 교회와 불가시적 교회를 말하고 있다. 성령의 능력 안에 있는 교회라는 책에서, 교회의 본질을 역사 속에 있는 교회, 예수 그리스도의 교회, 하나님 나라의 교회, 성령의 현재 안에 있는 교회, 성령의 능력 안에 있는 교회 등으로 설명하고 있다.

그리고 Karl Barth는 교회를 총체적 그리스도의 존재 사건으로 보았다. 이런 뜻에서 전적 그리스도의 사건은 공동체 형성을 이루게 한 존재적 근거이며 그 내용이다. Karl Rahner는 미래의 교회를 열린 교회, 일치하는 교회, 아래로부터의 교회, 민주화된 교회, 사회비판의 교회로 보고 있다. 예배의 공동체로서의 교회의 본질은 예배의 있다. 그는 교회 존재 목적에 대해 예배를 통하여 하나님께 영광을 돌리기 위함이라고 말한다. 그리고 이러한 예배의 완전성이 실현되는 교회만이 하나님의 참된 백성이 되

어 교회의 존재 가치를 알리게 된다고 기술하였다.[1]

개혁교회의 중심적인 신앙 지침서였던 제 2 스위스 신앙고백은 예배를 목적으로 하는 교회를 예배 공동체로 규정하며, "교회란 그리스도를 통하여 주어진 은혜의 동참자들이 말씀과 성령에 의하여 예수 그리스도 안에서 참 하나님을 바르게 알고 예배하는 무리들의 공동체"라고 정의한다. 이러한 정의는 예배 공동체로서 교회에 대한 정의라고 볼 수 있다. 따라서 교회는 하나님을 예배하기 위한 것이다.

교회의 가장 중요한 사명은 예배이다. 예수님은 "두 세 사람이 내 이름으로 모이는 곳에는 나도 그들 중에 있느니라"(마 18:20)라고 말하였다. 또한 하나님은 신령과 진정으로 예배하는 자들을 찾으신다(요 4:23-4)라고 가르치셨다. 교회는 성도들로 하여금 이 예배를 통하여 하나님을 영화롭게 하며 그를 기뻐하는 행위로 예배하는 삶을 살아가도록 이끈다. 여기에 하나님의 백성으로서 존재의 의미가 계속된다. 그래서 교회의 주된 사명은 하나님의 백성들이 온 정성과 힘을 다하여 하나님께 예배하는 일이다. 예배하는 일을 게을리 할 때 교회는 그 본질을 상실하게 된다. 본질을 상실한 교회는 이미 교회가 아니다. 예수님은 구원받은 성도의 모임 뿐 아니라 구원받은 성도 한 사람 한 사람을 교회라 말씀하셨다. 교회된 성도는 모일 때 뿐 아니라 있는 곳에서 하나님을 예배하는 일에 언제나 온 힘을 다해야 한다.

(2) 예배의 의미

예배는 앵글로 색슨어인 weorthscipe에서 유래된 현대어이다. 그 단어가 worthship으로, 또 worship으로 발전하게 되었다. 그 뜻은 어떤 대상에게 '가치를 부여하는 것'이다. 즉 하나님께 예배를 드린다는 것은 하나님께 최고의 가치를 부여하는 것이다. 왜냐하면 오직 하나님만이 그럴만한 가치

---

1) C. K. Barrett, 「Biblical Problems and Preaching」 Philadelphia : Fortress Press, 1965. P. 246

가 있으시기 때문이다.[2]

독일어 단어의 예배 'Gottesdienst' 는 하나님께서 사람에게 봉사한다는 의미와 사람이 하나님께 봉사한다는 이중적 의미가 내포되어 있다. 이 개념과 아주 가까운 영어의 용어는 'liturgy'이다. 'liturgy'는 신앙의 공동체가 그들의 신앙을 공중 예배를 통하여 표현하는 근본적으로 외향적인 표현 형식으로 나타낸다.

그러므로 봉사라는 개념은 예배를 이해하는데 있어서 근본이 된다.[3] Alan J. Kay는 "예배는 하나님의 속성과 행위에 대한 사람의 응답이다."라고 말하고 있으나, C. E. Cranfield는 기독교 예배에 대하여 "성경 전체를 통하여 볼 때, 진정한 예배는 하나님에 의해 시작된다."라고 강조한다. 인간은 하나님의 실재라는 근거 위에서 히브리서 11:6에서 "하나님께 나아가는 자는 반드시 그가 계신 것...을 믿어야 할지니라"고 밝힌 것처럼 예배를 통해 하나님께로 나아갈 수 있다. 그리고 "하나님이 자기에게 말할 수 있다는 것을 믿지 않는 사람은 하나님께 말할 수 없다."고 말함을 알아야 한다. 예배는 오직 하나님이 존재하신다는 믿음이 있을 때에만 가능한 것이다.

예배는 기독교인에게 있어서 삶의 중요한 부분 중의 하나이다. 신실한 그리스도인은 참된 예배를 통하여 하나님을 인지한다. 그리고 예배를 통해 하나님을 만나고, 하나님의 은총을 경험하게 된다. 또한 그리스도인은 예배를 통하여 자기 자신의 참 모습을 발견하는 것이다. 하나님 앞에 어떠한 모습으로 결단해야 할지를 깨닫게 된다. 또한 하나님의 자녀요, 형제인 이웃을 신앙 안에서 스스로를 새롭게 발견한다. 이렇게 예배를 통하여 좋은 그리스도인으로 점점 더 성숙되어져 간다. 성도는 삶 속에서 하나님을 인정하는 삶을 살아야 한다. 하나님의 위대하심과 전지전능하심을 인정해야 한다. 그렇게 할 때 성도는 삶 속에서 하나님을 예배하게 된다.

---

2) Ibid. p .21.
3) Ibid. p. 32.

2) 미디어와 멀티미디어

(1) 미디어와 멀티미디어

인간은 사회적인 동물이기 때문에 어떤 사건에 대한 지식이나, 어떤 사실에 대한 생각을 주고받으려고 한다. 그리고 멀리 떨어져 있는 사람들과도 이러한 의사소통을 실현하려는 욕구가 강해짐에 따라 이에 필요한 도구들을 개발하여 왔다. 의사를 소통하고 정보를 교환하기 위한 매체들은 인간의 역사 속에서 계속 발전해 왔다. Marshall Macluhan의 "미디어는 메시지다." 라는 말이 미디어 커뮤니케이션 사회 도래에 대한 예고가 되었다. 그리고 Alvin Toffler의 The Third Wave 「제 3의 물결」 에서 볼 수 있듯이 현대인은 지금 다양한 정보의 홍수 속에서 살고 있으며, 산업 사회에서 정보 사회로 변화되어 왔다. 이러한 변화의 중심에 의사소통 기술이 있다. 즉 21세기를 살아가고 있는 사람은 미디어로 뒤덮인 전자적 세계 속에서 살고 있으며, 미디어로 호흡하고 있다고 해도 지나치지 않을 정도다. 미디어는 이제 현대인의 삶의 중요한 요소로 자리를 잡고 있다.

미디어를 발전하는 정의에 따라 분류하면 세계는 지금 대인 미디어(interpreter Media)와 매스미디어(mass media), 그리고 뉴 미디어(new media)시대를 지나서 멀티미디어(multi media)의 시대에 살고 있다. 멀티미디어는 새로운 기계이거나 한 가지 미디어의 추가 정도가 아니라 훨씬 높고 넓은 차원이다. 이를테면 우리는 지금 정보 전달의 수단이 바뀌어 초저지연, 초고속, 초연결성 즉 5G로 5th generation mobile communication의 시대속에 산다. 이 5G 기술이 세계에서 제일의 아이티 국가이다.

멀티미디어는 1989년에 등장하기 시작하여 1990년부터 보편화되기 시작하였다. 멀티미디어 기술은 이제 현대인의 삶에 밀접하게 들어와 있다. 멀티미디어의 사전적 의미는 '여러 가지 매체' 또는 '다중매체'이다. 즉 멀티미디어(multi media)란 'multi'와 'media'의 합성어로 '다중매체' 혹은 '복합매체'란 뜻이다. 멀티미디어는 영상이나 음성, 문자 등 이질적인 정보

형태를 하나의 매체를 통해 통합적으로 처리할 수 있는 미디어 혹은 미디어 환경이다.[4] 이는 영상에 관한, 전송에 관한, 소리에 관한 기술들이 한데 모여서 일정한 정보를 일대 다자간에 전달하고 다자 대 다자간에 대화하고자 하는 목적을 지향하여 활용되는 것이 멀티미디어다.

멀티미디어란 지금까지 존재했던 기존의 미디어들 즉 음성, 문자, 영상, 데이터 등의 복합적인 정보 데이터를 컴퓨터와 같은 하나의 환경 아래서 소프트웨어적으로 결합하여 분석, 가공, 저장, 전송할 수 있는 미디어를 말한다. 즉 텍스트, 그래픽, 오디오, 이미지, 애니메이션, 비디오 등의 다양한 표현 매체를 단일의 컴퓨터 논리체계 안에서 통합 통제하여 제시할 수 있는 것이다. 이는 사용자와 다양하게 상호 작용하는 면을 지니고 있으며, 멀티미디어는 창조하고 저장하고 전달하며 문자검색, 그래픽, 그리고 정보의 청각적 네트워크를 하는 컴퓨터에 의한 상호작용적 의사소통체계라고 하겠다.[5]

멀티미디어는 '5G의 기술 혁명'을 통해 등장한 컴퓨터와 인터넷 통신의 발전으로 가능해 졌다. 새로운 기술은 각종 정보를 입·출력하고, 압축하여 저장하고 처리하며, 그리고 압축된 자료를 통신하는 기술을 진일보시켰다. 이처럼 매 시대마다 각기 적절한 의사소통 수단이 발전되어 왔으며, 그것이 사회와 인간에게 미치는 영향력은 갈수록 증대되어 왔다.

미디어를 통한 의사소통 기술은 21세기를 살고 있는 사람의 생각 뿐 아니라 생각하는 방법까지도 변화시켰다. 인간의 환경과 삶을 바꿀 뿐만 아니라 이제는 인간마저도 바꾸는 영향력을 끼치면서 사회 변화의 핵심 변수로 자리 잡고 있다.

5G 시대를 살아가는 사람들에게 있어서 멀티미디어는 하나의 사회적 강요가 되어가고 있다. 멀티미디어 시대는 몇 가지 중요한 특징을 지니고 있다.

---

4) 김영석 「디지털 미디어와 사회」 서울: 나남출판, 2000, p. 39.
5) 임상규 「멀티미디어의 시대의 예배 멀티미디어의 설교」 서울: 정금, 2004, pp.17-18.

첫 번째는 정보의 다양한 처리로서 영상, 문자, 음악 및 음성 등 다양한 정보형태를 복합적으로 처리할 수 있는 특징을 가진다.

두 번째는 쌍방향적 의사소통으로 모든 의사소통 체계가 일방적이 아니라 쌍방향적인 체계로 바뀐다. 지금까지의 미디어는 송신자 중심의 일방적인 것이었으나 멀티미디어는 송신자와 수신자의 상호 작용에 의하여 이루어진다.

세 번째는 가상현실(virtual reality)로 멀티미디어는 가상현실 기술까지 발전하고 있다. 사람이 일상생활에서 얻는 정보는 시청각이나 촉각 또는 후각 등 오감을 통해서 얻는다.

네 번째는 디지털화(digitalization), 영상화(visualization)이다. 디지털 방식으로서의 전환은 아날로그(analogue)방식의 기존 미디어와는 달리 문자, 그래픽, 영상, 음성 등의 다양한 정보를 컴퓨터로 처리하여 이들을 동시에 자유롭게 이용할 수 있다. 그리고 마지막으로 통합성이다. 멀티미디어는 서로 다른 종류의 정보를 합성하는 통합성을 가진다. 이제는 멀티미디어 기술의 도입으로 하나의 소프트웨어나 프로그램, 하나의 기기로 서너 가지 종류의 정보를 동시에 기억하고 조작할 수 있게 되었다.

멀티미디어 시대의 청중들의 특징을 세 가지로 말을 할 수가 있다. 첫째, 멀티미디어 시대의 청중은 '시각적인 세대(visual generation)'이다. 시각적인 세대의 청중은 어떠한 아이디어나 개념이 아니라 이미지나 이야기를 통해 전달되면 아주 쉽게 이해하게 된다. 둘째, 멀티미디어 시대의 청중은 정보를 바이트(byte)나 인상(impression)에 의하여 받는다. 셋째, 멀티미디어 시대의 청중은 즐겁게 되기를 원한다. 감각 세대라고 할 수 있다.

이와 같이 현대 시대의 청중들은 기본적으로 이전 세대와는 전혀 다른 유형을 요구하고 있는 청중들이다. 멀티미디어 시대는 인간의 삶 자체가 정보를 떠나서는 영위될 수 없는 사회라고 할 수 있다. 즉 멀티미디어가 삶의 기본 양식과 삶의 질까지도 결정하게 되는 사회가 될 것이다. 또한 "이성적인 논리에 따라 설명하고 배우던 세대에서 이제는 보고 들으며, 느낌을 통해서 배우는 영상 세대로의 전환이 이루어지고 있는 것입니다." 그러므로 한국교회는 멀티미디어 시대의 특징을 이해하면서 메시지의 수용 형태에 대한 심각한 고려를 통하여 현대인과의 의사소통이 일어나는 설교를 해야 함을 주장한다.

지금 이러한 멀티미디어의 기술 속에서, 인간의 시각과 청각은 물론 후각과 미각과 촉각까지도 동시에 사용할 수 있을 뿐만 아니라, 쌍방향 의사소통이 이루어지는 효과를 지금 한국에서는 사용중에 있다.

이러한 매체들은 그대로 종교 활동의 매체로도 활용이 되기 시작했다. 하지만 교회는 이러한 변화가 주는 영향에서 크게 벗어나지 않고 있다. 뿐만 아니라 이에 대한 논의나 대안을 마련하고자 하는 노력도 부족하다. 다행히 최근에 디지털 정보 사회의 정보 영상, 이미지 시대에 적절한 대응을 모색하는 과정에서 다양한 미디어를 교회의 예배, 교육, 선교, 문화 등에 이미 활용이 되고 있는 추세이다.

특히 전통적인 예배의 한계로 영상과 미디어를 활용한 예배의 유형 변화를 모색하는 과정과 디지털 네트워크의 감성적이고 영상세대에게 대한 멀티미디어를 활용한 교육에서 미디어의 적극적인 수용 태도를 발견할 수 있다. 특히 예배, 설교, 교육, 문화에서 미디어를 적극적으로 활용하고 도입되고 확산되고 있다. 즉, 문자보다 영상을 선호하는 세대의 등장으로 인해서 다기능적인 멀티미디어에 대한 관심이 증가하고 이를 교회 사역에 활용하는 것은 불가피한 것으로 인식하는 것이 확산되고 있다.

그렇다면 멀티미디어에 대한 어떠한 신학적 이해를 가져야 하는가? 이에 대한 신학적 이해는 필요한 것인가?

신학적인 관점에서 멀티미디어에 대한 이해를 해보면 멀티미디어는 하나님께서 이 시대를 사는 교회에게 내려주신 기회요, 은혜요 선물이다.

멀티미디어가 교회에 주는 부정적인 요소도 많이 있다. 그러나 긍정적인 요소도 있다. 교회는 멀티미디어를 사용하므로 복음을 세상에 '더 넓게, 더 빠르게' 전할 수 있게 되었다. 어떻게 사용하고 활용하느냐에 따라 복음의 전파 속도가 변하게 되었음을 의미하는 것이다.

멀티미디어 자체가 구원이 아님은 분명하다. 그러나 구원의 사역을 위한 귀중한 도구임에는 틀림없다. 초대 교회의 복음은 로마의 군사 도로를 따라서 전 세계로 퍼졌다. 바울은 로마의 군사 도로와 뱃길을 다라서 전도 여행을 했다. 로마 제국을 통해서 복음은 빠른 속도로 퍼지게 되었다. 또한 종교 개혁자들은 인쇄술을 이용해 성경을 대중의 손에 쥐어줌으로써 교회의 개혁을 가속화 할 수 있었다. 이 인쇄술이 멀티미디어로 바뀌어 가고 있고 이미 많은 부분에서 바뀌었다.

멀티미디어는 새로운 기독교의 변화를 요구한다. 이러한 변화에 대해 "멀티미디어를 교회의 매체로 수용할 때 신학적 인식론과 해석학의 대변혁은 필연적"이라고 한다. 왜냐하면 "멀티미디어의 선택은 단순히 복음 전달을 중립적으로 가능하게 해 주는 '도구'의 활용 차원이 아니라 신학적 '해석'에 대한 문제까지 연결되어 있기 때문"이라는 것이다.

Macluhan은 그의 책 Understanding Media 「미디어의 이해」에서 "미디어는 메시지이다."라는 말을 한다. 이 말은 미디어에 따라 메시지가 달라질 수 있다는 말이다. 이것을 바꾸어 말하면 전달 방법에 따라 복음의 내용이 달라질 수 있고, 그래서 전달 방법이 복음의 내용을 결정할 수 있다는 말이다.[6]

기본적인 메시지 전달 수단인 언어 역시 훈련되지 않았을 때 전달자의 의도와는 상관없는 전혀 별개의 뜻이 전달될 수 있다. 그렇게 때문에 메시지를 전달하고 하는 사람은 언제나 메시지 전달에 앞서 신학적 해석이 있어야 한다. 이렇게 신학적 해석의 과정을 거쳐 정돈된 복음의 메시지가 전달될 때 그 복음은 예수님이 전한 복음에 더욱 근접하게 된다.

(2) 한국교회와 멀티미디어

한국교회는 선교 2세기라는 비교적 짧은 시간 내에 선교 사상 유래를 찾아 볼 수 있을 정도의 양적 성장을 이루어 세계에서 가장 큰 50개 교회

---

6) 이태원, 「교육 현장개혁을 위한 교육방법론 고찰」 "기독교사상"1993.11.p. 21

중에서 23개 교회를 한국교회가 차지하고 있다. 또한 세계에서 가장 큰 교회로 10위 안에 드는 교회가 7개나 될 정도로 초대형 교회가 등장했다. 교회의 양적 팽창에 따라 교회의 행정 조직은 관료화 및 형식화 현상을 보이고 있다.

이로 인해 교회는 하나의 신앙 공동체로서 서로의 영혼의 갈급함을 채워 주고 '서로를 돌보고 서로의 소유를 나누는 것'(행 2:44-45)보다는 교회의 확장과 그에 다른 물량주의적 증가에 관심을 갖게 되었다.

한국교회는 세계 어느 교회보다도 뜨거운 열정을 가지고 있다. 한국교회는 주당 최고를 자랑하는 예배의 횟수, 교회마다 각기 다른 형태의 다양한 예배, 그리고 이 예배에 참석하는 인원 등 예배의 르네상스 시대를 지나왔다. 한국교회 최고의 부흥기라 할 수 있는 1980년대 한국교회 예배의 특징을 살펴보면, 한국교회의 회중들은 기도원 영성을 가지고 있으며 모두 같은 성경과 같은 찬송가를 사용하고, 전도의 중요성과 복음주의적 분위기가 강조되고, 말씀 형식의 예배라는 것이다.

이를 바탕으로 세계 최고의 영성과 예배 분위기 속에서도 1990년대에 들어서면서 마이너스 성장을 하게 된 원인은 문화에 대한 교회의 부적절한 대응, 교회의 신축성이 결여된 전통과 구조 및 교회의 분열문제, 교회 지도력 결핍, 영성의 부족 등에 있는 것으로 나타났다. 한국교회는 이러한 문제를 인식하고 해결을 위한 실마리를 찾기 시작했다.

근세에 와서 한국교회 병리학은 교회의 아홉가지 질병을 말하고 있다.[7] 인구감소 증세, 고령화 증세(old age), 상호호해 증세(people blindness), 친교과잉 증세(koinonitis), 열정감퇴증세(St. John's syndrome), 시설협소 증세 (sociological), 지도력긴장 증세(leadership tention), 영적발전제한 증세(arrested spiritual development), 협동과잉 증세(hyper-corporativism)가 그것이다. 그리고 예배의 문제점에 대해서는 설교가 예배의 전부로 생각되어지는 예배, 잘못된 심성적 요소가 혼합된 예배, 세대 차이

---

7) 명성훈 「당신의 교회를 진단하라」 서울: 교회성장연구소, 1996, pp. 50-55.

에 무감각한 예배, 예배의 주체가 상실된 예배, 삶이 분리된 예배 등을 지적하고 있다. 이런 예배의 문제점은 한국교회에 그대로 나타났다.

한국교회의 위기는 예배의 위기이며, 의사소통의 위기에서 그 원인을 찾아 볼 수 있다. 하나님과 회중과의 의사소통의 회복은 설교자와 회중과의 의사소통의 회복에서 비롯되며, 이를 통한 예배의 회복에서 그 위기 극복의 방안을 찾을 수 있다. 현대 한국교회는 예배를 통한사람 대 사람, 하나님과 회중 사이의 의사소통의 회복이 필요하다.

예배의 본질은 언제나 변함이 없으나 예배드리는 행위를 나타내 보여주는 형태는 문화의 틀을 가질 수밖에 없다. 예배는 본질적인 요소들을 존속시키면서 지역에 따라, 시대에 따라, 문화에 따라, 그 표현하는 방식들을 달리하면서 발전해 왔다. 그러므로 예배의 역사는 곧 '제의' 와 '문화'사이와의 교류였다고 주장한다. 이것은 곧 예배는 문화라고 해도 지나치지 않을 정도로 예배와 문화는 불과분의 관계에 놓여 있음을 알 수 있다.

(3) 한국교회의 예배 유형의 변화

1980년대 이전까지 일반적으로 한국교회의 주일 예배의 모습을 요약하면 다음과 같다. 첫째, 기도원 영성을 지니고 있다. 주일 예배에서는 느끼지 못할 수도 있으나, 대부분의 회중들은 그 열심과 진지함을 지니고 있는 것이다. 두 번째는 모든 교회가 같은 성경, 같은 찬송가를 사용하고 있다. 이는 교단을 초월한 연합 집회 등을 가능하게 했다. 세 번째는 전도를 지향하는 복음주의적 분위기이다. 그리고 마지막으로 말씀 중심의 예배이다. 설교를 듣기 위한 예배라고 할 수 있을 만큼 말씀 중심적이다.[8] 이러한 한국교회의 예배는 앉아서 듣기만 하는 예배의 성격을 띤다. 한국 교회의 예배는 예배 시간의 절반 이상이 설교이고, 회중은 이 설교를 듣기만 하기 때문에 회중의 입장에서 보면 대단히 수동적인 참여를 할 수 밖에 없었다.

---

8) 김세광 「예배와 현대문화」 서울: 대한기독교서회. 2005.p.197

한국교회는 처음 미국교회로부터 기독교 신앙과 신학을 전수 받아 형성되었다. 한국교회는 최근까지도 그 영향을 받고 있는데, 좋은 영향도 많이 받았지만 부정적인 영향으로 인해서 때로는 신앙적, 신학적인 몸살을 앓아온 부분들이 적지 않음을 부정할 수 없다.

미국교회는 강력한 기독교적 유산을 가지고 있는 나라임에도 불구하고 1990년 이후 계속하여 교세가 감소되어 왔다는 것은 주목할 만한 일이다. 그리고 그런 가운데서도 일부 교회들은 꾸준히 성장, 급성장을 나타내는 현상을 보여 왔다는 것 역시 주목할 만하다.

1960년대 이후에는 진보적인 교단의 설립이나 오순절교회의 시작 등 교회의 변화로 시작된 예배 변화가 1980년대로 들어오면서 거의 모든 교회의 예배에 변화가 일어나기 시작했다. 각 신학교에도 예배학 교수들에 의해 세계 교회의 예배학이 번역되어 소개되기 시작했다. 각 국가의 기독교 지도자들은 교단을 초월해서 성경시대와 초대교회의 예배 연구의 필요성, 말씀과 성찬의 균형 등을 강조했다. 이러한 발전은 크게 두 가지로 분석할 수 있다. 하나는 예전화이고, 또 다른 하나는 축제적 활성화이다. 특히 축제적 활성화는 예배와 찬양, 성령의 은혜를 통한 구도자 예배 혹은 열린 예배, 멀티미디어 예배, 은사적 예배 등 다양한 예배 형식을 가지며 발전해 왔다.

3) 미디어 활용에 다른 예배의 유형

멀티미디어 예배는 예배라는 본질 속에서 본질을 훼손하지 않고 더 잘 드러나도록 멀티미디어가 예배 속에서 사용되어지는 것을 의미한다. 이를 위해서는 앞에서 언급한 교회와 예배의 본질에 대해 선이해가 있어야 한다. 선이해가 없을 경우 멀티미디어 예배는 예배가 아닌 하나의 보여주기 위한 프로그램에 지나지 않는다.

(1) 중계방송식 예배

중계방송식 예배란 예배 실이 크거나 기둥 등으로 인해 설교자의 얼굴이 보이질 않거나, 예배 실에 들어갈 수 없어 다른 장소의 보조 예배 실에서 예배를 드리는 경우 사용된다. 또 다른 장소에 준비된 예배 실에서 모니터나 화면을 통해 예배 실황을 중계함으로 설교자의 모습과 목소리를 어느 곳에서나 보고 들을 수 있도록 하는 것이다. 이는 건물의 약점을 보완하거나 공간의 확장을 꾀하는 기능을 한다고 볼 수 있다. 결국 이런 중계방송식 예배의 예배실 간 거리가 원거리로 늘어나면서 위성 중계 방송으로 발전하였다.

중계 예배의 부당성에 대한 비판은 중계 예배가 갖는 현실적, 신학적 한계를 잘 지적한 것이라고 할 수 있다.

설교자의 말이 서툴다거나 설교가 신통치 않다는 이유에서 보다 훌륭한 설교자의 녹음 설교를 듣거나 녹화된 비디오 화상을 보며 예배한다는 것은 있을 수 없는 일이다. 설교나 찬양을 감상거리로 만들어서는 안 된다. 한국의 몇몇 교회의 목회자들이 이치에 맞지 않는 소위 지 교회를 두고 있다. 그리고 교회의 담임 목회자가 엄연히 있음에도 불구하고 예배에서 소위 모 교회 목회자의 설교를 화상으로 듣게 된다. 그것은 있을 수 없는 일이다. 그것은 설교자 자신을 교주로 만들 뿐 아니라, 설교와 목회를 별개의 것으로 이분화 시키는 것이다. 교회로 하여금 예배답지 않은 예배를 드리게 만드는 비전통적이며 불합리한 처사이다.

예배는 설교를 듣기 위한 것이 아니기 때문이다. 예배는 성도가 하나님 앞에 나아가 하나님의 위대하심을 경배하고 찬양하는 것이다. 설교를 듣기 위한 예배는 예배라고 할 수 없다. 결국 중계방송식 예배는 설교에 지나치게 치중하여 예배의 본래의 뜻을 가리는 우를 범했다.

(2) 멀티미디어 예배

멀티미디어 예배란 디지털 정보 지식 사회를 통해서 나타난 새로운 이미지 시대의 흐름에 맞추어 예배의 대상에게 적절하고 다양한 이미지들을 이용하여 드리는 예배를 말한다. 즉 예배의 주요 순서들이 영상으로 소개되어 회중들로 하여금 적극적으로 예배에 참여하게 하는 것이다. 이는 예배의 진행 순서에 따라 찬양, 신앙고백, 교독문, 성경본문, 설교, 광고 등이 컴퓨터 자막과 화면을 통해 제시된다. 아울러 설교 등을 돕기 위해 설교와 관련된 내용을 동영상이나 슬라이드가 배경 음악과 함께 제시되기도 한다. 이는 단순한 영상 중계만을 목적으로 하는 중계방송 예배와는 성격을 달리 한다.[9]

기존의 예배가 주로 설교를 듣는 것을 중심으로 한 청각 의존적 예배라면, 멀티미디어 예배는 여기에서 더 나아가 시각적 차원을 확보하였다. 심지어 지금은 기술적인 어려움이 있으나 언젠가는 촉각, 후각, 미각의 차원가지도 예배에 활용하려는 가능성까지 목적에 담고 있다. 이것은 정보화 사회의 도래에 따른 시대적 변화에 민감하게 발맞추려는 시도라고 보여 진다.

그리고 멀티미디어 예배의 가능성을 다음의 여섯 가지로 열거 해 볼 수가 있다.

첫째, 순서지에 의존하지 않고 영상을 보면서 예배를 드림으로 예배의 역동성을 가능케 한다. 둘째, 설교에 대한 강점으로 '들여 주기만 하는' 기존의 설교보다는 효과적이다. 셋째, 한국교회는 전통적으로 '앉아서 듣기만 하는' 수동적인 예배의 성격에서 지루함을 극복하는 효과가 있다. 넷째, 많은 준비를 통하여 한 치의 오차도 없이 영상을 띄워 보냄은 예배의 완성도를 높이는 일이다. 다섯째, 디지털 시대의 시대적 흐름을 잘 반영한다. 즉 칼라화 영상에 길들여져 있는 현대인들의 시각감각을 충족시켜 줄 수가 있다 여섯째, 초신자들에게 쉽게 다가갈 수 있다. 이러한 가능성을 가진 멀티

---

9) 임태종 「예배의 개혁, 멀티미디어」 서울: 국민일보, 2000, p.288.

미디어 예배는 미래의 새로운 예배 형식으로 자리 매김을 했다.

그러나 아직까지 멀티미디어 기기를 활용하는 예배를 멀티미디어 예배와 동일시하는 보편성을 가지고 있다. 멀티미디어 기기가 사용되는 예배가 멀티미디어 예배가 아니다. 한국교회의 무분별한 '미국교회 따라하기'가 미국교회 현대 예배가 멀티미디어 기기를 예배에 활용하는 것을 한국교회에 적용하면서 잘못 인식된 것이다. 예배를 통해 전달되어지는 메시지가 다양한 종류의 미디어 즉, 멀티미디어를 통해 전달되는 예배가 멀티미디어 예배이다.

4) 설교와 멀티미디어 활용

기독교는 하나님과 인간, 인간과 인간 사이의 통전적 의사소통의 종교다. 완전한 의사소통이 이루어질 때 진정한 인간 공동체가 이루어지지만 인간이 갈등과 소외로 말미암아 그 공동체의 본질을 왜곡했을 때 하나님은 그 구원의 역사를 의사소통으로 이룩한다. 즉 하나님의 사랑과 정의, 그리고 평화 또한 의사소통을 통해 이루어지는 것이다.

현대 기독교인들에게 대중 매체는 이 시대를 살아가는 기독교인들에게 가장 위협적인 존재 중에 하나이다. 영적인 공격뿐만 아니라 신체적인 파괴의 위협까지 대중 매체의 힘은 총체적으로 그리스도인들을 괴롭히고 있다. 이런 상황 속에서 미디어가 가져다주는 갈등이나 폐해보다 더욱 심각한 문제는 그리스도인이 지키고 삶의 기준으로 삼아야 할 복음적 가치관과 배치되는 대중매체 가치관의 영향력이다.

그럼에도 왜 교회는 멀티미디어를 예배에 활용해야 하는가? 그것은 단순히 예배의 실황을 전송함으로 예배 공간을 확대하거나 보완하기 위함 뿐만이 아니다. 현대 사회는 다양한 미디어 매체를 통해서 정보를 전달하고 있다. 교회는 이렇게 다양한 미디어를 통한 정보 전달에 익숙해져 있는 현대인들에게 복음을 전해야 하기 때문이다. 복음을 전해야 할 대상에게 익숙한 방법으로 복음을 전하는 것이 더욱 효과적인 방법이다. 그렇기 때문에 교회는 그들의 문화와 그들의 언어로 복음을 전해야 한다.

(1) 교회 멀티미디어 교육

미디어가 곧 메시지였던 예수 그리스도 이후에 복음 전파는 지역과 인종, 문화, 세대를 초월한 모든 민족과의 의사소통이었다. 교회의 역사는 효과적인 의사소통을 통해서 끊임없이 발전해 왔다. 기독교 역사는 구약의 구술 시대에서 신약의 필사문화(筆寫文化)를 거쳐서 중세의 이미지 시대를 맞이했다.

이후 Johannes Gutenberg의 인쇄술의 발견은 미디어의 혁명으로 종교 개혁을 가능하게 했다. 인쇄술의 발명은 사제에게 독점된 성경을 모든 사람들에게 되돌려 주면서 필사문화에서 인쇄 문화의 시대로 통로를 열어 주었다.

인쇄 문화의 뒤를 이어 등장한 전자 시대는 16세기 의사소통의 혁명처럼 급진적으로 다가왔다. Macluhan은 인쇄 문화를 정보를 축적하고, 자료를 분류하고 논리적으로 종합하는 '사적 전망의 격렬한 주장'인 '핫 미디어'라고 한다. 그리고 전자 미디어를 '쿨 미디어'라고 하면서 개인적인 참여, 깊은 의식, 전체 감각, 직접성, 스릴에 찬 발견 등을 가져오는 의사소통 미디어라고 했다.

현대 교회에서는 예배, 설교, 교육, 문화 행사에서 미디어를 적극적으로 활용하고 인용하려는 움직임이 크게 늘고 있다. 즉, 문자보다 영상을 선호하는 세대의 등장으로 인해서 다기능적인 멀티미디어에 대한 관심이 증가하고 이를 교회 사역에 활용하려는 인식의 변화가 확산되고 있다.

반면 사회학적인 관점에서 볼 때 정보통신기술의 급격한 발전과 철저히 자본화된 미디어는 말초적인 감각을 자극하고 일시적인 흥미유발이라는 상업적인 목적 달성에만 치중하고 있다. 이런 미디어는 한편으로 대중

매체의 내용으로 교회가 지향하는 복음적인 가치관들과는 차이가 있음을 알아야 한다.

교회의 미디어 교육은 기독교 의사소통의 본질을 회복하기 위한 방법이다. 교회는 통전적인 의사소통이 이루어지기 위해 교회 주위에 범람하고 있는 매스미디어를 올바르게 이해하고 수용할 수 있도록 교육해야 한다.

카톨릭미국협회(U.S. Catholic Conference: USCC)는 기독교 미디어 교육의 목적을 '기독교적 가치관의 고양을 전제로 하여 텔레비전의 영향과 역할에 대한 이해의 계발, 텔레비전과 관련 매체의 건설적인 이용을 위한 교육, 대중문화에서 묘사되는 기독교적 가치관의 이해, 텔레비전 프로그램의 선택 능력의 계발, 텔레비전 프로그램의 질을 높이기 위한 시청자 교육, 기독교적 가치를 방영한 전국적인 미디어 교육 프로그램의 개발 등에 있다'라고 한다.

기독교 단체인 MARC(Media Action Research Center)에서는 '텔레비전 자각 훈련(television awareness training)'이라는 프로그램의 목적을 이렇게 정리하고 있다: "문화적 가치와 성경적 가치를 비교한다. 텔레비전을 가치의 내면화를 위한 도구를 사용한다. 텔레비전의 존재와 내용에 담긴 가치에 대해 관심을 가진다. 비판적 시청 기술을 개발한다. 삶에 대한 새로운 결단을 내린다."

한편 Kelvin B. Canavan은 미디어 교육이 "미디어를 이용함에 있어 진리를 선별해서 추구할 줄 아는 사람들로 계발시키는데 궁극적인 목적이 있다."고 설명한다.[10] 즉 교회에서의 미디어 교육은 주체적인 수용 능력을 교육함은 물론 미디어를 올바르게 이용할 수 있는 능력을 기르는 교육이어야 한다. 소수에 의해서 독점되고, 진실을 왜곡하는 것을 바로잡고 기독교의 가치관과 세계관을 갖도록 도와주어야 한다.

---

10) 최은호, 「미디어교육의 실재」 "미디어와 교육목회"서울: 장로교총회교육국, 2002. p.26.

(2) 설교를 위한 교회 내 멀티미디어 기능

일반적으로 Michael Korpi는 종교 미디어로써 미디어의 기능에 대해서 Korpi는 종교매체 일반으로부터 수용자들이 제공 받는 일곱 가지 기능을 다음과 같이 말하고 있다.[11] 첫째, 자기중심적인 종교적 이익을 얻으며, 둘째, 사회활동을 촉진시키고, 셋째, 거부감을 느끼기도 하며, 넷째, 하나님과 종교에 대한 배움을 얻게 하고, 다섯째, 세속적 가정 교회가 되며, 여섯째, 오락을 얻게 하며, 일곱째, 교회보다 나은 매체가 된다.

또한 이호는 미디어의 기능을 네 가지로 제시한다. 첫째, 종교적 가치의 현실적 응용을 통하여 종교적 원리가 생활화 될 수 있도록 건전한 생활문화의 창조와 육성에 기여해야 한다. 둘째, 미디어는 교육과 문화 창조의 기능을 수행한다. 셋째, 현대 사회의 계급 구조의 분화와 사회 갈등의 첨예화 현상을 치유하는 사회적 갈등 해소와 극복에 기여하는 기능과 역할을 수행한다. 넷째, 각 종교의 직접 선교 기관인 교회와 신자들 간의 가교 역할을 하면서 결신에 이르는 매개체 역할이 강조되어야 할 것이라고 말한다.[12]

그리고 종교 미디어의 일반적 기능에 대해서는 다음과 같다. 첫째, 종교 미디어는 미디어를 통한 선교적 기능을 수행을 해야 한다. 둘째, 종교 미디어는 교육적 기능을 수행해야 한다. 셋째, 종교 미디어는 기성 언론의 대안적 의사소통 수단이라는 차원에서 보다 정확한 정보 제공의 역할을 수행해야 한다. 넷째, 종교 미디어는 각 종교 내의 성직자와 평신도 간의 수평적 대화 통로가 되어야 한다. 다섯째, 종교 미디어는 사회에 대한 사랑의 표현을 위해 구체적으로 공헌해야 한다. 여섯째, 종교 미디어는 사회 내의 소수 계층을 대변하는 역할을 맞아야 한다.

이상에서와 같이 지금까지의 교회 내 미디어의 기능은 긍정적인 면 보다는 부정적인 면이 많음을 알 수 있다. 이에 대해 여러 이유가 있으나 전

---

11) James Stewart, 「Heralds of God」, New York: Charles Scribner's Sons, 1946, p.18.
12) 이호, 「종교방송의 운영제도 및 편성 구조에 관한연구」 석사학위 논문: 중앙대학교 신문방송대학원, 1992, p. 22.

통적인 것에 안주하고 새로운 것들을 경계하고 거부하는 보수적인 조직의 특성에도 그 영향이 크다고 할 수 있다. 또한 기독교는 영적이며, 체험적이며, 동시에 직접적이라고 할 수 있다. 이런 측면에서 기독교는 복음 그 자체보다는 복음으로 인도하는 수단과 도구의 제한된 역할을 수행하여야 한다고 생각을 한다. 그러나 멀티미디어의 제한된 역할이 어디까지인지는 분명치 않다. 이는 멀티미디어가 교회 내에서 그 역할을 수행하면서 끊임없이 교회와 함께 발전을 하기 때문이다.

(3) 한국교회 멀티미디어 활용

시대가 변하여 아날로그 시대는 가고 디지털 시대가 왔으며, 논리와 이성에 호소하기 보다는 감성과 직관에 호소하는 시대가 되었다. 지금은 정보화 시대이며, 젊은 세대는 논리를 기반으로 하는 구어(口語)보다는 느낌을 제공하는 아이콘(icon)에 더 의존한다. 의사소통에는 말이 아닌 그림과 이미지가 더 효과적인 세대가 된 것이다. 역사적으로 보면 시대의 변화에 따라 예배에도 많은 새로운 문화적인 도구들이 유입되었다. 전기 조명과 마이크 등 각종 시청각 도구들이 예배의 도구로 수용되었다. 따라서 멀티미디어와 영상 처리장치를 예배에 도입하는 것은 불가피한 예배 문화 변화의 과정이다.

멀티미디어 예배로의 변화에 있어 본질적인 문제는 바로 의사소통이다. 예배 갱신은 순서를 몇 가지만 바꾼다고 해결될 문제는 아니며, 보다 근본적인 문제를 바로 의사소통과 그 구조를 혁신시켜 나가는데 있다.

미국의 성장하는 교회들을 분석해 보면 세대별 성향을 분석하고 그 결과를 교회의 변화와 예배의 변화에 주된 동기로 삼아 적극 활용하고 있다. 즉 영적인 침체의 원인이 의사소통의 부재에 있는 것을 발견하고 그 특징을 분석하고 그들이 즐겨 사용하는 의사소통을 목회, 예배, 교육, 선교에 도입하여 새로운 형태를 전한 결과 침체를 극복하고 새로운 성장의 기회가 되었다는 것이다.

이러한 미국교회의 변화에 대해서 Fuller Theological Seminary의 교수 Joe B. Webb은 '미국교회의 55가지 유형의 변화'에서 미디어가 예배에 미치는 영향에 대해서 "구술언어에서 시각 영상으로, 침체된 예배에서 활기찬 예배로, 예배에서 예배 경험으로, 두꺼운 표지의 찬송가에서 환등기로, 오르간과 피아노에서 밴드와 오케스트라로, 성가대에서 음악그룹으로, 편지에서 텔레비전과 온라인으로, 책에서 비디오테이프로"라고 하면서 이러한 변화가 한국교회의 예배를 바꾸고 있다는 것이다.[13]

한국교회 예배의 문제점 중에 하나가 예배의 대상에 대한 분석이 없었다는 것이다. 예배가 하나님께 드려진다는 것 다음으로 중요한 것은 누가 드리는 예배인가 하는 것이다. 이러한 구분이 명확하지 않아 세대별 구분이 필요한 예배가 획일적인 모습을 가지고 있었다. 이는 결국 주일 학교의 감소로 이어졌다. 또한 오늘의 변화된 세대들은 그 특성에 따라 다음과 표와 같이 구분하고 있다.

현대 멀티미디어 시대를 살고 있는 세대를 이해하는 핵심적인 키워드는 '이미지(영상)', '감성', '쌍방향 소리'이다. 이러한 시대적 흐름에 잘 부합하는 것이 바로 예배의 영상 활용이다. 그리고 예배에 영상 활용이 잘 부합된 예배가 '현대 예배'이다. 멀티미디어 예배는 현대 예배의 한 형태이다. 그러나 현대 예배가 곧 멀티미디어 예배를 의미하지는 않는다. 한국교회는 예배 갱신을 통해 현대적인 예배의 필요성이 더욱 중요시 되고 있다. 그리고 멀티미디어 예배라는 또 하나의 예배 형태를 구분하기 위해서는 먼저 '열린 예배'와 '현대 예배'에 대한 구분이 필요하다.

---

13) 이성희 「미래목회 대 예언」 서울: 규장문화사, 2000, pp.8-10.

구분	세대	호칭	매체	특성
Old Generation	60대	기성세대	신문	일방(one way), 수직, 권위, 이데올로기, 생존, 이성, 문자, 정치적, 생산적, IQ(이성지수), 제1미디어(기존방송모델)
	50대		라디오	
	50대		흑백TV	
	30대	낀세대	칼라TV	팔육 세대가 여기에 속하며, 이 아래의 세대를 1218세대로 구분하기도 한다.
New/Net Generation	20대	X세대	computer	쌍방(인터렉티브/two way), 수평, 탈권위, 탈이데올로기, 존재, 감성, 멀티적, 영상, 문화적, 소비적, EQ(감성지수), 제2미디어(인터렉티브 모델)
		Y세대	multimedia	
	10대	N세대	cyber space	

① 열린 예배

열린 예배는 주로 미국의 교회들이 불신자들을 대상으로 준비하여 드리는 예배로 드라마, 멀티미디어, 신세대 음악들을 사용하고 있다. 열린 예배는 미국에서 1975년 Bill Hybels가 개척한 Willow Creek Community Church에서 처음으로 구상하고 시도한 새로운 예배 형태이다. 그러므로 영적인 갈급함을 가지고 있는 사람을 일컬어 '구도자(seeker)'라고 칭하고 이들을 위한 예배를 "구도자 예배"라고 부르게 되었다.

이 형태를 '구도자에게 민감하게 반응하는 예배(seeker sensitivity service)'라고 말하는 것이다. 한국에서는 미국에서 일컫는 '구도자 예배'를 상황에 맞게 '열린 예배(open worship)'라는 용어로 바꾸어 부르게 된 것이다. 따라서 구도자 예배와 열린 예배는 내용에 있어서 같은 개념이다.

---

14) 김명찬, 「미디어를 이용한 청년 예배 디자인하기」, "교회교육 전략 세미나 자료집" 서울: 장로회신학대학교 기독교교육연구원, 2001, p.143.

불신자들이 교회에 나와 예배에 참여하도록 배려하는 형식과 접근 방법을 택한 예배 형태를 말하는 것으로 자유로운 형식과 파격적인 변화를 추구한다.[15] 예배의 대상에 있어서 미국의 구도자 예배와 한국의 열린 예배와의 차이를 지적하면서 이 열린 예배에 대해 많은 준비가 필요함을 강조하고 있다. 복음 전도를 위해 디자인되어야 하며, 말씀이 강조되어야 하며, 전도 프로그램과의 연계, 불신자 정착을 위한 사후 관리 프로그램, 지속적 효과를 위한 많은 준비, 기존 지체를 위한 영적 예배, 영적으로 준비된 사역자, 기능적으로 준비된 사역자, 사역을 위한 훈련 등을 제시하고 있다.

결국 예배 형태는 틀에 얽매이지 않은 자유로운 형식을 가질 수 있다. 그러나 자유로운 형식 속에서 분명한 목적을 가지고 있어야 한다. 그 목적은 준비되고 훈련된 지도자를 통한 불신자를 향한 복음 전도의 메시지이며, 하나님이 기뻐하는 영적 예배이다.

② 현대 예배

현대 예배는 전통적인 예배의 한계를 발견하고 그 결과로 예배의 대상을 분석하고, 그에 적절한 예배를 드리려고 하는 흐름에서 현대 예배가 태동했다고 볼 수 있다. 이런 변화의 흐름에서 시작된 현대 예배는 일방적인 예배에서 참여적인 예배로, 듣는 예배에서 보고 느끼는 예배로 속히 변화고 있다는 것이다. 현대 예배는 기존의 신자들을 대상으로 현대적인 다양한 문화화 미디어를 이용하여 드리는 예배이다.

한국에서 논란이 되고 있는 '열린 예배'는 미국의 '구도자 예배'보다는 '현대 예배'에 더 가깝다. 열렸다는 것은 '신령과 진정'이라는 예배의 근본 목적은 변함이 없지만 그 시대의 문화와 언어로 예배의 대상에 따른 다양한 방법과 은사로 드리는 예배를 나타낸다. 이렇게 시작된 현대 예배의 특징은 첫째 새로운 변화를 두려워하지 않으며, 둘째 새로운 제자화와 영적 성장에 관심을 두고 있으며, 셋째 참여자들의 마음의 언어와 마음의 음악

---

15) 전요셉, 「탈의식적 예배」 "복음주의예배학" 한국복음주의실천학회, 서울: 요단, 2001, p. 299.

안에서 구성되어지며, 넷째 사람들의 문제와 고뇌에 대하여 실제적인 관계를 맺을 수 있으며, 다섯째 '흐름(flow)'과 움직임이 있으며, 여섯째 예수 그리스도의 은혜와 능력을 경험하도록 사람들을 초대하고 이를 지원하고, 일곱째 낯선 이들에게 우호적이며 이들을 환영한다고 주장한다. Tim Light는 현대 예배에 대한 용어들을 다음과 같이 설명하고 있다.[16] 이 현대 예배의 가장 큰 특징이 바로 멀티미디어의 활용이다. 이미 영상 세대를 살아가고 있는 현대인들에게 영상의 활용은 문화적인 코드가 일치되어지는 것이다. 따라서 현대 예배에 있어 복음의 효과적인 전달을 위한 멀티미디어의 활용은 반드시 필요하다.

이제까지 멀티미디어가 활용되어지는 대표적인 예배의 두 가지 형태를 살펴보았다. 그 공통적인 특징은 다음과 같다.

구도자, 불신자 (seeker, the Unchurched Secular people	이 부류의 사람들은 아직 교회와 관계를 맺지 못한 사람들이며, 구도자(seeker)는 영적인 관심을 가진 자들이다.
신자 중심적 예배 (Believer—Oriented Worship)	이미 그리스도께 헌신한 사람들을 위한 예배로, 전통적이고 의식적인 예배와 현대 예배 모두를 포함하는 것이다.
신자 중심적, 구도자 우호적 예배 (Believer—Oriented, Seeker—Friendly Worship)	주로 신자들을 겨냥하여 예배가 진행되지만, 방문자들에게 지대한 관심을 가지고 드리는 예배이다. 방문자들을 맞이하기 위하여 잘 훈련된 팀이 필수적이며, 예배를 통하여 소개하는 것이 보통이다.
구도자 중심적 예배 (Seeker—Oriented Worship	교회나 복음에 익숙하지 않은 사람들을 위한 예배로, 종교적인 장벽을 제거하고, 현대 음악과 현대 언어를 사용하여 예배를 드리게 된다.
참여하는 예배 (Participative Worship)	청중들이 적극적으로 참여하여, 찬송을 함께 부르고, 사도신경을 고백하고, 기도를 함께 하는 예배이다.
보여 주는 예배 (Presentational Worship)	대부분의 예배 행위들이 무대 위에서 이루어지며, 한두 가지를 제외하고는 인도자들이 음악, 드라마, 인터뷰, 말씀을 전하는 예배이다.

---

16) 김병삼, 「열린예배 현대예배」 서울: 프리셉트. 1999, p. 27-28.

첫째, 기존 전통적인 예배의 한계를 깊게 발견하고 그것이 예배 갱신의 강렬한 열망이 된 것이며, 둘째, 변화된 예배의 대상에 대한 분석을 토대로 하고 있으며, 셋째, 다양한 은사를 활용한 예배팀이 운영되고 있으며, 넷째, 복잡한 현대 문화에 대한 문화 선교적인 이해를 갖고 발전된 의사소통의 미디어들을 적극 활용하고 있다는 것이다. 한국교회는 현대 예배로의 갱신을 다음과 같이 말한다.[17]

"첫째, 예배를 기획해야 할 것, 둘째, 예배의 진행과 흐름에 민감해질 것, 셋째, 예배 속에 환희와 기쁨 등의 축제의 요소를 넣을 것, 넷째, 간절한 기도와 찬양으로 청중으로 하여금 하나님을 만나게 해야 한다."

미국 연합 감리 교회의 예배 개혁을 주도 하고 있는 Andy Langford는 "예전적인 예배에 찬양 예배와 구도자 예배를 결합하라."고 말한다.[18]

예배는 그리스도를 주로 고백한 성도들이 모이는 것이다. 모이는 성도는 다양한 계층과 연령을 이루고 있다. 예배는 모여든 청중의 어느 한 계층만을 위한 예배가 돼서는 안 된다. 현재의 문화가 예배에 적용이 되면서 예배에 참여한 모든 계층이 거부감 없이 받아들일 수 있어야 한다.

(4) 설교를 위한 멀티미디어 활용에 따른 긍정적인 면과 부정적인 면

① 긍정적인 면
㉠ 효과적인 설교 전달

'현대의 문자 이후 시대의 설교'에서 이미지에 익숙하고 시각적으로 길들여져 있는 세대의 증가로 설교 유형의 변화가 초래되었다고 말한다. 지금까지 합리적이고 석의적인 형태의 강해 설교에서 이미지와 은유가 풍부한 설교 양식으로 옮겨가고 있다.[19]고 한다. 성경 지도, 성경 본문, 소제목 등 여러 가지를 시각적으로 보여 줄 수 있으며, 또한 설교에 도움이 되는 것

---

17) 김만형, 「교회교육의 SS 보고서」 서울: 규장출판사, 2002, pp. 137-143.
18) William Evans, 「How to prepare Sermon」, Chicago: Moody Press, 1964, p. 185.
19) 주승중, 「설교유형의 변화와 문자 이후 시대 설교」 "교육교회, 2001, 10월호, p. 89.

들을 보조 화면으로 보여 줄 수 있기 때문에 '들려주기만 하는' 기존의 설교보다는 훨씬 더 효과적이라고 할 수 있다.

"멀티미디어 예배의 핵심은 말로만 듣던 복음을 멀티미디어를 통하여 보여 준다는 데에 있다. 보는 것이 듣는 것보다 훨씬 실감을 더해 줌으로 확신에 이를 수 있게 해 주기 때문이다."라고 지적한다. 이러한 지적은 멀티미디어 예배의 나아갈 방향을 보여주고 있다. 멀티미디어 예배는 이제가지의 들음에서 봄으로 무게 중심이 옮겨가는 것이다.

ⓛ 초신자를 향한 배려

영상 예배는 초신자들에게 예배에 보다 쉽게 동화 할 수 있는 통로를 제공한다. 이들은 찬송이 무엇인지 교독문과 사도신경이 어떤 것인지 알지 못한다. 이런 이들에게 화면을 통해서 텍스트를 제공해 주고, 영상을 통해 많은 자료를 제공해 줌으로써 예배의 내용을 알게 하고 예배에 쉽게 적응하게 하도록 돕는 역할을 한다.

이 외에 예배자의 다양한 감각에 호소하여 청각, 시각을 통한 예배에 참여를 가능하게 하며, 영상 이미지는 청중의 전인격(지.정.의)에 호소한다. 따라서 청중의 집중도를 높일 수 있다. 그리고 영상 이미지는 강한 자극을 남긴다. 내용을 보다 오래도록 기억을 할 수 있게 한다. 영상 이미지는 풍부한 상상력을 자극하여 보다 효과적인 삶의 변화를 유도할 수 있으며, 영적 감동을 보다 효과적으로 잔달 할 수 있다.

② 부정적인 면
ㄱ 예배의 경건성 상실

예배는 무엇보다도 그리스도의 십자가와 부활과 승천을 정점으로 하는 '부활절의 신비'를 중심적으로 표현이 되어져야 한다. 이는 예배가 '하나님과 인간의 만남'이며, 거기에 따르는 하나님 경외감과 그리스도 중심성, 종말론적 성격 등의 개념들과 함께 기독교 예배를 규정짓는 중요한 개념이다. 그러므로 기독교 예배는 이러한 개념들을 잘 표현하고 반영하여야 한다. 그러나 영상 예배는 이러한 영상예배는 이러한 신학적 개념들을 잘 담아내기가 어렵다. 아무리 멀티미디어가 발달이 되어 있다 하더라고 이러한 '영적 실재'를 영상으로 담아내기에는 본질적 한계를 가지고 있다.

예를 들어 하나님의 초월성을 화면에 어떻게 담을 수 있으며, 하나님 나라의 풍성함을 어떻게 영상으로 담을 것인가 하는 문제이다. 또한 예배는 개인 적인 행위가 아니라, 창조주 하나님을 신령과 진정으로(요 4:24) 영화롭게 하는 공동체적인 의식이라는 점이다. 모인 무리의 공동체적 행위로서의 예배를 무엇보다도 모인 무리가 예배 행위에 적극적으로 참여할 것을 요구한다.

이러한 적극적 참여의 중요성에 대해서 18세기 개혁교회의 한 예배 지도자는 성도들은 예배에 단지 관람자나 청취자로만 참석하지 말아야 하며, 예배 인도자가 말하는 바를 단지 머리로만 받아들이지 말아야 한다고 경고하기로 했다. 예배는 성도들을 위해 사역자들이 베풀어주는 의식이 아니라, 예수 그리스도를 통하여 하나님의 구원의 은총을 체험한 모든 믿는 성도가 주역이 되어 행하는 공동적인 축제이다. 예배 속에서 하나님과의 만남과 공동체성 회복을 위한 보조 역할을 하는 멀티미디어는 청중들로 하여금 단지 눈과 귀를 통해 보고, 듣는 예배의 방관자로 참여하게 할 수도 있다.

㉡ 설교자와 회중과의 만남 상실

멀티미디어를 동원한 설교는 일반적인 설교보다 확실히 효과적이다. 설교의 요점, 성경지도, 관련 그림 등을 실시간으로 보여 주며 전하고자 하는 메시지를 보다 효과적으로 전할 수 있기 때문이다. 현대는 멀티미디어 시대이기에 하나님의 말씀도 보다 다양한 미디어를 통해 사람들에게 들려져야 함에 의의를 제기 할 수는 없다. 그러나 예배는 인간과 하나님의 만남이라는 사실에는 변함이 없다.

전화나 화상 등의 미디어를 통한 만남이 한 장소에서 인격 대 인격으로서의 만남을 대신 할 수는 없다. 이에 대한 한 설교학자는 "인간 현존의 직접성은 중요한 요소인데, 이것 때문에 비록 텔레비전 방송 설교자의 설교가 강력하고 매혹적인 것이라 하더라도 진정으로 살아 있는 것, 회중을 결코 대신 할 수가 없는 것이다."라고 말한다. 하나님과의 만남이 있어야 하는 예배도 동일하다.

인간이 하나님을 만남에 과연 미디어가 필요한 것인가에 대해 의문을 제기할 수 있다.

예배를 통해 하나님과 인간의 진정한 합일이 이루어져야 한다. 그렇기 때문에 미디어의 개입이 요구되어진다면 인간이 예배를 통해 하나님과 만나는 만남에 방해가 되지 않도록 조심성을 가지고 적용이 되어야 한고 다음과 같이 말 한다.[20]

"가장 멀티미디어적인 예배는 매체가 배제되고 인격과 인격 사이의 간주체적인 만남이 주어지는 때에 가능하다... 교회는 본래적으로 간적 경험의 공동체가 아니라, 직접 경험의 공동체이기 때문이다... 교회 안에 미디어가 존재한다는 것이 오히려 부자연스러운 현상이다. 만남의 직접성이 깨어지기 때문이다. 교회의 모든 행위는 가능한 한 탈 미디어를 지향해야 한다. 그것은 하나님과 나, 나와 너, 나와 우리의 만남이 그리스도를 통해서 보다 직접적이며, 인격적이며, 전체적이 되도록 하기 위함이다."

결국 하나님과 사람의 인격적인 만남이 결여된 예배는 좋은 형식을 가지고 있다 해도 예배의 가치는 상실하는 것이다. 멀티미디어가 접목되어야 하나 예배의 기본 배경은 반드시 주를 형성하고 있어야 하는 것이다.

ⓒ 영상의 오용과 남용

영상 전달의 대표적인 매체인 텔레비전은 시청자들로 하여금 오직 보기만 할 것을 요구한다. 보기만 하고 입은 다물라, 보기만 하고 행동은 하지 말라, 보기만 하고 아무 생각도 하지 말라, 보기만 하고 영상의 세계에 온전히 몰입하고는 자신을 잊어버리라는 것이다.

영상 예배는 예배의 모든 것을 영상으로 보여지게 하려는 것에서 오류

---

20) 최인식, 「예수 그리고 사이버세계」 : 사이버 문화 신학 이야기」 서울:2001. pp.95-96.

가 발생한다. 잦은 영상의 변화는 예배 혹은 설교에 집중하지 못하게 하거나 잘못된 정보가 전달되기도 한다. 때로는 적합하지 않은 그림 자료가 성경의 본래 의미를 왜곡을 시키기도 한다. 그렇기 때문에 동영상이나 정지화상을 보조 자료로 사용하고자 할 때에는 사전에 충분하고 섬세한 신학적 검토를 하여야 한다고 말한다.

특히 빠르게 변화하는 동영상은 회중들에게 생각할 틈을 주지 않는다. 회중을 향한 영상의 일방성이 회중의 기억 속에 남게 되는 것이다. 심지어는 이에 강요당하거나 지배당하기도 한다. 시각적인 자극을 통해 얻은 기억이 청각적인 자극을 통해 얻은 것보다 오래 지속된다. 보다 기억이 오래 지속되게 하기 위해 시각적인 자극에 치중하는 경향이 있다. 그러나 이러한 일은 큰 오류를 범하게 만든다. 영상은 기억에 남지만 영상을 통해 무엇을 기억하고, 깨닫고, 발견을 하고 실천을 해야 하는지에 대해 성령께서만이 영감을 주시기 때문임을 우리는 잊어서는 안 된다.

『죽음에도 소망이 있는... 대 설교자가 되라.』

인간신체의 가소성은 본질 그대로 있으면서 시간이 흐름의 따라 신체의 변화는 누구에게나 따라온다. 그래서 노화의 가소성 지표는 신체로부터 가장 먼저 나타난다. 신체의 오감이 쇠퇴하고 근력이 떨어지며 힘이 부친다. 그래서 노쇠의 종국은 죽음이다.

사망의 권세는 시간의 흐름에 따라, 나이의 순서대로 죽음의 문으로 불러들이는 것이 아니라 아버지보다 아들을, 때로는 뜻하지 않은 사고와 질병으로 먼저 죽음을 만나기도 한다. 그래서 대부분의 사람들은 죽음을 무서워하고 두려워한다. 사람들이 죽음을 받아들이는 데는 많은 이론들이 있지만 스위스 의학자인 엘리자베스 큐블러로스(Elisabeth Kubler Ross)의 5단계가 대중적인 모델이다.

1단계- 부인(Denial): "아! 난 괜찮아. 아냐 그럴리 없어, 그것은 사실이 아니야"

2단계- 분노(Anger): "왜? 하필 나에게?"

3단계- 흥정 거래(Bargaining): "이것을 지연시킬 수 없을까"

4단계- 우울(Depression): "모든 것을 잃어버렸어"

5단계- 수용(Acceptance): "그래 준비가 되었어"

잠언 기자는 의인은 죽음에도 소망이 있느니라(잠14:32) 죽음이라는 것은 이 세상의 끝이 아니라 영원한 안식의 시작이므로 죽음은 희망이요 그리고 죽어도 다시 사는 부활과 천국이 있음을 외치는 자가 설교자들이다. 그래서 설교자들은 특별히 보내심을 받은 자 즉 사명(Mission)자라고 한다.

- 著者의 辯 -

설교학 연구를 위한
참고 도서 목록

1. 한국어 서적

「공동번역성서」 "마태복음" 대한성서공회. 두란노, 1992.

「기독교 대백과사전」 재5권 ,서울: 기독교문화사. 1987.

구덕관, 「지혜와 율법」 서울: 대한 기독교 출판사, 1982.

김상선, 「문장 수사학」 서울: 일조각, 1988.

김기홍, "설교의 형태", 「월간목회」 1994년 12월호.

김기홍, 「논문작성 이렇게 하라」 서울: 광성문화사, 1984.

김만형, 「교회교육의 SS 보고서」 서울: 규장출판사, 2002.

김영석, 「디지털 미디어와 사회」 서울: 나남출판, 2000.

김명찬, 「미디어를 이용한 청년예배디자인하기」 "교회교육전략 세미나
　　　자료집" 서울: 장로회신학대 기독교교육연구원, 2001.

김병삼, 「열린예배? 현대예배!」 서울: 프리셉트. 1999.

김순분, 「설교에서 우리말의 사용에 대한 연구」 석사학위 논문, 장로회
　　　신학대학원, 1992.

김세광, 「예배와 현대문화」 서울: 교육목회. 2005.

김정준, 「구약신학의 이해」 서울: 한국 신학대학 출판부 1973.

김종택, 「문장연습」 서울: 새문화출판사,1986.

김창규, 「교회성장과 설교방법론」 서울: 쿰란출판사, 1992.

김태원, 「교육 현장개혁을 위한 교육방법론 고찰」 "기독교 사상" 1993.

곽안련, 「설교학」 서울 : 대한기독교서회, 1954.

곽선희, 「요한복음강해」 (상) 서울: 도서출판 엠마오, 1991.

곽영철, 편, 「설교학 신론」 서울: 제일출판사, 1975.

나채운, 「목회용어비판」 새문안교회 언더우드학술강연,1991.

나채운, 「주기도문 사도신경 축도」 서울: 장로회신학대학 출판부,
　　　1989.

남기심, 고영근, 「표준국어문법론」 서울: 탑출판사, 1991.

문덕수, 「문장강의」 서울: 시문학사, 1991.

문영일, 「발성과 공명」 서울: 도서출판 청우, 1985, 재판.

명성훈, 「당신의 교회를 진단하라」 서울: 교회성장연구소, 1996.

박근원, 「오늘의 설교론」 서울: 기독교출판사, 1980.

변홍구, 「신학원론」 서울: 기독교 세계사, 1949.

박주원, "효과적인 예화사용" 「월간목회」, 1991.2월호.

서정수, 「생각하는 힘을 기르는 문장력 향상의 길잡이」 서울: 한강문화
　　　사, 1991.

「성서주해」 류형기 편저, 서울: 감리교 출판부, 1969.

손동인, 「오늘의 문장 강화」 서울: 창조사, 1991.

송기태, 「평신도들의 설교수용태도 분석」 (Ⅱ) "목회와 신학" 1991.

성기철, 「현대국어 대우법 연구」 서울: 개문사, 1990.

이규호, 「말의 힘」 서울: 제일출판사, 1991.

이규태, 「한국인의 의식구조」 Ⅱ. 서울: 신원문화사, 1987.

이기동 편저, 「언어와 인지」 서울: 한신문화사, 1986.

이성희, 「미래목회 대 예언」 서울: 규장문화사, 2000.

이오덕, 「우리글 바로 쓰기」 서울: 한길사, 1991.

이 호, 「종교방송의 운영제도 및 편성 구조에 관한 연구」 석사학위 논
　　　문: 중앙대학교 신문방송대학원, 1992.

임상규, 「멀티미디어의 시대의 예배 멀티미디어의 설교」 서울: 정금, 2004.

임태종, 「예배의 개혁, 멀티미디어」 서울: 국민일보, 2000.

장두만, 「강해설교작성법」 서울 : 요단출판사, 1987.

전경연, 「해석학과 성서언어」 서울: 종로서적, 1975.

전경연, 「예수의 교훈과 윤리」 서울: 향린 출판사, 1973. "전략세미나 자
　　　료집" 서울: 장로회신학대학교, 기독교교육연구원, 2001.

전재호, 박병채 외, 「신국어학개론」 서울: 형설출판사, 1983.

전영우, 「국어화법론」 서울: 집문당, 1990.

전요셉, 「탈의식적 예배」 "복음주의 예배학" 한국복음주의 실천학회, 서
　　　울: 요단, 2001.

정규남, 「구약개론」서울: 한국개혁주의신생협회, 1985.

정성구, 「개혁주의 설교학」 서울: 총신대학출판부, 1991.

정영식, 「비유가 아니면 말하지 아니 하였다」서울: 기획출판부, 1987.

정정덕, 「언어와 인간」 대구:도서출판 영남서원, 1990.

정재윤, 「우리말 감각어 연구」서울: 한신문화사, 1989.

정장복, 「예배학개론」 서울: 종로서적, 1985.

정장복, 「설교사역론」 서울: 대한기독교서회, 1990.

정정덕, 편저, 「언어와 인간」대구도서출판: 영남서원, 1990.

정정덕, 「언어학 개론」대구: 도서출판 영남서원, 1990.

주승중, 「설교유형의 변화와 문자이후 시대설교」 "교육목회" 2001. 「철
학대사전」서울: 신태양사, 1991.

차배근, 「커뮤니케이션학 개론」 (상) 서울: 세영사, 1985.

최현배, 「 우리말본」서울: 정음사, 1959.

최요셉, "좋은 자료를 위해 매주 20시간씩 읽고 발굴한다", 「월간목
회」 1994.

최은호, 「미디어 교육의 실재」 "미디어와 교육목회" 서울: 장로교총회
교육국, 2002.

최인식, 「예수 그리고 사이버세계」 : "사이버 문화 신학 이야기" 서울:
2001.

편집부, "어디서 예화를 찾을 수 있는가" 「그 말씀」 1988.

한글학회, 「우리말 큰 사전」 1 서울: 어문각, 1991. 「한국어대사전」 서
울: 현문사, 1976.

후등광삼, 「설교학」서울 : 혜문사, 1979.

황석자, 「현대문체론」 서울: 한신문화사, 1987.

A. 슈브리에, 「참다운 제자」서울: 카톨릭출판사, 1990.

2. 번역 서적

J. Daniel Baumann, *An introduction to Contemporary Preaching.* 정장복 역, 현대설교학입문, 서울: 양서각, 1983.

Jay E. Adams, *The Homiletical Innovations of Andrew w. Black-wood.* 정삼지 역, 불랙우드의 창조법, 서울기독교문서선교회, 1982.

Richard L. Thulin, The "I" *of the Sermon Autobiography in the Pulpit.* 전요셉 역, "설교에서 1인칭 사용의 기법" 서울: 솔로몬, 1997.

3. 외국어 서적

Adams, Jay E. *Sense Appeal in the Sermons of C. H. Spurgeon-* Grand Rapid: Baker Books House, 1976.

Alfred.P.Gibbs, *The Preacher and His Preaching.* Kansas City: Walterick Publishers, 1939.

Aristotle, *Rhetoric* tr. by W Rhys Roberts "New York: The modern Library" 1954.

C. Brooks & R. P. Warren. *Modern Rhetoric.* Harcout. Brace and The Encyclopedia of Philosophy. Vol. 5 and 6 London: collier Macmillan publishers, 1972.

Charles W. Koller, *Expository Preaching without Notes.* Grand Rapids: Baker book House, 1967.

C. H. Dodd, *The Apostolic Preaching and its Development.* Grand Rapids: baker House, 1950.

C. H. Dodd, *Gospel and Law:* "The Relation of Faith and Ethics in Early Christianity" New York: Columbia University Press, 1951.

Charles Haddon Spurgeon, *Sermons of C. H. Spurgeon. Vol. I.* New York: Funk & Wagnalls Co, 1976

Charles Haddon Spurgeon. *Spurgeon's Sermon. Vol. 19.* New York: Funk and Wagnalls Co, 1982.

Clyde E. Fant, Jr. and William M. Pinson, Jr., *20 Centuries of Great Preaching. Vol. Ⅲ.* Texas: Waco. Word Books, Publisher, 1976.

C. K. Barrett, *Biblical Problems and Preaching.* Philadelphia : Fortress Press, 1965

Dale Carnegie, *Effective Speak.* New York: Association, 1964.

David K. Berlo, *The Process of Communication,* New York: Holt, Rinehart and Winston, 1960.

Dwight E. Stevenson, *In the Biblical Preacher's WorkShop.* New York avingdon press, 1967.

E. Achtemeier, *Creative Preaching.* Nashville: Abingdon Press, 1981

E .C. Dargan, *A History of Preaching. Vol. Ⅱ.* Michigan: Baker Book House, 1974.

E. W. Nicholson, *Deuteronomy and Tradition,* Philadelphia: Fortress Press, 1967.

Faris D. Whitesell, *Power in Expository Preaching* Westwood, N. J: Fleming H. Revell Co. 1963.

G. A. Smith, *The Book of Deuteronomy.* Cambridge Bible Series 1950,

Gerald Kennedy, *His Word Through Preaching.* New York: Harper and Brothers Publishers, 1947.

Gerhard Kittel, Gerhard Friedrich, ed. tr. by Geoffrey W. Bromiley, *Theological Dictionary of The New Testament, Vol Ⅷ.* Michigan: Cushing Malloy, Inc. 1975.

George Kennedy, *The Art of Persuasion in Greece*, Princeton University Press,1963.

Gerhard von Rad, *Old Testament Theology vol.I* New York : Harper and Row Publishers, 1962.

Harold D. Lasswell, "The Structure and Function of Communication in Society" in Lyman Bryson, ed. *The Communication of Ideis*, New York : Harper & Brothers, 1948

Harold k. Moulton, ed. *The Analytical Greek Lexicon*, Michigan,: The Zondervan Corporation Grand Rapids, 1978.

Homer K. Buerlein, *How to Preach More Powerful Sermon*, Philadelphia : The Westminster Press,1986.

James C. Mccroskey, *Introduction to Rhetorical Communication*, Englewood Cliffs, N. J.:Prentice Hall 1968.

James Stewart, *Heralds of God*, New York : Charles Scribner's Sons, 1946.

Jay E. Adams Studies in Preaching Vol, 1. *Sense Appeal in The Sermons of Charles Haddon Spurgeon*, Presbyterian and Reformed Publishing Company, 1975.

Jay E. Adams, *Sense Appeal in The Sermons of Charles Haddon Spurgeon』 1975.

Jay E. Adams, *Preaching with Purpose*, Grand Rapids: Zondervan, 1982.

J. H. Jowett, *The Preacher His Life and Work*, Grand Rapids : 1968.

John Killinger, *Fundamentals of Preaching*, Philadelphia : Fortress Press, 1985.

John Knox, *The Integrity of Preaching*, New York : Abingdon Press, 1957.

Karl Barth, *The Word of God and the Word of man*. Merril R. Abbey, "Communication in Pulpit & Paris" Philadelpia: The Westminster Press, 1972, Trans. Douglas Horton」 New York: Harper & Brothers Publishers, 1957.

L. Paul Lehman, *Effective Illustrations*. Grand Rapids: Kregel Publications, 1975.

Malcolm Boyd, *Crisis in Communication*. New York: Doubleday & Company, Inc. 1597.

Marshall Mcluhan, *Understanding Media*, N.Y: Signet Book, The New American Library, 1966.

Maxwell V. Perrow. *Effective Christian Communication*. Richmond Virginia: John Knox Press, 1969.

Merrill R. Abbey, *Communication in Pulpit and Parish*. Philadelphia: The Westminster Press, 1876.

New Encyclopaedia Britannica. Vol. Ⅵ, Encyclopaedia Britannica, Inc. 1974.

P. T. Forsyth, *Positive Preaching and the Modern Mind* New York: A. C. Armstrong and San, 1907.

P. T. Forsyth, *Positive Preaching and the Modern Mind*. Grand Rapids: Eerdman,1966.

P. T. Forsyth, *Positive Preaching and the Modern Mind*. Grand Rapids: Baker Book House, 1980.

Rudolf Flesch, *The Art of Plain Talk*. New York: Collier Books, 1962.

Sherley Price, Leo *St. Fransis of Assisi*. New York: Harper& Brothon, 1959.

Thielicke Helmut. *Encounter With Spurgeon*, Grand Rapids: Baker,1963.

Walter Ong, *The Presence of The Word* : Yale University Press, 1967.

Webster New International Dictionary of the English Language. Mass: G.& C , Merriam Company, 1952.

W. E. Sangster, *The Craft of Sermon Illustration*. Philadelphia Westminster, 1950.

William Barclay, *The Promise of The Spirit*. Philadelphia: The West-minster Press,1960.

William Evans, *How to prepare Sermon*. Chicago: Moody Moody Press,1964.

William Thompson, *A Listener's Guide to Preaching*. New York: Abingdon Press, 1966.

인명, 지명 색인

Marcus Tullius Cicero 11
Maxwell V.Perrow 65
M.F. Unger 22,306
Michelangelo 92
M. Niemoller 206
Michael Korpi 397
Miletus 47

(N)
N.F.Ferre 79

(O)
Ōrigenēs 192,193,195,198
Ozora Davis 343

(P)
P. E. Scherer 206
Phillips Brooks 23,92, 251
Pierre de L,Estoile 310
Peter Taisan 310
Pisidia 47
P. T. Forsyth 29,210,326,327,329

(Q)
Quintus Tertullianus 193
Florens Tertullianus 193

(R)
Robert H. Stein 155
Robert Nicoll 205
Rudolf Bohren 22
Rudolf Flesch 130
Richard Baxte 247

Richard L. Thulin 272
R. W. Sockman 206

(S)
Syracuse 90
St. Fransis 196

(T)
T. Harwood Pattison 23
Thomas Aquinas 197
Thrasybalus 90

(U)
Ulrich Zwingli 201
U.S. Catholic Conference 396

(V)

(W)
W. A. Maier 206
Webb B. Garrison 272
W. E. Sangster 273
W. H. Cadman 376
William Barclay 51
William Blanck 273
William Thompson 87
Warren Wiersbe 205
W. M. Smith 186

주제색인

262,264,265
문답법 158
문맥 200,300,301,303,304,
　　305,323,324,334,350,
　　351
문법책 323,336
문어 89,94
문외한 46
문장 94,95,116
문장구조 127,132
문체 59,84,89,93,94,96
문화행위 14
미각 103,140,181
미디어 384,393
미화법 157
민주정부 90
믿음 28,30,46,203,204,229

(ㅂ)
바이트 386
반복법 155
반어법 160
반응 61
발성 98,101,109
발음 119,149,166
발음기관 101
방언 198
배려 404
범신론 266
변증학 201
변화법 159
병리학 389
보조관념 151

보충요소 324,339
보편화 11
복근 109
복식호흡 108
복음 116,118,139,147,
　　151,164,
복음주의 185,203
복합매체 384
본문 189
본문설교 300
본성 42
봉헌식 설교 314
부흥 설교 311
분열문제 389
분절 98
불신자 40
불협화음 178
비강 110
비디오 104
비사 349
비속어 149
비약법 161
비움 64
비유 166,196,227
비유법 151
비음 114

(ㅅ)
사명 231
사전 335
사투리 149
사회 32,40,43
삼인칭 123

I

영상을 시청하여 본 설교 평가서

설교실습 Group 평가서

영상을 시청하여 본 설교 자습서(自評書)

설 교 자 :　　　　　　　　과　목 : 설교실습
평 가 자 :　　　　　　　　담당교수 :
본 　 문 :　　　　　　　　설교제목 :
설교촬영 : 　년　월　일　시　　설교형태 : 본문설교, 제목설교, 강해
영상 시청한 시간 : 　월　일　　　설교
　　　　　　　　　　　　　　　　영상 시청한 횟수 :

Ⅰ. 설교영상을 시청 후 다음과 같은 장점을 발견했습니다.(장점기록)

　1)

　2)

　3)

　4)

　5)

2. 설교영상을 시청 후 음과 같은 부분이 고쳐야 할 부분입니다.(단점기록)

　1)

　2)

　3)

　4)

　5)

3. 나는 다음과 같은 자세를 개선하여 더욱 훌륭한 설교자가 되고 싶습니다.

1)

2)

◆ 본 평가서는 본인이 직접 영상을 시청하시고 평가하시기를 바랍니다

◆ 가족(부인, 자녀들)이 함께 시청하시고 객관성 있게 평가하시면
더욱 좋은 점수를 드리겠습니다.
(가족들이 평가 시 가족의 평가자 이름 기록 요망)

설교실습 Group 평가서

첫번째 설교실습일 :	④ 설 교 자 :
두번째 설교실습일 :	⑤ 설교평가자 :
세번째 설교실습일 :	⑥ 담당교수 :

Ⅰ. 설교의 본문과 주제
  1. 본문 (Text)
  2. 주제 (Subject)

Ⅱ. 설교의 종류
  본문설교 – 제목설교 – 강해설교

Ⅲ. 설교 내용과 구성

1. 서론과 도입
  1) 서론의 도입 → 내용의 신선도는?　　　　　1 2 3 4 5
  2) 서론의 길이 → 설교의 방향은?　　　　　　1 2 3 4 5
  3)서론의 간결성 → 흥미유발은?　　　　　　　1 2 3 4 5

2. 본문
  1) 성경의 본문은 잘 선택하였는가?　　　　　1 2 3 4 5
  2) 설교는 성경 본문 중심으로 작성이 되었는가?　1 2 3 4 5
  3) 서론 도입, 본문, 결론, 예화 전달표현?　　　1 2 3 4 5

Ⅳ. 설교의 본문
  1. 복음의 사실을 문학과 언어로 전개(展開) 수준은?　1 2 3 4 5
  2. 본문의 내용을 생활의 사실로 접근시키는 접근성은?　1 2 3 4 5
  3. 선포된 말씀의 석의 수준정도는?　　　　　1 2 3 4 5
  4. 선포된 말씀이 청중들의 실생활의 적용시킬 수 있는지의 적용 여부는?
　　　　　　　　　　　　　　　　　　　　　1 2 3 4 5
  5. 본문이 의도하는 목적을 청중들에게 충분히 전달시켰는가?
　　　　　　　　　　　　　　　　　　　　　1 2 3 4 5

V. 설교에 사용된 언어

1. 문법, 어휘선택, 발음은(속어, 사투리, 문법적 표현)? 1 2 3 4 5
2. 이해하기 힘든 단어를 사용하지 않았는가? 1 2 3 4 5
3. 설교자의 발음과 음성의 강약, 고저는 적절하였는가? 1 2 3 4 5
4. 설교자의 말의 속도와 균형은 잘 이루어졌는가? 1 2 3 4 5
5. 설교자의 음성이 청중들이 듣기에 거북하지 않은가? 1 2 3 4 5
6. 어휘는 끝맺음과 이음을 적절하게 잘 표현하였는가? 1 2 3 4 5
7. 설교자가 설교언어를 얼마나 쉬운 언어로 사용하는가? 1 2 3 4 5

VI. 표현과 전달

1. 청중을 향한 설교자 시선 1 2 3 4 5
2. 얼굴 표정을 통한 메시지 전달 1 2 3 4 5
3. 몸짓을 통한 효과적 언어 전달 1 2 3 4 5
4. 설교자에 대한 청중의 반응 1 2 3 4 5
5. 감정 삽입의 효과 1 2 3 4 5
6. 복장과 몸의 자세 1 2 3 4 5

VII. 설교자의 호소력(설득력)

1. 예화 사용이 본문의 맥과 잘 적용되었는가?

매우 부적당   부적당   보통   적당   매우 적당

2. 예화 사용이 청중들에게 흥미와 관심을 잘 이끌어 냈는가?

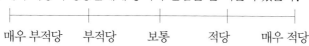

매우 부적당   부적당   보통   적당   매우 적당

3. 예화가 성경적이며 사실성이 있는 것이었는가?

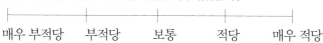

매우 부적당   부적당   보통   적당   매우 적당

※ 매우 부적당 1점, 부적당 2점, 보통 3점, 적당 4점, 매우 적당 5점

Ⅷ. 설교자의 사고의(긍정과 부정) 분석

Who (누가) 거듭남과 중생의 체험?   □

What (정의) 설교가 부정적, 긍정적?   □

Why (동기유발) 설교가 자극을 주며 동기유발?   □

How (방법) 설교가 성경적 삶의 방법제시?   □

What Then (결과) 결과 여부?   □

※ 1 2 3 4 5개 점수 중 적합한 점수를 □란에 넣으시오.

Ⅸ. 설교자 견(見)

1. 첫인상   1 2 3 4 5
2. 열정   1 2 3 4 5
3. 영성   1 2 3 4 5
4. 자세   1 2 3 4 5
5. 능력   1 2 3 4 5

Ⅹ. 종합평가(주관적) 평가자의 주관적 견해를 적으시고 토탈 점수를 기록하십시오

註 : Ⅰ – Ⅸ는 각 5점씩, Ⅹ는 15점   합계 200점 만점

<u>memo</u>

Epilogue

설교자는 지도자 중에 지도자입니다.

대한민국의 건강한 청년들은 누구나 국방의 의무를 하려고 군(軍)에 입대를 한다. 군에 입대를 한 청년에게 부여되는 첫 번째 기초훈련이 제식훈련과 피알아이(Preliminary Rifle Instruction)훈련이다. 제식훈련은 총을 들고 또는 어깨에 메고 앞으로- 갓... 뒤로- 가.. 좌로- 가—앗. 우로-갓, 앞아... 서... 하면서 걷고서는 인간의 기본 동작훈련이다. 제식훈련을 시키다보면 대오(隊伍) 대열 및 경례 동작 등, 좌우열이 잘 맞도록 훈련이 되어진다.

1. 전쟁대한 혹독한 훈련을 시켜서 사람을 죽입니다.

앉고 서고 걷고 엎드리고 일어나는 것은 사람들의 동작의 기본자세를 훈련을 시킨 후 사격장의 사선에 올라 움직이는 표적을 총으로 쏴서 맞추려면 사수의 자세와 눈 그리고 소총가늠자가 정확하게 일치를 하여 표적지를 맞추게 한다. 군부대에서는 전쟁에서의 사람을 죽이는 군사훈련을 사격, 화생방, 수류탄투척, 유격, 각개전투훈련 등 혹독하고 엄하게 훈련을 반복하여 시킨다. 세상 죄악 속에서 영혼을 살리는 설교는 더욱 숨죽이며 가열된 훈련을 필요로 한다. 필자는 설교학 이론강의 후 반드시 설교실습은 아주 재미있으면서 엄하게 한다. 학생들을 그룹별로 나뉘게 하고 설교실습자의 설교를 녹화하게 하고 녹화된 영상설교에 대한 실습자의 설교를 그룹별로 평가들을 하게 하여 그룹대표로 발표를 하게한다. 때로는 녹화가 된 것을 집에 가서 가족들과 함께 시청을 한 다음 가족들의 설교평가서를 가져오면 더욱 후한 학점을 부여하곤 했다.

2. 설교는 사람을 살리는 일입니다.

설교는 모든 신학의 학문의 열매이자 목회의 꽃이다. 신학교의 문을 나서 목회를 하다보면 언제나 해야 하는 것이 설교이고 수많은 교인들이 목회자의 설교말씀의 은혜를 받아 희열을 느끼고 생활의 용기를 얻고 내일에 대한 희망을 안고 교회문을 나서 가정과 일상생활을 하다가 다시 교회로 돌아와서 설교를 듣고 은혜를 받는다.

그래서 설교는 아무나 하지 않는다. 영적인 지도자로, 기름부음을 받은 자만이 설교를 한다. 영혼과 육을 살리는 일이기 때문이다.

저자가 공부한 미국 오클라호마주의 털사시에 있는 오랄로버츠대학교의 이야기다. 이 대학에서의 신학생들에게 만 적용이 되는 특별한 제도가 있다. 약60만평의 광활하게 펼쳐지는 푸른 잔디광장가운데 26개동의 색다른 장르의 특성을 지닌 학교교사 그리고 1200세대의 학생기숙사가 있고 매 학기 5천여명의 새로운 신입생과 1000여명의 대학원의 신입생이 각각 입학을 한다. 음대, 미대, 공대, 인문대, 간호대, 병원 등 예술의 가치를 지닐 수 있게끔 학교건물들이 아름답게 건축이 되어 1970년대에는 미국 52개주 내의 대학 중에 가장 캠퍼스가 아름다운대학으로 선정이 되어 매년 30만명 이상의 관광객이 찾는 학교이기도 하다. 중앙도서관 건물이 신학관이다. 12기둥이 바치고 있는 정사각형 건물에 실내는 나선형의 구조로 각 층마다 검색컴퓨터와 열람실 도서관 서고에 150만권의 책으로 채워 져 있다. 건물구조가 크다보니 신학대학원 강의실로 함께 자리를 하고 있다.

3. 설교자가 이 세상을 만들어 갑니다.

이 학교에서는 신학대원생들은 남녀 정장을 하고 등교를 해야 한다. 정장의 기준은 남자는 흰 와이셔츠에 넥타이를, 여자는 드레스를 입어야 신학관 정문을 출입을 할 수가 있다. 그렇치않으면 건물 뒤 쪽문으로 출입을 해야 한다. 그 이유는 신대원생은 세상을 만들어가는 지도자 중에 지도자의 길을 가는 수련생으로 지도자의 자화상을 갖게 하기 위해서이다. 무더운 한 여름철에 자동차 본 네트 위에 달걀을 깨트려 놓으면 바로 달걀이 익

을 정도로 뜨겁고 무
더운 오클라호마주
털사지역이라 대체
로 학생들이 너무나
더워서 정장을 입으
려하지 않는다. 그러
나 신학대학원생은

오랄로버츠대학교 전경

언제나 정장을 하고 다녀 신대원 학생들의 구별이 쉽다.

각 학과대학을 졸업하고 사회에 진출을 하여 오랜 후에는 각종 자신이
전공을 한 분야의 지도자들이 된다. 그들은 주일이 되면 교회에 모여 예배
를 드린다. 신앙훈련을 받으며 설교말씀을 경청을 하며 은혜를 받는다. 신
학생들은 신학을 졸업을 하고 여러 교회에 영적인 지도자가 되어 신앙문제
또는 생활문제까지 돌보면서 설교를 하며 인도를 한다. 이는 또 다른 지도
자들의 위에 위치해 있는 영적인 지도자들이라는 것이다. 설교자는 새벽 4
시에 일어나 새벽예배를 인도하고 늦은 밤 12시에 세상을 돌아보며 잠자
리에 들고, 언제나 다른 사람보다 일찍이 일어나 세상을 설교와 기도로 깨
운다. 그래서 설교자의 설교는 언제나 세상을 깨우고 인도하는 지도자들
중에 지도자이다. 그래서 하나님께로서부터 부여받은 특별한 사명을 받은
지도자 중의 지도자임을 잊어서는 아니된다.

지은이 김계봉

저자 김계봉 양력

- 고신대학교, 안양대학교, 한세대학교 신학과 졸업
- 미국 오클라호마주 털사시, Oral Roberts Universty에서
  신학석사학위 수득
- 미국 미시시피주 잭슨시, Reformed Theolgical Seminary
  목회신학박사학위 수득
- 한국가정사역학회 상임총무 및 학회장 역임
- 대한예수교장로회총회 대신목회대학원 원감 역임
- 대한신학대학원대학교 조교수 및 부교수 역임
- 학교법인대한신학대학원, 법인처장, 총무처장 각각 역임
- 관인 비산유치원 원장 역임(설립18년 운영) 1984년.
- IS글로벌 평생교육원 아이슐레놀이학교 비산원 이사장 역임
  (2005년 설립, 7년 운영)
- 대한예수교장로회총회(대신측) 교육부장, 법규위원장
  각각 역임
- 대한예수교장로회총회(대신측) 안양노회장 2회 역임
- 조선일보, 국민일보, 목회와 신학 등 각종 신문과 잡지에
- 자유기고가로 활동 중
- 안양비산교회 담임목사(33년목회)
- 안양우리들교회 담임목사 (현)